lonely planet

W0220640

# SUR LA ROUTE de l'AUSTRALIE

LES MEILLEURS ITINÉRAIRES

Édition écrite et actualisée par

Paul Harding, Brett Atkinson, Andrew Bain, Cristian Bonetto, Samantha Forge, Anthony Ham, Trent Holden, Anita Isalska, Anna Kaminski, Tatyana Leonov, Virginia Maxwell, Hugh McNaughtan, Kate Morgan, Charles Rawlings-Way, Andy Symington, Steve Waters

## SYMBOLES UTILISÉS DANS CE GUIDE

- Bon à savoir
- Histoire et culture
- La photo souvenir
- À combiner avec
- Famille
- Balade à pied
- Parole d'expert
- Gastronomie
- Se restaurer
- Vaut le détour
- Plein air
- Se loger

- Numéro de téléphone
- Climatisation
- Menu en anglais
- Accès Internet
- Heures d'ouverture
- Familles bienvenues
- Wi-Fi
- Parking
- Végétarien
- Animaux acceptés
- Non-fumeur
- Piscine

## LÉGENDE DES CARTES

**Routes**
- Itinéraire
- Détour
- Itinéraire combiné
- Itinéraire à pied
- Route à péage
- Autoroute
- Route principale
- Route secondaire
- Petite route
- Chemin
- Chemin non goudronné
- Place/zone piétonne
- Escalier
- Tunnel
- Passerelle
- Sentier

**Limites et frontières**
- Pays
- Province/État
- Falaise/Escarpement

**Hydrographie**
- Rivière
- Rivière intermittente
- Marais/Mangrove
- Canal
- Eau
- Lac asséché/salé/intermittent
- Glacier

**Indicateurs routiers**
- M31 1 Autoroute
- A5 63 Route d'État

**Itinéraires**
- 1 Numéro de l'itinéraire
- 9 Étape
- Balade à pied
- Détour

**Population**
- Capitale (pays)
- Capitale (État/province)
- Grande ville
- Petite ville/village

**Topographie**
- Plage
- Cimetière (chrétien)
- Cimetière (autre religion)
- Parc
- Forêt
- Réserve
- Zone urbaine
- Terrain de sport

**Transports**
- Aéroport
- Cable car/Funiculaire
- Parking
- Train/Rail
- Tramway
- Métro

*Les symboles présentés ci-dessus ne sont pas tous utilisés dans ce guide*

# PRÉPARER SON PÉRIPLE



# SUR LA ROUTE

# SOMMAIRE



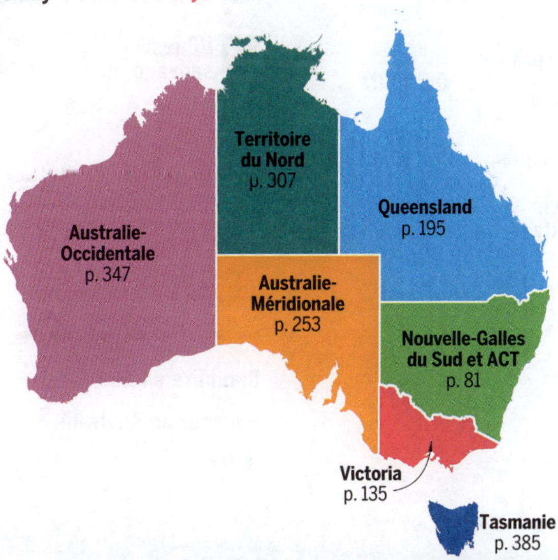

Territoire du Nord p. 307
Queensland p. 195
Australie-Occidentale p. 347
Australie-Méridionale p. 253
Nouvelle-Galles du Sud et ACT p. 81
Victoria p. 135
Tasmanie p. 385

# SOMMAIRE suite

# Routes Mythiques

**Repérez l'indication "Route Mythique" de nos itinéraires favoris au fil de ce guide.**

# BIENVENUE EN AUSTRALIE

**Immense, l'île-continent est taillée sur mesure pour des road trips de légende.**

Entre forêts humides du Nord tropical, hautes falaises de la Tasmanie, spectaculaires odyssées le long du littoral et outback désertique, les routes de l'Australie (la plupart goudronnées) vous feront découvrir l'extraordinaire richesse de ce vaste pays.

Au fil des 38 itinéraires de ce guide, admirez les couchers de soleil sur Uluru, explorez la Grande Barrière de corail, pénétrez au cœur du Kakadu National Park, des vignobles de l'Australie-Méridionale ou de la lointaine Australie-Occidentale, et roulez sur des routes qui font rêver les voyageurs du monde entier, comme celle reliant Sydney à Byron Bay ou la mémorable Great Ocean Road.

Traversée épique du pays ou boucle paisible sur une petite route de campagne ? Vous trouverez ici votre bonheur. Si le temps vous manque, optez pour l'une de nos dix "routes mythiques", qui vous transporteront vers les plus belles destinations australiennes. Reportez-vous à la p. 31 pour en savoir plus.

Le Sea Cliff Bridge, Nouvelle-Galles du Sud

ZETTER/GETTY IMAGES ©

INDONÉSIE
Mer d'Arafura
Mer de Timor
Melville Island
Oxley Island
Nhulunbuy
Darwin
Jabiru
KAKADU NATIONAL PARK
Cap Londonderry
Katherine
Mataranka
Wyndham
Kununurra
Daly Waters
Derby
Ord River
BUNGLE BUNGLES
Broome
Fitzroy Crossing
Halls Creek
Tennant Creek
Port Hedland
Karratha
Pilbara
TERRITOIRE DU NORD
North West Cape
Exmouth
Newman
Désert de Gibson
Alice Springs
Petit Désert de sable
Yulara
Carnarvon
AUSTRALIE-OCCIDENTALE
ULURU-KATA TJUTA NATIONAL PARK
Désert de Simpson
Shark Bay
Marla
Grand Désert de Victoria
Coober Pedy
Mt Magnet
Geraldton
AUSTRALIE-MÉRIDIONALE
Kalgoorlie-Boulder
Plaine de Nullarbor
Eucla
OCÉAN INDIEN
Port Augusta
Ceduna
Perth
Norseman
Grande Baie australienne
Whyalla
Bunbury
Wagin
Péninsule d'Eyre
Esperance
Adélaïde
Margaret River
Cap Leeuwin
Albany
Kangaroo Island
OBSERVATION DES BALEINES
Légende
Itinéraires
À ne pas manquer
OCÉAN AUSTRAL
0
1 000 km

# AUSTRALIE À NE PAS MANQUER

Les incontournables de l'Australie, et nos itinéraires pour y accéder.

# AUSTRALIE

## À NE PAS MANQUER

### Grande Barrière de corail

Le "Reef" est un véritable joyau, avec son exceptionnel faune et flore sous-marines. S'étendant sur près de 2 000 km le long de la côte du Queensland, la Grande Barrière est si vaste que vous serez presque toujours à deux pas d'une ville étape. À vous de la découvrir grâce à la plongée et au snorkeling ou par la voie des airs. Son extraordinaire corail et ses créatures aquatiques aux couleurs chatoyantes attirent des visiteurs du monde entier. L'**itinéraire 16 : Côte du Queensland** suit la Grande Barrière presque tout le long.

**Itinéraires** 16 19

SUPERJOSEPH/SHUTTERSTOCK ©

**Grande Barrière de corail** 2 000 km d'une époustouflante faune et flore aquatiques

À NE PAS MANQUER

**Twelve Apostles** Les formations rocheuses superstars du Victoria

## Kakadu National Park

Découvrez une nature à l'état brut en suivant l'**itinéraire 29 : Darwin et le Kakadu**. Les redoutables crocodiles de mer, épiés par des oiseaux attirés par des eaux peu profondes, sont les maîtres incontestés de ce paysage de carte postale. Des œuvres d'art rupestre se cachent sous de hautes falaises de grès, que le coucher du soleil baigne d'une lumière incandescente.

**Itinéraire** 29

## Twelve Apostles

Ces formations rocheuses surgies des eaux sur la côte sud-ouest du Victoria sont, à l'instar des plages désertes et autres curiosités géologiques du détroit de Bass, de véritables symboles de cette région d'Australie. L'**itinéraire 10 : Great Ocean Road**, l'une des plus belles routes côtières au monde, leur offre un cadre de choix.

**Itinéraire** 10

## Byron Bay

Ici, place aux kangourous et aux chapeaux de feutre signés Akubra : Byron Bay occupe une place particulière dans le cœur des Australiens. C'est ici l'arrivée de l'**itinéraire 5 : de Sydney à Byron Bay**. Familles, surfeurs et amateurs de soleil, attirés par l'atmosphère délicieusement décontractée, la myriade d'activités et la splendeur du littoral se retrouvent au bord de la mer au soleil couchant.

**Itinéraire** 5

KAMALA SAKORNMANEESUP/SHUTTERSTOCK ©

RON CHAPPLE STUDIOS/GETTY IMAGES ©

**Forêt humide de Daintree** Forêt ancienne du Queensland

## LES PLUS BELLES ROUTES PANORAMIQUES

**Great Ocean Road** Des paysages saisissants et de nombreux sites à admirer au cours de cette odyssée sur la côte du Victoria. **Itinéraire** 10

**Route 1 (Pacific Highway - de Sydney à Byron Bay)** Un road trip spectaculaire invitant à faire de chouettes détours. **Itinéraire** 5

**Stuart Highway** De Darwin à Port Augusta, une traversée de l'outback. **Itinéraires** 3 et 28

**Tasman Highway** La côte tasmanienne au zénith de sa beauté sauvage. **Itinéraire** 34

**Coral Coast** Immense, et à l'horizon infini, un fascinant parcours dans l'Australie-Occidentale, entre désert et océan. **Itinéraire** 33

# Forêt humide de Daintree

Forêt luxuriante allant à la rencontre d'une côte de sable immaculé : la sublime forêt humide de Daintree est classée au Patrimoine mondial de l'Unesco. Le récif et la forêt s'entremêlent sur l'**itinéraire 19 : Cairns et la Daintree**. Ce monde ancestral, peuplé de crocodiles et de casoars, se révèle en compagnie du peuple aborigène Kuku Yalanji.

**Itinéraire** 19

**Uluru-Kata Tjuta National Park** Un paysage sacré au cœur de l'Australie

TOURISM NT/WAYOUTBACK AUSTRALIAN SAFARIS ©

## Uluru-Kata Tjuta National Park

Rien ne prépare à cette première fois, celle où l'on voit apparaître Uluru à l'horizon, immense rocher du désert et gardien d'une culture millénaire. Il est la carte maîtresse de l'**itinéraire 27 : Uluru et le Red Centre**. Avec les tout aussi fascinants Kata Tjuta, ce territoire sillonné de sentiers est entouré d'une aura de mystère que l'éclat rouge orangé du soleil couchant vient sublimer.

**Itinéraire** 27

## LES MEILLEURES RÉGIONS VITICOLES

**Barossa Valley** Domaines du sud de l'Australie, aux accents allemands. **Itinéraire** 22

**McLaren Vale** Ces vins rouges peuvent rivaliser avec les grands crus de la planète. **Itinéraire** 23

**Clare Valley** Une discrète vallée côté outback. **Itinéraire** 26

**Margaret River** Un cadre enchanteur et le royaume des gourmets. **Itinéraire** 32

**Tamar Valley** Le climat frais de la Tasmanie est également favorable à la vigne. **Itinéraire** 37

**Péninsule de Mornington** Excellents domaines dans le sud du Victoria. **Itinéraire** 11

## À NE PAS MANQUER

ALEX COUTO/SHUTTERSTOCK ©

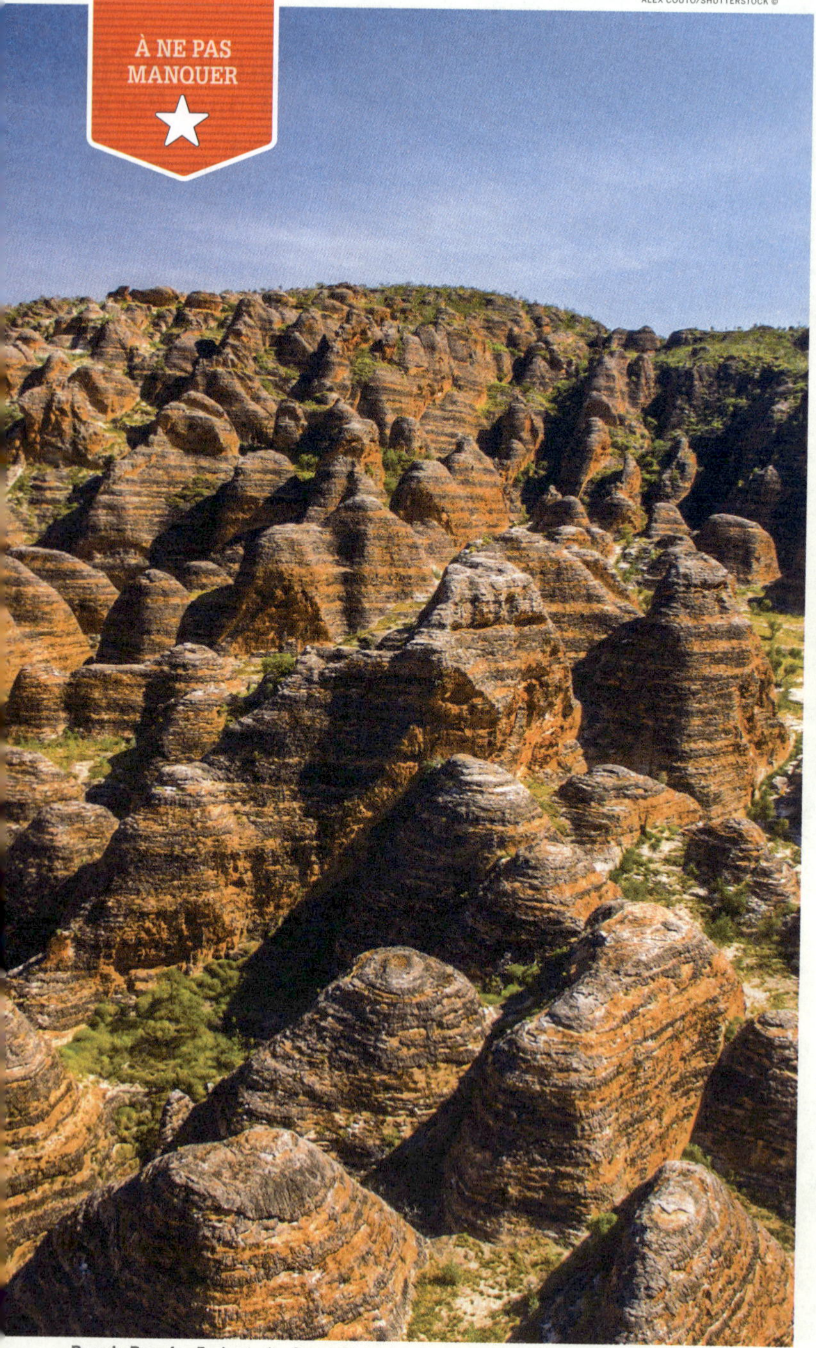

**Bungle Bungles** En Australie-Occidentale, des dômes de roche comme autant de ruches géantes

KWEST/SHUTTERSTOCK ©

**McLaren Vale** L'une des meilleures régions viticoles d'Australie-Méridionale

## Bungle Bungles

Les Kimberleys, en Australie-Occidentale, révèlent l'âme aborigène dans toute sa splendeur. L'immensité de l'horizon se resserre autour de Bungle Bungles, site saisissant s'il en est en Australie. La sérénité et le charme du lieu imposent le silence (on coupe le moteur de sa voiture) et se prêtent à la contemplation. Pour cela, suivez l'**itinéraire 4 : Traversée du Kimberley**.

**Itinéraire** 4

## Vins d'Australie-Méridionale

Explorez la Barossa Valley, avec des rouges bien charpentés (**Itinéraire 22 : Adelaide Hills et la Barossa Valley**) ; McLaren Vale, reconnu pour son syrah (**Itinéraire 23 : McLaren Vale et Kangaroo Island**) et la Clare Valley, avec ses rieslings (**Itinéraire 26 : Clare Valley et les Flinders Ranges**).

**Itinéraires** 22 23 24 26

## Observation des baleines

L'**itinéraire 31 : Côte sud-ouest de l'Australie-Occidentale** se décline sur le thème du vin et... du ballet des baleines. La côte sud-ouest de cet État est la plus sous-estimée du pays : vous pourriez bien être seul sur ces somptueuses plages de sable blanc. Observez la migration des baleines le long de la "Humpback Highway" le temps d'un séjour à Albany.

**Itinéraires** 31 32

À NE PAS MANQUER

## Wilsons Prom

À la pointe sud de l'Australie continentale, Wilsons Promontory est le paradis des randonneurs, des surfeurs et des amateurs de vie sauvage. Le bush et la côte du Victoria sont un monde à part. Depuis Tidal River, la moindre petite balade peut vous conduire à une plage ou une baie splendide. Suivez l'**itinéraire 12 : Gippsland et Wilsons Prom** pour une vue panoramique sur le "Prom" puis partez vous dégourdir les jambes sur un agréable sentier.

**Itinéraire** 12

## Kosciuzsko National Park

Les Alpes australiennes ne sont pas aussi connues que leurs cousines européennes, mais elles brillent par leur majesté et leur accessibilité. L'**itinéraire 6 : Snowy Mountains** permet de profiter de ce que le parc national a de mieux à offrir, y compris le site de Bradleys and O'Briens Hut, à la fois camping et aire de pique-nique, dans un paysage typique du "High Country" australien.

**Itinéraire** 6

BJORN SVENSSON/ALAMY STOCK PHOTO ©

(À gauche) **Wilsons Prom** La plage de Sealers Cove
(Ci-dessous) **Cradle Mountain** Échidné tasmanien

TAYLOR WILSON SMITH/SHUTTERSTOCK ©

## Cradle Mountain

Combe granitique vertigineuse sculptée pendant des millénaires par le vent et la glace, Cradle Mountain, en forme de croissant, représente l'essence même de la Tasmanie sauvage. Royaume montagneux d'une rare splendeur, il se sillonne à pied, à la rencontre d'une faune abondante. L'**itinéraire 38 : L'Ouest sauvage** vous emmène par la route au cœur même du parc.

**Itinéraire** 38

### JOYAUX DE L'OUTBACK

**Red Centre** Uluru, Kings Canyon, Olgas : le cœur de l'Australie. **Itinéraire** 27

**Mungo National Park** Paysage lunaire sculpté par le vent. **Itinéraire** 9

**Outback du Queensland** Désert aride et mangroves abondantes du golfe de Carpentarie. **Itinéraire** 21

**Flinders Ranges** Les Kimberleys (en miniature) du sud du pays. **Itinéraire** 26

**De Broome à Kununurra** Kimberley au nord, vaste désert au sud. **Itinéraire** 4

# ENVIE DE...

ANDREA IZZOTTI/SHUTTERSTOCK ©

**Kangaroo Island** À la rencontre de l'emblème australien

## Vie sauvage

Des koalas, des kangourous et une myriade d'autres animaux à poil et à plume, souvent endémiques, peuplent l'Australie. Les voyageurs les plus audacieux plongeront en cage avec les grands requins blancs. On peut apercevoir des baleines pendant leur migration, généralement de mai à octobre.

**10 Great Ocean Road** Koalas à Kennett River, baleines à Warrnambool et kangourous à Anglesea.

**23 McLaren Vale et Kangaroo Island** Kangaroo Island accueille une riche faune australienne.

**38 L'Ouest sauvage** Cradle Mountain : territoire des wombats, pademelons, wallabies et échidnés.

**29 Darwin et le Kakadu** Crocodiles et oiseaux sont rois au Kakadu et à Mary River.

## Architecture et histoire

Les édifices et monuments construits par les premiers colons ont été faits pour durer. Nombreuses sont les bourgades arborant encore une fière architecture du XIXe siècle, notamment dans l'est et le sud du pays.

**35 Circuit historique** La route de Hobart à Launceston est une succession d'anciens bâtiments en pierre.

**13 Victoria's Goldfields** Castlemaine, Maldon, Ballarat et la gare ferroviaire de Maryborough témoignent du passé aurifère de l'État.

**14 Great Alpine Road** En fin d'après-midi, le grès couvrant les édifices de Beechworth se pare d'une lumière d'or.

**8 New England** S'il n'y a qu'une seule ville historique à visiter, ce sera Armidale.

## Côtes sauvages

Avec plus de 35 000 km de côtes, l'Australie a un littoral parmi les plus vastes (et spectaculaires) au monde. Plages reculées et falaises à pic font majestueusement face à l'immensité océane.

**33 De la Coral Coast à Broome** À admirer : le Ningaloo Reef, Cable Beach à Broome, la péninsule de Dampier...

**19 Cairns et la Daintree** Une forêt dense rencontre la côte, bordée de plages idylliques, comme celle du cap Tribulation.

**36 Péninsule de Tasman** Falaises de 300 m de haut près de Fortescue Bay.

**31 Côte sud-ouest de l'Australie-Occidentale** Des baleines dans le vaste océan Austral et un arrière-pays boisé.

CATHERINE SUTHERLAND/LONELY PLANET ©

**Région viticole de Margaret River** Paradis des gourmets, en Australie-Occidentale

## Gastronomie

Les becs fins seront comblés en Australie, notamment dans le sud du pays, où les bonnes tables ne manquent pas. En complément des régions qui suivent, citons la Barossa Valley, McLaren Vale et la Clare Valley, bien connus des œnophiles.

**32 Région viticole de Margaret River** Là où les gourmands s'offrent des séjours épicuriens, en Australie-Occidentale.

**11 Péninsule de Mornington** Vins, marchés et restaurants de domaines viticoles à quelques encablures de Melbourne.

**14 Great Alpine Road** La Milawa Gourmet Region du Victoria est une vraie corne d'abondance (moutardes, fromages, vins...).

**24 Limestone Coast et Coonawarra** La chic région des vins du sud-ouest de l'Australie-Méridionale, sans la foule.

## Forêts humides

Les forêts humides d'Australie comptent parmi les plus anciennes de la planète – dans le nord tropical, en Tasmanie et dans l'arrière-pays du Queensland et de la Nouvelle-Galles du Sud, qui est habillé de vastes étendues de grands arbres.

**38 L'Ouest sauvage** L'ouest de la Tasmanie est en large partie recouvert d'une dense forêt humide, accessible depuis Strahan ou Corinna.

**19 Cairns et la Daintree** La plus belle forêt du Queensland a pour voisine la mer.

**8 New England** Promenade dans la canopée des forêts humides Gondwana (Dorrigo National Park), classées au Patrimoine mondial.

**17 Boucle dans le sud du Queensland** La plus vaste étendue de forêt subtropicale humide en Australie.

## Culture aborigène

Les premiers occupants de l'Australie lui apportent un supplément d'âme, et ce aux quatre coins du territoire. Découvrir le Nord tropical à leurs côtés est une chance. L'art rupestre révèle l'histoire ancestrale des Aborigènes et leur lien à la terre.

**4 Traversée du Kimberley** Excursions culturelles, art rupestre et sites sacrés dans le sud de cette région aride.

**27 Uluru et le Red Centre** Dans le Red Centre bat le cœur de l'Australie aborigène.

**20 Vers le cap York : de Cairns à Cooktown** Art rupestre à Quinkan et sorties grandeur nature organisées par les Aborigènes au départ de Cooktown.

**29 Darwin et le Kakadu** Art rupestre et art moderne, et circuits culturels au Kakadu.

## L'ESSENTIEL

**MONNAIE**
Dollar australien (A$)

**TÉLÉPHONE PORTABLE**
Le réseau mobile australien fonctionne avec les téléphones européens, mais pas sur certains appareils nord-américains. Utilisez le roaming ou une carte SIM australienne avec un compte prépayé. Telstra a la plus large couverture.

**ACCÈS INTERNET**
Le Wi-Fi est très répandu dans les zones urbaines, moins dans les zones reculées. Peu de cybercafés, mais ordinateurs parfois disponibles dans les bibliothèques publiques.

**CARBURANT**
Les tarifs au litre du sans-plomb et du diesel varient entre 1,20 $ dans les villes et 2,20 $ dans l'outback. Le GPL est à 0,70 $ le litre.

**LOCATION DE VOITURE**
Avis (www.avis.com.au)
Budget (www.budget.com.au)
Europcar (www.europcar.com.au)
Hertz (www.hertz.com.au)

**NUMÉROS UTILES**
Urgences ☎ 000
Indicatif pays ☎ 0011

## Climat

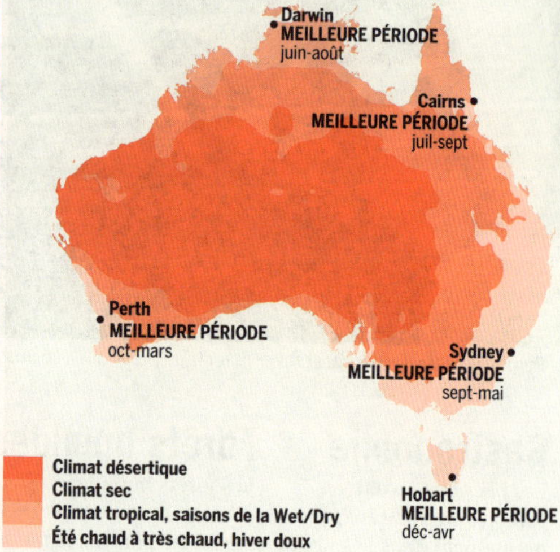


## Quand partir

### Haute saison (déc-fév)

» Été : vacances nationales, plages très fréquentées et cricket.

» Hausse de 25% sur les hébergements dans les grandes villes.

» La Wet (donc basse saison) dans le nord de l'Australie-Occidentale, dans le Territoire du Nord et le nord du Queensland.

### Saison intermédiaire (mars-mai et sept-nov)

» Soleil encore chaud, ciel dégagé, moins de files d'attente.

» Pâques (fin mars ou début avril) est une période de grands chassés-croisés des familles.

» Les couleurs d'automne habillent le Victoria, la Tasmanie et l'Australie-Méridionale.

### Basse saison (juin-août)

» Journées fraîches et pluvieuses dans le Sud, météo clémente et ensoleillée dans le Nord.

» Moins de touristes (sauf dans l'extrémité nord) ; heures d'ouverture légèrement réduites sur les grands sites.

» Meilleure saison pour partir dans le désert, le Nord tropical ou à la neige.

## Arriver en Australie

### Aéroport de Sydney

**Bus** Service de navette (à réserver) pour rejoindre votre hôtel en ville (autour de 20 $).

**Train** Les trains AirportLink rallient le centre-ville toutes les 10 minutes de 5h à 1h (14,30 $ en sus du prix du billet classique ; 20 min).

**Taxi** La course entre l'aéroport et le centre-ville coûte jusqu'à 55 $ (30 min).

### Aéroport de Melbourne

**Bus** SkyBus (24h/24) dessert la ville (20 min), avec un départ toutes les 10 à 30 minutes.

**Taxi** La course entre l'aéroport et le centre-ville coûte entre 55 et 75 $ (25 min).

### Aéroport de Brisbane

**Bus** Service de navette (à réserver) pour rejoindre votre hôtel en ville (autour de 20 $).

**Train** Airtrain rallie le centre-ville (20 min) toutes les 15 à 30 minutes, de 5h à 22h.

**Taxi** La course entre l'aéroport et le centre-ville coûte entre 50 et 60 $ (25 min).

## Heures d'ouverture

**Banques** 9h30-16h lundi-jeudi, 9h30-17h vendredi

**Cafés** 7h-16h ou 17h

**Magasins** 10h-17h ou 18h lundi-vendredi, jusqu'à 12h ou 17h samedi et (grandes villes et zones touristiques) dimanche

**Pubs** 12h-14h et 18h-21h (restauration), 18h-23h ou plus tard (bar)

**Restaurants** 12h-14h et 18h-21h

**Stations-service** 8h-22h

## Budget quotidien

### Moins de 200 $

» Lit en dortoir en auberge de jeunesse : 40 $

» Chambre double dans un motel 2 étoiles : 100-150 $

» Plat basique : 15-20 $

» Court trajet en bus et billet de tramway : 5 $

### 200-350 $

» Chambre double en B&B ou hôtel : 150-250 $

» Brunch dans un bon établissement : 25-40 $

» Concert (petit groupe) ou spectacle : 30 $

» Court trajet en taxi : 25 $

### Plus de 350 $

» Chambre double en hôtel haut de gamme : à partir de 250 $

» Menu entrée-plat-dessert dans un bon restaurant : 125 $

» Billet de théâtre ou de festival : à partir de 100 $

» Vol intérieur entre deux villes : à partir de 100 $

## Se restaurer

**Cafés** Petit-déjeuner, déjeuner léger ou café en journée.

**Restaurants** Plats australiens modernes et cosmopolites.

**Pubs** Plats à prix raisonnables.

**Relais routiers (Roadhouses)** Repas généreux et sans prétention.

**Végétariens** Large choix dans les villes, moins répandu ailleurs.

| | |
|---|---|
| $ | moins de 20 $ |
| $$ | 20-40 $ |
| $$$ | plus de 40 $ |

## Se loger

**Auberges de jeunesse** Largement répandues.

**B&B** Fréquemment dans des bâtiments historiques restaurés.

**Camping-caravaning** Emplacements et *cabins* basiques pour la plupart.

**Hôtels** Du plus rudimentaire au plus luxueux.

**Motels** Chambres souvent sommaires et abordables.

| | |
|---|---|
| $ | moins de 200 $ |
| $$ | 200-350 $ |
| $$$ | plus de 350 $ |

## Argent

DAB très répandus, sauf dans zones reculées et certains villages. Visa et MasterCard le plus souvent acceptées.

## Pourboire

Il est courant (mais pas obligatoire) de laisser un pourboire si le service le justifie, entre 5% et 10%. Arrondissez le prix de la course de taxi.

## Sites Web

**Lonely Planet** (www.lonelyplanet.fr) Infos, forums, etc.

**Tourism Australia** (www.australia.com) Site officiel.

**Australian Automobile Association** (www.aaa.asn.au) Liste des clubs automobiles.

**Parks Australia** (www.environment.gov.au)

Voir aussi la section *Carnet pratique* (p. 434).

# LES GRANDES VILLES

**Sydney** Opéra

## SYDNEY

**Spectaculaire, tentaculaire et audacieuse, Sydney a été propulsée au panthéon des plus belles villes du monde. Son port n'a plus besoin d'être vanté, ses bonnes tables ne manquent pas et ses rues historiques s'harmonisent parfaitement aux sites emblématiques qui l'ont rendue célèbre.**

### Se déplacer

Il vaut mieux éviter de rouler en voiture dans le centre-ville : un système de voies à sens unique complique la circulation, les rares places de parking sont chères et les agents de contrôle, les péages et les zones d'enlèvement prolifèrent. À pied, vous accéderez à un système ferroviaire fiable, avec des lignes qui partent en étoile depuis Central Station, et aux ferries de la zone portuaire.

### Se garer

Les parkings privés sont plus chers (environ 15 $ l'heure) que les parkings publics (parfois moins de 10 $ l'heure). Stationner dans la rue videra votre porte-monnaie (2,50 à 8 $ l'heure) – la carte bancaire est parfois acceptée.

### Se restaurer

Circular Quay et The Rocks concentrent les restaurants haut de gamme de la ville. Au centre-ville, les dim sums se dégustent à toute heure du jour et de la nuit. On trouve des gastropubs, cafés chics et restaurants tendance à Paddington et au Centennial Park.

### Se loger

Circular Quay, The Rocks et Sydney Harbour sont des quartiers où vous pourrez vous déplacer à pied et bénéficier de l'excellent réseau de transport, voire d'une vue sur le port, mais les prix atteignent des sommets. De Bondi à Coogee, ce n'est que plage, sable, surf et corps bronzés – un bus mène au centre-ville.

### Sites Web

**Destination NSW** (www.sydney.com). Site officiel de tourisme.

**Time Out Sydney** (www.timeout.com/sydney). Infos culturelles et sorties.

**Lonely Planet** (www.lonelyplanet.fr). Forum, informations et liens vers d'autres sites.

### Sur la route de Sydney 1 5

F11PHOTO/SHUTTERSTOCK ©
CATHERINE SUTHERLAND/LONELY PLANET ©

**Melbourne** Federation Square

# MELBOURNE

**Melbourne est captivante : la scène gastronomique et les cafés de haut vol apportent du dynamisme à la deuxième ville d'Australie, tandis que les manifestations artistiques et sportives attirent de nombreux visiteurs. Les berges revitalisées et les lieux tendance disséminés dans cette ville verdoyante se complètent de façon irrésistible.**

## Se déplacer

On trouve des sections à péages (bien signalées) sur certaines routes principales. Le train "City Loop" traverse la ville et les trams du Central Business District (CBD) sont gratuits. Le Myki Explorer Pack (15 $) donne droit à tous les modes de transport pendant une journée, avec des réductions sur l'entrée de plusieurs sites. Il est en vente à l'aéroport, au terminal de Skybus et au bureau central de PTV à Southern Cross Station.

## Se garer

Parking dans la rue avec horodateurs (3,20 $ à 5,50 $ l'heure). Les agents passent régulièrement dans le centre et la proche banlieue. Ne vous garez pas dans les zones marquées "Clearway". Les parkings couverts (chers) ne manquent pas. Les prix sont variables, avec parfois un tarif spécial week-end.

## Se restaurer

Au centre-ville et dans les environs de Southbank, les bons restaurants sont légion : le *yum cha* du dimanche midi à Chinatown est une institution. Lygon St à Carlton se distingue par ses restaurants italiens, tandis que Fitzroy et Brunswick font honneur à la richesse multiculturelle de leur population.

## Se loger

Les hébergements du centre-ville couvrent toute la gamme de prix et vous installent au cœur de l'action. Certains logements sont situés à l'extérieur du centre.

## Sites Web

**Broadsheet Melbourne** (www.broadsheet.com.au). Restaurants, bars, shopping...

**What's On Melbourne** (whatson.melbourne.vic.gov.au). Liste des sorties culturelles.

**Visit Victoria** (www.visitvictoria.com). Visiter Melbourne et le Victoria.

## Sur la route de Melbourne 1

**Perth** Kings Park et le Central Business District (CBD ; le centre-ville)

# PERTH

**Ville décontractée et agréable à vivre, Perth profite d'une météo clémente et de belles plages. C'est une cité cosmopolite pourvue d'une multitude de bars, restaurants et d'activités culturelles. Pour lever le pied, il suffit de partir à la découverte de ses parcs urbains, de son bush et de ses plages.**

## Se déplacer

Circuler en ville demande de la pratique, certaines rues étant à sens unique et pas toujours indiquées. La zone métropolitaine est desservie par les bus Transperth (www.transperth.wa.gov.au) et trois lignes gratuites sont opérées par Central Area Transit (CAT).

## Se garer

Il existe de nombreux parkings couverts au centre-ville, mais pas de stationnement gratuit. Pour cela, il faudra quitter les principales artères commerçantes et lire attentivement les panneaux de signalisation.

## Se restaurer

Les cafés et les restaurants tendance ont pignon sur rue à Northbridge, Leederville et Mt Lawley, et ceux du centre-ville se concentrent autour de Brookfield Place sur George's Terrace. Les prix sont parfois excessifs, mais il est encore possible de manger pour pas trop cher, surtout du côté de Little Asia près de William St à Northbridge.

## Se loger

Perth est très étendue. Repaire de *backpackers* et de fêtards, Northbridge peut être bruyant. CBD (le centre-ville) et Northbridge sont proches des transports publics et, si la plage vous tente, il vaut mieux séjourner dans ces deux quartiers, car, ailleurs, se déplacer en transports en commun peut prendre du temps.

## Sites Web

**Heat Seeker** (www.heatseeker.com.au). Concerts et billetterie.

**Perth Now** (www.perthnow.com.au). Infos et critiques de restaurants à Perth et en Australie-Occidentale.

**Visit Perth** (www.visitperth.com.au). Site officiel, avec des plans et des infos.

## Sur la route de Perth 2 33

**Brisbane** South Bank Parklands

# BRISBANE

**Si vous n'êtes jamais venu à Brisbane, vous allez adorer et si vous êtes resté longtemps absent, vous serez surpris. C'est une ville formée de "villages" urbains animés, avec une touche d'excentricité – la réponse du Queensland à un Sud plus sophistiqué, assortie à un climat agréable et à une rafraîchissante absence de prétention !**

## Se déplacer

Un GPS pourrait bien être votre meilleur ami à Brisbane : le réseau des rues de la ville est bien compliqué. Cependant, les transports publics (bus, train, ferry), opérés par Transurban (www.transurban.com), sont excellents.

## Se garer

Parking avec horodateur pour 2 heures dans le centre-ville (CBD) et la proche banlieue. En journée, le parking coûte moins cher dans les quartiers de South Bank et de West End, mais le soir, c'est gratuit dans le centre.

## Se restaurer

C'est au centre-ville que vous trouverez bonnes adresses et petits cafés. Fortitude Valley abrite les cafés bon marché ainsi que Chinatown. Non loin, New Farm ne manque pas de restaurants multiculturels, de cafés de style européen et de tables primées. L'éclectique West End accueille des restaurants multiculturels à bon prix et des cafés bohèmes. South Banks a un choix plus convenu et plus cher.

## Se loger

Il faut se rendre à Spring Hill pour goûter au calme ; à Fortitude Valley pour festoyer jusqu'au petit matin ; à Paddington pour les cafés et les boutiques ; à Petrie Terrace pour les auberges de jeunesse ; au quartier *gay-friendly* de New Farm pour les restaurants ; et au West End pour les bars et les librairies.

## Sites Web

**Brisbane Visitor Information Centre** (www.visitbrisbane.com.au). Multitude d'informations sur la ville.

**Queensland Holidays** (www.queenslandholidays.com.au). Pour tout savoir sur Brisbane : hébergements, sites et sorties.

**Courier-Mail** (www.couriermail.com.au). Le quotidien de la ville : actualités et sport.

## Sur la route de Brisbane 16 17 18

# L'AUSTRALIE PAR RÉGIONS

**D'une époustouflante diversité, l'Australie est le paradis des routards. Ses côtes découpées, son outback empreint de spiritualité et ses épaisses forêts humides sont ponctués de bourgades historiques, de terres ancestrales et d'une faune insolite. Voici ce que chaque région pourra vous offrir.**

## Territoire du Nord (p. 307)

Une atmosphère rude, façon Far West américain, se dégage du Territoire du Nord, du Top End et du Red Centre, contrée où les crocodiles hantent les hauts-fonds et où la beauté sauvage de certains sites, comme Uluru, Kata Tjuta, Kings Canyon, Kakadu ou le Litchfield National Park, offre un cadre fabuleux aux guides et artistes aborigènes.

**Contemplez un coucher de soleil sur Uluru grâce à l'itinéraire 27**

**Admirez des œuvres d'art aborigène au fil de l'itinéraire 28**

## Australie-Occidentale (p. 347)

Le plus grand État du pays arbore le bleu de l'océan, le vert des vignes et le rouge de l'outback. Les régions viticoles et les forêts du Sud-Ouest sont assorties de parcs et de sites fascinants – les Pinnacles, le Ningaloo Reef, les Kimberleys ou les Bungle Bungles.

**Le gourmet qui sommeille en vous sera rassasié en empruntant l'itinéraire 32**

**Des randonnées dans des gorges reculées au fil de l'itinéraire 33**

## Australie-Méridionale (p. 253)

Les vins ont le vent en poupe dans quatre régions de cet État. Kangaroo Island et Port Lincoln se distinguent par leur faune et leur flore, tandis que Coober Pedy et les Flinders Ranges incarnent l'inoubliable outback.

**Les vignobles avec l'itinéraire 32**

**Pour voir la faune, cap sur l'itinéraire 33**

## Queensland (p. 195)

Au programme : la Grande Barrière de corail, qui suit la côte sur plus de 2 000 km, de vastes forêts humides riches en vie sauvage et en légendes aborigènes, et l'outback, un immense territoire fait de bourgades isolées, d'impressionnantes formations géologiques et d'horizons sans fin. Au sud, c'est la fête, le glamour et l'extravagance qui règnent.

**Guettez les baleines en suivant l'itinéraire 16**

**La Grande Barrière de corail, à explorer sous l'eau, est le point d'orgue de l'itinéraire 19**

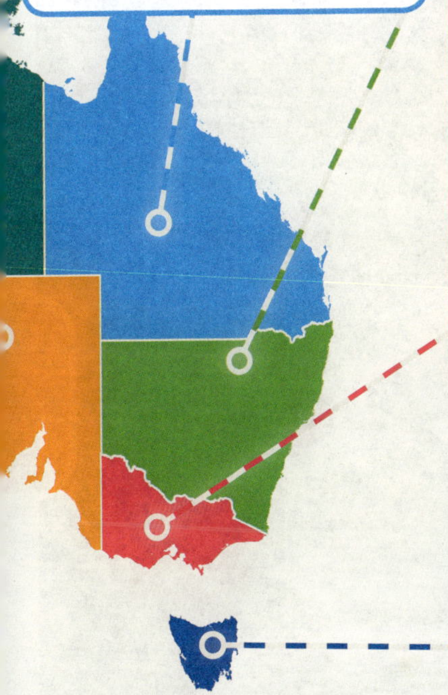

## Nouvelle-Galles du Sud et ACT (p. 81)

Outre les jolies villes qui ponctuent cette longue portion de côte, découvrez des forêts humides, des régions viticoles et les plus hauts sommets australiens. Et, plus loin, le ciel immense de l'outback vous attend.

**Apprenez à surfer ; suivez l'itinéraire 5**

**Gravissez un sommet avec l'itinéraire 6**

## Victoria (p. 135)

Les côtes du Victoria n'ont rien à envier à celles des autres régions du pays, et l'intérieur des terres offre une belle palette de villes historiques, dont la prospérité au XIXe siècle est liée à la ruée vers l'or et au commerce fluvial. Avec, en prime, de bonnes stations de ski et une scène culinaire de premier ordre, cet État est l'un de nos préférés.

**Cherchez de l'or sur l'itinéraire 13**

**Embarquez sur un bateau à aubes avec l'itinéraire 15**

## Tasmanie (p. 385)

La Tasmanie est l'une des dernières grandes terres sauvages de la planète – depuis les remparts de Cradle Mountain jusqu'aux falaises de la péninsule de Tasman. L'île renferme des villes historiques, une excellente région viticole et une faune et une flore uniques.

**Remontez au XIXe siècle avec l'itinéraire 35**

**Marchez avec les wombats le long de l'itinéraire 38**

# AUSTRALIE

## Routes Mythiques

JOHN W BANAGAN/GETTY IMAGES ©

MASTERSKY/SHUTTERSTOCK ©

## Route mythique, c'est-à-dire ?

Si chacun des itinéraires de ce guide dévoile le meilleur de l'Australie, dix d'entre eux nous semblent de grands classiques. Ces "routes mythiques" vous mèneront au cœur des sites emblématiques du pays et vers les expériences les plus évocatrices. Tournez la page pour les retrouver et repérez l'indication "Route mythique" au fil de ce guide.



Ci-dessus : Barossa Valley (p. 257)
À gauche : Great Ocean Road (p. 139)

Route Mythique
4
Traversée du Kimberley
L'arrière-pays du Kimberley fait partie des grands *road trips* d'Australie. 14 JOURS
Route Mythique
27
Uluru et le Red Centre
Uluru, les monts Olgas, Kings Canyon et les MacDonnell Ranges. Y a-t-il besoin d'en dire plus ? 10-14 JOURS
Route Mythique
2
Plaine de Nullarbor
Cette route épique n'a pas son pareil dans tout le pays. 5-7 JOURS
Route Mythique
22
Adelaide Hills et la Barossa Valley
Une région viticole multiprimée aux accents germaniques.
3-4 JOURS
Route Mythique
10
Great Ocean Road
Difficile de trouver un littoral marin plus fabuleux que celui du sud-ouest du Victoria.
5-7 JOURS
Mer d'Arafura
Melville Island
Oxley Island
Mer de Timor
Nhulunbuy
Darwin
Jabiru
Kakadu National Park
Cap Londonderry
Katherine
Mataranka
Wyndham
Kununurra
Daly Waters
Derby
Ord River
Broome
Fitzroy Crossing
Halls Creek
Tennant Creek
Port Hedland
Pilbara
TERRITOIRE DU NORD
Karratha
North West Cape
Exmouth
Newman
Petit Désert de sable
Désert de Gibson
Alice Springs
Yulara
Uluru-Kata Tjuta National Park
Carnarvon
Shark Bay
AUSTRALIE-OCCIDENTALE
Grand Désert de Victoria
Marla
Désert de Simpson
Coober Pedy
Mt Magnet
Geraldton
AUSTRALIE-MÉRIDIONALE
Kalgoorlie-Boulder
Plaine de Nullarbor
Eucla
Port Augusta
OCÉAN INDIEN
Perth
Norseman
Ceduna
Grande Baie australienne
Whyalla
Péninsule d'Eyre
Bunbury
Wagin
Esperance
Margaret River
Adélaïde
Cap Leeuwin
Albany
Kangaroo Island
OCÉAN AUSTRAL
N
0
1 000 km

# AUSTRALIE ROUTES MYTHIQUES

Route Mythique

## 16 Côte du Queensland

Pour explorer l'une des plus sublimes côtes de la planète. **10-14 JOURS**

Route Mythique

## 3 D'Alice Springs à Adélaïde

Une véritable épopée à la rencontre de deux Australie, toutes deux passionnantes.

**7 JOURS**

Route Mythique

## 5 De Sydney à Byron Bay

L'emblématique route "Aussie" vous emmène sur des plages de surf et dans des stations balnéaires décontractées. **7-10 JOURS**

Route Mythique

## 1 De Sydney à Melbourne

Cette route côtière mythique reliant deux villes dynamiques passe par un chapelet de bourgades pleines de charme.

**5-7 JOURS**

Route Mythique

## 34 Côte est de la Tasmanie

Un grandiose aperçu de la Tasmanie et de son historique côte est.

**3-5 JOURS**

Route Mythique

# De Sydney à Melbourne

1

*Certes, vous pourriez emprunter la Hume Hwy pour rallier rapidement Sydney à partir de Melbourne en passant par l'intérieur des terres, mais cet itinéraire côtier plus long, plus lent, est aussi infiniment plus beau.*

## TEMPS FORTS

**5-7 JOURS**
**1 100 KM**

**PARFAIT POUR...**

**LE MEILLEUR MOMENT**
De novembre à mars, la température de l'eau est plus chaude et le ciel dégagé.

**LA PHOTO SOUVENIR**
Les plages de sable blanc près de Jervis Bay.

**POUR LES FAMILLES**
Les kangourous sur la plage et, au printemps, les baleines au large de Merimbula.

**Jervis Bay** Eucalyptus et sable blanc à Greenfield Beach

Route Mythique

# 1 De Sydney à Melbourne

L'éblouissante côte qui s'étend de Sydney à Melbourne, en longeant des forêts primitives, est la portion la plus fréquentée de l'emblématique Route 1. C'est autour de Jervis Bay, de Mallacoota et du cap Conran que le littoral est le plus sauvage et le plus évocateur ; Central Tilba séduit par son côté bohème, son bon fromage et son vin. Les amoureux de la faune contempleront les koalas de Paynesville, les otaries et les oiseaux marins de Montague Island et les kangourous des environs de Merimbula.

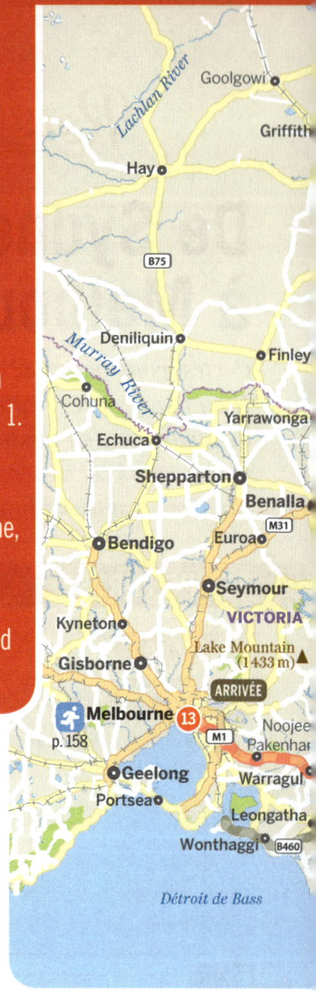


## ❶ Sydney

Sydney est uniquement le point de départ de notre itinéraire ; nous ne nous y attarderons donc pas.

**La route »** Depuis Sydney, empruntez la Hwy 1 en direction du sud. Peu après avoir quitté l'agglomération, à Loftus, bifurquez vers Bundeena et le Royal National Park.

## ❷ Royal National Park

Deuxième parc national le plus ancien (1879) au monde, le **Royal National Park** (☎02-9542 6000 ; www.nationalparks.nsw.gov.au ; voitures 12 $, piétons et cyclistes gratuit ; ⏲routes secondaires 7h-20h30) protège 15 000 ha de marais, forêt subtropicale humide et plages. Falaises à pic et bandes de sable se succèdent le long de ses 32 km de côte. **Garie** et **Wattamolla** font partie des plages les plus accessibles. Les routes d'accès ferment à 20h30 (y compris les routes secondaires menant à de petites plages) et les véhicules doivent s'acquitter d'un droit d'entrée de 12 $. Si vous ne comptez pas descendre de votre véhicule, empruntez la Rte 68 qui effectue une jolie boucle dans le parc.

**La route »** Poursuivez sur la route côtière et empruntez le Sea Cliff Bridge entre Clifton et le Stanford Park. Ce pont, qui domine la mer en longeant de vertigineuses falaises, est époustouflant (on peut l'admirer depuis un petit parking). Les points de vue spectaculaires se multiplient à l'approche de Wollongong. Plus loin, après Kiama, tournez en direction de Jervis Bay.

TEMPS FORT

## 3 Jervis Bay

Joyau de la Nouvelle-Galles du Sud, cette grande baie abritée réunit sable immaculé, eaux translucides, parcs nationaux et dauphins s'ébattant au large. Des vacanciers viennent de Sydney (en été et

## À COMBINER AVEC

### 5 De Sydney à Byron Bay

Si vous empruntez l'itinéraire dans le sens Melbourne-Sydney, vous pouvez continuer à longer la côte sur 879 km jusqu'à Byron Bay.

### 12 Gippsland et Wilsons Prom

Cet itinéraire qui traverse le Gippsland emprunte une section de la Princes Hwy – faites un détour par Phillip Island avant de vous poser à Melbourne.

les week-ends) et des baleines fréquentent ses eaux de mai à novembre. Le **Jervis Bay National Park** (www.nationalparks.nsw.gov.au ; ) se situe près de Callala Bay. Les activités aquatiques ne manquent pas ! **Dolphin Watch Cruises** (02-4441 6311 ; www.dolphinwatch.com.au ; 50 Owen St, Huskisson ; observation des dauphins/baleines 35/65 $ ; ) organise des croisières pour observer la vie marine, que vous pourrez voir de plus près en plongeant avec **Dive Jervis Bay** (02-4441 5255 ; www.divejervisbay.com ; 64 Owen St, Huskisson ; 2 plongées à partir de 175 $, snorkeling 135 $ ; bureau 10h-15h lun-mer, 10h-17h jeu-ven, 8h-17h sam-dim). Sortez les pagaies pour du kayak ou du paddle avec **Jervis Bay Kayaks & Paddlesports** (02-4441 7157 ; www.jervisbaykayaks.com.au ; 13 Hawke St, Huskisson ; kayak 2 heures/jour à partir de 39/69 $, vélo 2 heures/jour 29/50 $, masque et tuba à partir de 20 $, excursion 2 heures 59-79 $ ; 9h30-16h30 lun et mer-ven, 9h30-15h sam-dim déc-fév, horaires variables mar-nov ; ).

p. 44

**La route »** Rejoignez la route principale et dirigez-vous vers le sud. Vous traverserez les villes de Milton, Ulladulla et Batemans Bay avant d'atteindre Mogo.

## 4 Mogo

Si Batemans Bay est plus populaire, Mogo, avec ses maisons anciennes en bois abritant cafés et boutiques de souvenirs, se révèle plus calme. Le village date de la ruée vers l'or, au XIXe siècle. La **Gold Rush Colony** (02-4474 2123 ; www.goldrushcolony.com.au ; 26 James St ; adulte/enfant 25/15 $ ; 10h-16h ; P ) reconstitue un village de pionniers avec saloon et démonstrations de filage. Les enfants pourront s'essayer à l'orpaillage. On trouve des plages au sud de Moruya Heads, 15 km plus loin, et un restaurant au bord de l'eau, **The River** (02-4474 5505 ; www.therivermoruya.com.au ; 16 Church St ; plats 26-37 $, dégustation 5 plats 100 $ ; 12h-14h et 18h-20h mer-sam, 12h-14h dim), à Moruya ainsi qu'un B&B historique, le **Post & Telegraph** (02-4474 5745 ; www.postandtelegraphbb.blogspot.com ; angle Page St et Campbell St ; s/d avec petit-déj 130/160 $ ; P ).

**La route »** Depuis Mogo, la route serpente au fil de la côte. Empruntez le grand pont de Moruya. Des forêts bordent la route menant à Narooma.

### VAUT LE DÉTOUR
### MURRAMARANG NATIONAL PARK

**Point de départ : 3 Jervis Bay**

Il est facile de pratiquer des activités aquatiques dans ce parc naturel côtier, du surf au kayak en passant par l'observation de la faune marine. La Murramarang Aboriginal Area, zone archéologique protégée, abrite des *middens* (vestiges d'anciens campements) aborigènes et d'anciens sites de fabrication d'outils.

Des sentiers pédestres serpentent depuis les plages. L'ascension de Durras Mountain (283 m) est une promenade agréable, malgré le dénivelé. Empruntez la Rte 1 depuis Jervis Bay, dépassez Ulladulla puis, à Termeil, tournez à gauche (au sud-est) vers Bawley Point ; suivez ensuite les routes côtières jusqu'à Durras. La plupart des routes du parc sont en mauvais état, mais celles menant à Durras, Durras Lake, Depot Beach et Durras North sont goudronnées, de même que Mt Agony Rd, qui dessert Pebbly Beach (mais Pebbly Beach Rd ne l'est pas).

TEMPS FORT

## 5 Narooma et Montague Island

Narooma est une paisible bourgade située dans une crique et encadrée de plages non abritées. Elle se distingue par sa proximité avec **Montague Island (Barranguba)** (www.montagueisland.com.au). Les amateurs de plongée et de snorkeling rejoignent en bateau cette île préservée, exempte d'animaux nuisibles, pour admirer des otaries à fourrure. **Underwater Safaris** (☎0415 805 479 ; www.underwatersafaris.com.au ; 1/2 plongées 80/120 $) propose des sorties respectueuses de l'environnement. L'île est aussi riche de 90 espèces aviaires. Des manchots pygmées y nichent, principalement de septembre à février ; on peut apercevoir des baleines au large à la même période. Les *rangers* du parc national proposent des balades guidées de 3 heures à la découverte de l'île (réservez). De retour à Narooma, baignez-vous à l'extrémité sud de **Bar Beach** ou rejoignez le charmant village de **Mystery Bay**, où un **camping** (☎0428 622 357 ; www.mysterybaycampground.com.au ; Mystery Bay Rd, Mystery Bay ; adulte/enfant 17/5 $), rudimentaire, est idéalement situé.

p. 44

**La route »** La route ne s'éloigne guère de la côte au sud de Narooma, mais dès qu'elle dévie vers l'intérieur des terres, prenez la bifurcation en direction de Central Tilba et dirigez-vous vers les collines.

## 6 Central Tilba

Cité minière de la ruée vers l'or, Central Tilba est l'un des villages du XIX^e^ siècle les mieux préservés d'Australie. Cafés et boutiques d'artisanat occupent les bâtiments historiques de Bate Street. Derrière le pub, montez jusqu'au château d'eau : le point de vue est magnifique.

Intéressant, **Apma Creations** (☎0437 617 390 ; 17 Corkhill Dr ; ⏲10h-16h) propose des créations d'artistes aborigènes – art du désert, bijoux, etc. En retrait de la rue principale, **ABC Cheese Factory** (Tilba Real Dairy ; ☎02-4473 7387 ; www.tilbarealdairy.com ; 37 Bate St ; ⏲9h-17h oct-avr, 9h-16h mai-sept) fabrique de délicieux produits laitiers relevés d'olives et d'herbes aromatiques locales. Une bonne bouteille de riesling à se procurer aux **Tilba Valley Wines** (☎02-4473 7308 ; www.tilbavalley.com.au ; 947 Old Hwy, Corunna ; ⏲dégustation de vins 11h-17h, déj 12h-15h) couronnera le tout ; la vue sur le vignoble est superbe depuis le domaine.

p. 44

**La route »** Depuis Central Tilba, quittez dès que possible la Rte 1 pour la route côtière passant par Bermagui, Mimosa Rocks, Tathra et Tura Beach. Faites des pauses pour profiter du paysage !

TEMPS FORT

## 7 Merimbula

Merimbula est une station balnéaire dotée d'une belle plage dorée encadrée par une crique. Son choix d'activités nautiques et ses excellents restaurants n'attirent pas qu'une clientèle familiale. Partez observer les dauphins dans la baie, et les baleines de mi-août à novembre, avec **Merimbula Marina** (☎02-6495 1686 ; www.merimbulamarina.com ; jetée de Merimbula, Market St ; 👪). La zone humide protégée de **Pamboola** (☎0414 864 873 ; www.panboola.com ; Bullara St, Pambula) est sillonnée de sentiers praticables à pied et à vélo et accessibles en fauteuil roulant ; on y croise de nombreux oiseaux et, au crépuscule, des kangourous. Dans un tout autre style, **Captain Sponge's Magical Oyster Tours** (☎0429 453 545 ; www.magicaloystertours.com.au ; Pambula ; sortie 2 heures adulte/enfant 60/30 $ ; 👪) vous emmène en balade sur le lac Pambula ; vous pourrez goûter à de délicieuses huîtres.

p. 44

# Route Mythique

GREG BRAVE/SHUTTERSTOCK ©

ASHTONEA/SHUTTERSTOCK ©

## POURQUOI EST-CE UNE ROUTE MYTHIQUE ?

ANITA ISALSKA, AUTEURE

**Parcourir la route côtière entre Melbourne et Sydney, voilà le road trip rêvé : aller de plages solitaires en bourgades de pionniers, observer le souffle des baleines, les plongeons des otaries et les pirouettes des dauphins, faire du surf ou de la plongée, puis suivre des sentiers de randonnée, tout en s'immergeant dans l'histoire aborigène. Au fur et à mesure que j'approche du but, les chemins que j'emprunte s'allongent, tant je cherche à prolonger ce merveilleux périple.**

Ci-dessus : Croajingolong National Park
À gauche : otaries de Montague Island
À droite : Ben Boyd National Park

BENNY MARTY/SHUTTERSTOCK ©

**La route »** Rien de plus simple que de rallier Eden : empruntez la Rte 1 sur 26 km.

## 8 Eden et Ben Boyd National Park

Eden est une localité paisible. Souvent, l'activité se cantonne au port, lorsque les bateaux de pêche arrivent à quai. Des baleines à bosse et des baleines franches australes font halte dans Twofold Bay pour se nourrir au cours de leur migration vers l'Antarctique, de fin septembre à fin novembre. Préparez-vous à crier "Thar she blows!" ("Là, elle souffle !"), comme les baleiniers jadis. Le **Killer Whale Museum** (02-6496 2094 ; www.killerwhalemuseum.com.au ; 184 Imlay St ; adulte/enfant 10/2,50 $ ; 9h15-15h45 lun-sam, 11h15-13h45 dim), qui renferme le squelette du cétacé le plus célèbre de la baie, présente des expositions liées à l'histoire des baleines. Les 105 km² du splendide **Ben Boyd National Park** (www.nationalparks.nsw.gov.au ; véhicule dans la section sud/nord 8 $/gratuit) s'étirent de chaque côté d'Eden. La partie nord renferme de hautes falaises riches en fer et des *middens* (vestiges d'anciens campements) aborigènes ; on y accède par la Princes Hwy au nord d'Eden. Les plages reculées et les bâtiments historiques de la partie sud sont accessibles par des routes gravillonnées partant d'Edrom Rd, chemin goudronné qui quitte la Princes Hwy 19 km au sud d'Eden. Au sud du parc, le **Green Cape Lightstation** (☎02-6495 5000 ; www.nationalparks.nsw.gov.au ; Green Cape Rd ; visites guidées adulte/enfant/famille 12/6/30 $), avec son phare de 1883, offre de très beaux points de vue.

🍴 🛏 p. 45

**La route »** Au sud d'Eden, la Pacific Hwy s'éloigne de la côte pour traverser des forêts en direction du Victoria. La circulation, et les localités, se font moins denses au fil du trajet. Une fois arrivé dans le Victoria, à Genoa, tournez en direction de Mallacoota.

TEMPS FORT

## 9 Mallacoota et Croajingolong National Park

Blottie sur un vaste bras de mer, entourée des collines et des dunes du **Croajingolong National Park**, Mallacoota s'enorgueillit de plages désertes, de lieux de baignade paisibles... et de kangourous à profusion. D'une superficie de 875 $km^2$, le magnifique parc Croajingolong s'étend sur une centaine de kilomètres depuis le village de Bemm River jusqu'à la Nouvelle-Galles du Sud. À 14 km au large de Mallacoota, Gabo Island, balayée par les vents, est couronné par un phare opérationnel et abrite l'une des plus importantes colonies de manchots pygmées au monde. Contactez **Wilderness Coast Ocean Charters** (☎0417 398 068) pour y accéder en bateau.

🍴 🛏 p. 45

**La route »** Rebroussez chemin sur 22 km en direction du nord-ouest pour rejoindre la Princes Hwy et tournez à gauche. Continuez jusqu'à Cann River puis, juste après Orbost, bifurquez vers le sud en direction de Marlo, à 15 km.

## 10 Marlo et le cap Conran

Située à l'embouchure de la Snowy, Marlo est une charmante bourgade de bord de mer. Prisée des pêcheurs à la ligne, elle permet de longer la Wilderness Coast (côte sauvage) jusqu'au **cap Conran** (☎03-5154 8438 ; www.parkweb.vic.gov.au ; cabins

### VAUT LE DÉTOUR
### BUCHAN CAVES

**Point de départ : 10 Marlo**

Sur les contreforts des Snowy Mountains, près de la ville assoupie de Buchan, s'étend le labyrinthique réseau des **Buchan Caves** (☎13 19 63 ; www.parks.vic.gov.au ; Caves Rd ; visites guidées adulte/enfant/famille 22,80/13/63,10 $, 2 grottes 34,20/19,80/94,20 $ ; ⏲visites guidées 10h, 11h15, 13h, 14h15 et 15h30, horaires variables selon les saisons), des grottes ouvertes aux visiteurs depuis plus d'un siècle. L'érosion d'une très vieille roche calcaire par des rivières souterraines a formé cet ensemble de grottes et de cavernes, où les aborigènes trouvèrent un abri il y a 18 000 ans. Parks Victoria assure des visites guidées quotidiennes, soit de la **Royal Cave**, soit de la **Fairy Cave**, toutes deux impressionnantes. La Royal Cave, plus colorée, se distingue par une salle plus haute ; la Fairy Cave arbore un décor de stalactites. Pendant la haute saison, les *rangers* proposent des visites guidées (avec casque) de la **Federal Cave**, moins fréquentée. Le site en lui-même est plaisant avec ses aires de pique-nique ombragées et ses sentiers pédestres – et ses kangourous qui viennent brouter. Pour un coup de fouet assuré, plongez dans l'eau glacée de la **piscine naturelle**.

180,40-189,30 $). Cette partie de la côte du Gippsland est très bien préservée. De longues plages de sable blanc s'y succèdent. La route côtière entre Marlo et le cap Conran (19 km), bordée de banksias, d'étendues herbeuses et de dunes, est superbe.

**La route »** Regagnez la Princes Hwy et parcourez les 59 km qui séparent Orbost de Lakes Entrance.

## 11 Lakes Entrance

Lakes Entrance, malgré l'affluence touristique, reste une petite ville attrayante. Plusieurs points de vue dominent la bourgade (renseignez-vous sur les itinéraires au centre d'accueil des visiteurs), et un pont piéton franchit le Cunninghame Arm, bras de mer peu profond. De l'autre côté de Lakes Entrance, des dunes couvertes d'une lande côtière surplombent **Ninety Mile Beach** (plage longue de 90 miles, soit 150 km), interminable bande de sable battue par les vents. Des circuits en bateau partent de Lakes Entrance, et ses délicieux restaurants font la part belle aux produits de la mer locaux.

p. 45

**La route »** La Rte 1 fait une boucle dans Lakes Entrance et ressort de la ville par l'ouest – ne manquez pas le Jemmy's Point Lookout en quittant la ville. La bifurcation en direction de Paynesville se trouve à Lucknow sur la Princes Hwy.

### VAUT LE DÉTOUR
### METUNG

**Point de départ : 11 Lakes Entrance**

Lové dans Bancroft Bay, Metung est l'un des plus jolis villages de la région de Lakes District. Surnommée la "Gippsland Riviera" par ses habitants, Metung est l'alter ego sophistiqué de Lakes Entrance. Le village compte d'excellentes tables, dont **Bancroft Bites** (03-5156 2854 ; www.bancroftbites.com.au ; 2/57 Metung Rd ; petit-déj 9,50-19 $, plats 9,50-33 $ ; 8h-16h jeu-mar) et le **Metung Hotel** (03-5156 2206 ; www.metunghotel.com.au ; 1 Kurnai Ave ; plats 13,50-35 $ ; cuisine 12h-14h et 18h-20h, pub 11h-tard ; ). Prenez la Rte 1 en sortant de Lakes Entrance par le nord-ouest, suivez-la sur 16 km, puis, à Swan Reach, bifurquez vers le sud et continuez sur 8 km.

## 12 Paynesville et Raymond Island

Paynesville semble à des années-lumière de la route côtière, souvent encombrée. La vie s'y écoule à un rythme paisible, et certains habitants amarrent leur bateau à côté de leur maison dans des canaux creusés à cet effet. Pensez à réserver au Sardine Eatery (p. 45), restaurant gastronomique, mais sans prétention, tenu par l'ancien chef du fameux Vue de Monde. Un ferry vous amène en 5 minutes à **Raymond Island**, où réside une vaste colonie de koalas. Originaires de Phillip Island, ils furent introduits sur cette île dans les années 1950. Le ferry à fond plat qui transporte véhicules et passagers part toutes les 20 minutes de 6h40 à minuit. Il est gratuit pour les piétons et les cyclistes, et coûte 13 $ pour les voitures et 6 $ pour les motos. Le dernier week-end de février se tient le formidable **Paynesville Music Festival** (www.paynesvillemusicfestival.com.au ; fév).

p. 45

**La route »** Rejoignez la route principale et tracez jusqu'à Melbourne, 298 km plus loin. La plus belle partie du trajet est derrière vous ; la traversée du dernier tronçon du Gippsland présente peu d'intérêt.

## 13 Melbourne

Melbourne, au charme cosmopolite, est une destination que les amateurs d'architecture, de sport ou de gastronomie ne manqueront sous aucun prétexte. (p. 25)

# Se restaurer et se loger



## Jervis Bay 3

**Wild Ginger** Asiatique **$$**

(02-4441 5577 ; www.wild-ginger.com.au ; 42 Owen St, Huskisson ; plats 33 $ ; 15h-23h mar-dim ; ). Le restaurant le plus élégant de Huskisson jouit d'un cadre moderne et de tables en extérieur. Les crevettes à la confiture de piments, le poulet au basilic et le barramundi au gingembre et aux oignons s'inspirent de saveurs de la Thaïlande et de toute l'Asie du Sud-Est. Le choix de cocktails et la carte des vins riche en crus régionaux achèvent de conquérir les clients. Service parfois inégal.

**Holiday Haven Huskisson Beach** Camping **$**

(02-4406 2040 ; www.holidayhaven.com.au/huskisson-beach ; 17a Beach St, Huskisson ; empl 2 pers sans/avec élec à partir de 50/65 $, cabins 115-270 $ ; P). Cet établissement, parmi les deux que compte Holiday Haven à Huskisson, a une belle gamme de *cabins* situées en bord de mer. Apprécié des familles, son aire de jeu, son court de tennis et son agréable piscine font l'unanimité. Ajoutons les perruches espiègles qui parcourent le site, et l'on pardonne la pelouse artificielle.

## Narooma 5

**Quarterdeck Marina** Café, poisson, fruits de mer **$$**

(02-4476 2723 ; www.quarterdecknarooma.com.au ; 13 Riverside Dr ; plats 24-35 $ ; 10h-16h jeu, 10h-20h ven, 10h-15h et 18h-20h sam, 8h-15h dim ; ). Service chaleureux, délicieux produits de la mer et vue sur les pélicans qui s'ébattent dans les eaux limpides de Forsters Bay. Que vous commandiez ou non des huîtres, des pétoncles au beurre de citron vert et du poisson frais aux épices cajun, le cadre tiki et les concerts qui ont lieu dans ce bar sympathique en font une halte idéale.

**Whale Motor Inn** Motel **$**

(02-4476 2411 ; www.whalemotorinn.com ; 102 Wagonga St ; d à partir de 135 $, ste 170-215 $ ; P). Ce motel se distingue des autres établissements de Narooma par ses touches de couleur et sa décoration de bon goût, sa literie confortable et ses balcons dotés d'une belle vue. Les chambres "Premier" (entrée de gamme), vastes et modernes, sont une aubaine ; les suites disposent d'un lounge et d'une kitchenette. Bar lounge et piscine.

## Central Tilba 6

**Bryn at Tilba** B&B **$$**

(02-4473 7385 ; www.thebrynattilba.com.au ; 91 Punkalla-Tilba Rd, Central Tilba ; ch 260-305 $ ; P). Suivez la rue principale de Central Tilba sur 1 km à la sortie du village jusqu'à cette superbe maison posée sur le flanc d'une colline verdoyante. L'endroit est charmant et l'on profite d'une vue panoramique depuis les chambres et la large véranda. Les 3 chambres au parquet ancien, lumineuses, ont de jolies sdb, et les parties communes sont somptueuses. Un cottage indépendant dispose d'une cheminée.

## Merimbula 7

**Wheelers** Poisson, fruits de mer **$$**

(02-6495 6330 ; www.wheelersoysters.com.au ; 162 Arthur Kaine Dr, Pambula ; 12 huîtres en boutique 15-18 $, plats au restaurant 26-42 $ ; boutique 10h-17h dim-jeu, 10h-18h ven-sam, restaurant 12h-14h30 tlj, 18h-tard lun-sam ; ). Arrêtez-vous ici, entre Merimbula et Pambula, pour déguster de délicieuses huîtres – à savourer en boutique ou dans le restaurant – accompagnées d'espuma au prosecco ou d'aïoli au wasabi. On y sert également du poisson fumé et de la soupe de poisson, ainsi que d'excellents steaks et risottos. Visite guidée de la ferme ostréicole à 11h (mar-sam, 22 $, 45 min).

### Sapphire Waters Motor Inn — Motel $

(02-6495 1999 ; www.merimbulamotel.com.au ; 32-24 Merimbula Dr, Merimbula ; d à partir de 145 $ ; P ❄ ☎ ≋). Ce motel qui ressemble à un alignement de maisons mitoyennes anglaises possède des chambres spacieuses et modernes (avec salon séparé), avec balcon, et équipées d'une douche puissante.

## Eden 8

### Drift — Poisson, australien $$

(02-6496 3392 ; www.drifteden.com.au ; Main Wharf, 253 Imlay St ; en-cas et assiettes à partager 9-36 $, plats 18-30 $ ; 17h-23h lun-jeu, 16h-minuit sam-dim ; ☎). Moules d'Eden, fromages de Tilba et vins du Gippsland ont trouvé un cadre idéal dans ce restaurant surplombant le quai. Bande-son et éclairage branchés et prix assez élevés pour le lieu, mais on retient surtout ce qu'il y a dans l'assiette : savoureuses huîtres au gin-tonic, plats savamment élaborés et excellente charcuterie venue tout droit du **fumoir** (02-6496 2331 ; www.edensmokehouse.com.au ; 18-20 Weecoon St ; 7h30-16h lun-mar et jeu-ven) d'en face.

### Snug Cove — B&B $

(02-6496 3123 ; www.snugcove.com.au ; 25 Victoria Tce ; s avec petit-déj 120-160 $, d 150-220 $ ; P ☎). Sommes-nous dans un palais baroque ? à Bali ? dans un bateau de pirates ? Le décor éclectique du Snug Cove s'adresse à l'imagination. Carrelages à effet miroir, accessoires marins et cages à oiseaux ornent les chambres confortables, toutes différentes et partageant une grande terrasse commune.

## Mallacoota 9

### Lucy's — Asiatique $$

(03-5158 0666 ; 64 Maurice Ave ; plats 8-28 $ ; 8h-20h). Un établissement réputé pour ses délicieuses nouilles de riz maison au poulet, aux crevettes ou aux ormeaux d'un bon rapport qualité/prix, ainsi que pour ses raviolis farcis d'ingrédients du jardin. Paiement en espèces et commande au comptoir. Assez bruyant au moment du coup de feu.

### Adobe Abodes — Appartements $

(0499 777 968 ; www.adobeabodes.com.au ; 17-19 Karbeethong Ave ; qua 110-150 $). Ces constructions uniques en adobe valorisent le recyclage et l'écologie (eau chaude produite à l'énergie solaire et compostage des déchets). Pouvant accueillir jusqu'à 4 personnes, elles sont à la fois originales, confortables et bien équipées, et jouissent d'une belle vue sur l'eau. Vin et chocolats offerts à l'arrivée. Literie et serviettes de toilette non fournis.

## Lakes Entrance 11

### Ferryman's Seafood Cafe — Poisson, fruits de mer $$

(03-5155 3000 ; www.ferrymans.com.au ; Middle Harbour, The Esplanade ; plats 20-33 $ ; 12h-15h et 18h-tard jeu-lun). Rien de tel qu'un succulent dîner de poisson et fruits de mer sur la terrasse de ce café-restaurant flottant (un ancien ferry de passagers Paynesville-Raymond Island). La tourte, les *fish and chips* et le plateau de fruits de mer (77 $) valent le détour.

### Kalimna Woods — Cottages $

(03-5155 1957 ; www.kalimnawoods.com.au ; Kalimna Jetty Rd ; d 144-169 $ ; ❄ ☎). Situés à 2 km de la ville, sur une vaste propriété au cœur du bush peuplé de perroquets et de phalangers volants, ces cottages de style rustique sont spacieux, intimes et confortables. Tous disposent d'un barbecue et d'un poêle à bois, certains d'une baignoire spa.

## Paynesville 12

### Sardine Eatery & Bar — Gastronomique $$

(03-5156 7135 ; www.sardineeaterybar.com ; 3/69a The Esplanade ; petites assiettes 6-22 $, grands plats 24-34 $ ; 12h-21h mar-dim). Ne manquez pas le seul restaurant du Gippsland récompensé d'une "toque" par le *Good Food Guide* (équivalent australien du guide Michelin). Ouvert par l'ancien chef du Vue de Monde de Melbourne, Sardine propose, dans une ambiance décontractée, une cuisine raffinée et savoureuse, qui fait la part belle aux poissons et fruits de mer locaux.

Route Mythique

2

# Plaine de Nullarbor

*Véritable épopée, la longue traversée de Port Augusta à Perth captivera l'intérêt de nombreux voyageurs, même si, pour d'autres, elle sera d'une monotonie infinie – nous faisons évidemment partie des premiers !*

## TEMPS FORTS

**5-7 JOURS**
**2 493 KM**

**PARFAIT POUR...**

**LE MEILLEUR MOMENT**

Températures douces d'avril à octobre, mais l'itinéraire est praticable toute l'année.

**LA PHOTO SOUVENIR**

Le panneau "90 Mile Straight..." : la plus longue ligne droite du pays.

**VOIR DES BALEINES**

Guetter les baleines sur les plateformes de Head of Bight.

Route Mythique

# 2 Plaine de Nullarbor

Lorsque l'on traverse le Nullarbor, c'est le voyage en lui-même qui compte plus que la destination. Oubliez toute notion de temps et d'espace entre le ciel infini et les paysages à perte de vue. Dans ce vaste désert moucheté de spinifex, sans arbre, la présence humaine se limite à de minuscules communautés et relais routiers. Les choses sérieuses commencent après Ceduna, alors que Head of Bight et Kalgoorlie constituent des sites phares, et pas seulement en raison de leur singulier isolement.

## 1 Port Augusta

Votre voyage commence à Port Augusta, localité de 13 810 âmes où souffle encore l'esprit de la ruée vers l'or. C'est un carrefour : des routes nationales et des voies ferrées filent vers l'ouest via la plaine de Nullarbor, mais aussi vers le nord jusqu'aux Flinders Ranges ou Darwin, vers le sud jusqu'à Adélaïde ou Port Lincoln et vers l'est jusqu'à Sydney. Pratique ! Le vieux centre-ville, avec ses gracieux bâtiments et son front de mer redynamisé, ne manque pas d'attraits. Les habitants viennent pêcher dans le Spencer Gulf et les enfants sautent dans l'eau depuis les jetées. Le **Wadlata Outback Centre** (☎08-8641 9193 ; www.wadlata.sa.gov.au ; 41 Flinders Tce, Port Augusta ; adulte/enfant/

### À COMBINER AVEC

**3 D'Alice Springs à Adélaïde**

Port Augusta est la septième étape de l'itinéraire reliant Alice Springs à Adélaïde (1 500 km), et le point de départ ou d'arrivée de la traversée du Nullarbor.

**31 Côte sud-ouest de l'Australie-Occidentale**

Trois possibilités s'offrent à vous : rallier Bunbury depuis Perth (173 km), Ravensthorpe depuis Wave Rock (195 km) ou Esperance depuis Norseman (202 km).

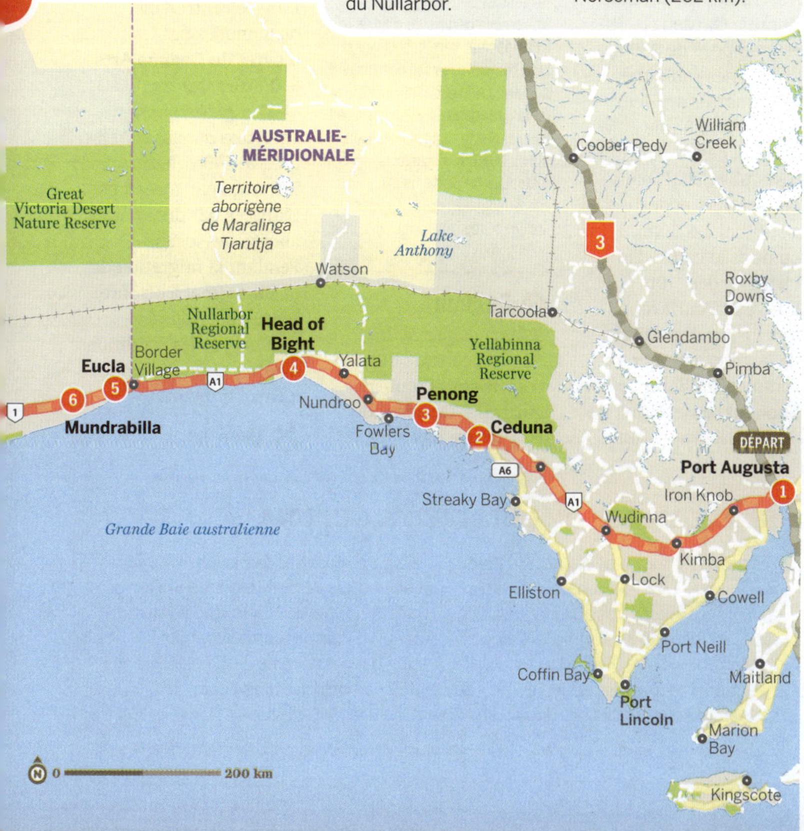

famille 22/13/46 $ ; 9h-17h lun-ven, 10h-16h sam-dim), à la fois musée et centre des visiteurs, est un bon point de départ. À l'intérieur, le "Tunnel of Time" (tunnel du temps) retrace l'histoire des Aborigènes et des Européens de la région à travers des documents audiovisuels, des expositions interactives, etc. Juste au nord de la ville, l'excellent Australian Arid Lands Botanic Garden (p. 68) est composé de 250 ha de collines sablonneuses et de marais argileux. On y voit la faune et la flore du désert. Gratuit, il s'explore seul (par des sentiers pédestres de 500 m à 4,5 km) ou dans le cadre d'une visite guidée (10h lun-ven). Pour avoir une vision d'ensemble de la ville, grimpez au sommet du **Water Tower Lookout** (angle Mitchell Tce et Mildred St, Port Augusta West ; lever-coucher du soleil). L'ascension n'est pas conseillée en cas de vertige, mais ce vieux château d'eau (1882) offre un beau point de vue sur le golfe et le centre-ville. Les promenades guidées de 1 heure 30 proposées par **Port Augusta Guided Walking Tours** (0439 883 180 ; départ du Wadlata Outback Centre, 41 Flinders Tce, Port Augusta ; tarif plein/réduit/enfant 25/20 $/gratuit ; 9h30 lun, mer et ven) partent du centre d'accueil des visiteurs.

p. 58, p. 68

**La route »** Depuis Port Augusta, l'Eyre Hwy (A1) traverse la péninsule d'Eyre. Elle descend vers le sud-ouest puis remonte vers le nord-ouest, suivant à distance les contours de la Grande Baie australienne. Elle rejoint le rivage à Ceduna, après 497 km d'horizons s'étendant à perte de vue. Les bourgades qui s'égrènent sur la route sont fonctionnelles.

## 2 Ceduna

Ceduna demeure une ville de pêcheurs qui sert d'escale sur la route de l'Australie-Occidentale. On y trouve pas moins de cinq campings-caravanings. L'**Oysterfest** (www.facebook.com/cedunaoysterfest ; sept-oct) est la plus importante fête australienne consacrée aux huîtres. Le reste de l'année, vous pourrez en déguster au Ceduna Oyster Bar (p. 58). **Thevenard** (Thevenard Rd, Ceduna ; 24h/24), la banlieue portuaire qui s'étire sur la péninsule au sud de Ceduna, est très photogénique. Dans une atmosphère austère et poussiéreuse, de vieilles cabanes en fer sont dominées par d'imposants silos qui jouxtent le quai. Dans le centre-ville, ne manquez pas les œuvres du **Ceduna Arts & Culture Centre** (CAACC ; 08-8625 2487 ; www.artsceduna.com.au ; 2 Eyre Hwy, Ceduna ; 9h-17h lun-ven), inspirées par l'océan et réalisées par des artistes aborigènes locaux. Pendant la migration des baleines (mai à octobre), renseignez-vous à Ceduna sur les conditions d'observation des cétacés à Head of Bight.

p. 58

### LES VOYAGES DE GULLIVER À CEDUNA

D'après les coordonnées cartographiques qui figurent dans le roman *Les Voyages de Gulliver* (1726) de Jonathan Swift, ce sont sur les îles de St Peter et de St Francis, à quelques kilomètres au large de Ceduna, dans l'archipel de Nuyts, que vivaient les Lilliputiens. S'il est impossible de confirmer ou d'infirmer cette hypothèse, il est probable que Swift a trouvé son inspiration dans les aventures des 158 marins néerlandais qui naviguèrent sur ces eaux en 1627 à bord du *Gulden Zeepaert*. On peut distinguer ces îles depuis Thevenard, au sud de Ceduna.

**La route »** Poursuivez sur la route nationale, dont les abords sont très faiblement peuplés... Penong est à 72 km seulement au nord-ouest de Ceduna.

## 3 Penong

Quittez la route principale à **Penong** (la "ville des moulins à vent", 200 habitants) et suivez le chemin de terre de 21 km menant à Point Sinclair et **Cactus Beach**, qui compte trois des plus fameux breaks de surf du pays. Caves est un break droit pour surfeurs expérimentés, jalousement gardé par les surfeurs locaux. Une propriété privée propose des emplacements de camping rudimentaires (15 $/véhicule) ; emportez de l'eau potable.

**La route »** Rebroussez chemin pour rejoindre la route nationale et poursuivez vers l'ouest. Les champs de blé et les élevages de moutons qui bordent la route jusqu'à Nundroo cèdent la place à des arbres et arbustes de *mallee* sur une centaine de kilomètres. Puis les arbres sont remplacés par un tapis d'acacias à l'entrée de la plaine de Nullarbor (mot dérivé du latin qui signifie "sans arbre").

TEMPS FORT

## 4 Head of Bight

Les plateformes d'observation de **Head of Bight** (☎08-8625 6201 ; www.headofbight.com.au ; en retrait de l'Eyre Hwy, Nullarbor ; adulte/enfant/famille juin-oct 15/6/35 $, nov-mai 7/5/14 $ ; ⏲8h-17h juin-oct, 8h30-16h nov-mai) surplombent un site majeur de reproduction des baleines franches australes. Les cétacés migrent de l'Antarctique ; vous pourrez les voir s'ébattre de mai à octobre. Le site est protégé par la **Great Australian Bight Commonwealth Marine Reserve** (☎1800 069 352 ; www.parksaustralia.gov.au/marine/parks/south-west/great-australian-bight ; ⏲24h/24), deuxième plus grand parc maritime au monde (45 822 km²) après la Grande Barrière de corail. Quelque 80% de la population mondiale de lions de mer australiens peuplent la réserve. Vous devrez vous acquitter d'un droit d'entrée pour accéder à Head of Bight, qui fait partie de la **Yalata Indigenous Protected Area** (www.yalata.org). Le centre d'information (suivez le panneau à 15 km à l'est du Nullarbor Roadhouse ; p. 58) fournit des renseignements actualisés sur les baleines. Plusieurs points de vue sont indiqués depuis les **Bunda Cliffs**, falaises de 80 m. Jetez un coup d'œil à la **Murrawijinie Cave**, une grotte située à 10 km au nord du Roadhouse.

🛏 p. 58

**La route »** Depuis Head of Bight, la route principale est à 11 km et le Nullarbor Roadhouse à 15 km. Préparez-vous à perdre toute notion des distances le long des 197 km qui vous séparent d'Eucla, notre première halte en Australie-Occidentale.

## 5 Eucla

À 13 km de la frontière d'Australie-Occidentale, la minuscule localité d'Eucla est entourée d'impressionnantes dunes de sable et de plages immaculées. Sa population a jadis atteint 100 habitants, lorsqu'elle était la station télégraphique rurale la plus dynamique d'Australie. Ladite station (1877), peu à peu engloutie par le sable, est à 5 km au sud de la ville. De là, marchez 15 minutes pour voir les vestiges de la jetée.

**La route »** D'Eucla à Mundrabilla, comptez 66 km de plaine rouge couverte de spinifex. Vous croiserez peut-être des kangourous.

## 6 Mundrabilla

Mundrabilla se compose d'un relais routier, d'un camping-caravaning et d'une portion du Nullarbor Links, immense parcours de golf qui s'étire le long de la route. Le **Mundrabilla Motel Hotel** (☎08-9039 3465 ; www.mundrabillaroadhouse.com.au ; Eyre Hwy ; empl sans/avec élec 8/20 $, ch/f 105/125 $ ; P ❄) a la station-service la moins chère du Nullarbor et un pub servant des bières fraîches et de copieuses assiettes. La plus grosse météorite

# Route Mythique

DAVID STEELE/SHUTTERSTOCK ©

ALFOTOKUNST/SHUTTERSTOCK ©

## POURQUOI EST-CE UNE ROUTE MYTHIQUE ?

ANNA KAMINSKI, AUTEURE

L'interminable traversée de cette plaine ocre possède une dimension presque méditative. Le moindre événement semble inespéré – prendre une douche, voir apparaître un relais routier au milieu de nulle part. Observer les baleines au large de Head of Bight, parcourir la plus longue ligne droite de la planète ou se sentir tout petit devant Wave Rock sont des expériences inoubliables. Atteindre Kalgoorlie-Boulder après avoir franchi le Nullarbor procure un puissant sentiment d'accomplissement.

Ci-dessus : Wave Rock
À gauche : bâtiments historiques de Kalgoorlie
À droite : baleines au large de Head of the Bight

DOMINIC GRIMM/GETTY IMAGES ©

australienne (10 tonnes !) fut découverte dans les environs.

**La route »** Comptez 116 km entre Mundrabilla et Madura.

## 7 Madura

Un peu plus grand que Mundrabilla (il y a même une piste d'atterrissage), Madura est perché sur les Hampton Tablelands. Fondé en 1876, le lieu était à l'origine un haras destiné à fournir des chevaux aux troupes britanniques stationnées en Inde. La forêt semi-aride se dressant sur l'escarpement en direction des Roe Plains est visible depuis la route, lorsque celle-ci franchit le Madura Pass. Cette portion du trajet est spectaculaire. Le **Madura Pass Oasis Inn** (☎08-9039 3464 ; maduraoasis@bigpond.com ; Eyre Hwy ; empl sans/avec élec 15/25 $, ch éco/standard 70/130 $ ; P ❄ wifi piscine) dispose d'une piscine.

**La route »** Depuis Madura, il reste 91 km jusqu'à Cocklebiddy.

## 8 Cocklebiddy

Cocklebiddy (quelques bâtiments au milieu de la brousse) était à l'origine une mission aborigène. À 4 km à l'est, un petit sentier partant de la route nationale mène à la formation rocheuse de Chapel Rock. Si vous êtes en 4x4, vous pourrez aller à Twilight Cove, sur la côte, à 32 km de Cocklebiddy ; la crique, appréciée des pêcheurs locaux, est idéale pour observer les baleines.

**La route »** Quelque 66 km sans histoire séparent Cocklebiddy de Caiguna.

## 9 Caiguna

À Caiguna – station-service, relais routier et piste d'atterrissage –, le carburant est le plus cher du Nullarbor et l'accueil au **John Eyre Motel** (08-9039 3459 ; caigunarh@bigpond.com ; Eyre Hwy ; empl sans/avec élec 25/30 $, ch 140 $ ; ) est quelconque. Seul le **Caiguna Blowhole** mérite un détour (suivez les panneaux à 5 km à l'ouest de Caiguna). Ce trou dans le sol laisse entendre le souffle de l'océan, qui s'y engouffre et en ressort en un puissant jet d'eau.

**La route »** Les 181 km jusqu'à Balladonia incluent une partie des 146,6 km de la plus longue ligne droite d'Australie.

## 10 Balladonia

Le nom de Balladonia vient d'un terme aborigène signifiant "grosse pierre rouge". Le **Balladonia Hotel Motel** (08-9039 3453 ; www.balladoniahotelmotel.com.au ; Eyre Hwy ; camping-caravaning empl sans/avec élec 30/40 $, s/d 55/100 $, ch motel 150-170 $ ; ) a un petit musée abritant notamment des débris de la station spatiale Skylab qui se sont répandus à 40 km à l'est de la Woorlba Sheep Station après la désintégration de la navette lors de sa rentrée dans l'atmosphère en 1979. L'atterrissage imminent du Skylab avait suscité à l'époque un vent de panique.

**La route »** Il y a 191 km entre Balladonia et Norseman. À mi-chemin, vous pourrez faire de jolies balades dans le bush à Fraser Range Station, qui possède quelques bâtiments historiques et un camping. À l'approche de Norseman, la terre rouge et les spinifex cèdent la place aux collines granitiques couvertes d'eucalyptus de Fraser Range.

TEMPS FORT

## 11 Norseman

Quel soulagement (à moins que, conquis par le Nullarbor, vous ne regrettiez la solitude) d'arriver dans cette oasis plantée d'arbres ! D'ici, vous pouvez rejoindre Esperance au sud, Kalgoorlie au nord, Hyden et Wave Rock à l'ouest, et, bien sûr, la plaine de Nullarbor à l'est. Empruntez le sentier pédestre gravissant le **Beacon Hill Mararoa Lookout**, visitez le **Historical Museum** (Battery Rd ; adulte/enfant 3/2 $ ; 10h-13h lun-sam) et admirez des photographies de la région à la Gallery of Splendid Isolation. La brochure du **Dundas Coach Road Heritage Trail** fournit des informations pour effectuer en voiture cette boucle de 50 km jalonnée de panneaux explicatifs. Les meilleures offres d'hébergement sont le **Great Western Motel** (08-9039 1633 ; www.norsemangreatwesternmotel.com.au ; McIvor St ; ch 119-139 $, f à partir de 179 $ ; )

### VAUT LE DÉTOUR BAXTER CLIFFS

**Point de départ : 9 Caiguna**

Les chauffeurs de 4x4 expérimentés pourront admirer les Baxter Cliffs, d'époustouflantes falaises. Depuis Caiguna, on y accède par une piste chaotique de 25 km en direction du sud. Un mémorial dédié à John Baxter, qui guida l'explorateur John Eyre dans sa traversée historique de l'Australie d'est en ouest, domine l'océan Austral. Baxter fut assassiné à Caiguna le 29 avril 1841.

## VAUT LE DÉTOUR
## WAVE ROCK

### Point de départ : 11 Norseman

Il n'y a que dans le Nullarbor que l'on fait un "détour" de 600 km aller-retour...

De vastes affleurements rocheux émaillent les "ceintures de blé" du centre et du sud. Le plus connu est **Wave Rock**, une formation polychrome semblable à une grosse vague, située à 350 km de Perth et à 300 km de Norseman. Façonnée par l'érosion (par l'eau et le vent) il y a 60 millions d'années, elle doit ses couleurs au ruissellement de l'eau des sources locales, très minéralisées. Pour en profiter, procurez-vous la brochure *Walk Trails at Wave Rock and The Humps* au **Visitor Centre** (08-9880 5182 ; www.waverock.com.au ; Wave Rock Rd , Wave Rock ; 9h-17h). Garez-vous près de Hippo's Yawn (autre formation rocheuse, gratuit) et empruntez le sentier ombragé qui longe la base de la falaise de granit jusqu'à Wave Rock (1 km). Bien que non goudronnée, la route ralliant Norseman à Wave Rock est praticable en voiture ordinaire par temps sec. Renseignez-vous à Norseman avant de partir.

Splendides également, **Mulkas Cave & the Humps** sont à 16 km de Wave Rock. La première, une grotte facilement accessible depuis le parking, est un important site de peintures rupestres recelant plus de 450 dessins et empreintes de mains. Les plus hardis pourront choisir entre deux sentiers de randonnée, dont le **Kalari Trail** (1,6 km aller-retour), qui mène au sommet d'une immense formation granitique (l'une des Humps) d'où la vue est peut-être encore plus impressionnante qu'à Wave Rock. Sans avoir à grimper, le **Gnamma Trail** (1,2 km aller-retour) conduit à des trous d'eau naturels où des panneaux présentent la culture Noongar.



et le Gateway Caravan Park (p. 59). Côté cuisine, laissez-vous tenter par les spécialités thaïlandaises du Full Moon Cafe (p. 59).

p. 59

**La route »** Par rapport à la distance déjà parcourue, les 187 km jusqu'à Kalgoorlie (via Kambalda) vous sembleront courts. Empruntez la Coolgardie-Esperance Hwy en direction du nord pendant 111 km, puis tournez en direction de Kalgoorlie-Boulder.

TEMPS FORT

### 12 Kalgoorlie-Boulder

Kalgoorlie-Boulder, avec ses bâtiments historiques bien conservés datant de la ruée vers l'or des années 1890, reste le centre de l'industrie minière de cette partie de l'État. Une vaste mine d'or à ciel ouvert s'étend à proximité de la ville ; on peut la voir depuis le **Super Pit Lookout** (www.superpit.com.au/community/lookout ; Outram St ; 7h-19h). Jadis, les mineurs dépensaient leur argent dans les maisons closes de Kalgoorlie et les bars où exerçaient les "skimpies" (serveuses peu vêtues). Aujourd'hui, "Kal" accueille une population plus familiale. Pourtant, les pubs historiques et les "skimpies" d'aujourd'hui rappellent encore le passé sulfureux de cette ville aux airs de Far West. Des visites guidées vous font découvrir la mine avec **Kalgoorlie Tours & Charters** (1800 620 441 ; www.kalgoorlietours.com.au ; 250 Hannan St ; visite guidée 2 heures 30 adulte/enfant 75/45 $), la ville et l'outback avec **Goldrush Tours** (08-9092 6000 ; www.goldrushtours.com.au ; 19 Epis St ; excursion journée 50-160 $) ou la maison close **Questa Casa** (08-9021 4897 ; www.questacasa.com ; 133 Hay St ; visites guidées + 18 ans 25 $ ; 15h). Ne manquez pas le remarquable

**Western Australian Museum** (☎08-9021 8533 ; www.museum.wa.gov.au ; 17 Hannan St ; don apprécié 5 $ ; ⏲10h-15h) ni les excursions proposées par **Bush Ghoodhu Wongutha Tours** (☎0474 971 548 ; www.bushghoodhu.com.au ; excursion journée 250 $), axées sur la culture aborigène. La **Bush Blossom Gallery** (☎0417 979 901 ; www.facebook.com/bushblossomgallery ; 105 Hannan St, Kalgoorlie ; ⏲10h-16h jeu-ven, 10h-14h sam) et la **Goldfields Aboriginal Art Gallery** (☎08-9021 1710 ; 22 Dugan St ; ⏲9h-17h lun-ven) conservent des œuvres aborigènes venues de tout l'outback.

Replongez dans l'histoire locale en prenant une chambre au Cecilia's On Hay (p. 59), ou au **Palace Hotel** (☎08-9021 2788 ; www.palacehotelkalgoorlie.com ; 137 Hannan St, Kalgoorlie ; ch éco 85 $, s/d/f/ste à partir de 95/105/140/195 $ ; P ❄), un hôtel historique. Kalgoorlie offre aussi de quoi régaler vos papilles : excellente cuisine thaïe de Yada Thai (p. 59), bière artisanale à la très branchée **Beaten Track Brewery** (☎0429 205 516 ; www.beatentrackbrewery.com.au ; 25a Dwyer St, South Boulder ; ⏲13h-18h lun-sam) et délicieux café au Just a Little Cafe (p. 59).

p. 59

**La route»** Que 39 petits kilomètres jusqu'à Coolgardie...

## VAUT LE DÉTOUR
## VILLES FANTÔMES ET LAKE BALLARD

### Point de départ : 12 Kalgoorlie-Boulder

Au nord de Kalgoorlie, vous pourrrez visiter des villes fantômes du temps de la ruée vers l'or : **Kanowna** (18 km au nord-est), **Broad Arrow** (38 km au nord) et **Ora Banda** (65 km au nord-ouest). Il ne reste pas grand-chose de Kanowna, hormis les fondations de ses 16 hôtels et un cimetière de pionniers. Broad Arrow apparaît dans *The Nickel Queen* (1971), premier long-métrage tourné en Australie-Occidentale. Sa population a atteint les 2 400 habitants au début du XXe siècle ; il ne reste qu'un pub aujourd'hui, fréquenté le week-end par les habitants de Kalgoorlie.

Plus loin mais spectaculaire, l'étendue salée de **Lake Ballard**, vaste lac asséché, se trouve à 182 km au nord de Kalgoorlie par la Goldfields Hwy, via l'ancienne ville minière de **Menzies** (131 km). C'est l'endroit idéal pour camper sous les étoiles en plein bush. Le principal attrait du lieu est le chef-d'œuvre d'Antony Gormley, **Inside Australia** (www.lakeballard.com ; Menzies North West Rd, Lake Ballard). Cet ensemble énigmatique de 51 silhouettes de métal disséminées sur une vaste étendue blanche a été réalisé à partir de scans lasers d'habitants de Menzies. Encore plus au nord (comptez 470 km aller-retour depuis Kalgoorlie) se trouve Gwalia, ville fondée en 1896 pendant la ruée vers l'or et qui abritait la deuxième plus vaste mine d'or du pays. De nombreux immigrants italiens y travaillaient, si bien qu'on la surnommait "Little Italy". Le propriétaire de la mine n'était autre que Herbert Hoover, futur président des États-Unis. Les cabanes en tôle des mineurs, le vieil hôtel et les autres bâtiments du **Gwalia Historic Site** (www.gwalia.org.au ; en retrait de la Goldfields Hwy ; ⏲9h-16h) méritent le coup d'œil, à l'instar de la gigantesque mine à ciel ouvert. Posez vos valises au **Hoover House** (☎08-9037 7122 ; www.gwalia.org.au ; Tower St, Gwalia ; s/d à partir de 160/170 $ ; ❄), un charmant boutique-hôtel historique.

ADWO/SHUTTERSTOCK ©

**Coolgardie** Marvel Bar Hotel

## 13 Coolgardie

La bourgade assoupie de Coolgardie était en 1898 la troisième ville d'Australie-Occidentale. Elle comptait 15 000 habitants, deux bourses et plus d'une vingtaine d'hôtels. Tout a commencé en 1892 lorsque Arthur Bayley a rapporté à Southern Cross 554 onces d'or découvert à Coolgardie. De cette époquc, il reste les imposants bâtiments bordant la grand-rue, inhabituellement large. Le **Goldfields Museum & Visitor Centre** (☎08-9026 6090 ; Bayley St, Warden's Court ; adulte/enfant 4/2 $ ; ⏰9h-16h lun-ven, 10h-15h sam-dim) renferme des objets relatifs à la ruée vers l'or et évoque le passage de l'ancien président américain Herbert Hoover dans la région aurifère de Gwalia ainsi que l'étonnante histoire de Modesto Varischetti, le "mineur enseveli". La **Camel Farm** (☎08-9026 6159 ; Great Eastern Hwy ; adulte/enfant 10/4 $ ; ⏰sur rdv), à 4 km à l'ouest de la ville, organise des excursions à dos de dromadaire ; mieux vaut réserver.

🛏 p. 59

**La route »** Le trajet vers Perth constitue un retour progressif à la civilisation. Il reste 555 km à parcourir, mais on laisse le véritable Nullarbor derrière soi dès que l'on quitte Coolgardie.

## 14 Perth

Perth est parfois qualifiée de "ville la plus isolée de la planète". Nul besoin de vous en convaincre après la traversée du Nullarbor ! Cette métropole dynamique, entourée de belles plages, est bien pourvue en hôtels, bars et restaurants, et est l'endroit tout indiqué pour clore un périple à travers le désert. (p. 26)

# Se restaurer et se loger



## Port Augusta 1

### Archers' Table — Café $

(08-7231 5657 ; www.archerstable.com.au ; 11b Loudon Rd, Port Augusta West ; plats 12-21 $ ; 7h-16h lun-jeu, 7h-22h ven, 7h-14h sam, 7h-12h dim). Sous une tonnelle recouverte de vigne, face au centre-ville, de l'autre côté du fleuve, Archers est un café discret qui pratique des prix raisonnables et sert une bonne cuisine de pub (burritos au potiron et aux haricots noirs, beignets à la courgette et au maïs). Délicieux café, personnel enjoué, peinture murale, bière, vin, dîners du vendredi soir, ouvert 7 jours/7... Que demander de plus ?

### Shoreline Caravan Park — Camping-caravaning $

(08-8642 2965 ; www.shorelinecaravanpark.com.au ; Gardiner Ave, Port Augusta West ; empl sans/avec élec 34/39 $, dort 40 $, cabins 60-135 $ ; P). Le site est poussiéreux et assez loin de la ville (et de la rive à marée basse). Les *cabins*, un peu désuètes, sont correctes et des dortoirs simples de 4 lits sont à disposition des voyageurs à petit budget. À moins de dormir au-dessus d'un pub, vous ne trouverez pas meilleur marché en ville.

### Comfort Inn & Suites Augusta Westside — Motel $$

(08-8642 2488 ; www.augustawestside.com.au ; 3 Loudon Rd, Port Augusta West ; d/tr/f à partir de 129/149/169 $ ; P). Contrairement à la plupart des motels de Port Augusta qui pâtissent de la proximité de la route principale (donc du bruit), celui-ci jouit d'un cadre paisible, au bord de l'eau à Port Augusta West, et d'une déco soignée. La piscine est un vrai plus !

## Ceduna 2

### Ceduna Oyster Barn — Poisson, fruits de mer $$

(0497 085 549 ; www.facebook.com/cedunaoyster ; Eyre Hwy, Ceduna ; 6 huîtres à partir de 14 $, plats 12-30 $ ; 10h-18h30). Installez-vous au bord de l'océan avec votre boîte d'huîtres fraîches, ou asseyez-vous sur le toit à l'ombre d'un parasol pour regarder le passage des trains routiers. Tous les produits sont ultrafrais – fish and chips, généreux burgers au poisson et même sushis.

### Ceduna Foreshore Hotel/Motel — Motel $$

(08-8625 2008 ; www.cedunahotel.com.au ; 32 O'Loughlin Tce, Ceduna ; d 150-195 $ ; P). Reconnaissable à ses carreaux bleu-vert, l'hôtel le plus chic de la ville (54 chambres) jouit d'une belle vue sur l'océan. Son **bistrot** (plats 19-40 $, service 6h30-9h, 12h-14h et 18h-20h30) prépare surtout des produits de la mer. De la terrasse, on voit la baie à travers les pins de Norfolk.

## Head of the Bight 4

### Nullarbor Roadhouse — Motel $

(08-8625 6271 ; www.nullarborroadhouse.com.au ; Eyre Hwy, Nullarbor ; empl sans/avec élec 20/30 $, d, tr et f 115-139 $ ; P). Situé à proximité de la zone d'observation des baleines de Head of Bight, ce relais routier offre une pause bienvenue (car avouons-le, la route est longue !). Le bar-restaurant de l'établissement sert à dîner chaque jour de 17h30 à 20h30 (plats 14-34 $).

## Norseman 11

**Full Moon Cafe** Thaïlandais $

(08-9039 1715 ; www.facebook.com/ooyappthaifullmooncafe ; 85b Roberts St ; plats 13-18 $ ; 8h30-16h lun-jeu, 8h30-19h30 ven, 8h30-14h sam-dim ; ). Unique restaurant de Norseman, ce café animé sert d'authentiques curries thaïlandais, ainsi que des pad thaï, des burgers, de la soupe, des *fish and chips* et de copieux petits-déjeuners.

**Gateway Caravan Park** Camping-caravaning $

(08-9039 1500 ; www.acclaimparks.com.au ; Prinsep St ; empl sans/avec élec 30/39 $, cabins 138-158 $ ; ). *Cabins* correctes, units préfabriqués et emplacements ombragés avec ou sans électricité, à l'extrémité nord de la ville.

## Kalgoorlie-Boulder 12

**Just a Little Cafe** Café $

(08-9091 8585 ; 4 Maritana St, Kalgoorlie ; plats à partir de 12 $ ; 7h-15h lun-ven, 8h-15h sam-dim ; ). Avec ses meubles dépareillés, ses œuvres d'art, ses photos de la mine et son succulent café, c'est l'établissement le plus populaire de Kalgoorlie. Le burger "You've Got To Be Trippin' Shroom" ou les Disco Pig Fries (poutine avec porc émincé et "sauce sexy") rassasient les gros appétits.

**Yada Thai** Thaïlandais $$

(0403 535 201 ; 268 Hannan St, Kalgoorlie ; plats 21-27 $ ; 16h30-21h mar-dim ; ). Cet élégant restaurant thaïlandais ne déparerait pas dans une grande capitale. Les huîtres à la sauce épicée sont un délice ; de même que le barramundi au basilic et au piment et le crabe en mue à la sauce au poivre noir. Le service est parfois lent, mais la cuisine est un vrai régal.

**Discovery Holiday Parks – Kalgoorlie** Camping-caravaning $

(08-9039 4800 ; www.discoveryholidayparks.com.au ; 286 Burt St, Boulder ; empl sans/avec élec 28/37 $, s éco 66 $, cabins et chalets 140-220 $ ; P ). Ce site agréable et spacieux se situe à la sortie de Boulder, à 4 km au sud du centre de Kalgoorlie. Il renferme des chalets et des cabins en A, des dongas bon marché, des emplacements herbeux pour tentes, des espaces barbecues et une cuisine équipée, ainsi que des aires de jeu et une piscine.

**Cecilia's On Hay** Boutique-hôtel $

(08-9021 3737 ; www.ceciliasonhay.com ; 181 Hay St, Kalgoorlie ; ch 110-200 $ ; P ). Cette ancienne maison close dispose de 14 chambres à thème, dont un boudoir afghan et la chambre Holden-On, avec son lit en forme de vieille voiture australienne. Certaines disposent d'une baignoire spa, mais les toilettes sont communes ; d'autres sont décorées de nus de bon goût. L'un des propriétaires est le chef qui tient le bar à cocktails et à tapas, très apprécié, de l'établissement.

## Coolgardie 13

**Coolgardie Goldrush Motels** Motel $

(08-9026 6080 ; www.coolgardiemotels.com.au ; 47-53 Bayley St ; ch 125 $, pension complète 170 $ ; P ). Avec son linge de lit impeccable, ses sdb immaculées et ses téléviseurs à écran plat, les chambres, petites mais colorées, de ce motel sont très confortables. Le restaurant sert d'excellentes tourtes maison.

Welcome to
SOUTH AUSTRALIA

Route Mythique

# D'Alice Springs à Adélaïde

3

*Cet itinéraire épique relie deux villes que tout oppose : Alice Springs, capitale de l'outback, et Adélaïde, incarnation de la sophistication décontractée typique du sud du pays.*

## TEMPS FORTS

**7 JOURS**
**1 500 KM**

### PARFAIT POUR...

### LE MEILLEUR MOMENT

Toute l'année, mais il peut faire très chaud l'été (de décembre à février).

### LA PHOTO SOUVENIR

La frontière entre l'Australie-Méridionale et le Territoire du Nord.

### HABITATS TROGLODYTES

L'univers souterrain de Coober Pedy est un classique de l'outback.

**Frontière entre l'Australie-Méridionale et le Territoire du Nord** Une frontière au milieu de nulle part

Route Mythique

# 3 D'Alice Springs à Adélaïde

Direction plein sud sur "The Track" – "la piste". Après la visite de plusieurs sites notables du Territoire du Nord, engagez-vous sur la longue, très longue route qui traverse l'Australie-Méridionale en passant par Coober Pedy avant de rejoindre la côte. La "piste" se nomme en fait Stuart Highway, du nom de l'explorateur qui, le premier, traversa l'Australie du sud au nord, au XIXe siècle, avec des dromadaires ; certaines portions ne furent goudronnées que dans les années 1970.

TEMPS FORT

## 1 Alice Springs

Bon point de chute pour visiter le Red Centre (Centre Rouge) Alice Springs est idéale pour appréhender la culture aborigène. Vous aurez une belle vue sur la ville, surtout au lever ou au coucher du soleil, en grimpant à pied (suivez la Lions Walk depuis Wills Terrace) ou en voiture jusqu'au sommet d'Anzac Hill – appelée Untyeyetweleye en arrernte. Du mémorial de guerre, une vue à 360° vous attend. Admirez la faune unique de l'outback, dont des reptiles, à l'**Alice Springs Reptile Centre** (☎08-8952 8900 ; www.reptilecentre.com.au ; 9 Stuart Tce ; adulte/enfant 18/10 $ ; ⏲9h30-17h) et d'autres créatures du désert à l'**Alice Springs Desert Park** (☎08-8951 8788 ; www.alicespringsdesertpark.com.au ; Larapinta Dr ; adulte/enfant 32/16 $, circuits nocturnes adulte/enfant 45,50/28,50 $ ; ⏲7h30-18h, dernière entrée 16h30, visite nocturne 19h30 lun-ven). Ne manquez pas les galeries d'art aborigène : l'**Araluen**

**Arts Centre** (☎08-8951 1122 ; www.araluenartscentre.nt.gov.au ; angle Larapinta Dr et Memorial Ave ; ⏲10h-16h), **Papunya Tula Artists** (☎08-8952 4731 ; www.papunyatula.com.au ; Todd Mall ; ⏲9h-17h lun-ven, 10h-13h sam), la **Mbantua Gallery** (☎08-8952 5571 ; www.mbantua.com.au ; 64 Todd Mall ; ⏲9h-18h lun-ven, 9h-17h sam, 10h-14h dim), **Tjanpi Desert Weavers** (☎08-8958 2336 ; www.tjanpi.com.au ; 3 Wilkinson St ; ⏲10h-16h lun-ven, fermé janv) et **Ngurratjuta Iltja Ntjarra** (Many Hands Art Centre ; ☎08-7979 3452, 08-8950 0910 ; www.manyhandsart.com.au ; 29 Wilkinson St ; ⏲9h-17h lun-ven).

p. 321

## À COMBINER AVEC

### 28 D'Alice Springs à Darwin

Si vous parcourez cet itinéraire d'Adélaïde à Alice Springs, vous n'aurez qu'à continuer la route jusqu'à Darwin pour achever la traversée du continent.

### 27 Uluru et le Red Centre

Cet itinéraire reliant Uluru, les Kata Tjuta, Kings Canyon et les West MacDonnell Ranges passe par Alice Springs.

Route Mythique

**La route »** La Stuart Hwy, qui traverse le Territoire du Nord du nord au sud, continue au sud d'Alice Springs. Empruntez-la sur 91 km (en compagnie des bus touristiques en route pour Uluru) jusqu'à Stuarts Well.

## 2 Stuarts Well

Faites une pause à Stuarts Well pour prendre un burger et une bière au **relais routier** (Roadhouse ; Jim's Place ; ☎08-8956 0808 ; www.stuartswellroadhouse.com.au ; Stuart Hwy ; camping 10 $/pers, empl avec/sans élec 28/22 $, dort 30 $/pers, cabins à partir de 105 $ ; ), tenu jadis par Jim Cotterill, figure de l'outback et initiateur, avec son père, du tourisme à Kings Canyon. Des photos d'archives retracent l'histoire du lieu. Malheureusement, Dinky le dingo chanteur n'est plus de ce monde.

**La route »** À 39 km au sud-ouest de Stuarts Well, des panneaux indiquent Henbury Meteorite Craters, à 16 km de la route principale, accessible par une piste praticable en voiture ordinaire à condition de conduire très prudemment.

TEMPS FORT

## 3 Henbury Meteorite Craters

Cet ensemble de 12 petits cratères formés par la chute d'une météorite il y a 4 700 ans reste méconnu des touristes. Le plus grand cratère fait 180 m (diamètre) x 15 m (profondeur). Les quelques arbres verdoyants qui poussent au fond leur donnent des airs d'oasis secrètes. Certains sont invisibles de loin et ne se révèlent que lorsqu'on atteint le bord. Le paysage alentour est d'une beauté sauvage typique de l'outback – terre rouge, dunes de sable et affleurements rocheux à perte de vue.

**La route »** Rejoignez l'Ernest Giles Rd, à 5 km, piste accidentée permettant d'accéder à Kings Canyon en 4x4, puis rejoignez la Stuart Hwy, 11 km plus loin. Il vous reste 162 km à parcourir jusqu'à la frontière, puis 160 km jusqu'à Marla, notre première étape en Australie-Méridionale. La dernière station-service avant Marla se trouve à Kulgera, à 20 km au nord de la frontière.

## VAUT LE DÉTOUR
## EAST MACDONNELL RANGES ET RAINBOW VALLEY

**Point de départ : 1 Alice Springs**

Éclipsées par les MacDonnell Ranges occidentales, les MacDonnell Ranges orientales sont tout aussi pittoresques et moins fréquentées. Depuis Alice Springs, on y accède en empruntant la Ross Hwy (goudronnée) sur 100 km en direction de l'est. De splendides brèches et gorges entaillent ces montagnes, telles que **Trephina Gorge** (☎08-8956 9765 ; www.nt.gov.au/leisure/parks-reserves) et **N'dhala Gorge** (www.nt.gov.au/leisure/parks-reserves), que l'on peut explorer par des sentiers (courts ou longs). Accessible par une piste de 33 km partant de la Ross Hwy – généralement praticable en voiture classique –, la ville fantôme d'**Arltunga** date de la ruée vers l'or.

Au sud d'Alice Springs, à 24 km de la Stuart Hwy par une piste réservée aux 4x4 et plus spectaculaire encore, la **Rainbow Valley Conservation Reserve** est constituée d'une succession de falaises et de promontoires en grès aux nuances variant du beige au rouge. C'est l'un des sites les plus remarquables d'Australie centrale. Un chemin balisé traverse des *claypans* (lacs asséchés) et des affleurements multicolores jusqu'au bien-nommé Mushroom Rock. C'est au lever et au coucher du soleil que le site se révèle dans toute sa splendeur, mais le silence qui y règne impressionne à tout moment de la journée.

N MRTGH/SHUTTERSTOCK ©

Henbury Meteorite Craters

## 4 Marla

La localité de Marla n'est pas bien grande (il y a rarement plus de 250 habitants) ; c'est pourtant un pôle de services pour les voyageurs et les Anangu Pitjantjatjara, résidents de ces terres couvertes de mulga. Elle est desservie par le *Ghan*, le train qui relie Adélaïde à Darwin, et constitue le point de départ (ou d'arrivée) de la légendaire Oodnadatta Track, l'une des plus fameuses pistes de 4x4 de l'outback (non goudronnée), qui rejoint Marree, dans le nord des Flinders Ranges, à 615 km. Elle reprend le tracé de l'ancienne ligne télégraphique de l'Overland Telegraph Line et de la Great Northern Railway, ligne ferroviaire abandonnée, et passe à proximité du lac Eyre, le plus grand lac d'Australie, généralement à sec. Marla, village-carrefour, a une importance sans commune mesure avec sa taille.

p. 69

**La route »** Après Marla, la Stuart Hwy, au relief parfaitement plat, rallie Cadney Homestead (82 km).

# Route Mythique

MICHAEL LESLIE/SHUTTERSTOCK ©

TOURPICS_NET/SHUTTERSTOCK ©

## POURQUOI EST-CE UNE ROUTE MYTHIQUE ?

ANTHONY HAM, AUTEUR

Cet itinéraire traverse la moitié d'un continent. Alice Springs, tout d'abord, est une ville fascinante. J'adore ses galeries d'art aborigènes et sa cuisine du bush. Puis la route se déroule, interminable, à travers les terres aborigènes proches d'Uluru, jusqu'à Adélaïde. En chemin, vous croiserez des habitations reculées de l'outback, la ville en partie souterraine de Coober Pedy et Port Augusta, plus animée. Entre les deux : le désert et son immensité rouge s'étendant à perte de vue.

Ci-dessus : Painted Desert
À gauche : ville frontière de Coober Pedy
À droite : Australian Arid Lands Botanic Garden, Port Augusta

STEPHANIE JACKSON - AUST WILDFLOWER COLLECTION/ALAMY STOCK PHOTO ©

## 5 Cadney Homestead

Dans l'outback sud-australien, la moindre petite localité remplit un double rôle : fournir aux voyageurs les renseignements et les services nécessaires pour poursuivre leur route, et briser la monotonie des vastes espaces désertiques. Situé à 82 km au sud-est de Marla, **Cadney Homestead** (☎08-8670 7994 ; Stuart Hwy, Cadney Park ; empl sans/avec élec à partir de 20/30 $, d cabin/motel à partir de 85/145 $ ; P ❄ 🏊) propose des emplacements pour tentes et caravanes, des chambres de motel fonctionnelles et des cabins rudimentaires (apportez votre serviette de toilette ; douches partagées avec le camping), ainsi qu'une station-service, un service de réparation de pneus, de la nourriture à emporter, de la bière fraîche, un distributeur de billets, une piscine...

Renseignez-vous sur place sur l'état de la piste qui rejoint Oodnadatta, à l'est. Elle est généralement praticable en véhicule ordinaire au moins jusqu'à **Painted Desert**, saisissant paysage de collines de couleur ocre.

**La route »** 152 km séparent Cadney de Coober Pedy.

Route Mythique

TEMPS FORT

## 6 Coober Pedy

À Coober Pedy, le désert est criblé de trous que jouxtent des monticules de terre. Ville minière dont le nom provient des mots aborigènes kupa ("homme blanc") et piti ("trou"), c'est la capitale mondiale de l'opale. Elle offre un visage post-apocalyptique : les mouches pullulent, les épaves de voitures rouillées abondent, il n'y a pas l'ombre d'un arbre, la température atteint les 50°C en été et les habitants... vivent sous terre. Le désert alentour, d'une poignante désolation, a servi de cadre à des films comme *Mad Max III* (George Miller et George Ogilvie, 1985), *Planète rouge* (Antony Hoffman, 2000) et *Priscilla, folle du désert* (Stephan Elliott, 1994). Ne manquez pas le point de vue sur la ville depuis le **Big Winch** (www.cooberpedy.com/big-winch ; Italian Club Rd, Coober Pedy ; lever-coucher du soleil). Vous pourrez aussi prendre part à l'une des visites guidées de **Coober Pedy Tours** (08-8672 5223 ; www.radekadownunder.com.au ; visite guidée 2 heures adulte/enfant à partir de 50/25 $) ou à un vol touristique avec **Wrights Air** (08-8670 7962 ; www.wrightsair.com.au ; vols à partir de 70 $/pers).

p. 69

**La route »** Comptez 540 km entre Coober Pedy et Port Augusta. Les paysages restent typiques de l'outback. Plaines infinies et déserts de sel étincelants bordent la route jusqu'à Woomera, à 366 km. Puis la route continue sur 174 km en direction du sud-est jusqu'à Port Augusta.

## 7 Port Augusta

Si Port Augusta s'autoproclame "Cross-Roads of Australia" (le "carrefour de l'Australie"), ce n'est pas pour rien. Des routes nationales (*highways*) et des voies ferrées y convergent pour relier l'Australie-Occidentale à l'ouest (via la plaine de Nullarbor), les Flinders Ranges et Darwin au nord, Adélaïde et Port Lincoln au sud, et Sydney à l'est. Pour rester dans l'esprit de l'outback, vous pourrez vous arrêter à l'**Australian Arid Lands Botanic Garden** (08-8641 9116 ; www.aalbg.sa.gov.au ; 144 Stuart Hwy, Port Augusta West ; visite guidée adulte/enfant 8/5,50 $ ; jardins 7h30-coucher du soleil, centre des visiteurs 9h-17h lun-ven, 10h-16h sam-dim), juste au nord de la ville, qui est un très beau parc de 250 ha composé de collines sablonneuses et de marais argileux, où prospèrent la faune et la flore du désert ; ou au Wadlata Outback Centre (p. 49), à la fois musée et centre des visiteurs, tout aussi captivant.

p. 58, p. 69

**La route »** La dernière portion du trajet, entre Port Augusta et Adélaïde, est étonnamment animée ! Elle est jalonnée de bourgades, l'eau se fait de moins en moins rare et la circulation de plus en plus dense. Les 95 derniers kilomètres sont même desservis par une route à plusieurs voies.

## 8 Adélaïde

Raffinée, cultivée et ordonnée : telle est l'image que projette Adélaïde, bien loin du charme sauvage de l'outback. La "cité des églises" a longtemps eu une réputation de ville guindée, mais aujourd'hui, les choses ont changé. Des saveurs multiculturelles inspirent les restaurants, les scènes musicale et artistique sont empreintes de dynamisme, et les festivals qui se succèdent tout au long de l'année ont vaincu la monotonie des samedis soir. Si les clochers sont toujours là, ils sont désormais dépassés en nombre par les pubs et les bars branchés nichés dans les petites rues. Et si vous êtes prêt à repartir pour un autre road trip, Adélaïde est aux portes d'une épatante région vinicole !

p. 266

# Se restaurer et se loger

## Marla 4

### Marla Travellers Rest — Camping-caravaning $

(08-8670 7001 ; www.marla.com.au ; Stuart Hwy, Marla ; empl sans/avec élec 20/30 $, cabins 40 $, d 110-140 $ ; P ❄ ≋). Situé à Marla, sur la Stuart Hwy, à 234 km au nord de Coober Pedy, le Marla Travellers Rest comprend une station-service, un motel, des emplacements de camping, une piscine, un café avec plat à emporter, un supermarché et un grand bar carrelé.

## Coober Pedy 6

### Italo-Australian Miners Club — Italien $

(08-8672 5101 ; www.facebook.com/italoaustralianminersclub ; Italian Club Rd, Coober Pedy ; plats 12-18 $ ; 17h-20h lun-mar, 17h-21h mer, 17h-23h jeu-sam, repas 18h-20h mer-sam). Ce bistrot-club sans prétention qui domine la ville est parfait pour déguster un bon plat de pâtes et une bière fraîche pour un prix modique – tandis que le soleil rougeoyant disparaît à l'horizon.

### Outback Bar & Grill — Restauration rapide $$

(08-8672 3250 ; www.facebook.com/shellcooberpedy ; 454 Hutchison St, Coober Pedy ; plats 7-35 $ ; 7h-21h lun-sam, 7h-20h dim ; ). Ce *diner* de station-service bien éclairé est l'une des meilleures tables de Coober Pedy ! Rôtis, pâtes, burgers, lasagnes, escalope panée et succulente salade d'agneau à la grecque : tout est bien au-delà de ce que l'on peut espérer d'un relais routier. Les bières aideront à se remettre de la sécheresse du trajet. Hébergement en *cabins* correctes à l'arrière (simple/double 99/119 $).

### Down to Erth B&B — B&B $$

(08-8672 5762 ; www.downtoerth.com.au ; 1795 Wedgetail Cres, Coober Pedy ; d avec petit-déj à partir de 165 $, enfant supp 35 $ ; P ≋). Situé à 3 km de Coober Pedy, ce bunker souterrain qui comprend des appartements pourvus de 2 chambres (parfaits pour les familles) et d'un coin salon-cuisine est une véritable trouvaille. Le bassin ombragé, idéal pour se détendre après une journée à explorer la terre, le barbecue au feu de bois et les chocolats offerts achèvent d'en faire une adresse de choix.

### Mud Hut Motel — Motel $$

(08-8672 3003 ; www.mudhutmotel.com.au ; angle Hutchison St et St Nicholas St, Coober Pedy ; s/d/f/app 2 ch 130/150/180/220 $ ; P ❄ ). D'aspect rustique, les murs de ce motel sont en pisé, mais c'est une adresse parmi les plus propres et les plus récentes de la ville, voire d'Australie-Méridionale. De loin le meilleur motel si vous ne souhaitez pas dormir sous terre. Les appartements de 2 chambres avec cuisine peuvent accueillir 6 personnes (pers supp 20 $). Dans le centre ; navette gratuite jusqu'à l'aéroport.

## Port Augusta 7

### Crossroads Ecomotel — Motel $$

(08-8642 2540 ; www.ecomotel.com.au ; 45 Eyre Hwy, Port Augusta West ; d/f à partir de 135/145 $ ; P ❄ ). Pisé, double vitrage et panneaux isolés structurels : les matériaux utilisés pour la construction de ce motel visent à en assurer la stabilité thermique (et l'élégance de la déco surpasse tout ce qu'on peut voir à Port Augusta). Les teintes rappellent le désert ; beau linge de lit.

Route Mythique

# Traversée du Kimberley

4

*La terre ocre, le ciel d'un bleu intense, la savane émaillée de baobabs à perte de vue et les kilomètres d'asphalte, tout ça dans l'une des régions les plus reculées de l'Australie.*

## TEMPS FORTS

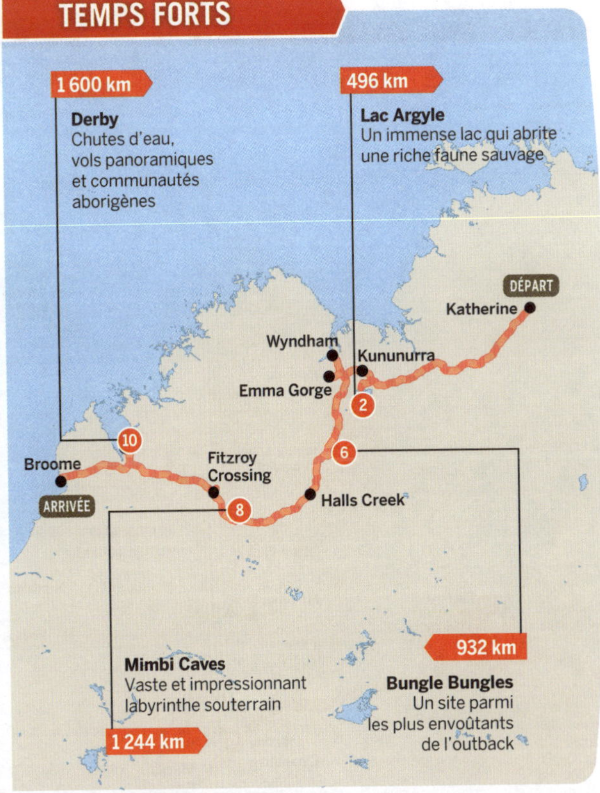


**14 JOURS**
**1 920 KM**

**PARFAIT POUR...**

**LE MEILLEUR MOMENT**

D'avril à octobre. Durant la période des cyclones et des inondations, de novembre à mars, des routes ferment.

**LA PHOTO SOUVENIR**

Les Bungle Bungles dans la lumière de fin d'après-midi.

**CULTURE ABORIGÈNE**

Centres artistiques, et circuits guidés à Mimbi Caves, Kununurra, Warmun et Mowanjum.

**Bungle Bungles** Féeries de l'est du Kimberley

Route Mythique

# 4 Traversée du Kimberley

Ce périple dans l'outback suit le Savannah Way (www.savannahway.com.au) à travers les terres sauvages du Kimberley – de Katherine (Territoire du Nord) à Broome. Il est réservé aux aventuriers prêts à affronter des conditions extrêmes : chaleur intense, grandes distances et animaux errants, sans oublier les road trains de 50 m de long ! Les bourgades se font rares sur ce territoire où la culture aborigène se dévoile dans toute sa richesse – et les espaces infinis vous manqueront immanquablement à la fin du voyage !

## 1 Katherine

Plus grande ville entre Darwin et Alice Springs, Katherine est le point de départ de la Victoria Hwy, route goudronnée de 513 km qui rejoint Kununurra dans le Kimberley. Ne manquez pas le **Nitmiluk National Park**, ses gorges spectaculaires, ses cascades et ses sentiers de randonnée, dont le plus connu est le **Jatbula Trail**, long de 66 km, qui se parcourt généralement en 4 à 5 jours.

p. 329

**La route »** Prenez la Victoria Hwy, bordée de termitières et de basses collines sur 194 km, jusqu'à la Victoria River. Faites le plein à Timber Creek. À la frontière de l'Australie-Occidentale (470 km après Katherine), reculez votre montre d'une heure trente ; certains aliments frais ne passent pas la frontière. Un peu plus loin, tournez à gauche et parcourez les 34 derniers kilomètres jusqu'à Lake Argyle Village.

TEMPS FORT

## 2 Lake Argyle

Le lac Argyle, deuxième plus grand lac d'Australie,

### À COMBINER AVEC

**28 D'Alice Springs à Darwin**

Ce périple passe par Katherine, point de départ de l'itinéraire 4.

**33 De la Coral Coast à Broome**

Cet itinéraire entre Broome et Perth s'enchaîne parfaitement avec l'itinéraire 4.

est une vaste étendue d'un bleu profond retenue par un barrage sur l'Ord River et cernée par un relief abrupt qui rougeoie au soleil. Il irrigue Kununurra toute l'année et abrite une faune variée – oiseaux migrateurs, crocodiles d'eau douce et colonies de marsupiaux. Possibilité de faire une croisière sur le lac.

**La route »** Plus que 70 km à parcourir pour rejoindre la route principale et accéder aux délices de Kununurra, oasis implantée au cœur de terres fécondes.

## 3 Kununurra

Kununurra, en région miriwoong, tombe à pic entre Broome et Darwin. La ville dispose d'excellents services et des supermarchés bien fournis. De l'autre côté de la route principale, **Lily Creek Lagoon** est un petit marais abritant de nombreux oiseaux et des crocodiles d'eau douce, parfait pour une croisière. Ne manquez pas l'excellent **Waringarri Aboriginal Arts Centre** (☎08-9168 2212 ; www.waringarriarts.com.au ; 16 Speargrass Rd ; visites guidées adulte/enfant 55/25 $ ; 🕒8h30-16h30 lun-ven toute l'année, 10h-14h sam saison sèche), situé en face de **Kelly's Knob** (Kelly Rd), superbe point de vue, notamment au coucher du soleil. À la limite orientale de la ville, le **Mirima National Park** (13 $/voiture), sorte de Bungle Bungles en miniature, se distingue par ses pics, ses pinifex, ses baobabs et sa faune abondante. **Kununurra Cruises'** (Kununurra Cruises ; ☎08-9168 2882 ; www.kununurracruises.com.au ; adulte/enfant 95/65 $ ; 🕒mai-août) propose de populaires sorties barbecue au coucher du soleil sur le **Lake Kununurra** (Diversion Dam ; P). Pour une immersion culturelle, participez à l'excursion "On Country" de **Waringarri** (www.waringarriarts.com.au/tours ; visites guidées Mirima adulte/enfant 85/45 $, On Country adulte/enfant demi-journée 255/155 $, journée 375/200 $ ; 🕒10h-12h30 mar et jeu, 15h-17h30 lun et mer ; 👪).

p. 79

**La route »** Traversez le Diversion Dam vers l'ouest. 46 km plus loin, la Victoria Hwy cède la place à la Great Northern Hwy. Après 8 km, tournez à gauche sur la Gibb River Rd ; les 25 km jusqu'à la bifurcation pour Emma Gorge sont goudronnés.

## 4 Emma Gorge

**Emma Gorge** (🕒avr-sept ; P 👪) renferme un bassin profond et l'une des plus spectaculaires chutes d'eau du Kimberley. Le **resort** (www.elquestro.com.au ; cabin safari d à partir de 316 $, entrée 20 $ ; 🕒saison sèche ; P @ 📶 🏊) qui y est rattaché a un bistrot en plein air. La gorge est à 40 minutes de marche du parking du *resort*.

**La route »** Retournez jusqu'à la Great Northern, tournez à gauche et longez les collines sur 48 km. À l'entrée de Wyndham, vous serez accueilli par un crocodile géant de 20 m.

### GIBB RIVER ROAD

Entaillant le cœur sauvage du Kimberley, la légendaire Gibb River Rd (GRR) fait partie des routes mythiques de l'outback australien. Déroulant ses 660 km entre Derby et Wyndham, cette piste en grande partie non goudronnée s'étire dans un océan de poussière rouge, devant un horizon à perte de vue. Des routes de traverse, très cahoteuses, mènent à des gorges perdues, des bassins ombragés, des chutes d'eau reculées et des exploitations d'élevage de bétail de centaines de milliers d'hectares. La Gibb peut vite devenir impraticable en cas de pluie ; elle est fermée pendant toute la saison humide. Préparez bien votre expédition et emportez le matériel et les vivres nécessaires, car les services sont réduits au minimum. Louez un véhicule à Broome ou à Darwin.

## 5 Wyndham

Situé à 100 km au nord-ouest de Kununurra, Wyndham est niché entre des collines escarpées et le golfe de Cambridge, dans le **Balanggarra Country**. Le **Five Rivers Lookout** (P), sur le Mt Bastion (325 m), offre un superbe point de vue sur les cinq cours d'eau (King, Pentecost, Durack, Forrest et Ord) qui se jettent dans le golfe ; le panorama est spectaculaire au coucher du soleil. La **Great Northern Hwy**, longue de 3 200 km, s'achève dans le quartier historique du port. Les amateurs d'ornithologie apprécieront la **Parry Lagoons Nature Reserve** (P), magnifique zone humide classée Ramsar, à 25 km de Wyndham.

p. 79

**La route »** Retournez à la jonction entre la Great Northern Hwy et la Victoria Hwy, à 56 km ; virez à droite et poursuivez sur 200 km (relais routiers), jusqu'à la bifurcation pour les Bungles. Prenez un burger et de l'essence au Doon Doon et admirez les peintures à l'ocre de Warmun. La visite des Bungles nécessite un 4x4 ; sinon, des circuits sont organisés depuis Warmun, Halls Creek ou Mabel Downs.

TEMPS FORT

## 6 Bungle Bungles

Classé au Patrimoine mondial de l'Unesco, le **Purnululu National Park** (13 $/voiture ; avr-nov ; P) abrite les Bungle Bungles, tours rocheuses arrondies, ocre et noir, constituées de grès et de conglomérats. Elles ont été façonnées par la pluie au fil de millions d'années. Le parc est fermé de décembre à mars. La plupart des agences du Kimberley organisent des circuits – notamment **Bungle Bungle Expeditions** (08-9168 7220 ; www.bunglebungleexpeditions.com.au ; bus 1 journée adulte/enfant 315/160 $, tour en hélicoptère à partir de 295 $) – mais on peut tout aussi bien partir de Warmun Roadhouse, Halls Creek ou Mabel Downs.

**La route »** Le parc national est à 52 km à l'est de la Great Northern Hwy. Une fois de retour sur le bitume, dirigez-vous vers le sud. Vous devrez traverser des rivières largement asséchées sur les 108 km qui vous séparent de Halls Creek.

## 7 Halls Creek

En bordure du Grand Désert de sable, la petite localité de Halls Creek est habitée par les Kija, Jaru et Gooniyandi. On y trouve un excellent **centre artistique** (08-9168 6723 ; www.alpersteindesigns.com.au/collections/yarliyil-art-centre ; Great Northern Hwy ; 9h-17h lun-ven ; P) et le Wi-Fi gratuit. Les gorges le long de la Duncan Rd (non goudronnée) offrent des possibilités de baignade et de camping. Le **Wolfe Creek Meteorite Crater** (Kandimalal ; parks.dpaw.wa.gov.au/park/wolfe-creek-crater ; Tanami ; P), de 880 m de diamètre et 60 m de profondeur est à 137 km au sud de Halls Creek, le long de la Tanami Track ; la meilleure façon de l'observer est depuis le ciel, avec **Northwest Regional Airlines** (08-9168 5211 ; www.facebook.com/northwestregional ; Halls Creek Airport ; vols 2/3/4 passagers à partir de 580/390/295 $/pers ; également vols jusqu'à Bungle Bungles). Pour le peuple Jaru, Kandimalal (le nom du cratère) marque l'endroit où un immense serpent arc-en-ciel est sorti du sol.

p. 79

**La route »** Encore 200 km de cours d'eau asséchés et de fermes d'élevage intensif, avant la bifurcation de Mt Pierre en direction des Mimbi Caves, juste après les Ngumpan Cliffs, à droite. Vous pouvez faire une halte à la petite Laarri Gallery de Yiyili, à 120 km de Halls Creek.

TEMPS FORT

## 8 Mimbi Caves

À 200 km au sud-ouest de Halls Creek et 90 km au sud-est de Fitzroy Crossing, se cache un secret bien gardé : le labyrinthe souterrain des **Mimbi Caves** (08-9191 5355 ; www.mimbicaves.com.au ; Mt Pierre Station ; P). Situées en territoire

CAPE COCONUT/SHUTTERSTOCK ©

35WAVES/SHUTTERSTOCK ©

## POURQUOI EST-CE UNE ROUTE MYTHIQUE ?

STEVE WATERS, AUTEUR

**Cette exploration épique de la dernière frontière australienne est plus qu'un simple voyage. J'aime le sentiment d'être seul au monde que procure la vaste savane plantée de baobabs du Kimberley, région ancestrale où resplendit la culture aborigène. C'est dans l'espace infini qui relie des localités éparses – les stupéfiants Bungle Bungles, les trous d'eau secrets, les gorges bordées de fougères, la Voie lactée et les eaux turquoise de l'océan Indien – que cette route mythique prend tout son sens.**

Ci-dessus : baobabs de l'outback
À gauche : Lake Argyle
À droite : Mimbi Caves

PHILIP SCHUBERT/SHUTTERSTOCK ©

gooniyandi, à Mt Pierre Station, ces grottes abritent de superbes œuvres d'art rupestre et des fossiles de poisson parmi les plus impressionnants de l'hémisphère Sud. Le prestataire aborigène **Girloorloo Tours** (08-9191 5355 ; www.mimbicaves.com.au ; visite guidée 2 heures adulte/enfant 80/40 $ ; 8h, 10h et 14h lun-jeu, 8h ven, 8h et 10h sam avr-sept ; ) organise des visites axées sur le Temps du Rêve, la cuisine du bush et la médecine traditionnelle.

**La route »** Rejoignez la Great Northern Hwy et allez vers le nord. Seuls 90 km de prairies sèches et de bush clairsemé vous séparent du Fitzroy, le principal fleuve du Kimberley.

## 9 Fitzroy Crossing

Cette petite municipalité principalement aborigène se situe au croisement de la Great Northern Hwy et du puissant fleuve Fitzroy. Parmi les galeries d'art, **Mangkaja Arts** (08-9191 5833 ; www.mangkaja.com ; 8 Bell Rd ; 11h-16h lun-ven) présente des œuvres uniques (peintures à l'acrylique, tissus imprimés, paniers, etc.). **Marnin Studio** (Marninwarntikura Women's Resource Centre ; 08-9191 5284 ; www.mwrc.com.au ; Lot 284, Balanijangarri Rd ; 8h30-16h30 lun-ven) regroupe des femmes qui créent des bijoux et des tissus traditionnels et sculptent ou gravent les fruits du baobab australien (*boab nuts*). Vous pourrez découvrir la magnifique **Geikie Gorge** (Darngku ; avr-déc ; P) et en apprendre plus sur l'environnement et la culture aborigènes en participant à des excursions en bateau.

p. 79

**La route »** Quittez la ville en direction de Geikie Gorge, située à 20 km par une bonne route goudronnée. Retournez jusqu'à la route principale et tournez à droite vers Derby. 43 km plus loin, un autre trajet, plus spectaculaire, est praticable en 4x4 (via Tunnel Creek et les Windjana Gorge National Parks) ; il faut compter 244 km jusqu'à Derby, dont 130 km non goudronnés. Sinon, 213 km de route goudronnée désertique vous séparent de Derby.

TEMPS FORT

## 10 Derby

Cerné par les vasières et les baobabs des rives du **King Sound**, immense détroit qui se distingue par l'amplitude de ses marées, Derby possède d'excellents hébergements et restaurants, ainsi que des ateliers de réparation des voitures. La **jetée** (Jetty Rd ; P) circulaire bordée de mangrove est un lieu de promenade de la fin d'après-midi et permet d'observer les marées. Admirez les oiseaux dans les **marais** (Conway St) et prenez une leçon d'histoire au vieux **musée** (angle Elder St et Loch St ; don apprécié ; P). Le centre culturel **Mowanjum** (08-9191 1008 ; www.mowanjumarts.com ; Gibb River Rd ; 9h-17h tlj saison sèche, fermé sam-dim saison humide, fermé jan), en dehors de la ville, expose d'impressionnantes figures wandjina. En ville, la **Norval Gallery** (0458 110 816 ; www.facebook.com/norvalgalleryderby ; 1 Sutherland St ; horaires variables) recèle toujours des œuvres intéressantes.

L'étrange phénomène des "chutes d'eau horizontales" est la principale curiosité. Il s'agit de marées qui s'engouffrent à travers d'étroites gorges du littoral de l'archipel des Boucaniers, au nord de Derby. Vous pouvez les survoler avec **Horizontal Falls Seaplane Adventures** (08-9192 1172 ; www.horizontalfallsadventures.com.au ; circuit 6 heures depuis Derby/Broome 775/850 $) ou **North West Bush Pilots** (08-9193 2680 ; www.northwestbushpilots.com.au ; vols à partir de 395 $). Autre idée d'excursion : la sortie culturelle d'une journée à **Windjana Gorge** (13 $/voiture, empl camping adulte/enfant 13/3 $ ; saison sèche) et **Tunnel Creek** (13 $/voiture ; saison sèche ; P), organisée par **Windjana Tours** (08-9193 1502 ; adulte/enfant 230/95 $ ; mar, jeu et dim avr-sept, mar, jeu, ven et dim juin-août).

p. 79

**La route »** Mowanjum est sur la Gibb River Rd (goudronnée), à 4 km de Derby. Une fois de retour sur la Great Northern, il vous reste 220 km de route déserte à parcourir jusqu'à Broome, interrompus par le Willare Bridge Roadhouse. Attention au soleil éblouissant de fin d'après-midi quand la route traverse le paysage désolé des Roebuck Plains. Continuez tout droit lorsque la Great Northern part vers le sud et le Great Sandy Desert ; Broome n'est plus qu'à 35 km.

## 11 Broome

Vous êtes arrivé dans la région yawuru ! Avant de faire halte dans les restaurants et les bars de **Cable Beach** (P), la plage de Broome, et de Chinatown, gagnez **Gantheaume Point** (P) pour voir le soleil se coucher dans l'océan Indien. Les balades à dos de dromadaires sont également un must !

Broome, la ville la mieux desservie du Kimberley, est à plus de 2 000 km de la première capitale régionale. L'hébergement y est souvent cher. Si vous êtes en 4x4, mieux vaut camper en dehors de la ville.

p. 381

# Se restaurer et se loger

## Kununurra 3

### Wild Mango — Café $

(08-9169 2810 ; www.wildmangocafe.com.au ; 20 Messmate Way ; petit-déj 7-25 $, déj 15-19 $ ; 7h-16h lun-ven, 7h-13h sam-dim ; ). Ce café tendance sert des plats équilibrés : burritos pour le petit-déjeuner, salades succulentes, pancakes fondants, smoothies au chaï, du vrai café et des glaces maison. Entrée par Konkerberry Drive.

### Wunan House — B&B $$

(08-9168 2436 ; www.wunanhouse.com ; 167 Coolibah Dr ; ch à partir de 155 $ ; ). Ce B&B impeccable appartenant à des Aborigènes dispose de chambres lumineuses et aérées avec sdb et TV. Wi-Fi gratuit, parking et copieux petit-déjeuner continental.

## Wyndham 5

### Parry Creek Farm — Séjour à la ferme $

(08-9161 1139 ; www.parrycreekfarm.com.au ; Parry Creek Rd ; empl sans/avec élec 30/50 $, ch 140 $, cabin 250 $ ; saison sèche ; ). Cette ferme paisible située au cœur de la Parry Lagoons Nature Reserve (p. 75), à 25 km de Wyndham, accueille une faune abondante et variée. Elle propose des emplacements de camping herbeux, ainsi que des chambres confortables et des *cabins* (air conditionné) reliées par une passerelle surélevée au-dessus d'un *billabong*, d'où il est aisé d'observer les oiseaux. Le café (servant de l'alcool ; ouvert d'avril à septembre) prépare d'excellents repas, dont du barramundi et des pizzas au feu de bois. Téléphonez avant de venir.

## Halls Creek 7

### Cafe Mungarri in the Park — Café $

(0477 552 644 ; 2 Hall St ; toastie/curry 10/14 $ ; 7h30-15h lun-sam ; ). Ce café, assurément le meilleur de Halls Creek, propose des wraps et des sandwichs toastés abordables, ainsi que des jus de fruits frais, sur une terrasse ombragée. Dans le bâtiment du **Visitor Centre** (08-9168 6262 ; www.hallscreektourism.com.au ; 2 Hall St ; 8h-16h ; ).

## Fitzroy Crossing 9

### Fitzroy River Lodge — Resort $$

(08-9191 5141 ; www.fitzroyriverlodge.com.au ; Great Northern Hwy ; camping 21 $/pers, tente/motel d 210/265 $, studios 375-530 $ ; bar 12h-20h30, restaurant 17h30-20h30 ; ). De l'autre côté du fleuve, ce *resort* loue des chambres de motel confortables, des tentes safari, des studios assez chics avec vue sur le fleuve et des emplacements herbeux. Le bar, convivial, sert des plats corrects au comptoir (22-38 $) de 12h à 20h30, tandis que la terrasse du **Riverside Restaurant** (dîner uniquement, plats 32-42 $) est parfaite pour un verre en fin de journée.

## Derby 10

### Neaps Bistro — Australien moderne $$

(08-9191 1263 ; www.facebook.com/neapsbistro ; Derby Lodge, 15-19 Clarendon St ; plats 19-38 $ ; 7h-11h et 18h-21h lun-sam, 7h-11h dim ; ). Ce restaurant très apprécié des habitants propose le soir des plats variés et délicieux. Les petits-déjeuners (8-23 $) se révèlent particulièrement savoureux et soignés. Au sein du **Derby Lodge** (08-9193 2924 ; www.derbylodge.com.au ; 15-19 Clarendon St ; ch/app 150/210 $ ; ).

### Desert Rose — B&B $$

(0428 332 269 ; twobrownies@bigpond.com ; 4 Marmion St ; d 225 $ ; ). Réservez longtemps à l'avance : le Desert Rose est le meilleur hébergement en ville. Chambres spacieuses arborant toutes un style différent, vitraux, piscine ombragée et formidables petits-déjeuners. Anne, la propriétaire, est une mine d'informations sur la région.

# Nouvelle-Galles du Sud et ACT

**D'INOUBLIABLES AVENTURES VOUS ATTENDENT LE LONG DES ROUTES DE** l'État le plus peuplé d'Australie. Longtemps fief des combis aux couleurs éclatantes, le littoral de la Nouvelle-Galles du Sud a toujours eu rang de road trip parmi les plus populaires du pays, avec sa succession de villes typiquement "aussie", de Batemans à Byron Bay, où le surf est roi. À s'aventurer dans les terres, on découvre un autre monde, entre bourgades hippies, forêts humides de New England, sommets du Kosciuzsko National Park et délices de la région viticole de Mudgee. Au-delà de Canberra, cette capitale sous-estimée du Territoire de la Capitale australienne (ACT), la circulation se raréfie et, à Bourke et Broken Hill, la terre vire au rouge et à l'ocre tandis que s'installe le profond silence de l'outback.

**Batemans Bay** Vagues et sable doré
LEAH-ANNE THOMPSON/SHUTTERSTOCK ©

# Nouvelle-Galles du Sud et ACT

**Route Mythique**

**1 De Sydney à Melbourne 5-7 jours**
Cette épopée littorale qui relie deux métropoles dynamiques traverse une succession de jolies villes. (p. 35)

**Route Mythique**

**5 De Sydney à Byron Bay 7-10 jours**
Le voyage aussie par excellence, avec plages de front d'océan et villes côtières animées.

**6 Snowy Mountains 2-3 jours**
La route du High Country, peu fréquentée, grimpe sur le toit de l'Australie.

**7 Canberra et la côte sud 3-4 jours**
Cette route traverse des villes historiques, de pittoresques vallées et la capitale du pays.

**8 New England 5-7 jours**
Un véritable florilège, entre fine cuisine, forêts humides, patrimoine urbain et musique country.

**9 Outback de la Nouvelle-Galles du Sud 10-14 jours**
De l'arrière-pays (*hinterland*) de Sydney au meilleur de l'outback de la Nouvelle-Galles du Sud.

**Kangaroo Valley** Forêt luxuriante de Nouvelle-Galles du Sud

## À NE PAS MANQUER

### Wategos Beach

Préférez la solitude de la plage bordée de forêt humide de Wategos Beach à la foule de Byron Bay. 5

### Jervis Bay

Le baie de Jervis Bay, au charme sauvage, est propice à toutes sortes d'activités, sur et sous l'eau. 1

### Kangaroo Valley

Éloignez-vous de la côte pour découvrir cette ensorcelante vallée, secret le mieux gardé du sud de la Nouvelle-Galles du Sud. 7

### Roth's Wine Bar

Garez votre voiture pour la nuit et profitez du Roth's, le plus ancien bar à vins de la Nouvelle-Galles du Sud, dans la région viticole de Mudgee. 9

### Bradleys & O'Briens Hut

Randonnez jusqu'à cette cabane historique, située dans le Kosciuszko National Park. 6

Route Mythique

# De Sydney à Byron Bay

5

*Cet itinéraire côtier reliant deux villes emblématiques du pays croise des plages ouvertes sur l'océan et un parc national sauvage. Ce road trip est un must !*

## TEMPS FORTS

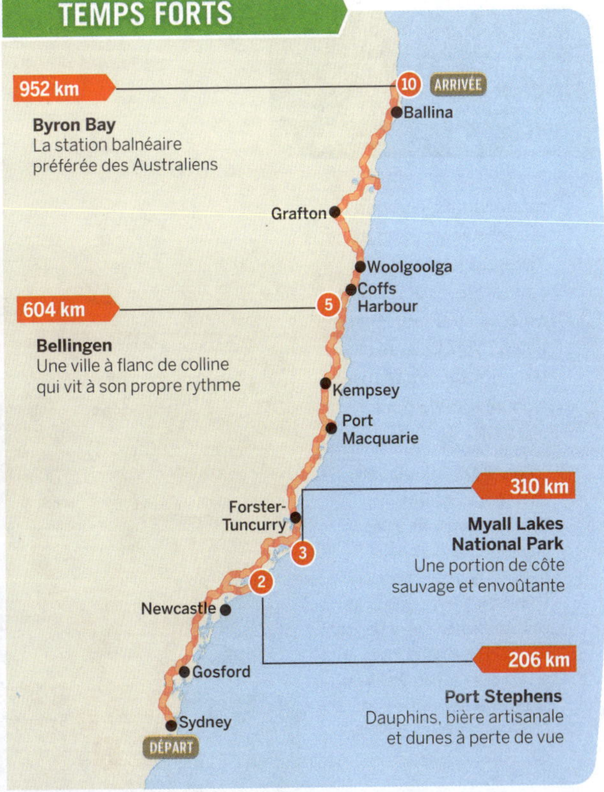


**7-10 JOURS**
**952 KM**

### PARFAIT POUR...

### LE MEILLEUR MOMENT

Météo clémente de novembre à mars. En novembre, les lycéens envahissent Byron pour fêter l'obtention de leur diplôme.

### LA PHOTO SOUVENIR

Le soleil couchant sur la plage de Byron Bay.

### POUR LES FAMILLES

Les dauphins, les dunes et les criques de Port Stephens.

**Byron Bay** Coucher du soleil sur Main Beach

Route Mythique

# 5 De Sydney à Byron Bay

Si l'on peine à quitter Sydney, tout voyage sur la partie nord du littoral de la Nouvelle-Galles du Sud réserve son lot de belles surprises. La route dessert aussi bien des stations balnéaires mythiques, à l'instar de Coffs Harbour, que des localités plus accueillantes aux familles, comme Port Stephens et Port Macquarie. Et c'est sans compter les parcs nationaux englobant les portions les plus spectaculaires de la côte. Nimbin est, quant à elle, considérée comme la capitale hippie d'Australie.

## 1 Sydney

Sydney, avec son cadre naturel unique, se distingue des autres métropoles.

De près, tout est sublimé. Comparée aux autres villes du pays, Sydney est bruyante, paroxystique et tape-à-l'œil. Les feux d'artifice y sont plus éblouissants, les talons aiguilles plus hauts, les corps plus musclés, les starlettes plus séduisantes, les drag-queens plus extravagantes... et les prix plus élevés. Les meilleurs musiciens, gastronomes, acteurs, mannequins, écrivains et architectes d'Australie viennent y laisser leur empreinte, et le résultat est époustouflant. En ce lieu où l'optimisme et les ambitions se réalisent, rien ne semble hors d'atteinte. (p. 24)

**La route »** L'autoroute M1 quitte la périphérie nord de Sydney pour traverser une impressionnante étendue de terres non cultivées et la Hawkesbury River. Ignorez les embranchements pour Gosford, Wyong et Newcastle, mais prenez celle de Port Stephens juste après Newcastle. Port Stephens se situe à 206 km du centre de Sydney.

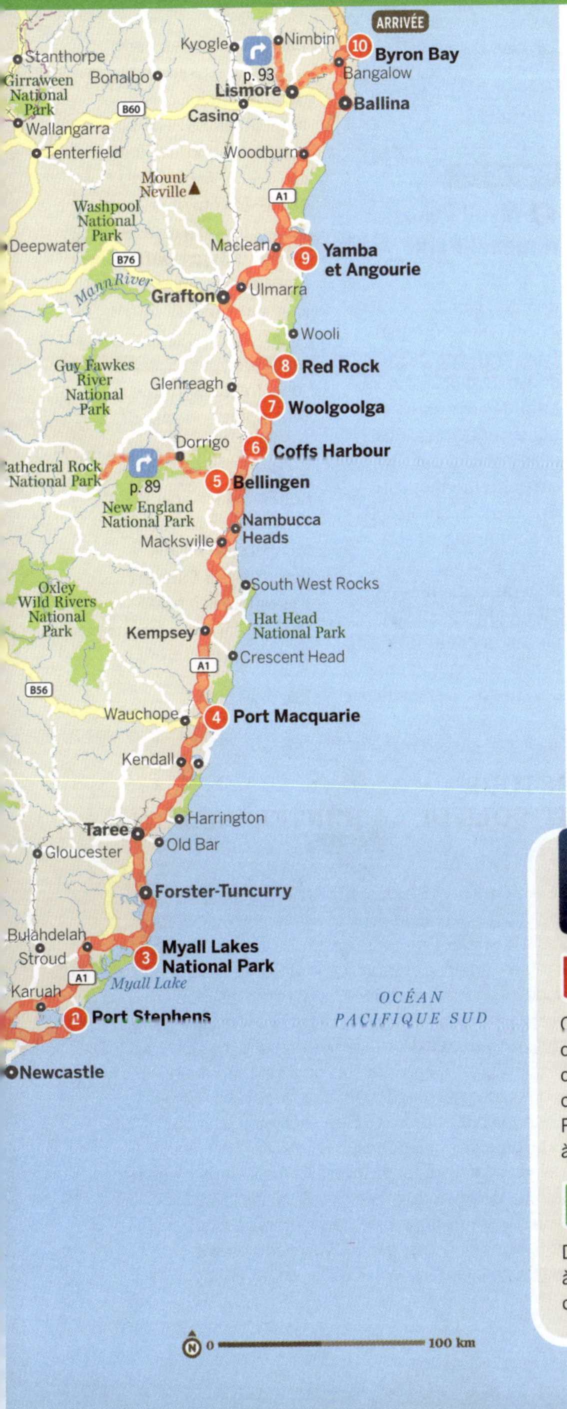




TEMPS FORT

## 2 Port Stephens

Appréciée des habitants de Sydney en quête de calme, Port Stephens occupe une baie abritée au bord d'une vallée submergée qui s'étend sur plus de 20 km à l'intérieur des terres. Au sud, s'étire l'étroite Tomaree Peninsula, avec ses plages presque désertes, ses parcs nationaux et son réseau de dunes. À Nelson Bay, le principal centre, embarquez pour une croisière d'observation des dauphins et des baleines avec **Moonshadow** (☎02-4984 9388 ; moonshadow-tqc.com.au ; 35 Stockton St, Nelson Bay) ou **Imagine Cruises** (☎02-4984 9000 ; www.imaginecruises.com.au ; Dock C, d'Albora Marinas, Nelson Bay). Parmi les curiosités locales, citons

### À COMBINER AVEC

**1 De Sydney à Melbourne**

Cet itinéraire qui relie les deux plus grandes villes d'Australie par la côte commence à Sydney. Parfait à entreprendre à votre retour de Byron.

**7 Canberra et la côte sud**

Départ de Wollongong, à seulement 84 km au sud du CBD de Sydney.

Route Mythique

**One Mile Beach**, une jolie plage en demi-cercle avec sable fin et eau azur, la brasserie **Murray's Craft Brewing Co** (☎02-4982 6411 ; www.murraysbrewingco.com.au ; 3443 Nelson Bay Rd, Bob's Farm ; ⌚10h-18h, visites 14h15) et les **Worimi Conservation Lands** (www.worimiconservationlands.com ; permis 3 jours 33 $), les dunes mouvantes les plus longues de l'hémisphère Sud. Dans cette immensité, vous ne distinguerez plus l'océan, ni aucune forme de vie.

p. 94

**La route »** Reprenez la Rte 1. À Bulahdelah, prenez vers l'est en direction du Myall Lakes National Park.

TEMPS FORT

## 3 Myall Lakes National Park

Dans une zone côtière de toute beauté, le vaste Myall Lakes National Park forme un patchwork d'îles, de denses forêts humides littorales, de plages et de lacs. Ces derniers attirent une surprenante quantité d'oiseaux et, sur la côte, la forêt humide est sillonnée de sentiers menant aux dunes de Mungo Brush au sud, où l'on peut admirer les fleurs sauvages et épier des dingos. Les meilleures plages, et vagues, sont au nord, dans les environs de **Seal Rocks**, un hameau entouré de bush bordant Sugarloaf Bay, qui arbore sable doré et bassins émeraude. Suivez le court sentier qui mène au **Sugarloaf Point Lighthouse**, un phare avec vue exceptionnelle sur l'océan, en faisant un détour par la plage solitaire de **Lighthouse Beach**, un bon spot de surfeurs. Près du phare, un point d'observation donne sur les Seal Rocks, des îlots sur lesquels on aperçoit parfois des otaries à fourrure. Des baleines à bosse croisent au large lors de leur migration annuelle.

p. 94

## VAUT LE DÉTOUR
## RÉGION VITICOLE DE LA HUNTER VALLEY

**Point de départ : 2 Port Stephens**

Juste au sud de l'embranchement pour Port Stephens, la Rte 15 vire au nord-ouest pour Maitland, un chef-lieu quelconque servant de portail à la Hunter Valley, l'une des meilleures régions viticoles d'Australie. Cap sur Pokolbin, au cœur de la région.

Un réseau de jolies petites routes quadrille cette vallée verdoyante, mais ce qui attire les visiteurs ici c'est surtout la gourmandise pure. La Hunter est synonyme de festins, entre vins fins, tables gastronomiques, bière, chocolat, fromage et olives.

On compte plus de 150 domaines viticoles dans la vallée. Presque tous ont une cave à vins où sont proposées des dégustations gratuites ou à petit prix. La région compte certains des plus anciens crus (années 1860) et des plus grands noms d'Australie, ainsi que des nouveaux venus audacieux. Elle est connue pour son sémillon, son syrah et, de plus en plus, son chardonnay.

La Hunter Valley n'est pas avare en activités et en divertissements, qu'il s'agisse de vols en montgolfière, de balades à cheval, de concerts en plein air, ou autres. Il s'agit d'une destination du week-end très prisée (dès le vendredi). Les prix grimpent en conséquence. Préférez donc si possible une visite en semaine.

En été, une chaleur écrasante règne dans la Hunter Valley, qui – comme sa syrah – est plus agréable fraîche.

**La route »** Au lieu de retourner sur la Rte 1, prenez la route côtière, moins fréquentée, qui passe par Forster-Tuncurry avant de la retrouver juste au sud de Taree. Roulez sur 80 km jusqu'à l'embranchement pour Port Macquarie. Plus que 10 km pour atteindre la ville.

## 4 Port Macquarie

"Port", comme on la surnomme, affiche une succession de superbes plages, toutes à courte distance en voiture du centre. Celles de Town, Flynn and Lighthouse, surveillées en été, sont idéales pour le surf. La forêt humide s'étend jusqu'aux plages de Shelly et Miners (plage nudiste officieuse). La période d'observation des baleines court de mai à novembre ; on les aperçoit depuis de nombreux points en ville, mais vous les verrez de plus près en vous joignant à une croisière de **Port Jet Cruise Adventures** (02-6583 8811 ; www.portjet.com.au ; 1 Short St). En ville, ne manquez ni les fruits de mer ni le **Port Macquarie Coastal Walk**, un sentier de 9 km reliant 8 plages (vous pourrez n'en parcourir que des tronçons).

p. 94

**La route »** Sur sa première partie, elle se dirige vers les terres ; pour un détour pittoresque (17 km), prenez le Tourist Drive 14 qui passe par Stuarts Point, une forêt d'eucalyptus, Grassy Head, le Yarriabini National Park et Scotts Head avant de rejoindre la route principale. Après Nambucca Heads, continuez sur 20 km au nord, puis sur 10 km à l'ouest jusqu'à Bellingen.

### VAUT LE DÉTOUR
### WATERFALL WAY

**Point de départ : 5 Bellingen**

Tenu pour le plus bel itinéraire de la Nouvelle-Galles du Sud, la Waterfall Way, s'étendant sur 190 km, dessert une poignée de parcs nationaux entre Coffs Harbour et Armidale – parmi les forêts subtropicales intactes, les vallées et, sans surprise, des chutes d'eau. Sur les plateaux, campagne verdoyante et larges plaines n'attendent que vous. Bellingen est le point de départ naturel de ce sublime itinéraire.

Le **Guy Fawkes River National Park** (www.nationalparks.nsw.gov.au/guy-fawkes-river-national-park) et les superbes Ebor Falls se situent à 50 km de la ville de Dorrigo, qui elle-même est à 30 km au nord-ouest de Bellingen. Entrez dans le **Cathedral Rock National Park** (www.nationalparks.nsw.gov.au/cathedral-rock-national-park) ou faites un détour par la Point Lookout Road jusqu'au **New England National Park** (www.nationalparks.nsw.gov.au/new-england-national-park), lequel fait partie de la région des forêts humides Gondwana classées au Patrimoine mondial. À l'ouest, ne manquez pas l'**Oxley Wild Rivers National Park** (www.nationalparks.nsw.gov.au/oxley-wild-rivers-national-park) et les belles et vertigineuses Wollomombi Falls.

TEMPS FORT

## 5 Bellingen

Enfouie dans la végétation à flanc de colline au-dessus de la Bellinger River, "Bello" fait la part belle aux produits bio, et sa communauté branchée a un petit côté urbain. Située entre la forêt humide du Dorrigo National Park et une longue série de plages, c'est un bijou. On s'y attable à plaisir : les cafés et les restaurants y sont de plus en plus nombreux. Essayez Hearthfire Bakery (p. 94), notre coup de cœur.

À une demi-heure de route à l'ouest, le **Dorrigo National Park** (02-6657 2309 ; www.nationalparks.nsw.gov.au/things-to-do/lookouts/skywalk-lookout ; Dome Rd ; 2 $ ; 9h-16h30), de 119 km², fait partie des forêts humides Gondwana classées au Patrimoine mondial. Il abrite une grande

# Route Mythique

ANNE POWELL/SHUTTERSTOCK ©

LAUREN PROCTOR/SHUTTERSTOCK ©

## POURQUOI EST-CE UNE ROUTE MYTHIQUE ?

ANDY SYMINGTON, AUTEUR

**Le voyage à Byron tient d'un rite de passage pour les Australiens de tous âges et un road trip de légende le long d'une côte spectaculaire, entre plages sans fin, patrimoine aborigène, jolies criques, parcs nationaux intacts et moult cabrioles des dauphins. Pour moi et les autres habitants de Sydney, mettre cap au nord est une façon d'oublier le stress et les contraintes de la vie urbaine, et de profiter de l'été, du sable et d'une nature généreuse.**

Ci-dessus : dauphins, Port Stephens
À gauche : Sugarloaf Point Lighthouse, Myall Lakes National Park
À droite : bouchées de Temaki sushi, Bellingen

SIMON MCGILL/GETTY IMAGES ©

diversité de végétaux et plus de 120 espèces d'oiseaux.

p. 94, p. 123

**La route »** Reprenez la route principale et bifurquez au nord, vers Coffs Harbour.

## 6 Coffs Harbour

Si son centre-ville est en retrait de la mer, Coffs compte un chapelet de superbes plages. Prisée des familles comme des globe-trotteurs, elle est riche en activités de toutes sortes. Vous aurez l'occasion d'approcher la faune et pourrez emmener les enfants au Big Banana, parc d'attractions kitsch. Pourquoi ne pas apprendre à surfer avec l'**East Coast Surf School** (☎0429 444 028 ; www.eastcoastsurfschool.com.au ; Diggers Beach ; cours 2 heures à partir de 55 $) ? Ou aborder la culture aborigène en pagayant avec **Wajaana Yaam** (☎0409 926 747 ; wajaanayaam.com.au ; circuit 2 heures 80 $) ? Enfin, ne manquez pas l'île de **Muttonbird Island** (☎1300 072 757 ; www.nationalparks.nsw.gov.au/muttonbird-island-nature-reserve ; circuit adulte/enfant/famille 20/10/50 $). Les Gumbainggir l'appelaient Giidany Miirlarl, qui signifie "endroit de la lune". Elle fut reliée à Coffs Harbour par la digue du nord en 1935. La promenade jusqu'au sommet (assez escarpée vers la fin) conduit à une vue dégagée. Ce trésor écologique est occupé de fin août à début avril par quelque 12 000 couples de puffins fouquets, dont les petits sont visibles en décembre et en janvier.

p. 95, p. 123

**La route »** La route vers le nord passe sous de très grands arbres (visibles depuis le Big Banana), puis au plus près de la côte. Avant de virer vers les terres, juste après Sandy Beach, vous atteignez Woolgoolga.

## 7 Woolgoolga

Woolgoolga (Woopi pour les intimes) allie avec bonheur surf et communauté indienne. Depuis l'autoroute qui passe au large de la ville, impossible de rater le temple Guru Nanak Temple, un gurdwara (lieu de culte) sikh. On y organise le **Bollywood Beach Bazaar** (02-6654 7673 ; www.facebook.com/bollywoodmarket ; Woolgoolga Beach Reserve ; 8h-14h, 1er et 4e sam du mois), et un **Curryfest** (www.curryfest.com.au) en septembre.

p. 95

**La route »** À 7 km au nord de Woopi, à l'endroit où la route décrit un arc vers les terres, dirigez-vous vers Red Rock sur une route littorale tranquille.

## 8 Red Rock

Le village de Red Rock (340 habitants) est situé entre une jolie plage et un bras de rivière très poissonneux. Il tire son nom de l'empilement de rochers aux tons rouges sur le cap, auquel les Gumbainggir donnent le nom de Blood Rock (rocher de sang). Dans les années 1880, un détachement de policiers décimant les habitants d'un campement aborigène, chassant les survivants jusqu'au cap, où ils furent emportés. Ce site est sacré. Le **Yarrawarra Aboriginal Cultural Centre** (02-6640 7104 ; www.yarrawarra.org ; 170 Red Rock Rd, Corindi Beach ; 10h-16h mar-ven, 10h-13h sam-dim, café 10h-14h mar-ven) abrite une galerie d'art et un café servant une cuisine du bush à base d'ingrédients comme la citronnelle australienne (*Backhousia citriodora*). D'autres circuits sont proposés : médecine du bush, ateliers artistiques... Téléphonez pour réserver.

Le **Yuraygir National Park** (www.nationalparks.nsw.gov.au/yuraygir-national-park ; 8 $/véhicule) est la plus grande portion de littoral non construit de l'État, avec 65 km d'écosystèmes côtiers intacts s'étendant vers le nord à partir de Red Rock. Les plages, isolées, y sont sublimes et l'on peut voir, le long des sentiers, des émeus d'Australie, une espèce menacée.

**La route »** Rejoignez la Rte 1, prenez à droite (nord-ouest) et suivez-la jusqu'au bout, au milieu des terres cultivées. Grafton et MacLean sont sur votre chemin.

## 9 Yamba et Angourie

Bourgade de pêcheurs à l'embouchure de la Clarence River, Yamba cultive une ambiance bohème, avec de superbes plages et d'excellents cafés et restaurants. On l'appelle la "Byron Bay d'il y a 20 ans". Sa voisine Angourie, à 5 km au sud, est une minuscule localité qui attire depuis longtemps les surfeurs aguerris – elle a été l'une des premières réserves nationales de surf.

Si les surfeurs endurcis se ruent à **Angourie Point**, tout le monde peut trouver son bonheur à Yamba. **Main Beach** est la plus animée, avec une piscine naturelle, des bananiers et même un versant herbeux. Quant à **Convent Beach**, c'est le paradis des adeptes du bronzage et **Turner's**, protégée par la digue, est idéale pour suivre des cours de surf. Des dauphins s'aventurent parfois le long de la grande plage de **Pippi Beach**.

**La route »** Prenez la Rte 1 vers le nord et quittez-la à Ballina, pour longer la côte

## VAUT LE DÉTOUR
## BANGALOW ET NIMBIN

**Point de départ : 10 Byron Bay**

Pour qui se rend à Byron (ou en revient), deux localités de l'arrière-pays valent le détour. Il y a d'abord **Bangalow**, entourée de forêts subtropicales et de champs verdoyants. Elle se distingue par sa petite communauté d'artistes, sa scène culinaire tournée vers le développement durable et ses jolies boutiques.

Ensuite, on trouve **Nimbin**, capitale alternative de l'Australie, une curieuse petite bourgade. Autrefois village d'élevage laitier sans histoire de la région de Northern Rivers, Nimbin a changé radicalement en mai 1973. Des milliers d'enfants de la contre-culture, d'étudiants, de hippies, etc. s'y sont retrouvés pour l'Aquarius Festival. Beaucoup sont restés et ont fondé des communautés dans la campagne environnante afin de mettre en pratique les idéaux de ces dix jours de fête.

Autre événement marquant de l'histoire de Nimbin, la Terania Creek Battle de 1979, la première grande victoire en matière de protection de l'environnement en Australie. On lui attribue souvent la conservation de grandes forêts humides de Nouvelle-Galles du Sud. Protestor Falls, dans l'actuel Nightcap National Park, tire son nom de l'événement.

Aujourd'hui, les fresques psychédéliques du Serpent arc-en-ciel du Temps du Rêve et les effluves de marijuana dans la rue principale se sont peut-être estompés, mais, s'ils ont vieilli, les pionniers de l'époque demeurent. Une promenade dans la rue principale vous fera revivre tout l'optimisme du mouvement peace and love.

en vous rapprochant du littoral pittoresque de Lennox Head, avec une très belle vue depuis la route. Byron est très étendue – traversez sa périphérie en direction du centre.

TEMPS FORT

### 10 Byron Bay

Ce qui rend Byron spécial est son mélange de mode de vie alternatifs de l'arrière-pays et de surfeurs. Ils sont désormais rejoints par des routards du monde entier, des familles en vacances et des adeptes du bien-être. L'ambiance unique de cette bourgade dépourvue de grands immeubles séduit toujours, entre températures douces, plages sans fin, superbes breaks de surf, gastronomie, nuits enfiévrées et belles promenades. À l'ouest du centre, la plage sauvage de **Belongil Beach** doit à ses hautes dunes d'échapper au gros de la foule. Face à l'agglomération, la plage de **Main Beach**, surveillée, voit défiler du matin au soir cours de yoga, musiciens de rue et jongleurs de feu. De l'autre côté des rochers, **Wategos Beach** est constitué d'un vaste croissant de sable blanc encadré de forêt tropicale. **Tallow Beach** est une étendue déserte (7 km) au sud de Cape Byron.

p. 93

# Se restaurer et se loger

## Port Stephens 2

**Little Beach Boathouse** Poisson, fruits de mer $$
(02-4984 9420 ; www.littlebeachboathouse.com.au ; Little Beach Marina, 4 Victoria Pde, Nelson Bay ; plats 29-38 $ ; 12h-14h et 17h-21h mar-sam, 11h30-14h30 dim). Dans une grande salle vaste intimiste, au bord de l'eau, vous dégusterez de fabuleux plateaux de fruits de mer, dont des pétoncles de Hervey Bay, des huîtres de Port Stephens et des calamars, accompagnés de frites à la truffe et au parmesan. Également, poitrine de porc croustillante et raviolis du jour. Excellent service. Réservez pour le dîner.

**Anchorage** Resort $$$
(02-4984 2555 ; www.anchorageportstephens.com.au ; Corlette Point Rd, Corlette ; d 299-499 $ ; P). Ce complexe hôtelier, fort d'une vue dégagée sur la baie, jouxte la marina. C'est l'adresse la plus chic de la ville. Les chambres, toutes avec balcon ou terrasse, arborent un intérieur très confortable. Suites plus spacieuses et appartements, idéals pour les familles.

## Myall Lakes National Park 3

**Reflections Holiday Park Seal Rocks** Camping $
(02-4997 6164 ; www.reflectionsholidayparks.com.au ; Kinka Rd, Seal Rocks ; empl/cabins à partir de 55/122 $ ; ). Cet excellent parc de vacances, bien tenu, propose des emplacements sur l'herbe pour les tentes et les caravanes, du "glamping" en tente luxueuse avec sdb, ainsi qu'un ensemble de *cabins*, allant de celles pour les budgets serrés aux villas d'architectes (avec vue sur la mer, barbecue sur la terrasse, etc.). Cuisine en extérieur et salle commune animée avec TV (Foxtel).

## Port Macquarie 4

**Bill's Fishhouse** Australien $$$
(02-6584 7228 ; www.billsfishhouse.com.au ; 2/18-20 Clarence St ; plats 34-36 $ ; 17h30-tard, fermé dim). Adresse très plaisante pour échapper à la chaleur et déguster des produits de la mer ultrafrais. La carte, renouvelée fréquemment, peut inclure du filet de vivaneau en bouillon de shiitaké ou un risotto de crabe batailleur. Chaque jour, le chef complète le menu avec un poisson du marché. Belle carte des vins, mais succincte. Réservez pour le dîner.

**Social Grounds** Café $
(0423 240 635 ; 151 Gordon St ; plats 9-16 $ ; 6h-14h lun-ven, 6h-11h30 sam, 7h-11h30 dim ; ). Installez-vous aux tables communes sur la terrasse de ce café branché. Faites votre choix parmi les œufs aux épices (un classique), les croissants et les savoureuses salades. Bon café.

**NRMA Port Macquarie Breakwall Holiday Park** Camping $
(réservations 1800 636 452 ; www.nrmaparksandresorts.com.au/port-macquarie ; 1 Munster St ; empl 32-43 $, cabins 100-200 $ ; ). Adresse de qualité à l'atmosphère conviviale, proposant maints équipements. Situé juste à l'embranchement de la rivière.

## Bellingen 5

**Hearthfire Bakery** Boulangerie $
(02-6655 0767 ; www.hearthfire.com.au ; 73 Hyde St ; plats à partir de 10 $ ; 7h-17h lun-ven, 7h-14h sam-dim). Suivez l'odeur du pain au levain bio cuit au four à bois jusqu'à cette boulangerie-café qui sort du lot. Goûtez le fameux pain aux noix de macadamia ou installez-vous devant un café et une bonne tourte. Menu du jour pour le petit-déjeuner et plats pour le déjeuner en semaine : mezze, soupes et salades.

## Coffs Harbour 6

### Old John's — Café $

(02-6699 2909 ; www.facebook.com/oldjohns ; 360 Harbour Dr ; plats 10-17,50 $ ; 7h-15h30). Les jeunes branchés de Coffs investissent la vitrine ouverte ou la terrasse pour goûter au meilleur café de la ville et déguster les délices de la carte : gâteau aux graines de chia, petits-déjeuners à base d'œufs, bols nutritifs ou, au déjeuner, salades et sandwichs grillés.

### Coffs Jetty BnB — B&B $$

(02-6651 4587 ; www.coffsjetty.com.au ; 41a Collingwood St ; d 135-170 $ ; ). Un cran au-dessus des autres B&B, cette maison de ville douillette loue des chambres privées spacieuses et décorées avec goût, avec dressings et superbes sdb. Savourez le petit-déjeuner à base de fruits frais sur le balcon avant de parcourir la courte promenade menant à la plage et aux restaurants du quai. L'une des suites possède une kitchenette, et toutes disposent d'un micro-ondes et d'un réfrigérateur.

## Woolgoolga 7

### Singhan Da Dhaba — Inde du Nord, végétarien $

(02-6654 2113 ; www.facebook.com/singhandadhaba ; 18 Market St ; plats 13-15 $ ; 11h30-14h30 et 17h30-20h30 lun-sam ; ). Ce *dhaba* (étal de rue) traditionnel sikh sert de savoureux plats du nord de l'Inde. Sont aussi proposés une carte des *chaat* (en-cas) pour le déjeuner, et un beau choix de desserts indiens à emporter. Nombreuses options véganes, ou sans ail ni oignon.

## Byron Bay 10

### Balcony Bar — International $$

(02-6680 9666 ; www.balcony.com.au ; angle Lawson et Jonson Sts ; plats 22-32 $ ; 12h-23h lun-jeu, 12h-tard ven, 9h-tard sam-dim ; ). Depuis le balcon, qui entoure l'établissement et lui donne son nom, on a une superbe vue sur l'animation de Byron. La décoration s'inspire agréablement de l'époque postcoloniale, et la cuisine concocte un beau mélange de spécialités de style tapas et de salades d'influence méditerranéenne, parfaites par temps chaud, et de plats sophistiqués, tels que linguine au crabe et au piment ou burger de bœuf maturé sur pain brioché.

### Bay Leaf Café — Café $$

(www.facebook.com/bayleafcoffee ; 2 Marvell St ; plats 17-24 $ ; 7h-14h). Les clichés "byronais" se bousculent dans ce café branché (*golden latte*, kombucha, bande-son rock psychédélique des années 1970), mais tout est fait avec un remarquable sens du détail et une passion pour le produit qui lui valent sa popularité. Formidables petits-déjeuners, du muesli (granola ou Bircher) aux œufs pochés avec dukkah maison en passant par le tout jeune plat national : l'avocat sur du pain au levain.

### Nomads Arts Factory Lodge — Auberge de jeunesse $

(02-6685 7709 ; www.nomadsworld.com/arts-factory ; Skinners Shoot Rd ; empl 17-20 $, dort 25-32 $, d 70-90 $ ; @). Pour une expérience toute "byronaise", essayez cette "ville miniature" de 2 ha, pleine de coins et de recoins, non loin d'un marais et à 15 minutes à pied de la ville. Dortoirs colorés de 4 à 10 lits, emplacements de camping, cottage en bord de lac réservé aux femmes ou tipi partagé. Les couples pourront choisir une chambre "cube", une retraite dans une hutte en toile ou le "love shack" romantique avec sdb, plus onéreux.

### Barbara's Guesthouse — Guesthouse $$

(0401 580 899 ; www.byronbayvacancy.com ; 5 Burns St ; d 170-330 $ ; P). Dans une rue résidentielle calme, non loin du centre, cette jolie demeure familiale à la façade bardée des années 1920 compte 4 chambres raffinées avec sdb et TV. L'établissement cultive une élégance toute balnéaire et un soin du détail. Cuisine partagée avec petit-déjeuner et machine à café, et belle terrasse à l'arrière, idéale pour se détendre.

# SE DÉGOURDIR LES JAMBES SYDNEY

**Départ/arrivée :** Observatory Hill

**Distance :** 3,5 km

**Durée :** 3 heures 30

Sydney est une ville qui accumule les superlatifs et cette promenade réunit certains des sites les plus spectaculaires du centre-ville – du quartier historique de Rocks à l'Opéra en passant par le luxuriant Royal Botanic Garden, jouxtant la baie.

**Compatible avec les itinéraires :**

1 5

## Observatory Hill

Parsemée d'immenses figuiers de Moreton Bay, cette colline herbeuse surplombant les maisons de Rocks abrite le fascinant **Sydney Observatory** (02-9217 0111 ; www.maas.museum/sydney-observatory ; 1003 Upper Fort St ; 10h-17h). Le parc est parfait pour pique-niquer. Superbe vue sur la baie.

**La promenade »** Descendez la colline en direction d'Argyle St. Argyle Place est juste de l'autre côté de la rue.

## Argyle Place

Paisible coin de verdure à l'anglaise jalonné de maisons mitoyennes, **Argyle Place** (Argyle St ; Circular Quay) est bordée par la **Garrison Church** (02-9247 1071 ; www.churchhillanglican.com ; 60 Lower Fort St ; 9h-17h ; Circular Quay) et le Lord Nelson Brewery Hotel, l'un des trois prétendants au titre de plus vieux pub de Sydney.

**La promenade »** Descendez Argyle St en direction du sud-est, en prenant l'Argyle Cut, une portion de chaussée excavée par des prisonniers dans la crête gréseuse. Après le Sydney Visitor Centre, tournez à gauche pour atteindre le musée.

## Rocks Discovery Museum

Divisé en quatre parties – Warrane (avant 1788), Colony (1788-1820), Port (1820-1900) et Transformations (de 1900 à aujourd'hui) – ce modeste mais excellent **musée** (02-9240 8680 ; www.therocks.com ; Kendall Lane ; 10h-15h ; ), niché dans une ruelle des Rocks, retrace l'histoire du quartier. Les Gadigal (cadigal), les premiers habitants des lieux, sont bien représentés. D'intéressants récits de la période coloniale y figurent aussi.

**La promenade »** Prenez n'importe quelle rue de Rocks filant vers l'est, puis suivez le front de mer jusqu'au Museum of Contemporary Art.

## Museum of Contemporary Art

Le **MCA** (MCA ; 02-9245 2400 ; www.mca.com.au ; 140 George St ;

10h-17h jeu-mar, 10h-19h mer ; Circular Quay), de style Art déco, est une vitrine de l'art contemporain australien et international, avec un fonds permanent tournant et des expositions temporaires. L'art aborigène y tient une place centrale. Une galerie moderne, dont le toit abrite un café pourvu d'une belle vue, y a été ajoutée. Visites guidées gratuites quotidiennes en plusieurs langues.

**La promenade »** Vous êtes dans l'une des zones les plus animées de Sydney – déambulez sur Circular Quay en profitant du spectacle : joueurs de didjeridoo, passagers de ferries pressés et commerces de restauration rapide.

## Opéra de Sydney

C'est sans doute un cliché, mais l'**Opéra de Sydney** (02-9250 7111, réservation des visites 02-9250 7250 ; www.sydneyoperahouse.com ; Bennelong Point ; visite adulte/enfant 40/22 $ ; visites 9h-17h) reste l'une des plus belles créations architecturales du pays. Rappelant les voiles gonflées d'un navire, l'édifice renferme cinq espaces où se tiennent concerts, spectacles de danse, opéra et théâtre. La meilleure façon de découvrir le bâtiment est d'assister à une représentation, mais il y a aussi des visites guidées.

**La promenade »** Descendez les marches qui partent de la baie et tournez à gauche (vers l'est) pour suivre le sentier jusqu'aux portes de fer du Royal Botanic Garden.

## Royal Botanic Garden

Bordant la crique de Farm Cove, les magnifiques jardins du **Royal Botanic Garden** (02-9231 8111 ; www.rbgsyd.nsw.gov.au ; Mrs Macquarie's Rd ; 7h-crépuscule), créés en 1816, abritent des plantes provenant d'Australie et du monde entier. Bien avant l'arrivée des convicts, l'endroit était un lieu d'initiation pour les Gadigal.

**La promenade »** Cette promenade est si belle qu'elle vaut la peine de la parcourir deux fois – revenez par le même chemin, mais peut-être à un rythme plus calme afin de profiter du site et d'emprunter d'autres rues de Rocks.

# Snowy Mountains

6

*Parcourez les hauts plateaux, de Cooma au Mt Kosciuszko. En chemin, découvrez la ville et le sommet les plus élevés du pays, ainsi que de spectaculaires paysages de montagne.*

## TEMPS FORTS

### 2-3 JOURS
### 275 KM

### PARFAIT POUR...

### LE MEILLEUR MOMENT

Au printemps et à l'automne. Les routes sont parfois impraticables sans chaînes en hiver.

### LA PHOTO SOUVENIR

Scammell's Lookout, un poste d'observation en altitude au milieu d'une forêt de gommiers.

### EN PLEIN AIR

Kiandra allie paysages évocateurs et événements historiques incitant à la réflexion.

**Kosciuszko National Park** Vue du Scammell's Lookout

# 6 Snowy Mountains

Entre Cooma et Jindabyne, cet itinéraire évocateur mène aux splendeurs des Snowy Mountains. Sous l'œil des aigles d'Australie planant sur les courants thermiques, vous traverserez des forêts, des prairies d'herbe fournie et croiserez des panoramas typiques de l'intérieur des terres. Le parcours en montagne ravira les poètes et aspirants à la solitude… mais moins certains conducteurs, et leurs passagers, peu habitués aux routes sinueuses.

## 1 Cooma

Cooma fait un bon point de départ pour la traversée du territoire le plus élevé du pays. Si sa proximité avec les pistes de ski lui vaut d'être animée l'hiver, le calme plat y règne en été. Petite, elle promet du bon temps, avec ses cafés accueillants et ses édifices historiques. Consacrez une heure ou deux à la visite (souvent teintée d'humour noir) du **NSW Corrective Services Museum** (☎02-6452 5974 ;

www.correctiveservices.justice.nsw.gov.au ; 1 Vagg St ; don 1 ou 2 $ ; 9h-15h lun-sam), guidée par les détenus, retraçant l'histoire de l'établissement pénitentiaire. À 2 km au nord du centre-ville sur la Monaro Hwy, découvrez le **Snowy Hydro Discovery Centre** (1800 623 776 ; www.snowyhydro.com.au ; Yulin Ave ; 8h-17h lun-ven, 8h-16h sam-dim ; P), une centrale hydroélectrique au nombre des plus grands exploits techniques du pays. La centrale et les barrages ont demandé 25 ans de travaux et employé plus de 100 000 personnes. Un autre projet est en cours, du nom de "Snowy 2.0".

p. 105

### À COMBINER AVEC

**1 De Sydney à Melbourne**

De Cooma, roulez sur 45 km vers le sud, puis prenez à l'est vers la côte. À Merimbula, vous retrouvez l'itinéraire 1.

**7 Canberra et la côte sud**

À Cooma, prenez la Monaro Hwy vers le nord sur 116 km jusqu'à Queanbeyan (sur l'itinéraire 7), entre Canberra et Batemans Bay.

**La route »** Prenez Sharp St qui part à l'ouest de la ville, puis, au bout de 7 km, la direction de Tumut. Roulez sur 44 km jusqu'à Adaminaby, en montant doucement dans les pâturages subalpins.

## 2 Adaminaby

Cette localité située à 1 017 m d'altitude ressemble à n'importe quel autre hameau australien, avec ses maisons et ses parcs. Or l'Adaminaby d'origine repose, depuis la construction de barrages dans les années 1950, sous les eaux du Lake Eucumbene. Pendant les périodes de sécheresse, quand les eaux se retirent, des vestiges refont leur apparition. La pêche à la truite est réputée, à l'instar de l'hospitalité locale, et la bourgade est apparue plusieurs fois dans la littérature et à l'écran. Elle a inspiré *Happy Valley*, le premier roman de Patrick White, lauréat du prix Nobel, et son champ de courses apparaît dans des films hollywoodiens, dont *Phar Lap* (1983). Profitez-en pour randonner à cheval plusieurs jours avec **Reynella Rides** (02-6454 2386 ; reynellarides.com.au ; 699 Kingston Rd, Adaminaby ; randonnée 3/4/5 jours 1 550/1 900/2 380 $), sympathique structure familiale. Sinon, arrêtez-vous pour la vue sur le lac et faire le plein de carburant, car l'occasion sera rare par la suite...

**La route »** À environ 13 km d'Adaminaby, les verts pâturages ondoyants laissent la place aux forêts plus denses du Kosciuszko National Park.

TEMPS FORT

## 3 Kiandra

S'étendant sur 6 940 km², le Kosciuszko National Park est l'un des plus beaux parcs nationaux de l'État. Au printemps et en été, les fleurs des montagnes parsèment les chemins de randonnée et les terrains de camping. Une multitude d'endroits permet de s'arrêter et d'apprécier la vue dans un silence magique. À 88 km de Cooma, près du panneau de Kiandra, garez-vous et montez jusqu'aux tombes du **Kiandra Cemetery**. Sur les 47 personnes à reposer sur ce qui fut un site d'extraction d'or entre 1891 et 1912, seules six sont mortes de vieillesse. Il se dégage de l'endroit une impression de solitude et d'espace sauvage. Cette ville reculée est aussi le lieu de naissance du ski de loisir en Australie, introduit par les colons norvégiens.

**La route »** La route s'élève au milieu des ruines de Kiandra, à 1 400 m d'altitude. Juste après, au Kilomètre 89, prenez la direction de Cabramurra puis faites de même au Kilomètre 104. La ville en soi est à 4 km.

### 4 Cabramurra

Trônant à 1 488 m, Cabramurra est la plus haute ville du pays. Le cadre est saisissant. Ses maisons furent construites dans les années 1950 pour loger les travailleurs de la centrale hydroélectrique des Snowy Mountains, remplacés plus tard par le personnel qui entretient désormais le barrage. Il n'y a pas grand-chose à voir dans cette cité ouvrière, qui ne propose que le strict minimum. Jetez-y un coup d'œil le temps d'un café et d'un en-cas au magasin d'alimentation générale.

**La route »** La descente raide depuis Cabramurra est l'une des plus belles sections de l'itinéraire, avec les tristes troncs blancs des arbres ravagés par le feu formant une haie d'honneur. On descend ensuite vers le barrage avant de continuer dans des forêts et pâturages de montagne.

TEMPS FORT

### 5 Bradleys & O'Briens Hut

À 124 km de Cooma, au milieu des troncs blancs laissés par les incendies qui dévastèrent la région en 2003, la Bradleys & O'Briens Hut est une cabane à ossature en bois et revêtement en tôle. Cette modeste construction caractérise bien la solitude humaine dans un territoire aussi vaste. Bâtie par les familles O'Brien et Bradley en 1952, elle sert encore aujourd'hui de refuge (surtout en cas d'orage) aux randonneurs et visiteurs qui viennent pour la journée au Kosciuszko National Park.

**La route »** En continuant vers le sud-ouest en direction de Khancoban, vous verrez un certain nombre d'aires de repos et de départs de sentiers. À ce stade, l'horizon s'ouvre et l'on aperçoit, au sud, les montagnes du High Country du Victoria.

### 6 Khancoban

Merveilleusement isolée au pied des Snowy Mountain et paisible – en dehors des mois d'hiver –, la minuscule Khancoban (250 habitants) fait l'effet d'une oasis après de longues routes désertes. Arrêtez-vous le temps d'une glace de **Trev's Place** – les enfants l'ont probablement méritée – ou de faire le plein (le carburant est plus cher ici qu'à Thredbo ou Cooma). Poursuivez sur Thredbo, surtout s'il est tard, mais ne ratez pas, à 7 km au sud, le **point de vue de Murray 1 Power Station,** où vous contemplerez les immenses pipelines du projet Snowy Hydro qui émaillent les collines.

## SKIER DANS LES SNOWY MOUNTAINS

Les principales stations de ski sont Thredbo, sur le versant sud du Kosciuszko, et Perisher, à l'est. On accède à celle de Charlotte Pass, bien plus petite mais plus en altitude, par Perisher.

La saison de ski s'échelonne officiellement de l'anniversaire de la Reine (début juin) à la Fête du travail (début octobre). La meilleure période court de juin à août ; juillet et août étant les deux mois les plus enneigés. Des canons assurent un enneigement minimal pendant toute la saison, mais attendez-vous au "white ribbon of death" (ruban blanc de la mort), soit une piste de neige artificielle bordée, des deux côtés, par le sol nu ou de la boue – en début et fin de saison.

Hors des pistes il y a une vie nocturne animée, de bons restaurants, et quantité d'équipements et d'activités à destination des familles. On trouve à Thredbo et Perisher des cours de ski pour enfants, des crèches et des garderies.

Les stations sont bondées le week-end et, la saison étant brève, les prestataires doivent rentabiliser sur un temps court, ce qui explique la hausse des tarifs.

SUZANNE LONG/ALAMY STOCK PHOTO ©

**Bradleys & O'Briens Hut** Kosciuszko National Park

**La route »** Quand le compteur kilométrique (de l'itinéraire) indique 192 km, n'hésitez pas à faire une pause pour admirer la vue au Scammell's Lookout, du nom d'une famille de la région qui gardait ses bêtes non loin dans les années 1860. Vous apercevrez plusieurs aires de repos au bord de la rivière, puis au bout de 243 km, vous grimperez vers le point le plus haut de ce parcours, signalé parun panneau indiquant "Great Dividing Range 1 580 m", avant de plonger dans la vallée en direction de Thredbo.

TEMPS FORT

## 7 Thredbo

Située à 1 365 m d'altitude, Thredbo est souvent décrite comme la meilleure station de ski d'Australie, et la descente depuis la route de

## VAUT LE DÉTOUR
## MT KOSCIUSZKO

### Point de départ : 7 Thredbo ou 8 Jindabyne

Le Mt Kosciuszko (2 228 m) est le plus haut sommet du continent. L'ascension en est relativement aisée, même si le dernier tronçon peut se révéler éprouvant. Il existe deux départs de sentiers et trois itinéraires différents. Le plus direct est la **Mt Kosciuszko Track** – de Thredbo, prenez le **Kosciuszko Express Chairlift** (pass journée adulte/enfant 39/21 $ ; ⏲9h-16h) ; du sommet du télésiège, une rude montée de 13 km aller-retour vous attend jusqu'au sommet. Évaluez la forme physique de votre groupe avant de commencer : il n'est pas rare, sur ce sentier, de voir des enfants, et si la progression est ralentie, vous pourrez rater le dernier télésiège pour redescendre.

Pour les deux autres sentiers, roulez jusqu'au bout de la route goudronnée qui franchit le Charlotte Pass (à 40 km à l'ouest de Jindabyne). Le plus facile est le **Summit Walk** (18 km aller-retour, avec un dernier tronçon très raide). L'autre est la **Main Range Track**, une boucle bien moins aisée de 22 km qui traverse de petites rivières ; renseignez-vous au **Visitor Centre** (☎02-6459 4198 ; www.thredbo.com.au ; 6 Friday Dr ; ⏲9h-16h30) avant de partir, car les conditions météo peuvent la rendre impraticable. N'oubliez pas de remplir un formulaire de déclaration de voyage.

Si vous ne faites que passer dans le Kosciuszko National Park, aucun frais de stationnement n'est à prévoir. En revanche, si vous y passez la nuit ou roulez au-delà de Jindabyne en direction du Charlotte Pass, comptez 17 $ (29 $ en hiver) pour 24 heures.

Khancoban sur l'étroite vallée dans laquelle elle est nichée offre un beau spectacle. L'été, place à l'aventure le long de ses 25 km de pistes de VTT ou de ses sentiers de randonnée dans la nature sauvage qui s'étend depuis la Charlotte Pass voisine. C'est aussi à cette période que le **Thredbo Blues Festival** (www.thredboblues.com.au ; ⏲mi-jan à fin jan) tire la station de son sommeil de basse saison. En hiver, le ski est roi, et les mordus de la glisse y accourent pour dévaler les pistes les plus longues du pays.

🍴 🛏 p. 105

**La route »** De nombreuses forêts alpines bordent encore la route lorsque vous quittez Thredbo, mais les plus belles parties de l'itinéraire sont désormais derrière vous. Les derniers kilomètres jusqu'à Jindabyne se font sans histoire.

## 8 Jindabyne

Jindabyne est la localité la plus proche des grandes stations de ski du Kosciuszko National Park. Si son lac bleu est indéniablement ravissant, il s'agit surtout d'un bon point de chute. Avec ses 3,3 millions de nuitées par an, elle ne manque pas de visiteurs. Le rythme est plus paisible l'été, quand la pêche et le VTT sont les principales activités. **Sacred Ride** (☎02-6456 1988 ; www.sacredride.com.au ; 6 Thredbo Tce ; location vélo heure/jour à partir de 25/50 $, canoë ou kayak 25/100 $ ; ⏲9h-17h ; 👪) fournit montures, casques et informations, tandis que le **Snowy Region Visitor Centre** (☎02-6450 5600 ; www.nationalparks.nsw.gov.au ; 49 Kosciuszko Rd ; ⏲8h30-17h) dispense d'excellents renseignements sur les itinéraires de randonnée et de bons conseils pour le kayak.

🍴 🛏 p. 105

# Se restaurer et se loger

## Cooma 1

### Lott Foodstore — Café $

(☎02-6452 1414 ; www.lott.net.au ; 177 Sharp St ; plats 10-18 $ ; ⊙7h-15h lun-ven, 8h-16h sam et dim ; ). Ses brunchs, burgers gourmets et bons plats végétariens font de Lott Foodstore l'adresse la plus appréciée de Cooma. Parmi les derniers ajouts notables à la carte : le burger de bœuf Wagyu avec pain au charbon végétal et le falafel avec houmous de betterave. Service efficace et portions enfant. Possibilité de plats végans ou sans gluten.

## Thredbo 7

### Bernti's — Brasserie $$

(☎02-6457 6332 ; www.berntis.com.au ; 4 Mowamba Pl ; plats 14-35 $ ; ⊙16h-tard lun-sam mai-oct, mar-sam nov-avr). Une excellente cuisine de pub servie dans un petit bar lambrissé, au pied d'un lodge de milieu de gamme très apprécié. La maison est connue pour ses steaks gargantuesques, mais les plats plus légers (ceviche, salades et soupes) sont également frais et savoureux. Prenez place près d'une fenêtre et profitez de la vue. Jours d'ouverture et horaires peuvent varier en dehors de la saison hivernale.

### Thredbo YHA — Auberge de jeunesse $

(☎02-6457 6376 ; www.yha.com.au ; 2 Buckwong Pl ; dort été/hiver à partir de 36/106 $, ch à partir de 390 $, sans sdb à partir de 250 $ ; ). Auberge de jeunesse formidable ouverte toute l'année et impeccablement tenue. Comme dans de nombreux YHA, les dortoirs semblent un peu austères, avec leurs lits en métal, mais le reste de l'établissement est accueillant et douillet. Il y a des chambres familiales, une cuisine de bonne dimension, une aire de barbecue et un grand lounge avec poutres apparentes, où les voyageurs peuvent lézarder dans un sofa ou se faire des amis.

### Snowgoose Apartments — Appartements $$

(☎02-6457 6415 ; snowgooseapartments.com.au ; 25 Diggings Tce ; app à partir de 165 $ ; P ). Au-dessus des boutiques mais en retrait de la route, de luxueux appartements contemporains : cheminées à gaz et belles cuisines, chauffage par le sol, balcons et vue superbe. Tous bénéficient d'une place de parking réservée, sauf les studios.

## Jindabyne 8

### Birchwood — Café $

(☎02-6456 1880 ; www.birchwoodcafe.com.au ; 3/3 Gippsland St ; plats petit-déj et déj 11-22 $ ; ⊙7h-15h ; ). Birchwood n'a rien à envier aux cafés tape-à-l'œil de Canberra, avec son café robuste et son pain sans gluten maison aux graines. Également préparés avec amour : bols végans, tortillas et irrésistibles gaufres façon tarte aux pommes. Rien qu'à l'idée de commander la salade de lentille verte et de chou kale, vous vous sentirez mieux... mais vous craquerez sans doute pour le Persian Love Cake à la pistache.

### Takayama — Japonais $$

(☎02-6456 1133 ; www.takayama.com.au ; niveau 1, Nuggets Crossing Shopping Centre, Snowy River Ave ; plats 15-26 $ ; ⊙18h-21h mar-sam). Outre les petites assiettes de sushis de truite et de sashimis de saumon, vous trouverez des plats plus consistants, appropriés au climat montagnard local : *gyoza* (raviolis), *katsu* de poulet (pané avec riz et légumes), bœuf *tataki* (à peine grillé, mariné et émincé), poissons entiers et une très bonne soupe de ramen.

### Jindy Inn — Guesthouse $

(☎02-6456 1957 ; www.jindyinn.com.au ; 18 Clyde St ; d à partir de $99 ; P ). Cette guesthouse, d'aspect extérieur banal, mais au personnel efficace et chaleureux propose des chambres joliment décorées (tons gris anthracite et jolis coussins décorés à l'effigie des animaux de la région). On trouve aussi dans celles-ci des accessoires de toilette naturels et du thé savoureux, pour une touche de confort supplémentaire. Petit-déjeuner continental basique inclus dans le prix.

SE DÉGOURDIR LES JAMBES

# CANBERRA

**Départ/arrivée :** Parliament House

**Distance :** 3,1 km

**Durée :** 3 heures (compter la visite des musées)

À Canberra, une réelle harmonie existe entre les constructions et la nature, même si l'exploration de la ville a quelque chose de formel. Or la capitale peut aussi s'animer, et faire ainsi mentir ses détracteurs, même si elle garde avant tout rang de haut lieu de la mémoire nationale.

**Compatible avec l'itinéraire :**

7

## Parliament House

Ouvert en 1988, le **Parlement fédéral d'Australie** (☎02-6277 5399 ; www.aph.gov.au ; 🕘9h-17h) est une élégante œuvre architecturale moderne. Enterré dans Capital Hill, l'édifice est surmonté d'un toit en pelouse et coiffé d'une hampe haute de 81 m. Les jardins s'étendent sur 23 ha, offrant une superbe vue. En dessous se trouvent 17 cours, un foyer d'entrée, le Great Hall, la Chambre des représentants, le Sénat et des couloirs tous plus longs les uns que les autres.

**La promenade »** Sortez du Parlement par l'entrée principale et descendez la colline en direction du nord-est, jusqu'à l'ancien Parlement, de couleur blanche.

## Museum of Australian Democracy

Le **Museum of Australian Democracy** (MoAD ; ☎02-6270 8222 ; www.moadoph.gov.au ; Old Parliament House, 18 King George Tce, Parkes ; adulte/enfant/famille 2/1/5 $ ; 🕘9h-17h) aménagé dans l'ancien Parlement où siégea le gouvernement de 1927 à 1988, offre aux visiteurs une immersion dans l'ambiance parlementaire de l'époque. En plus des expositions, vous pourrez visiter les anciens Sénat et Chambre des représentants, ainsi que le bureau du Premier ministre.

**La promenade »** Contournez le musée par le nord jusqu'à l'ambassade aborigène.

## Aboriginal Tent Embassy

Sur la pelouse devant l'ancien Parlement, on trouve cette **ambassade aborigène** (King George Tce, Parkes). C'est là que le 26 janvier 1972, quatre militants s'installèrent sous un parasol de plage pour protester contre le refus du gouvernement de reconnaître les droits des Aborigènes sur leurs terres.

**La promenade »** Descendez par les parcs enherbés au nord. Après avoir traversé King Edward Tce, vous arrivez devant Questacon, de l'autre côté de la rue.

## Questacon

**Questacon** (☎02-6270 2800 ; www.questacon.edu.au ; King Edward Tce, Parkes ; adulte/enfant 23/17,50 $ ; ⏲9h-17h ; 👪) est un centre des sciences accueillant des présentations interactives aussi ludiques qu'instructives. Découvrez les lois physiques qui régissent les activités sportives ou les parcs d'attractions, provoquez des tsunamis et abritez-vous des cyclones et des séismes. Pour petits et grands qui aiment appuyer sur un bouton et voir ce qu'il se passe.

**La promenade »** En traversant les parcs vers l'est, contemplez le Captain Cook Memorial Water Jet, au nord, sur le lac Burley Griffin, la sculpture de Reconciliation Pl et l'imposant High Court Building.

## National Portrait Gallery

Le **National Portrait Gallery** (☎02-6102 7000 ; www.portrait.gov.au ; King Edward Tce, Parkes ; entrée générale gratuite ; ⏲10h-17h) raconte l'histoire de l'Australie à travers ses visages – depuis les camées en cire aborigènes et les portraits des familles de colons jusqu'aux œuvres contemporaines, tel le portrait fluo du musicien Nick Cave par Howard Arkley. Bon café sur place.

**La promenade »** À l'est du National Portrait Gallery se trouve le National Gallery of Australia, juste de l'autre côté de la rue sur Parkes Pl. Une passerelle relie les deux musées.

## National Gallery of Australia

Le **National Gallery of Australia** (☎02-6240 6502 ; www.nga.gov.au ; Parkes Pl, Parkes ; entrée générale gratuite, prix variable expositions spéciales ; ⏲10h-17h), l'un des meilleurs musées du pays, renferme l'extraordinaire *Aboriginal Memorial* provenant de la Terre d'Arnhem. Produite par 43 artistes, cette "forêt d'âmes", composée de 200 poteaux funéraires (un pour chaque année passée depuis l'arrivée des Européens), fait partie de la collection réalisée par des Aborigènes et des insulaires du détroit de Torres.

**La promenade »** Refaites le chemin inverse en passant la National Portrait Gallery et les King Edward Tce, puis traversez les espaces verts jusqu'au sommet de la colline et le Parlement.

7

# Canberra et la côte sud

*Cette incursion vers l'intérieur des terres offre le meilleur de l'arrière-pays (hinterland) de la côte sud de la Nouvelle-Galles du Sud, entre superbes paysages, patrimoine historique et découverte de la capitale.*

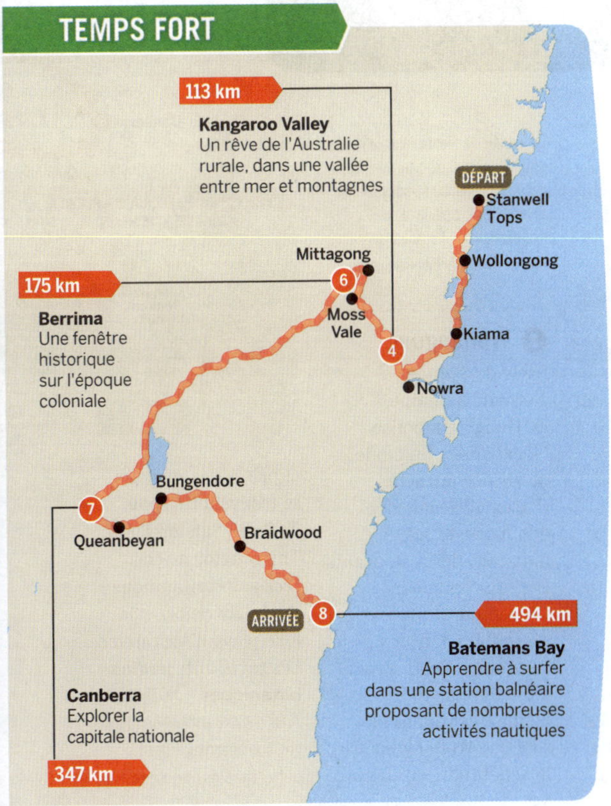


**3-4 JOURS**
**494 KM**

**PARFAIT POUR...**

**LE MEILLEUR MOMENT**

De novembre à mars pour les zones côtières, mais toute l'année ailleurs.

**LA PHOTO SOUVENIR**

Parlement, Canberra.

**POUR PROFITER DU GRAND AIR**

La Kangaroo Valley et la route de la Cordillère australienne (Great Dividing Range) sont simplement magnifiques.

# 7 Canberra et la côte sud

Cet itinéraire vous éloignera doucement de la côte et des charmes du Pacifique Sud. Bien vite, vous serez sous l'emprise de la nature et des réminiscences du passé, dans la Kangaroo Valley. Berrima et Bowral comptent parmi les villes historiques de l'arrière-pays les plus ravissantes de la Nouvelle-Galles du Sud, tandis que Canberra est garante de la culture nationale. Vous descendrez ensuite par les forêts pour rejoindre le littoral à Batemans Bay, où vous attendent leçons de surf et sable doré.

## 1 Stanwell Tops

**Bald Hill**, dans Stanwell Park, marque le début de l'itinéraire avec sa splendide vue. Depuis ce poste d'observation, le croissant de sable doré de Stanwell Beach est très photogénique. À 10 km au sud de Stanwell Tops, arrêtez-vous au **Scarborough Hotel** (☎02-4267 5444 ; www.thescarboroughhotel.com.au ; 383 Lawrence Hargrave Dr, Scarborough ; plats 24-32 $ ; ⏲8h30-16h lun-ven, 8h30-17h sam et dim ; 👪🐾), un pub historique (1886) typique de la côte qui sert de bons déjeuners de poisson et possède un fantastique *beer garden* avec vue sur les flots.

**La route »** Restez sur la route côtière au sud de Stanwell Tops pour parvenir au spectaculaire Seacliff Bridge, avant de rejoindre la Princes Hwy et filer direction Wollongong.

## 2 Wollongong

Sorte de Sydney à échelle humaine, le "Gong" symbolise l'idéal aussie du mode de vie décontracté. Il accueille également une modeste scène musicale, des restaurants et d'excellents bars. On compte 17 plages surveillées dans les environs – North Beach a généralement de meilleures vagues de surf que Wollongong City Beach, tandis qu'au nord, et prisés des surfeurs, se trouvent les spots de Bulli, Sandon Point, Thirroul (où a vécu l'écrivain britannique D. H. Lawrence) et la jolie plage d'Austinmer. Les ravissants **jardins botaniques** (☎02-4227 7667 ; www.wollongong.nsw.gov.au/botanicgarden ; 61 Northfields Ave, Keiraville ;

7h-17h avr-sept, 7h-18h lun-ven, 7h-18h45 sam-dim oct-mars ; ; 55A/55C) et le panorama depuis le sommet du Mt Keira.

p. 115

**La route »** Quittez la Rte 1, empruntée par de nombreux camions, pour celle, plus calme, qui passe par Shellharbour, Kiama et Gerringong, avant de reprendre la Rte 1 jusqu'à Berry.

## À COMBINER AVEC

### 1 De Sydney à Melbourne

Stanwell Tops, au sud du Royal National Park, se situe au départ de l'itinéraire de Sydney à Melbourne, et Batemans Bay, environ à la moitié.

### 6 Snowy Mountains

De Queanbeyan, faites 109 km vers le sud sur la Monaro Hwy jusqu'à Cooma, où débute la boucle des Snowy Mountains (275 km).

## 3 Berry

Le charmant village de Berry, en retrait de la mer, est une étape populaire de la côte sud. Sa scène culinaire émergente vient ajouter au charme de ses bâtiments historiques classés au National Trust, de son pub à l'ancienne et de ses boutiques d'antiquités ou d'épicerie fine, à l'exemple de **Treat Factory** (☎02-4464 1112 ; www.treatfactory.com.au ; 6 Old Creamery Lane ; ⌚9h30-16h30 lun-ven, 10h-16h30 sam et dim ; 👪). Les B&B de la campagne environnante sont parmi les plus confortables de la région.

**La route »** Suivez la Rte 1 sur environ 12 km puis, juste au moment où il semble que vous ne pouvez faire autrement que de traverser la tentaculaire et monotone Nowra, tournez à droite (nord-ouest) en direction de Kangaroo Valley.

TEMPS FORT

## 4 Kangaroo Valley

Le paisible village de Kangaroo Valley occupe une vallée sillonnée de rivières, ponctuée de vastes pâturages et de gommiers rouges au cœur d'escarpements couverts de forêts humides. On y trouve un excellent pub, des restaurants et quelques boutiques d'artisanat et galeries, prisées des habitants aisés de Sydney qui viennent le week-end. Le point d'entrée dans la vallée est matérialisé par le **Hampden Bridge** (1898), pont crénelé suspendu à quelques kilomètres au nord du village.

Il y a une petite aire de baignade sous le pont. Vous pourrez moudre des épices et préparer un banquet à l'école de cuisine **Flavours of the Valley** (☎02-4465 2010 ; www.flavoursofthevalley.com.au ; Bendeela Rd ; 95-185 $/pers), qui propose aussi des cours de fabrication de savon. Sinon, **Kangaroo Valley Adventure Co** (☎02-4465 1372 ; www.kvac.com.au ; Glenmack Park Campground, 215 Moss Vale Rd) organise des randonnées et des excursions en kayak.

**La route »** La route vers le nord-ouest au départ de Kangaroo Valley s'élève en une succession de lacets, avec vue sur les plaines vallonnées, avant de se perdre sous les arbres d'une forêt alpine ; contemplez-y des perruches royales. Faites un arrêt à Fitzroy Falls pour une randonnée au bord de la rivière, puis traversez Moss Vale, riche en histoire, sur la route de Bowral.

## 5 Bowral

On pourrait se croire dans le sud de l'Angleterre en arrivant dans la jolie ville de Bowral. Vous apprendrez que c'est ici que sir Donald Bradman, considéré comme le plus grand batteur de l'histoire du cricket, a passé son enfance. Dans le complexe de l'**International Cricket Hall of Fame** (☎02-4862 1247 ; www.internationalcrickethall.com ; St Jude St, Bowral ; adulte/enfant 20/11 $ ; ⌚10h-17h ; 🅿), il y a un beau stade de cricket ; les fans lui rendent hommage au **Bradman Museum of**

### VAUT LE DÉTOUR
### WOMBEYAN CAVES

**Point de départ : 5 Bowral**

La partie méridionale de la Nouvelle-Galles du Sud est criblée d'impressionnantes grottes calcaires, mais aucune ne vaut les **Wombeyan Caves** (☎02-4843 5976 ; www.nationalparks.nsw.gov.au ; Wombeyan Caves Rd ; adulte/enfant Figtree Cave 20/13 $, 2 grottes et visite 33/25 $ ; ⌚9h-16h ; 🅿👪). Ce réseau de cavernes est situé à 70 km au nord-ouest de Bowral, au bout d'une route de montagne bien indiquée et non goudronnée (praticable en véhicule classique, et qui ajoutera un peu de piment à votre excursion). À proximité on trouve des sentiers de randonnée et une faune abondante.

LEELAKAJONKIJ/SHUTTERSTOCK ©

**Kangaroo Valley** Hampden Bridge

**Cricket**, qui déborde de souvenirs. La collection, sans cesse enrichie, est un incontournable pour les amateurs.

p. 115

**La route »** Pour atteindre Berrima, faites une boucle au nord puis au sud-ouest en prenant pour un bref instant la Hume Hwy. Vous devriez y être en moins de 15 minutes.

TEMPS FORT

## 6 Berrima

Cette bourgade historique classée est peut-être la plus jolie de la Hume Hwy. Fondée en 1829, avec l'ambition d'en faire une cité prééminente, Berrima est devenue une importante étape dans les terres. Au XIXe siècle, dans sa période faste, 14 hôtels y avaient pignon sur rue. Plus tard, sa renommée s'estompa, mais un bel ensemble de bâtiments en grès orne les rues. Ceux-ci, parmi lesquels figurent le **tribunal** (1838), la prison **Old Berrima Gaol** (1839), l'**Holy Trinity Anglican Church** (1849) et la **St Francis Xavier Catholic Church** (1849) – en disent beaucoup sur les priorités de la vie coloniale des débuts.

Autre élément essentiel de cette bourgade rurale, la librairie d'occasion. À 3 km au nord se situe le **Berkelouw's Book Barn & Café** (02-4877 1370 ; www.berkelouw.com.au ; Old Hume Hwy, Bendooley ; 9h-17h), une librairie-café possédant, en stock, plus de 200 000 livres d'occasion. On peut également y trouver un large choix d'ouvrages neufs sur l'Australie ; et le restaurant adjacent sert du vin local des Southern Highlands ainsi que de la bière artisanale.

**La route »** Il est possible d'éviter la Hume Hwy vers le

sud jusqu'à la paisible localité de Bundanoon, point d'accès au Morton National Park. Mieux vaut ensuite la reprendre pour éviter Goulburn et continuer jusqu'à Canberra.

TEMPS FORT

## 7 Canberra

Canberra, capitale construite sur mesure, est faite pour les voitures. Se déplacer avec un véhicule permet donc d'en explorer les moindres recoins. Si la ville semble, à première vue, se résumer à ses édifices emblématiques, ses institutions culturelles proposent néanmoins un grand nombre d'activités. Braddon, New Acton et le Kingston Foreshore sont les nouveaux quartiers tendance. Pendant les semaines de session parlementaire, la ville vit au rythme des aléas de la politique nationale. En revanche, elle est un peu éteinte durant les vacances universitaires, surtout entre Noël et le Nouvel An. Si vous êtes de passage à ce moment-là, baladez-vous plutôt dans les parcs, où gambadent les kangourous, et visitez l'arrière-pays.

p. 115

**La route »** Depuis le centre-ville, prenez la direction de Queanbeyan, puis la Kings Hwy qui gravit et traverse la Cordillère australienne (Great Dividing Range) sur une route forestière sinueuse qui se rend jusqu'à la côte. Seulement 150 km séparent Canberra de Batemans Bay ; comptez au moins 2 heures de route. Évitez de vous y rendre les vendredis après-midi, en même temps que les Canberriens.

### LAC BURLEY GRIFFIN

Si, à première vue, Canberra semble avoir été construite autour des eaux scintillantes du lac Burley Griffin, c'est pourtant l'inverse qui s'est produit. Dès 1909, le projet d'un lac artificiel faisait partie de celui, initial, de conception de la capitale. Cependant, ce n'est pas avant 1961, avec le creusement et la construction du barrage de Scrivener sur la rivière Molonglo, que le lac Burley Griffin vit finalement le jour. Or le chantier marqua le pas dans les étapes finales, du fait d'une longue sécheresse, et ce n'est qu'en 1964 que le lac atteignit son niveau prévu, et qu'il put être officiellement inauguré par sir Robert Menzies, alors Premier ministre. Une statue le représentant (il a défendu le projet pendant tout son mandat) en train de se promener au bord du lac se dresse près de Nerang Pool.

TEMPS FORT

## 8 Batemans Bay

Comme dans toute ville balnéaire digne de ce nom, on trouve à Batemans Bay une rangée de restaurants corrects et de belles plages, auxquels s'ajoute ici un joli estuaire. Les activités aquatiques, entre kayak, pêche et cours de surf, conviennent aux familles. En matière de glisse, essayez la **Broulee Surf School** (☎02-4471 7370 ; www.brouleesurfschool.com.au ; 77 Coronation Dr, Broulee ; location de surf demi-journée/journée 25/40 $ ; ) ou la **Surf the Bay Surf School** (☎0432 144 220 ; surfthebay.com.au ; cours groupe/privé 50/100 $), qui propose aussi des sorties en paddle. Les plages pour se baigner ne manquent pas. La plus proche est **Corrigans Beach**, tandis que celles plus longues, au nord du pont, mènent au **Murramarang National Park**. Les surfeurs accourent à **Pink Rocks**, **Surf Beach**, **Malua Bay**, **McKenzies Beach** et **Bengello Beach**. **Broulee** forme un vaste croissant de sable, mais attention au courant d'arrachement à son extrémité nord. Station balnéaire parmi les plus fréquentées de l'État, réservez si vous prévoyez d'y aller en été ou le week-end.

p. 115

# Se restaurer et se loger

## Wollongong 2

### Babyface — Japonais, australien $$

(02-4295 0903 ; www.babyfacekitchen.com.au ; 179 Keira St ; plats 24-49 $, menus dégustation 75-90 $ ; 12h-15h et 18h-22h ou 23h jeu-sam, 18h-22h ou 23h mar, mer et dim). La carte de cet établissement fusion allie sashimis préparés de main experte et ingrédients typiquement australiens (noix de macadamia, quandong du désert, fromage local...). Les menus dégustation affichent une grande variété de plats : gambas, tartes aux graines d'acacia, saumon agrémenté de wasabi et plus encore. Vins au verre et personnel enjoué.

## Bowral 5

### Press Shop — Café $$

(02-4879 9244 ; www.thepressshop.com.au ; 391-397 Bong Bong St, Bowral ; plats 13-25 $ ; 7h-16h lun-sam, 8h-16h dim ; ). Utilisant des produits des Southern Highlands, le Press Shop est le meilleur des cafés, pourtant tous très honorables, de Bowral. Goûtez la salade de quinoa avec œuf de caille, feta, herbes aromatiques et sumac, très nutritive, ou le sandwich cubain de porc (élevé en plein air) et concombre mariné. Nombreuses options végétariennes. Ne manquez pas la visite de l'atelier du Bespoke Letterpress, à l'arrière.

### Imperial Hotel & Motel — Motel $$

(02-4861 1779 ; www.theimperial.com.au ; 228-234 Bong Bong St, Bowral ; ch à partir de 125 $ ; P). Motel épatant, en retrait du très apprécié hôtel, aux grandes chambres modernes et élégantes d'un excellent rapport qualité/prix. Baisse des tarifs en semaine.

## Canberra 7

### Terra — Australien $$

(02-6230 4414 ; www.terracanberra.com.au ; Shop G2, No Name Lane, 40 Marcus Clarke St ; plats petit-déj et déj 10-16 $, dîner 18-30 $, menu fixe 58 $/pers ; 7h30-16h lun-mer, 7h30-tard jeu-ven, 10h30-tard sam). En journée, cet espace contemporain sert de délicieux brunchs de saison et un excellent café. Le soir, la rôtisserie prend le dessus, avec des viandes rôties pendant six heures accompagnées de chou-fleur frit ou de pommes de terre au miso. Excellent menu "Feed Me" (2 pers min). Vous ne partirez pas le ventre vide.

### University House — Hôtel $$

(02-6125 5211 ; www.unihouse.anu.edu.au ; 1 Balmain Cres, Acton ; s/lits jum/d/app à partir de 126/162/180/200 $ ; P). Cet édifice des années 1950 aux meubles d'époque fabriqués sur mesure, installé sur le terrain boisé de l'Australian National University (ANU), est très prisé des étudiants chercheurs et des professeurs invités. Les chambres spacieuses et les appartements de 2 chambres sont minimalistes, mais confortables. Cour centrale et sympathique café au rez-de-chaussée.

## Batemans Bay 8

### Mossy Cafe — Café $

(02-4471 8599 ; www.themossy.com.au ; 31 Pacific St, Mossy Point ; petit-déj à partir de 11 $, déj 14-21 $ ; 7h30-15h ; ). Reprenez des forces après une session de surf dans ce charmant café aménagé dans une ancienne épicerie des années 1930. Les classiques du brunch comme l'écrasé d'avocats, les œufs pochés sur pain au levain et les bols de chia côtoient tacos de porc effiloché et bols végétariens aux épices coréennes. Alléchants gâteaux et excellent café. À deux pas de la jetée de Mossy Point, située à 1,5 km au nord de la plage de Broulee.

### Bay Breeze — Motel $$

(02-4472 7222 ; www.baybreezemotel.com.au ; 21 Beach Rd ; d 175-350 $ ; P). Des éléments de déco chics confèrent aux chambres un air raffiné. Les installations de ce boutique-motel sont variées, des réfrigérateurs à la machine à café dans les chambres en passant par le tennis de table et la laverie. Massages à la demande. Le motel est protégé par une haie sur un côté, mais ses chambres (à partir de 195 $) ont une vue sublime sur la baie.

8

# New England

*Il n'y a pas que des plages entre Bondi et Byron... les voyageurs avertis savent qu'un détour par New England ouvre sur de vastes parcs, des villes historiques et la capitale australienne de la musique country.*

## TEMPS FORTS

### 5-7 JOURS
### 884 KM

### PARFAIT POUR...

### LE MEILLEUR MOMENT

Festival de musique country de Tamworth à la mi-janvier ; mars à mai pour contempler le feuillage automnal.

### LA PHOTO SOUVENIR

Le Mount Kaputar National Park et ses formations géologiques.

### POUR L'HISTOIRE

Découvrir le passé aborigène et la période pré-guerre à Bingara.

**Mount Kaputar National Park** Sawn Rocks

# 8 New England

Quittez la côte pour mettre le cap sur les collines – le tronçon de Coffs à Armidale est l'un des plus charmants de la Nouvelle-Galles du Sud. Après Tamworth, haut lieu de la musique country, les routes se vident et une succession de parcs nationaux et de ravissantes bourgades (où la fortune se manifeste de plus d'une façon) vous raviront jusqu'à Yamba.

## 1 Coffs Harbour

Coffs Harbour est une ville balnéaire un rien désuète, mais très appréciée des familles, des routards et des retraités. On y trouve des écoles de surf et de longues étendues de sable intactes. Essayez **Park Beach**, une longue et belle plage avec de grandes dunes occultant les bâtiments. **Jetty Beach** est un peu plus abritée. Nous apprécions aussi celle de Coffs pour son école de surf, l'East Coast Surf School (p. 91),

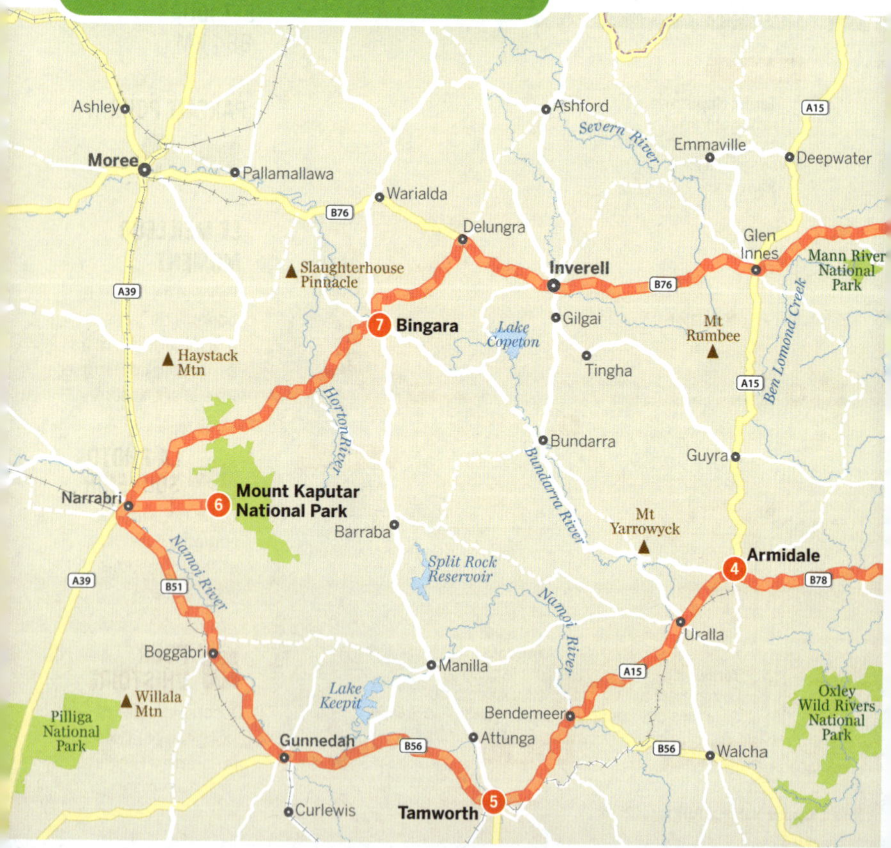

ou les *fish and chips* de la **Fishermen's Coop** (☎02-6652 2811 ; www.coffsfishcoop.com.au ; 69 Marina Dr ; plats 10-18,50 $ ; ⏲10h-19h), à déguster sur le sable. Sans oublier, bien sûr, le **Big Banana** (☎02-6652 4355 ; www.bigbanana.com ; 351 Pacific Hwy ; ⏲9h-17h).

p. 95, p. 123

**La route »** De Coffs, prenez la Rte 1 au sud de la ville sur environ 20 km. Vous vous éloignez alors de la côte en direction des terres et de Bellingen. Bientôt, tout se fait plus paisible et les collines de la Cordillère australienne apparaissent au loin.

## 2 Bellingen

Avec sa myriade de restaurants bio et gastronomiques, "Bello" est à la fois détendue et raffinée. Située dans un joli cadre, elle offre un savant mélange de marchés saisonniers et de boutiques originales, telle l'**Old Butter Factory** (☎02-6655 2150 ; www.theoldbutterfactory.com.au ; 1 Doepel St ; boutique 9h-17h, café 8h-16h30). Elle accueille aussi le **Bellingen Jazz Festival** (www.bellingenjazzfestival.com.au ; ⏲mi-août). Ajoutez-y des excursions sur la rivière en canoë, une importante population de roussettes sur **Bellingen Island** (www.bellingen.com/flyingfoxes) ainsi qu'un héritage littéraire décalé – citons le **Bellingen Book Nook** (☎02-6655 9372 ; 25 Hyde St ; ⏲10h-16h mar-sam) et le **Bellingen Readers & Writers Festival** (www.bellingenwritersfestival.com.au ; ⏲juin) – et vous serez conquis.

p. 94, p. 123

**La route »** La route de Waterfall Way (www.visitwaterfallway.com.au) depuis Bellingen est plate pendant quelque temps avant de gravir le flanc nord de la Great Dividing Range jusqu'à Dorrigo (27 km de Bellingen). La vue est splendide sur toute la première partie.

## À COMBINER AVEC

### 5 De Sydney à Byron Bay

Coffs Harbour se situe approximativement à mi-chemin entre Sydney et Byron Bay, tandis que Yamba est plus proche de Byron, qui marque la fin de l'itinéraire 5.

### 17 Boucle dans le sud du Queensland

Si vous roulez pendant 80 km au nord de Yamba, vous approcherez de Coolangatta, sur la boucle de la côte du Queensland.

## VAUT LE DÉTOUR ULMARRA

**Point de départ : 8 Grafton**

Il vaut la peine de quitter brièvement la Pacific Hwy pour visiter Ulmarra (435 habitants), un village classé avec un port fluvial peu connu des voyageurs. Le nom signifie "coude de rivière" en langue aborigène. De cet adorable village se dégage une atmosphère subtropicale. L'**Ulmarra Hotel** (☎02-6644 5305 ; www.ulmarrahotel.com.au ; 2 Coldstream St, Ulmarra ; 12h-22h) est un vieux pub d'angle un peu désuet doté d'une véranda en fer forgé et d'un *beer garden* verdoyant s'étendant jusqu'à la rivière – l'endroit parfait pour apprécier le rythme indolent d'Ulmarra.

TEMPS FORT

### 3 Dorrigo

Au milieu de tant de splendeur, Dorrigo, un charmant village déployé autour du croisement de deux rues très larges, pourrait sembler presque anodin. Les Dangar Falls, à 1,2 km au nord, en constituent l'attrait principal. La cascade dévale une série de plateaux rocheux avant de se jeter dans un bassin. Le splendide **Dorrigo National Park** voisin, qui s'étend sur 119 km², fait partie des forêts humides Gondwana classées au Patrimoine mondial. Le **Rainforest Centre**, à l'entrée, informe sur les itinéraires. Il abrite aussi le **Skywalk**, une passerelle au-dessus de la forêt, avec vue imprenable sur les vallées en contrebas. Si vous cherchez un endroit pour passer la nuit, choisissez le **Mossgrove** (☎02-6657 5388 ; www.mossgrove.com.au ; 589 Old Coast Rd ; d 225 $), un ravissant B&B aménagé dans une demeure ancienne.

**La route »** C'est un long et beau parcours à travers forêts et petits bois, qui laissent la place aux grands pâturages ouverts de cette région luxuriante de New England à mesure que l'on avance vers l'ouest. Prévoyez plus de temps car la route est relativement tortueuse.

TEMPS FORT

### 4 Armidale

Rares sont les villes qui reflètent aussi bien qu'Armidale le raffinement de New England, et c'est ici que le nom de la région prend tout son sens. Les bâtiments historiques aux briques bleues, les jardins et les églises recouvertes de mousse évoquent un décor de cinéma, et ces façades, avec leur feuillage automnal (de mars à mai), marquent les esprits. Armidale jouit aussi d'un agréable microclimat, et doit à ses 980 m d'altitude de connaître des étés doux et des hivers frais. Pour profiter au mieux de votre séjour, inscrivez-vous à une visite gratuite (et très instructive) de 2 heures 30 organisée par **Heritage Bus Tours** (☎02-6770 3888 ; 10h lun-sam) au départ du centre d'accueil des visiteurs ; réservations nécessaires. Le café-boulangerie Goldfish Bowl (p. 123) est parfait pour déjeuner.

p. 123

**La route »** Armidale est entourée des pâtures comptant parmi les meilleures d'Australie, et la route pour Tamworth traverse collines verdoyantes et petites forêts (125 km).

TEMPS FORT

### 5 Tamworth

S'il fallait nommer une ville incarnant le centre rural australien, Tamworth serait en haut de la liste. Entourée de terres fertiles, elle est très appréciée des fans de country. On y trouve l'emblématique **golden guitar** (☎02-6765 2688 ; www.biggoldenguitar.com.au ; New England Hwy ; 9h-17h ; P) et une bonne exposition dédiée à la musique country au **Country Music Hall**

RIBEIROANTONIO/SHUTTERSTOCK ©

**Armidale** Imperial Hotel

**of Fame** (☎02-6766 9696 ; www.countrymusichalloffame.com.au ; 561 Peel St ; adulte/enfant 7 $/gratuit ; ⏲10h-16h ; P 👪). L'idylle que Tamworth entretient avec celle-ci atteint son paroxysme pendant les 10 jours du génial **Country Music Festival** (www.tcmf.com.au ; à la mi janvier) – le plus important festival de musique de l'hémisphère Sud. Si vous l'avez raté, vous pourrez toujours vous rattraper à la faveur du **Hats Off to Country** en juillet. Au sud de la ville, le Glasshouse at Goonoo Goonoo (p. 123) est un excellent restaurant aménagé dans une propriété historique.

✕ 🛏 p. 123

**La route »** De Tamworth, la Rte 34 continue sa traversée des terres cultivées jusqu'à Gunnedah (75 km), un chef-lieu agricole autoproclamé "capitale mondiale des koalas". Faites ensuite 95 km vers le nord-ouest jusqu'à Narrabri, puis environ 40 km au nord-est jusqu'au Mt Kaputar National Park.

TEMPS FORT

## 6 Mount Kaputar National Park

Comptant parmi les sites les plus spectaculaires de New England, les orgues basaltiques de **Sawn Rocks**, à environ 40 km au nord-est de Narrabri (20 km de piste praticable en voiture ordinaire), composent la partie la plus accessible et fréquentée du Mt Kaputar National Park. Le sud du parc recèle des panoramas spectaculaires, des voies d'escalade, des sentiers de randonnée dans le bush, et il est possible d'y camper. Mais la plupart des visiteurs viennent pour les orgues.

**La route »** Revenez à Narrabri, puis prenez la petite route paisible (nord-est) sur 108 km jusqu'à Bingara.

## 7 Bingara

Charmante bourgade au bord de la Gwydir River, Bingara est l'endroit idéal pour échanger son volant contre des rênes le temps d'une **balade à cheval** (02-6724 1562 ; 17 Keera St ; balade 2 heures 60 $, randonnée 5 jours 600 $) au milieu des pâturages verdoyants et des collines boisées. En ville, ne ratez pas le **Roxy Theatre Greek Museum** (02-6724 0066 ; www.roxybingara.com.au ; 74 Maitland Street ; musée 5 $, théâtre et musée 10 $ ; 9h-12h30 et 13h30-16h30 lun-ven, 9h-13h sam-dim), un théâtre, café et musée dans un bâtiment Art déco remarquablement restauré. Si vous cherchez un endroit où passer la nuit, le **River House** (0428 834 281 ; www.theriverhousebingara.com.au ; 6 Keera St ; ch 125 $, unit 175 $ ; P ❄) est un B&B accueillant et bien équipé, tandis que l'**Imperial Hotel** (02-6724 1629 ; www.imperialhotelbingara.com.au ; 21 Maitland St ; plats 14-15 $ ; 8h-10h, 11h30-14h30 et 18h-20h lun-sam ; ❄) sert une cuisine de pub typiquement aussie. Hors de la ville, le **Myall Creek Memorial** (angle Delungra et Whitlow Rds) – érigé à l'endroit du massacre, en 1838, d'au moins 28 Gamilaroi par des convicts travaillant dans l'élevage – est un sombre rappel des échanges parfois violents entre Aborigènes et Européens.

**La route »** Les 143 km qui séparent Bingara de Glen Innes sur la Gwydir Hwy composent un tronçon assez quelconque de l'itinéraire – parcourez tout d'une traite. Plus loin, la route bifurque pour gravir les versants boisés de la Cordillère australienne, en passant le long de beaux parcs nationaux avant d'atteindre Grafton.

## 8 Grafton

L'attrait de Grafton, située sur une plaine littorale sans relief ni accès à l'océan, ne saute pas aux yeux. Or, à y regarder de plus près, elle est ravissante, avec ses jolies rues jalonnées de vieux pubs et de maisons anciennes. Fin octobre, la ville est inondée du mauve des fleurs de jacarandas. Le **Jacaranda Festival** (www.jacarandafestival.org.au), qui se tient pendant 2 semaines, est le plus long festival floral du pays. **Susan Island**, une île sur la rivière, abrite une grande colonie de roussettes ; leur survol en soirée est assez impressionnant. **Annie's B&B** (0421 914 295 ; www.anniesbnbgrafton.com ; 13 Mary St ; s/d 145/160 $ ; ❄) se prête à un séjour plaisant.

**La route »** Le delta entre Grafton et la côte est un patchwork de terres cultivées, avec la sinueuse Clarence River formant plus de 100 îles, certaines très étendues. Suivez la Pacific Hwy en direction du nord-est avant de descendre vers la côte en suivant la direction de Yamba.

## 9 Yamba et Angourie

Yamba, avec son atmosphère de Byron Bay miniature, ses belles plages et ses délicieux restaurants, est prisée des artistes et des amoureux du soleil. À 5 km au sud, sa voisine Angourie, une petite localité décontractée classée comme l'une des premières réserves de surf du pays, attire depuis longtemps les chasseurs de vagues.

Établissez votre camp de base dans l'une des deux villes pour découvrir plages, réserves naturelles et sentiers. Reprenez ensuite vos forces après ce long voyage sur les routes tortueuses de New England. Ici, on mange bien : cuisine française au **French Pan Tree** (02-6646 2335 ; www.thefrenchpantree.com.au ; 15 Clarence St, Yamba ; menu 2/3 plats 40/50 $ ; 18h-22h, fermé mar), ou turque au **Beachwood Cafe** (02-6646 9781 ; www.beachwoodcafe.com.au ; 22 High St, Yamba ; plats 12-26 $ ; 7h-14h mar-dim).

# Se restaurer et se loger

## Coffs Harbour 1

**Yachtie** Cuisine de pub $$

(02-6652 4390 ; Coffs Harbour Yacht Club, 30 Marina Dr ; plats petit-déj 11-20 $, déj et dîner 18-34 $ ; 6h30-20h30). Ce restaurant animé sert différents plats façon pub (fruits de mer, steaks et pâtes) et, en dehors des repas, du café et des gâteaux. Mais surtout, chose rare à Coffs, il a vue sur l'océan et dresse de nombreuses tables en extérieur.

**BIG4 Park Beach Holiday Park** Camping $

(02-6648 4888 ; www.coffscoastholidayparks.com.au ; 1 Ocean Pde ; empl 36-55 $, cabins 95-217 $ ; ). Parc de vacances immense mais idéalement situé en bord de plage. Le *jumping pillow* (à l'ombre) et une piscine équipée de toboggans et de fontaines occuperont les enfants.

## Belligen 2

**Bellingen Gelato Bar** Glace $

(www.bellingengelato.com.au ; 101 Hyde St ; boule à partir de 5 $ ; 10h-18h tlj oct-avr, fermé lun et mar mai-sept). Robert Sebes, l'ancien propriétaire d'un café réputé du centre de Sydney, fabrique de fameuses glaces à Bellingen depuis 2006. Tout est préparé avec des ingrédients non transformés et un minimum de sucre ajouté. Parfums italiens traditionnels comme le sabayon ou la pistache et créations – dattes perses ou marmelade d'orange rôtie.

## Armidale 4

**Goldfish Bowl** Café $$

(02-6771 5533 ; 3/160 Rusden St ; déj 18-20 $ ; 7h30-15h lun-ven, 7h30-13h sam ; ). De loin la meilleure adresse pour déjeuner à Armidale, le Goldfish Bowl sert un excellent café et des pains et pâtisseries maison. Côté cuisine, citons le délicieux curry de maquereau de Kerala et le succulent burger au poulet frit avec sauce au bleu et jalapeños. Chaque vendredi (12h-14h30 et 17h30-20h30), des pizzas avec garnitures de choix, dont salami *'nduja* et olives, ou anchois et *fior di latte*, sortent du four à bois.

**Lindsay House** B&B $$

(02-6771 4554 ; www.lindsayhouse.com.au ; 128 Faulkner St ; ch à partir de 130 $ ; P ). Construite pour un médecin pendant les dernières années de la Première Guerre mondiale, cette belle demeure, reconnaissable à ses briques bleues et ses jardins ombragés, figure parmi les logements les plus paisibles et raffinés d'Armidale. Le mobilier des époques victorienne et édouardienne n'enlève rien au confort moderne des 5 chambres avec sdb.

## Tamworth 5

**Glasshouse at Goonoo Goonoo** Australien $$$

(0429 384 297 ; www.goonoogoonoostation.com ; 13304 New England Hwy, Timbumburi ; plats 27-42 $ ; 8h-11h sam et dim, 12h-15h30 ven-dim, 17h30-23h30 mer-sam ; P). Le Glasshouse (la serre) porte bien son nom. Il s'agit d'une magnifique salle moderne entièrement vitrée, posée sur le domaine d'une historique station d'élevage de moutons nommée Goonoo Goonoo (prononcé "gueun-ou gueun-*ou*"). Un cran au-dessus des tables des environs, ce restaurant, avec sa cuisine ouverte et son personnel expert, sert de savoureux plats, comme le poulet fumé au thé accompagné de pommes de terre nouvelles à la truffe, ou l'énorme bifteck à la florentine au *chimichurri* (pour 2 personnes).

**CH Boutique Hotel** Boutique-hôtel $$

(02-6766 7260 ; www.chboutiquehotel.com.au ; angle Peel et Brisbane Sts ; d à partir de 169 $ ; P @ ). Avec 33 chambres aménagées dans un cube moderne gris ardoise construit en 2018 pour servir d'annexe au superbe Central Hotel Art déco, le CH est l'hôtel le plus chic de Tamworth. Les chambres, dont 29 dans le bâtiment original, arborent un élégant style monochrome et sont équipées de sdb impeccables et de lits de qualité, avec matelas épais et linge de qualité. Parking pour 10 $/nuit.

# Outback de la Nouvelle-Galles du Sud

9

*Cette grande traversée de la Nouvelle-Galles du Sud, de Bathurst à Broken Hill, vous emmènera de l'arrière-pays de Sydney et de ses délices culinaires au silence profond de l'outback et de ses bourgades hors du temps.*

## TEMPS FORTS

**10-14 JOURS**
**1 788 KM**

**PARFAIT POUR...**

**LE MEILLEUR MOMENT**

D'avril à octobre, les nuits sont agréablement fraîches.

**LA PHOTO SOUVENIR**

Les Walls of China du Mungo National Park comptent parmi les plus belles formations géologiques de la Nouvelle-Galles du Sud.

**LES MEILLEURS VINS**

Mudgee est l'une des meilleures régions viticoles de l'État.

**Mungo National Park** Walls of China

# 9 Outback de la Nouvelle-Galles du Sud

La seule façon de rejoindre le légendaire outback consiste à emprunter les longues routes désertes qui traversent des communautés reculées, telles Bourke, Wilcannia et Broken Hill. Mais, avant que de vous aventurer dans ce grand ailleurs, prenez le temps d'apprécier les trésors culinaires et architecturaux de Bathurst, Mudgee et Gulgong.

## 1 Bathurst

La plus ancienne colonie d'Australie de l'intérieur des terres est riche d'un centre historique qui recèle des éléments de son passé, notamment autour de sa place centrale, aux imposants édifices victoriens. Le plus impressionnant est le palais de justice (1880), mais l'on ne saurait manquer l'**Australian Fossil and Mineral Museum** (☎02-6331 5511 ; www.somervillecollection.com.au ; 224 Howick St ; adulte/enfant 14/7 $ ; ⏲10h-16h

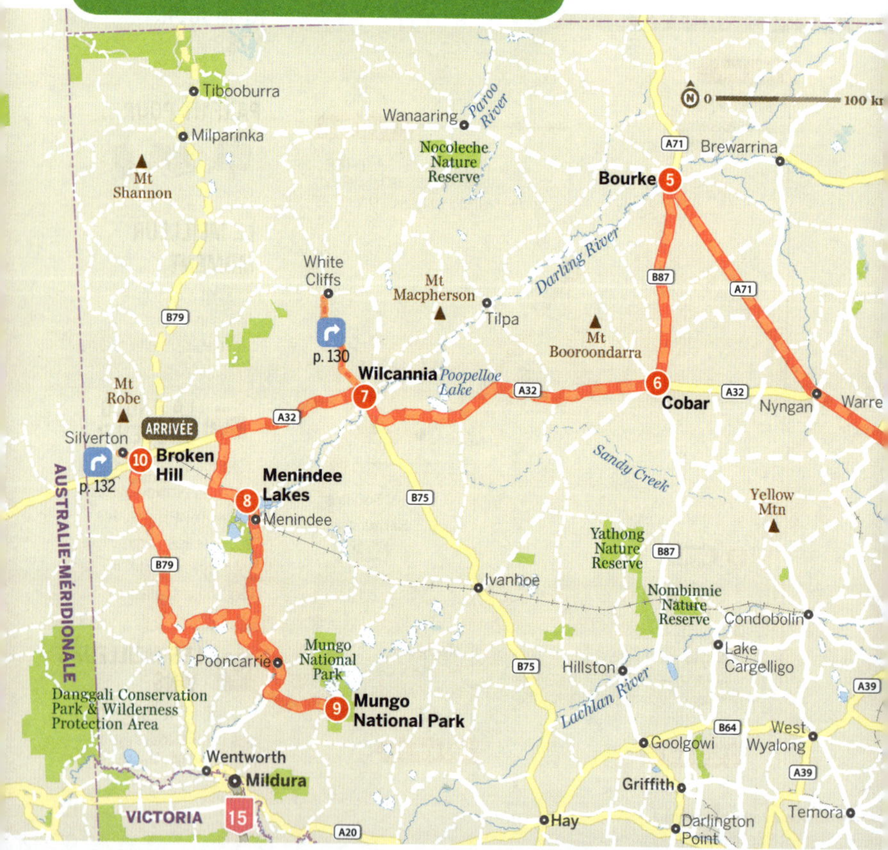

lun-sam, 10h-14h dim ; 👪), lequel renferme le seul squelette entier de tyrannosaure du pays. Bathurst se distingue également par sa gastronomie et son vin, qui n'est pas sans rappeler Sydney. Direction l'**Annie's Old Fashioned Ice-Cream Parlour** (☎02-6331 8088 ; anniesicecream.wordpress.com ; 82/86 George St ; cônes 4,80-9,30 $ ; ⏰8h30-17h30 lun-mer, 8h30-21h jeu-ven, 10h-21h sam, 11h-17h30 dim ; 👪) pour une pause glacée dans un décor kitsch des années 1950.

La ville est aussi un bastion des sports automobiles en Autralie : si vous êtes passionné, rendez-vous au **Mt Panorama Motor Racing Circuit** (www.mount-panorama.com.au ; Mountain Straight, Mt Panorama ; 🅿), où se déroule en octobre la légendaire course Bathurst 1000 V8, et qui abrite le **National Motor Racing Museum** (☎02-6332 1872 ; www.nmrm.com.au ; 400 Panorama Ave ; adulte/enfant 15/7 $ ; ⏰9h-16h30 ; 🅿 👪).

**La route »** Suivez la direction de Lithgow depuis le centre-ville de Bathurst, puis prenez l'embranchement pour Sofala avant de rejoindre la route de Mudgee (à 130 km de Bathurst).

🛏 p. 133

TEMPS FORT

## 2 Mudgee

Mudgee signifie, en langue aborigène, "nid dans les collines", un nom tout à fait adapté à cette jolie ville sise entre vignes et collines ondoyantes. Les domaines viticoles vont de pair avec une excellente cuisine.

Très animée le week-end, la région est plus calme en semaine. Les 35 caves (toutes familiales) de Mudgee sont principalement regroupées au nord-est de la ville – consultez www.mudgeewine.com.au pour plus d'informations. Si le vin est la raison de votre visite, envisagez une excursion avec guide de **Mudgee Wine & Country Tours** (☎02-6372 2367 ; www.mudgeewinetours.com.au ; circuit demi-journée/journée 60/95 $ ; 👪) ou **Mudgee Tourist Bus** (☎0428 669 945 ; www.mudgeetouristbus.com.au ; circuit demi-journée/journée 60/100 $). Faites une étape au meilleur bar à vins (et le plus vieux de l'État), le **Roth's** (☎02-6372 1222 ; www.rothswinebar.com.au ; 30 Market St ; ⏰15h-minuit mer-sam). En septembre, lâchez tout pour assister au Mudgee Wine & Food Festival, sur deux semaines. Si vous visitez les domaines en indépendant, commencez par **Lowe Wines** (☎02-6372 0800 ; www.lowewine.com.au ; 327 Tinja Lane ;

### À COMBINER AVEC

**5 De Sydney à Byron Bay**

Bathurst se trouve à 196 km de Sydney, un détail comparé aux distances de l'outback.

**15 Le long du Murray**

Si Mungo Park est plus près de Mildura, une route goudronnée de 299 km (Silver City Hwy) relie Mildura à Broken Hill.

## DÉTOURS ENTRE BATHURST À MUDGEE

La zone au nord de Bathurst est agréable à parcourir en voiture, entre beaux paysages, parcs et réserves naturels et une poignée de petites villes au charme vieillot. Une route à travers une campagne de plus en plus vallonnée plonge dans une vallée à 43 km au nord-est de Bathurst. Juste avant le pont, prenez la charmante rue principale de **Sofala**, héritage de l'époque des mines d'or de la région – particulièrement évocatrice d'un village minier à moitié abandonné. Depuis Sofala, parcourez 28 km jusqu'à Ilford pour rejoindre la route principale de Lithgow-Mudgee. En mettant le cap au nord-ouest, vous longerez le beau lac Windamere avant d'arriver à Mudgee. Ignorez les banlieues, peu attrayantes, pour vous rendre directement au centre-ville par Church St, qui devient Ulan Road et continue au nord-ouest en passant par quelques-uns des meilleurs vignobles du coin. À environ 11 km de Mudgee, vous pouvez faire un détour jusqu'à la **Munghorn Gap Nature Reserve** (randonnée très appréciée de 8 km aller-retour jusqu'à Castle Rock), où vit le méliphage régent, une espèce menacée.



10h-17h ; P) et **Robert Stein Winery & Vineyard** (02-6373 3991 ; www.robertstein.com.au ; Pipeclay Lane ; 10h-16h30 ; P).

p. 133

**La route »** Sur la route principale d'Ulan, à environ 29 km de Mudgee, suivez les panneaux pour Gulgong, située à 24 km dans les vallées.

### 3 Gulgong

Bourgade rurale typique bâtie en bois, Gulgong est une jolie ville qui figurait naguère sur les billets de 10 $ aux côtés de l'écrivain Henry Lawson. Ce poète vécut ici une partie de son enfance. La municipalité organise le **Henry Lawson Heritage Festival** pendant un long week-end en juin, avec concerts à l'opéra et autres festivités. Le **Henry Lawson Centre** (02-6374 2049 ; www.henrylawsongulgong.org.au ; 147 Mayne St ; adulte/enfant 7/5 $ ; 10h-15h30 lun-sam, 10h-13h dim) explore sa vie et son œuvre. Promenez-vous dans la rue principale et les rues étroites, classées par le National Trust : elles conservent encore tout leur caractère.

**La route »** De Gulgong, mettez le cap au nord sur la Castlereagh Hwy. Traversez Birriwa avant de tourner à gauche (à l'ouest) à Dunedoo. À partir de là, comptez 87 km sur une route aride et poussiéreuse jusqu'à Dubbo.

### 4 Dubbo

Dubbo, où l'air est sec et le ciel, infini, augure de la suite du périple. À l'ouest commence vraiment l'outback, et la cité a quelque chose d'une frontière. Ici, trois curiosités retiennent l'attention. Sous ces cieux toujours dégagés, le **Dubbo Observatory** (0488 425 940 ; www.dubboobservatory.com ; 17L Camp Rd ; adulte/enfant 26/12 $ ; 21h déc-fév, 20h30 mars et nov, 19h avr-sept, 20h oct ; P) est parfait pour contempler les étoiles ; réservations essentielles. Le **Taronga Western Plains Zoo** (02-6881 1400 ; www.taronga.org.au/dubbo-zoo ; Obley Rd ; pass 2 jours adulte/enfant 47/26 $ ; 8h30-16h ; P), l'un des meilleurs zoos d'Australie, vous offrira un aperçu de la faune de la région. Enfin, à environ 2 km du zoo, **Dundullimal** (02-6884 9984 ; www.nationaltrust.org.au/places/dundullimal-homestead ; 23L Obley Rd ; adulte/enfant 10/8 $ ; 11h-15h mar-sam ; P), une maison aux murs de planches brutes, classée au National Trust (1840), est un bon exemple de foyer rural isolé, dans la pure tradition australienne.

p. 133

**La route »** Il est temps de faire le plein et de mettre le cap sur l'outback. Rien de plus simple : prenez la Mitchell Hwy jusqu'à Bourke (369 km) via Narromine. Ici, les terres sont arides : le sable devient orange et la végétation n'est plus que broussaille. Bienvenue à la lisière de l'outback.

TEMPS FORT

## 5 Bourke

À en croire le poète australien Harry Lawson, "si vous connaissez Bourke, vous connaissez l'Australie". Rendue célèbre par l'expression "back of Bourke" (qui signifie "au milieu de nulle part"), la ville est située le long de la Darling River, en bordure de l'outback et loin de tout. Le **Back O' Bourke Exhibition Centre** (☎02-6872 1321 ; www.visitbourke.com.au ; Kidman Way ; adulte/enfant 23/11 $ ; ⏲9h-17h avr-oct, 9h-16h lun-ven nov-mars ; P) est un excellent centre d'expositions illustrant les légendes, des Aborigènes comme des colons, au moyen de présentations interactives – renseignez-vous sur ses forfaits, lesquels incluent une croisière fluviale sur le **PV Jandra** (☎02-6872 1321 ; départ de Kidman's Camp ; adulte/enfant 16/10 $ ; ⏲14h lun-sam ; 👪) et un spectacle sur l'outback (croisière et spectacle d'avril à octobre uniquement). Vous pourrez aussi participer à un circuit à pied avec **Bourke Aboriginal Cultural Tours** (☎0436 368 185 ; www.bourkeaboriginalculturaltours.com ; Back O' Bourke Exhibition Centre ; adulte/enfant 30/15 $ ; ⏲9h30 et 11h30 lun-ven). Enfin, le **Bourke's Historic Cemetery** (Kidman Way) est ponctué d'épitaphes originales. Pour visiter la bourgade en indépendant, procurez-vous le livret *Back O'Bourke Mud Map Tours*.

✕ 🛏 p. 133

**La route »** Au sud de Bourke, la Rte 87, bordée d'eucalyptus ternes et de broussailles, court sur 160 km sans traverser une seule ville digne de ce nom. Profitez-en pour écouter de la musique, un podcast intéressant ou un livre audio.

## 6 Cobar

Certaines localités de l'outback se résument à une station-service, mais d'autres, comme Cobar, incitent à s'attarder. Cette bourgade doit son dynamisme à sa mine de cuivre et compte même, du fait de son rôle non officiel de chef-lieu, quelques édifices intéressants, dont, peuplement colonial oblige, un **ancien tribunal** et un **poste de police**. Même si les musées ne sont pas votre tasse de thé, ne passez pas à côté du Cobar Museum au **Great Cobar Heritage Centre**, avec ses présentations sur l'environnement, sur la vie aborigène locale et les premiers Européens. Ouvrez l'œil pour la Big Beer Can, monument démesuré et kitsch.

**La route »** Sans être l'égale de Nullarbor (la route la plus droite d'Australie), la Barrier Hwy, sur ses 250 km, est longue et rectiligne jusqu'à Wilcannia. Longtemps bordée d'enclos couleur paille, elle finit par traverser la Darling River et ses berges arborées pour entrer dans la ville.

## 7 Wilcannia

Jadis un des grands ports fluviaux de l'intérieur des terres, Wilcannia en a gardé de beaux bâtiments en grès datant des années 1880, son âge d'or. Plus récemment, la ville est devenue le reflet des inégalités et du désespoir frappant son importante population aborigène. C'est donc sans surprise que Wilcannia (www.wilcanniatourism.com.au) n'a suscité que peu d'enthousiasme auprès des voyageurs. C'est pourtant un endroit fascinant et complexe, qui méritent absolument le détour. Un bon café et un excellent hébergement au bord de la rivière en font un endroit agréable où passer la nuit.

**La route »** Des pistes partent vers le sud-ouest depuis Wilcannia, mais empruntez plutôt la Barrier Hwy sur 119 km, avant de prendre un chemin, au sud, en direction de Menindee Lakes. Sur les 52 km non goudronnés (praticables en véhicule classique), vous croiserez des domaines isolés avant de prendre à gauche sur la MR66. Quelque 48 km vous séparent de Menindee.

## 8 Menindee Lakes

Pendant des décennies, les neuf lacs éphémères encadrant la ville passablement délabrée de Menindee représentaient une vision paradisiaque, en plein outback. Or, au cours des dernières années, la sécheresse, conjuguée à la mauvaise gestion de l'eau et à son utilisation en amont pour la culture intensive du coton ont durement impacté l'envergure et la profondeur des lacs. La population d'oiseaux a également été drastiquement réduite, et celle de poissons, comme la morue de Murray, mise à mal suite à la propagation d'algues en 2019. Arrêtez-vous au **Visitor Centre** (08-8091 4274 ; www.menindeelakes.com ; 7 Yartla St, Menindee ; 10h-16h) où vous en apprendrez plus sur les défis environnementaux de la région.

**La route »** Sauf s'il a plu (ce qui est plutôt rare dans le coin), prenez la route non goudronnée (sable et gravier) qui part vers le sud depuis Menindee sur environ 120 km, puis suivez la direction (à l'est) du Mungo National Park sur 41 km. C'est un territoire aride, stérile et reculé, à la faune et flore rares.

TEMPS FORT

## 9 Mungo National Park

Ce saisissant parc s'étend sur 278,5 $km^2$ dans la région reculée classée au Patrimoine mondial des Willandra Lakes. C'est l'une des parties les plus accessibles de l'authentique outback australien, où les grands kangourous roux et les émeus broutent dans les plaines, et où le vent façonne d'étranges formes. Le lac Mungo est un lac asséché où ont été mis au jour les plus anciens vestiges archéologiques du pays. C'est ici que se trouvent les premières traces d'occupation aborigène

### VAUT LE DÉTOUR
### WHITE CLIFFS

**Point de départ : 7 Wilcannia**

Peu d'endroits en Australie sont plus étranges que White Cliffs, petite bourgade minière criblée de puits de mines d'opale (www.whitecliffsnsw.com.au). Elle se situe à 93 km au nord-ouest de Wilcannia sur l'Opal Miners Way (goudronnée). Les températures sur ce territoire hostile étant bien supérieures à 40°C en été, nombre d'habitants, comme à Coober Pedy, vivent sous terre pour échapper à la chaleur. Visitez des magasins d'opales (bien indiqués) où les mineurs vendent leurs trouvailles, ou tentez votre chance dans les vieux trous, garnis de panneaux d'interprétation. Soyez prudents, car beaucoup de puits ne sont pas indiqués. Si reprendre la longue route pour retourner à la civilisation est au-dessus de vos forces, logez sous terre au **White Cliffs Underground Motel** (08-8091 6677 ; www.undergroundmotel.com.au ; 129 Smiths Hill ; d avec petit-déj 179 $ ; ). Construit sur mesure au moyen d'un tunnelier, on y trouve une piscine, une salle à manger animée et des chambres simples, fraîches et silencieuses. Son musée sur la vie locale est très intéressant (10 $, mais gratuit pour les clients). Par ailleurs, le **White Cliffs Hotel** (08-8091 6606 ; www.whitecliffshotel.com.au ; angle Keraro Rd et Johnston St ; plats 18-30 $ ; P) dispose de chambres de type motel et sert une bonne cuisine.

POSNOV/GETTY IMAGES ©

**Broken Hill** Argent Street

(le plus ancien site de crémation du monde y a été découvert), vieilles de 40 000 ans. La région fait partie du territoire traditionnel des Paakantji (Barkindji), Ngyiampaa et Mutthi Mutthi. Fin 2018, les dépouilles de 105 ancêtres – dont celle de l'Homme de Mungo, remontant à 40 000 ans – ont été rendues au parc. Vous pourrez aussi visiter les **Walls of China** (murailles de Chine), des dunes en demi-cercle de 33 km, dites "lunettes", créées par le vent d'ouest qui souffle sans répit. Depuis le Visitor Centre, une route traverse le lac asséché jusqu'à un parking, d'où une courte balade mène à une plateforme. Renseignez-vous sur www.visitmungo.com.au.

**La route »** De nombreuses pistes mènent à Broken Hill, et aucune n'est goudronnée (un 4x4 n'est pas indispensable, sauf en cas de fortes pluies). Repartez au nord vers Menindee – d'où il reste 118 km sur une route bitumée jusqu'à Broken Hill, ou regagnez la Silver City Hwy (goudronnée), à l'ouest, qui mène à Broken Hill.

TEMPS FORT

## 10 Broken Hill

L'énorme terril qui sert d'arrière-plan au centre-ville de Broken Hill participe du caractère unique de cette ville

# VAUT LE DÉTOUR
## SILVERTON

**Point de départ : 10 Broken Hill**

Si vous trouvez la ville de Broken Hill isolée, attendez de voir l'étrange Silverton (www.silverton.org.au), ancien bourg minier aux airs de ville-fantôme. On croirait entrer dans un tableau de Russell Drysdale. À son âge d'or, en 1885, la localité comptait 3 000 habitants, mais en 1889, les mines fermèrent et la population partit s'établir à Broken Hill (certains emportèrent même leur maison). Elle s'anime à l'occasion – des scènes de *Mad Max II* y ont été tournées. Le cœur et l'âme de la ville sont le **Silverton Hotel** (☎08-8088 5313 ; www.silvertonhotel.com.au ; Layard St, Silverton ; d 120 $, pers supp 25 $ ; ❄📶), où l'on peut contempler des objets provenant des tournages et des murs couverts d'un bric-à-brac typique de l'humour australien. La **Silverton Gaol** (☎08-8088 5317 ; angle Burke et Layard Sts, Silverton ; adulte/enfant 4/2 $ ; ⏲9h30-16h) renfermait autrefois 14 cellules ; aujourd'hui, le musée est un vrai trésor : les pièces présentent un siècle de vie locale (robes de mariée, machines à écrire, équipement de mineurs, photos, etc.). Le **School Museum** (☎08-8088 7481 ; Layard St, Silverton ; adulte/enfant 2,50/1 $ ; ⏲9h30-15h30 lun, mer et ven-dim) retrace l'histoire de l'école depuis sa création sous une tente en 1884. Le **Mad Max 2 Museum** (☎08-8088 6128 ; www.facebook.com/MadMaxMuseum ; Stirling St, Silverton ; adulte/enfant 10/5 $ ; ⏲10h-16h), fruit de l'obsession d'un Anglais du nom d'Adrian Bennett, est plus excentrique.

Prenez l'A32 en direction de l'embranchement de Silverton, puis mettez cap au nord-ouest – 25 km vous en séparent. Passé Silverton, la route est solitaire et l'horizon lointain, mais cela vaut la peine de rouler 5 km de plus jusqu'au **Mundi Mundi Lookout** d'où la vue sur la plaine est phénoménale.



en lisière du désert. Sa valeur historique a été reconnue en 2015, lorsqu'elle est devenue la première ville australienne inscrite sur la National Heritage List, qui répertorie 102 autres sites (dont l'Opéra de Sydney et la Grande Barrière de corail).

L'une des expériences les plus inoubliables de Broken Hill est le coucher du soleil depuis le **Living Desert Sculpture Symposium** (www.brokenhill.nsw.gov.au ; Nine Mile Rd ; adult/child 6/3 $ ; ⏲9h-coucher du soleil mars-nov, 6h-coucher du soleil déc-fév ; 🅿👪) au sommet de la plus haute colline, à 12 km de la ville. Taillées sur place dans des blocs de grès, ces immenses sculptures ont été réalisées par 12 artistes du monde entier. Parmi les autres curiosités : le **Palace Hotel** (☎08-8088 1699 ; www.thepalacehotelbrokenhill.com.au ; 227 Argent St ; dort/s/d avec sdb commune à partir de 35/60/70 $, d à partir de 120 $ ; ❄), cadre du film australien *Priscilla, folle du désert* ; le **Line of Lode Miners Memorial** (Federation Way ; ⏲6h-21h ; 🅿), avec ses récits émouvants et sa vue inoubliable ; la **Pro Hart Gallery** (☎08-8087 2441 ; www.prohart.com.au ; 108 Wyman St ; adulte/enfant 5/3 $ ; ⏲10h-17h mars-nov, 10h16h déc-fév) ; et le **Royal Flying Doctor Service Museum** (☎08-8080 3714 ; www.flyingdoctor.org.au ; Airport Rd ; adulte/enfant 10/5 $ ; ⏲9h-17h lun-ven, 10h-15h sam-dim ; 🅿). Une fois la nuit tombée, profitez du ciel noir d'encre de l'outback avec **Outback Astronomy** (☎0427 055 225 ; www.outbackastronomy.com.au ; 18817 Barrier Hwy ; adulte/enfant 45/35 $ ; 👪).

✕ 🛏 p. 133

# Se restaurer et se loger

## Bathurst 1

**Bathurst Showground** Camping

(☎02-6331 1349 ; www.bathurstshowground.com.au ; 1 Kendall Ave ; empl avec/sans élec 20/25 $ (2 pers max) ; P 🐾). Le champ de foire historique de Bathurst accueille maints événements tout au long de l'année. Une zone est réservée au camping. En haute saison, il est vite complet et les tarifs augmentent.

## Mudgee 2

**Elton's Eating + Drinking** Australien moderne $

(☎02-6372 1079 ; www.eltons.com.au ; 81 Market St ; plats 6-20 $ ; ⏲17h-23h mer-jeu, 12h-23h ven-sam, 9h-15h dim ; ✎). Assiettes partagées, tacos et riches desserts figurent sur la carte, inventive et polyvalente. En accompagnement, une carte des boissons dominée par les vins régionaux et la bière artisanale et soigneusement élaborée et renouvelée. L'établissement occupe un édifice historique bien conservé de 1896.

**Perry Street Hotel** Boutique-hôtel $$

(☎02-6372 7650 ; www.perrystreethotel.com.au ; angle Perry et Gladstone Sts ; ste à partir de 185 $ ; P ⊖ ❄ ᯤ). Cet hôtel raffiné loue de superbes suites, sublimées par l'attention portée aux détails, entre sorties de bain-kimonos, machines Nespresso et en-cas gourmands gratuits.

## Dubbo 4

**Best Western Bluegum Motel** Motel $$

(☎02-6882 0900 ; www.bluegummotorinn.com ; 109 Cobra St; ch à partir de 189 $ ; P ❄ ᯤ ≋). Avec son emplacement central, en retrait de la Mitchell Hwy et en face d'un parc, cet excellent motel compte sept types de chambres – standards, "executives" ou familiales, toutes avec écran smart TV (Foxtel), matelas épais, climatiseurs silencieux, linge de qualité et un très bon débit Wi-Fi.

## Bourke 5

**Poetry on a Plate** Australien $$

(☎0427 919 964 ; www.poetryonaplate.com.au ; Kidman's Camp ; adulte/enfant 25/12 $ ; ⏲à partir de 18h30 mar, jeu et dim avr-oct). Passez une soirée d'un bon rapport qualité/prix avec des chansons et des contes du bush autour d'un feu de camp, accompagnée d'un repas mijoté et d'un dessert. Habillez-vous chaudement et apportez votre boisson. Sièges de camping et couverts fournis. Paiement en espèces.

**Kidman's Camp** Camping, cabins $$

(☎02-6872 1612 ; www.kidmanscamp.com.au/bourke ; Cunnamulla Rd, North Bourke ; empl/cabins à partir de 32/109 $ ; P ᯤ ≋). Ce camping, face à la rivière et à 8 km de Bourke, fait un excellent camp de base. C'est d'ici que partent les croisières du PV Jandra (p. 129) et que l'on organise les "Poetry on a Plate", des soirées de poésie en musique. Jardins verdoyants, piscines et *cabins* familiales (sdb commune), ou d'autres en rondins, avec sdb, kitchenette et véranda.

## Broken Hill 10

**Silly Goat** Café $

(☎08-8088 4774 ; www.facebook.com/thesillygoatfamily ; 425 Argent St ; plats 11-19 $ ; ⏲7h-16h lun-ven, 7h-15h sam-dim ; ❄ 👪). La carte, ici, ne déparerait pas dans un grand établissement urbain ; délicieux gâteaux, café filtre excellent et atmosphère gaie. Les jus de fruits pressés et une nouvelle salle plus spacieuse ajoutent à l'attrait de ce café.

**Emaroo Cottages** Cottages $$

(☎08-8595 7217 ; www.brokenhillcottages.com.au ; cottages à partir de 190 $ ; P ❄ ᯤ). Séjourner dans l'un de ces 4 cottages de mineurs indépendants (à 2 chambres) est un très bon moyen de découvrir Broken Hill. Chacun est dans un quartier différent de la ville, totalement sécurisé avec abri pour les voitures, climatisation, Wi-Fi, cuisine équipée, sdb et laverie, à un prix imbattable. Louez l'Emaroo Oxide, s'il est libre.

110 w

# Victoria

**PARCOURIR LES ROUTES DU VICTORIA REVIENT À PARTIR À LA DÉCOUVERTE** de ce que l'Australie a de plus beau à offrir. Le littoral est ici d'une splendeur sans égale, qu'il s'agisse des plages et des falaises de la Great Ocean Road, de la majesté sauvage de Wilsons Prom, ou du sable à perte de vue de Ninety Mile Beach. Nul autre État australien ne réunit une telle succession de villages historiques – Walhalla, Maldon, Castlemaine, Echuca, Ballarat ou Beechworth –, pour n'en citer que quelques-uns. Des gommiers rouges (eucalyptus) ponctuant les rives du Murray aux prestigieux vignobles de la péninsule de Mornington, des manchots de Phillip Island aux joies culinaires de Milawa et Myrtleford dans le High Country : le Victoria se livre le long d'inoubliables itinéraires.

**Great Ocean Road** Des vagues parmi les plus époustouflantes d'Australie

PETE SEAWARD/LONELY PLANET ©

# Victoria

Route Mythique

10 **Great Ocean Road 5-7 jours**
Il n'existe pas de plus bel itinéraire côtier que celui qui longe le sud-ouest du Victoria.

11 **Péninsule de Mornington 3-4 jours**
Le terrain de jeu de Melbourne côté mer allie vins fins et nature sauvage.

12 **Gippsland et Wilsons Prom 6-7 jours**
Phillip Island, Wilsons Prom et Walhalla : un casting cinq-étoiles vous tend les bras.

13 **Victoria's Goldfields 4-5 jours**
Au cœur de l'État, la région des mines d'or est truffée de bâtiments historiques et de paisibles avant-postes chers aux gourmets.

14 **Great Alpine Road 7 jours**
Traversée du Victoria gourmet puis montagneux avant une belle descente vers la mer.

15 **Le long du Murray 5 jours**
D'Echuca à Mildura, des paysages fluviaux au charme singulier.

**Phillip Island** Jeune manchot

## À NE PAS MANQUER

### Twelve Apostles

On les a souvent vus en photo, mais, sur place, la magie opère comme jamais. 10

### Mills Beach, Mornington

De petites cabines de plage, formant comme un collier au cou de Mornington, la belle endormie. 11

### Koonwarra Food & Wine Store

Une grande épicerie (et plus encore) du South Gippsland, secret d'initiés très bien gardé. 12

### Coiltek Gold Centre, Maryborough

La ruée vers l'or continue : cherchez votre pépite dans les mines florissantes du centre de l'État. 13

### Kingfisher Cruises

Accompagné d'un guide, admirez les gommiers rouges le long des sentiers peu fréquentés du Barmah National Park. 15

Route Mythique

10

# Great Ocean Road

*C'est l'une des plus belles routes côtières au monde. Elle épouse la silhouette rocailleuse de la côte ouest du Victoria et longe de sublimes plages battues par les vents, non loin de curiosités géologiques et de jolis villages.*

## TEMPS FORTS

**5-7 JOURS**
**535 KM**

**PARFAIT POUR...**

**LE MEILLEUR MOMENT**

Toute l'année, avec une météo idéale d'octobre à mars.

**LA PHOTO SOUVENIR**

Les Twelve Apostles offrent un cadre spectaculaire.

**FAUNE SAUVAGE**

Koalas au cap Otway, phoques au cap, kangourous à Anglesea, une faune riche à la Tower Hill Reserve, et des baleines au large de Warrnambool.

**Twelve Apostles** Formations rocheuses comme surgies de l'océan

Route Mythique

# 10 Great Ocean Road

La Great Ocean Road commence à Torquay, capitale australienne du surf, longe Bells Beach puis serpente le long du littoral jusqu'au cap Otway, territoire venteux et indompté peuplé de koalas. Faites une halte aux Twelve Apostles et à Loch Ard Gorge avant de reprendre la route vers Warrnambool et ses baleines, puis Port Fairy avec son architecture et son festival de musique folk. Les éléments naturels regagnent en intensité à mesure qu'approche la frontière de l'Australie-Méridionale.

## ❶ Torquay

Capitale australienne du surf, Torquay est un excellent point de départ. Proche de la mythique Bells Beach et berceau des marques emblématiques Rip Curl et Quiksilver, la ville s'est taillé la part du lion dans le monde de la glisse. Ses plages voient affluer aussi bien des enfants, bouées aux bras, que des apprentis surfeurs. **Fisherman's Beach**, abritée de la houle, a la cote auprès des familles. À l'ombre des pins, on lézarde sur les pelouses en pente douce de **Front Beach**, tandis que **Back Beach** est quadrillée, l'été, par les maîtres-nageurs. Parmi les meilleures plages de surf, citons **Jan Juc** et **Winki Pop**. Après avoir visité le **Surf World Museum** (☎03-5261 4606 ; www.australiannational surfingmuseum.com ; Surf City Plaza, 77 Beach Rd ; adulte/enfant/famille

### À COMBINER AVEC

**1 De Sydney à Melbourne**

Depuis Melbourne, prenez la Princes Hwy (A1) en direction de Geelong, puis suivez les panneaux indiquant Torquay.

**13 Victoria's Goldfields**

Quelque 87 km séparent Ballarat (dernière étape des mines d'or du Victoria) de la rocade de Geelong, via la Midland Hwy. Torquay se trouve 30 km plus loin.

12/8/25 $ ; ⏲9h-17h) et son Surfing Hall of Fame, lancez-vous en suivant un cours auprès de la **Westcoast Surf School** (☎03-5261 2241 ; www.westcoastsurfschool.com ; cours 2 heures adulte/enfant 65/55 $) ou de la **Torquay Surf Academy** (☎03-5261 2022 ; www.torquaysurf.com.au ; 34a Bell St ; 2 heures de cours groupe/individuel 60/180 $).

p. 148

**La route »** Laissez derrière vous le panneau pour Jan Juc puis prenez la première à gauche (C132) et suivez les panneaux indiquant Bells Beach.

TEMPS FORT

## 2 Bells Beach

Depuis la Great Ocean Road, un pas de côté vous conduira à la célèbre Bells Beach, dont le Point Break (ici, une droite puissante) appartient à l'imaginaire collectif du surf. Il a d'ailleurs inspiré la scène finale du film éponyme de Kathryn Bigelow. La déferlante y offre l'un des plus longs boulevards de surf du pays. Si vous souhaitez juste admirer les lieux, garez-vous et rejoignez le point de vue. De là, des marches descendent jusqu'à l'eau (attention, on ne s'y baigne pas).

**La route »** Repartez vers la Great Ocean Road (B100). Peu de temps après, tournez en direction de Point Addis, plage à la beauté intacte. Anglesea est à 10 km de là sur la Great Ocean Road. Vous pénétrerez dans la forêt du parc national aux abords de la petite agglomération.

## 3 Anglesea

Falaises orangées plongeant dans la mer, paysage boisé et vallonné : voici Anglesea, petite localité très appréciée des familles, dont la population grimpe en flèche l'été. **Main Beach** est un bon spot pour les surfeurs et **Point Roadknight Beach**, plus abritée, est idéale avec des enfants. On aperçoit fréquemment des kangourous ici, et ils sont nombreux à brouter l'herbe de l'**Anglesea Golf Club** (☎03-5263 1582 ; www.angleseagolfclub.com.au ; Anglesea Golf Club, Golf Links Rd ; circuit kangourous 20 min adulte/enfant/famille 12,50/5/30 $, 9/18 trous à partir de 30/50 $, location de clubs 9/18 trous 25/35 $ ; ⏲10h-16h).

p. 148

**La route »** La B100 longe la côte sur 11 km avant d'atteindre Aireys Inlet, avec son ancien phare et les ravissantes plages de Fairhaven. Depuis Aireys, la route épouse les courbes du littoral pour rejoindre Lorne. Un arrêt photo s'impose à l'arche commémorative de la Great Ocean Road, sur la route d'Eastern View.

## 4 Lorne

Lorne accroche d'emblée le regard. L'arrivée depuis Aireys Inlet tient d'une succession d'eucalyptus, le long des rues vallonnées menant aux eaux miroitantes de Loutit Bay. Le **Live Wire Park** (☎1300 548 394 ; www.livewirepark.com.au ; 180 Erskine Falls Rd ; adulte/enfant 12/8 $, tyrolienne 36/32 $, parcours de cordes à partir de 52/45 $ ; ⏲9h-17h, 9h-18h en été) divertira les enfants, tout comme la piscine et les trampolines près de la plage. Et les abords de la ville comptent quelque 50 km de sentiers de randonnée. Enfoncez-vous dans les collines pour rejoindre les jolies chutes d'**Erskine Falls** (Erskine Falls Access Rd), à contempler depuis la plateforme d'observation ou, de plus près, au terme d'une descente de 250 marches (souvent glissantes). De retour à Lorne, direction le **Great Ocean Road Story** (15 Mountjoy Pde ; ⏲9h-17h), un musée consacré à la célèbre route.

p. 148

**La route »** La route serpente et semble s'éterniser, mais, entre forêt dense sur votre droite et vues océaniques sur votre gauche, vous voici déjà, 20 km plus loin, à Kennett River.

## 5 Kennett River

Kennett River est l'un des sites australiens les mieux adaptés à l'observation des koalas. Dans les arbres, tout de suite à l'ouest de l'épicerie, et sur l'excellent site de caravaning, vous apercevrez des marsupiaux qui dorment sur les branches, parfois à hauteur des yeux ! Perroquets et loriquets ne sont pas en reste et se percheront sur vos bras tendus si vous restez immobile – mais ne les nourrissez surtout pas.

**La route »** Pendant les 21 km qui suivent, on croirait presque rouler sur l'eau, elle est si proche... Bientôt apparaît Apollo Bay.

### VAUT LE DÉTOUR
### BIRREGURRA

**Point de départ : 4 Lorne**

Dan Hunter est l'un des chefs les plus réputés d'Australie. À l'heure actuelle, son restaurant, **Brae** (☎03-5236 2226 ; www.braerestaurant.com ; 4285 Cape Otway Rd ; menu dégustation 8 plats 275 $, accord mets-vins supp 175 $ ; ⏲à partir de 18h jeu, 12h-15h et à partir de 18h ven-sam, 12h-15h dim-lun) – qui s'invite régulièrement au palmarès des 100 meilleures tables au monde –, est la destination phare de la petite Birregurra, ancienne colonie historique. Le talentueux chef puise, dans son vaste potager bio de 12 ha, ses produits comme son inspiration. La carte change régulièrement. Réservez longtemps à l'avance. En outre, vous y trouverez un hébergement élégant, mais sans prétention, sur place. Brae est à 36 km de Lorne, en direction de Colac.

## 6 Apollo Bay

Apollo Bay est l'un des principaux villages de la Great Ocean Road. Entre collines en toile de fond et rubans de sable blanc, apprenez à mieux connaître ce paysage en compagnie de Mark Brack, enfant du pays et fils de gardien de phare (celui du cap Otway). Ses deux **promenades commentées** (☎0417 983 985 ; visites guidées 20 $) sont réellement captivantes. En partant en excursion avec **Apollo Bay Surf & Kayak** (☎0405 495 909, 03-5237 1189 ; www.apollobaysurfkayak.com.au ; 157-159 Great Ocean Rd ; sortie kayak 2 heures 75 $, cours 1 heure 30 paddle/surf 70/75 $), on rend visite aux otaries à fourrure à bord d'un kayak deux places.

p. 148

**La route »** Le cap Otway (Lighthouse Rd) est signalé à 20 km d'Apollo Bay. Au bout des 12 km suivants, qui traversent un beau paysage densément boisé, le phare, debout depuis 150 ans.

TEMPS FORT

## 7 Cap Otway

Le cap Otway est le second point le plus méridional du continent australien (après le Wilsons Promontory). Sa côte, spectaculaire et accidentée, a été le témoin du naufrage de maints navires, malgré la **Cape Otway Lightstation** (☎03-5237 9240 ; www.lightstation.com ; Lighthouse Rd ; adulte/enfant/famille 19,50/7,50/49,50 ; ⏲9h-17h). Bâti en 1848 par plus de 40 tailleurs de pierre, sans mortier ni ciment, ce phare est le plus ancien encore en activité d'Australie continentale. La forêt voisine abrite une importante population de koalas. Pour les voir, repérez les voitures garées sur le bas-côté et les touristes tête levée vers les arbres.

**La route »** La route se fait plus plate une fois les Otways passées. On pénètre dans un étroit escarpement entre roche et broussailles, qui débouche sur les falaises (70 m) bordant la route entre Princetown et Peterborough – un vrai changement de décor. Les Twelve Apostles sont juste après Princetown.

# Route Mythique

TOM JASTRAM/SHUTTERSTOCK ©

I. NOYAN YILMAZ/SHUTTERSTOCK ©

## POURQUOI EST-CE UNE ROUTE MYTHIQUE ?

ANTHONY HAM, AUTEUR

À chaque fois que je reçois des amis venu de l'étranger, je les emmène en premier lieu sur la Great Ocean Road. Ce qui en fait une route mythique, c'est la combinaison magique d'une nature grandiose et la succession de sites célèbres dans le monde entier – Bells Beach, le cap Otway et ses koalas, les Twelve Apostles, la Loch Ard Gorge... Et je n'en cite là qu'un simple échantillon.

Ci-dessus : Loch Ard Gorge
À gauche : surfeur, Bells Beach
À droite : koala, Cap Otway

ASHLEY WHITWORTH/SHUTTERSTOCK ©

TEMPS FORT

## 8 Twelve Apostles

Les “Douze Apôtres” sont le point d’orgue de tout périple sur la Great Ocean Road. Ces formations rocheuses semblent surgies de l’océan. Jamais il n’y en eut douze : on en a compté huit, surnommées la “truie et ses porcelets”, jusqu’à ce qu’un esprit ingénieux imagine, dans les années 1960, un nom plus vendeur pour attirer les touristes. Les deux éperons côté est (Otway) de la plateforme d’observation ne font pas partie des “Apôtres” et se nomment Gog et Magog. Ces géants de pierre calcaire sont vulnérables aux assauts de la marée et de l’érosion. En juillet 2005, l’un d’eux s’est effondré dans la mer et l’arche d’Island Archway n’est plus depuis juin 2009. Allez-y au coucher de soleil, lorsque les bus touristiques sont repartis et que les manchots reviennent sur le rivage. Pour une vue imprenable, montez à bord d’un hélicoptère avec **12 Apostles Helicopters** (☎03-5598 8283 ; www.12apostleshelicopters.com.au ; vol 15 min 145 $/pers).

**La route »** Une fois que vous aurez savouré la vue à votre guise, reprenez la Great Ocean Road en direction du nord-ouest. Bientôt apparaîtra le panneau annonçant Loch Ard Gorge.

Route Mythique

## 9 Loch Ard Gorge

Loch Ard Gorge est un canyon en forme de U, une plage de sable aux eaux bleues qu'enserrent de hautes falaises. Ici se produisit l'un des plus terribles naufrages de la Shipwreck Coast (côte aux Épaves) : en 1878, le *Loch Ard*, un clipper anglais, sombra au large de Mutton Bird Island à 4h du matin. Sur les 37 membres d'équipage et 19 passagers, seuls deux survécurent. Eva Carmichael, qui ne savait pas nager, s'agrippa à quelques débris et fut retrouvée dans une gorge par l'élève-officier Tom Pearce. On leur attribua à tort une romance : Eva rentra bientôt en Écosse et ils ne se revirent jamais. Plusieurs tracés permettent de rejoindre la grotte où les rescapés se réfugièrent, ainsi qu'un cimetière et une plage accidentée.

**La route »** Depuis Loch Ard Gorge, prenez la B100 sur 6 km pour rejoindre Port Campbell.

## 10 Port Campbell

Posé au bord d'une petite baie, ce village est un bon point de chute pour rejoindre les Twelve Apostles et la Loch Ard Gorge. Sa plage, abritée, est l'une des rares où la baignade est possible le long de cette côte agitée.

p. 149

**La route »** La sortie de Port Campbell est un plateau rocheux. Une fois la Bay of Islands passée, la route s'enfonce dans un paysage principalement agricole.

## 11 Warrnambool

De mai à septembre, des cétacés, dont des baleines franches australes, en migration passent près de cette côte tempérée. Le meilleur site d'observation est la **plateforme d'observation de Logan's Beach** – c'est dans cette zone qu'elles mettent bas. Appelez le centre d'accueil des visiteurs (03-5594620) pour savoir si elles sont présentes, ou consultez le site www.visitwarrnambool.com.au pour des informations actualisées. Le **Flagstaff**

### DE PORT CAMPBELL À WARRNAMBOOL

La Great Ocean Road se poursuit vers l'ouest après Port Campbell et passe devant le **London Bridge**, lequel n'est plus un pont. Jadis plateforme rocheuse à deux arches reliée au continent, il n'en reste pas moins un site spectaculaire. En janvier 1990, il s'est effondré, laissant deux touristes terrifiés connaître une brève réclusion sur la plus jeune île du monde – jusqu'à leur hélitreuillage.

La **Bay of Islands** n'est qu'à 8 km à l'ouest du hameau de **Peterborough**. Depuis le parking, on atteint facilement un splendide point de vue. C'est ici, là où elle croise la Princes Hwy (A1), que s'achève officiellement la Great Ocean Road.

### VAUT LE DÉTOUR
### TOWER HILL RESERVE

**Point de départ : 11 Warrnambool**

Tower Hill, à 16 km à l'ouest de Warrnambool sur la route de Port Fairy, est une vaste caldeira apparue lors d'une éruption volcanique, il y a 35 000 ans. Le lieu revêt une importance particulière pour le peuple aborigène Worn Gundidj, qui gère aujourd'hui la réserve et propose des balades dans la nature – une occasion unique de découvrir un pan de culture aborigène. Émeus, koalas, wallabies et kangourous, entre autres, se joindront peut-être à vous.

**Hill Maritime Village** (03-5559 4600 ; www.flagstaffhill.com ; 89 Merri St ; adulte/enfant/famille 18/8,50/43,20 $ ; 9h-17h, dernière entrée 16h) recèle un musée des Épaves, et des phares et une garnison classés, mais aussi une réplique de village portuaire. **Tales of the Shipwreck Coast**, un spectacle son et lumière (1 heure 10), retrace le naufrage du *Loch Ard*. Captivant.

p. 149

**La route »** La Great Ocean Road laisse place à la Princes Hwy (A1), qui serpente jusqu'à Port Fairy, à seulement 29 km de Warrnambool.

TEMPS FORT

## 12 Port Fairy

Fondée en 1833 en tant que port de pêche à la baleine et au phoque, Port Fairy a su conserver son charme du XIXe siècle, avec ses édifices patrimoniaux en grès et pierre bleue, ses cottages chaulés, ses bateaux de pêche et ses larges rues arborées. La brochure *Maritime & Shipwreck Heritage Walk*, fournie à l'office du tourisme, est très utile. Les bonnes tables se multiplient, comme celle du **Gladioli** (03-5539 7523 ; www.gladiolirestaurant.com.au ; 22 Sackville St ; 2/3/5/8 plats 70/90/110/130 $ ; 12h30-15h ven-sam, 6h-22h mer-sam ; ). Faites aussi un tour chez **Basalt Wines** (0429 682 251 ; www.basaltwines.com ; 1131 Princes Hwy, Killarney ; plats 9-24 $ ; 10h-16h, horaires prolongés en été), vignoble familial en biodynamie (dégustation possible).

p. 149

**La route »** La route épouse la côte jusqu'à Portland (75 km). La circulation se fait plus tranquille une fois l'autoroute quittée, direction la C192 et, 67 km plus loin, la petite Nelson.

### VAUT LE DÉTOUR
### CAP BRIDGEWATER

**Point de départ : 12 Port Fairy**

Bordé par l'une des plus belles étendues de sable blanc d'Australie, **Bridgewater Bay,** le cap Bridgewater est une escapade incontournable (de 21 km) depuis la route Portland-Nelson. Le chemin se poursuit ensuite jusqu'au **cap Duquesne**, dont les sentiers mènent à un spectaculaire **geyser maritime** et à l'étrange **forêt pétrifiée**, en haut de la falaise. Une balade plus longue (2 heures) vous conduira à une **colonie d'otaries à fourrure**. Elles sont des dizaines à lézarder sur les rochers. Pour les voir de plus près, le **circuit de Seals by Sea** (03-5526 7247 ; www.sealsbyseatours.com.au ; Bridgewater Rd ; sortie en mer 45 min adulte/enfant 40/25 $, plongée en cage 60/30 $ ; sept-mai) est un pur bonheur.

## 13 Nelson

Nelson est le dernier village avant la frontière avec l'Australie-Méridionale. On y trouve une épicerie, un pub et une poignée d'hébergements. Non loin se trouve l'embouchure de la **Glenelg River**, qui traverse le **Lower Glenelg National Park**. Des croisières de 3 heures 30 sont organisées par **Nelson River Cruises** (08-8738 4191, 0448 887 1225 ; www.glenelgrivercruises.com.au ; croisière adulte/enfant/famille 32,50/10/75 $ ; sept-juin) sur la Glenelg et incluent la **grotte Princess Margaret Rose** (08-8738 4171 ; www.princessmargaretrosecave.com ; Princess Margaret Rose Caves Rd, Mumbannar, Lower Glenelg National Park ; adulte/enfant/famille 22/15/48 $ ; départs 10h, 11h, 12h, 13h30, 14h30, 15h30 et 16h30, horaires réduits en hiver), avec ses formations rocheuses illuminées. Vous pouvez aussi louer un bateau auprès de **Nelson Boat Hire** (08-8738 4048 ; www.nelsonboathire.com.au ; dinghy par heure/4 heures 55/130 $, bateau à moteur par heure 65 $, petite péniche 2 nuits 450-490 $ ; sept-juil).

# Se restaurer et se loger



## Torquay 1

**Ginger Monkey** Café-restaurant $$
(03-5264 8957 ; www.gingermonkeycafe.com ; 4 Baines Cres ; formules à partir de 17 $ ; 8h-16h ; ). Ce resto rustique-chic est la meilleure adresse végétarienne de la ville. *Nasi goreng* ou mijoté de champignons et œuf poché au petit-déjeuner, *rolls* maison à la saucisse végétarienne pour le déjeuner. Le vendredi, c'est paëlla sur le parking (15 $). Le café (grains de chez Proud Mary à Melbourne) est parfait.

**Torquay Foreshore Caravan Park** Camping $
(03-5261 2496, 1300 736 533 ; www.torquaycaravanpark.com.au ; 35 Bell St ; empl avec élec 55-100 $, cabins 95-400 $ ; ). À l'arrière de la *back beach* s'étend le plus vaste camping de la Surf Coast. Bonnes infrastructures et *cabins* avec vue sur l'océan. Wi-Fi limité.

## Anglesea 3

**Captain Moonlite** Australien $$
(03-5263 2454 ; www.captainmoonlite.com.au ; 100 Great Ocean Rd ; petit-déj 8-16 $, déj et dîner à partir de 26 $ ; 8h-22h ven-dim, 8h-15h lun, 17h30-22h jeu). Ce restaurant primé, qui partage ses locaux avec l'Anglesea Surf Life Saving Club, a une vue imprenable sur la plage. La carte de saison est de qualité, et il y a de savoureux petits-déjeuners (truite de mer sur son lit de seigle et œuf mollet, mezzés, agneau longue cuisson, fruits de mer frais...).

## Lorne 4

**Lorne Beach Pavilion** Australien $$
(03-5289 2882 ; www.lornebeachpavilion.com.au ; 81 Mountjoy Pde ; petit-déj 8-24 $, plats 18-45 $ ; 9h-17h lun-jeu, 9h-21h ven, 8h-21h sam-dim). Un joli restaurant de plage qui bénéficie d'une ambiance décontractée pour le petit-déjeuner et le déjeuner ; carte de plats australiens modernes – fruits de mer et viande rouge pour l'essentiel – plus haut de gamme pour le dîner. On y vient pour l'happy hour (15h-18h) et ses pintes à 7 $ ou, au coucher du soleil, pour siroter une bouteille de prosecco.

**Movida Lorne** Espagnol $$$
(03-5289 1042 ; www.movida.com.au ; 176 Mountjoy Pde ; tapas 4-8,50 $, raciones 15-70 $ ; 12h-15h et 17h30-22h). L'une des adresses les plus prisées de Melbourne s'est installée face à la mer au **Lorne Hotel** (03-5289 1409 ; www.lornehotel.com.au ; 176 Mountjoy Pde ; ch 160-300 $ ; ). Movida, c'est une touche espagnole, avec des recettes réalisées avec des produits régionaux.

**Qdos** Ryokan $$$
(03-5289 1989 ; www.qdosarts.com ; 35 Allenvale Rd ; ch avec petit-déj 325-495 $ ; 2 nuitées minimum le week-end ; pas d'enfants ; ). Les luxueuses *treehouses* Zen (maisons dans les arbres) de Qdos sont équipées de tatamis et de panneaux en papier de riz (dans un style japonais traditionnel), mais pas de TV : l'adresse parfaite pour une escapade romantique dans un cadre boisé.

## Apollo Bay 6

**Apollo Bay Fishermen's Co-op** Poisson, fruits de mer $
(03-5237 1067 ; www.facebook.com/apollobayfishcoop ; Breakwater Rd ; chair de requin 7 $ ; 11h-20h). La coopérative des pêcheurs, sur le quai, sert le meilleur *fish and chips* de la ville. Le poisson et les écrevisses proviennent en majorité des eaux locales. Voir la page Facebook pour la prise du jour.

### Chris's Beacon Point Restaurant — Grec $$$

(03-5237 6411 ; www.chriss.com.au ; 280 Skenes Creek Rd ; petit-déj 13-21 $, plats à partir de 42-55 $ ; 8h30-10h40 et 18h-tard tlj, et 12h-14h sam-dim ; ). Un sanctuaire gastronomique au sommet d'une colline, avec vue inoubliable sur l'océan. Poisson et fruits de mer frais, et plats aux influences grecques. Réservation conseillée. Possibilité de séjourner dans de merveilleuses villas sur pilotis (ci-après). Accès par Skenes Creek.

### Beacon Point Ocean View Villas — Villa $$

(03-5237 6218 ; www.beaconpoint.com.au ; 270 Skenes Creek Rd, Skenes Creek ; ch avec petit-déj 170-370 $ ; ). Trônant sur une colline au milieu des arbres, ces villas confortables de 1 et 2 chambres tiennent d'un refuge du bush à la fois luxueux et abordable. La plupart des villas, avec balcon et cheminée, ont une vue époustouflante sur la côte. Situé à Skenes Creek, 6 km à l'est d'Apollo Bay.

## Port Campbell 10

### Forage on the Foreshore — Café-restaurant $$

(03-5598 6202 ; www.forageontheforeshore.com.au ; 32 Cairns St ; plats 12-32 $ ; 9h-16h ; ). Ce cottage en bord de mer est niché dans un ancien bureau de poste, avec parquet, œuvres d'art, poêle et vieux tourne-disque. Au menu : petit-déjeuner servi toute la journée, et burgers, curries et plats à base de langoustes et d'ormeaux au déjeuner.

### Port Campbell Hostel — Auberge de jeunesse $

(03-5598 6305 ; www.portcampbellhostel.com.au ; 18 Tregea St ; dort/d/tr/q à partir de 36/170/190/200 $ ; @). Cette auberge de jeunesse moderne sur deux niveaux possède des chambres orientées à l'ouest, une vaste cuisine commune et un immense salon. Grand choix de dortoirs et chambres individuelles avec sdb impeccables. Plage à deux pas avec sa **Sow & Piglets Brewery**(0490 665810 ; 16h-22h), qui propose bières et pizzas (10 $) en soirée.

## Warrnambool 11

### Simon's Waterfront — Café $$

(03-5562 1234 ; www.simonswaterfront.com.au ; 1er niveau, 80 Pertobe Rd ; plats 20-30 $ ; 8h30-15h dim-mar, 8h30-22h mer-sam ; ). On se croirait plus sur Bondi Beach qu'à Warrnambool, dans ce café tendance avec belle vue sur la mer. Parmi les plats à base d'œufs proposés au petit-déjeuner se glisse une pizza, à goûter de bon matin. Moules-frites le midi, mais aussi soupe de fruits de mer et burgers. Très bien aussi pour prendre un verre ou café signé Seven Seeds, torréfacteur à Melbourne.

### Flagstaff Hill Lighthouse Lodge — Guesthouse $$

(1800 556 111 ; www.flagstaffhill.com/stay-lighthouse-lodge ; Flagstaff Hill ; d à partir de 155 $ ; ). Jadis résidence du capitaine de port, ce charmant cottage en *weatherboard* (revêtement en bois) peut aussi se louer tout entier. Sa pelouse surplombe le Maritime Village et la côte (p. 147).

## Port Fairy 12

### Coffin Sally — Pizza $

(03-5568 2618 ; www.coffinsally.com.au ; 33 Sackville St ; pizzas 13-20 $ ; 16h30-23h). Occupant un bâtiment patrimonial qui abritait autrefois une entreprise de pompes funèbres, cette pizzeria est très appréciée pour ses pizzas traditionnelles à pâte fine, cuites dans une cuisine ouverte et dégustées sur des tabourets, en terrasse, ou dans un coin de la salle, près d'une cheminée. Parfait aussi pour un verre (bières artisanales et cocktails).

### Drift House — Boutique-hôtel $$$

(03-5568 3309, 0417 782 495 ; www.drifthouse.com.au ; 98 Gipps St ; d à partir de 395 $ ; ). Alliant grandeur du XIXe siècle et design moderne, la Drift House est un must pour les amoureux d'architecture. Derrière sa majestueuse façade datant de 1860, avec terrasse, se cachent des chambres sophistiquées de type loft, très bien équipées. L'endroit, souvent primé, est plébiscité par les voyageurs.

11

# Péninsule de Mornington

*Explorez la péninsule de Mornington comme le font les habitants de Melbourne (au nord-ouest), en profitant de ses plages exceptionnelles et de ses vignobles nichés dans les collines de l'intérieur des terres.*

## TEMPS FORTS

**3-4 JOURS**
**146 KM**

### PARFAIT POUR...

### LE MEILLEUR MOMENT

D'octobre à mars ; les mois d'hiver peuvent être froids et les villes se dépeuplent.

### LA PHOTO SOUVENIR

La vue depuis le phare du cap Schanck.

### AVENTURES AU GRAND AIR

Une sortie en kayak de mer pour apercevoir phoques et dauphins.

**Péninsule de Mornington** Vue depuis le phare du cap Schanck

# 11 Péninsule de Mornington

Pour apprécier pleinement cette région à proximité de Melbourne, suivez la longue route de la baie jusqu'à l'océan. Découvrez en chemin les villages historiques de Mornington, Sorrento et Portsea. Un rien assoupi, ce littoral s'éveille au contact des vagues du Mornington Peninsula National Park. Flinders est, quant à lui, un havre de paix sur la Western Port Bay. Le tableau serait incomplet sans Red Hill, principale région viticole – et la plus pittoresque – du Victoria.

## 1 Mornington

Mornington commence là où se termine l'agglomération urbaine de Melbourne. C'est la première des stations balnéaires de la côte. Le territoire appartenait aux Boonwurrung avant d'être investi par les Européens en 1854. On trouve trace de ce passé dans l'architecture de la ville, notamment autour de Main St, avec le **Grand Hotel** (1892), la **Old Court House** (1860) à l'angle de Main St et de

l'Esplanade, et le **Police Lock-Up** (1862) juste derrière. De l'autre côté, se dresse le **bureau de poste** (1863). Pour voir le port, arpentez la **jetée** (années 1850) et contournez le **Schnapper Point** depuis la promenade aménagée, laquelle longe également le **Matthew Flinders Monument**, du nom de celui qui foula ces terres en 1802. **Mothers Beach** est la principale plage de baignade. **Fossil Beach** recèle, quant à elle, les vestiges d'un four à chaux. Les fossiles découverts sur place ont 25 millions d'années. Puis vient **Mills Beach**, avec ses cabines de plage.

p. 157

**La route »** Depuis Mornington, l'Esplanade part en direction du sud, vers Sorrento, en croisant de beaux panoramas, notamment Port Phillip Bay. Si vous voyagez avec des enfants, faites une pause glacée chez Vulcano à Rye. Dans les terres, la Nepean Hwy (B110) emprunte une route plus commune avant de redevenir la Mornington Peninsula Freeway.

TEMPS FORT

## 2 Sorrento

Avec ses longues étendues de plage, côté baie ou océan, et son atmosphère de station balnéaire, la localité historique de Sorrento est la plus charmante de la péninsule de Mornington. Première colonie européenne officielle du Victoria (1803), certains de ses bâtiments, à l'image du **Sorrento Hotel** (1871), du **Continental Hotel** (1875) et du **Koonya Hotel** (1878), furent édifiés afin d'accueillir, dès le XIXe siècle, les vacanciers aisés venus de Melbourne. Aujourd'hui, son artère principale n'est qu'une suite de jolies boutiques, cafés et restaurants.

p. 157

**La route »** Un saut de puce de 4 km, longeant la côte, relie Sorrento à Portsea – vous apercevrez la baie à mesure que vous approcherez de Portsea.

## 3 Portsea

Dernier village de la péninsule, Portsea est une localité huppée où de nombreux Melbourniens ont fait construire des villas. Vous pourrez emprunter le **Farnsworth Track** (1,5 km, 30 min) qui mène au London Bridge, une spectaculaire formation rocheuse naturelle, et apercevoir au passage les vestiges d'anciens campements du peuple boonwurrung qui vivait là autrefois.

### À COMBINER AVEC

**10 Great Ocean Road**
Prenez le bac Sorrento-Queenscliff puis roulez jusque Torquay, porte d'accès de cette route côtière mythique.

**12 Gippsland et Wilsons Prom**
On gagne aisément Phillip Island depuis la péninsule de Mornington. Prenez la route secondaire jusqu'à Koo Wee Rup et poursuivez pour rejoindre l'île (127 km).

Les amateurs de plongée ou kayak de mer se tourneront vers **Bayplay** (03-5984 0888 ; www.bayplay.com.au ; 3755 Point Nepean Rd ; plongée 85-130 $ ; 788 depuis Frankston). À **Portsea Surf Beach**, la force de la mer démontée impose le respect. En cœur de ville, l'animation bat généralement son plein au **Portsea Hotel**, immense pub dont le *beer garden* fait face à l'océan.

p. 157

**La route »** Mornington Peninsula National Park, s'étend jusque dans les terres derrière Portsea. On peut y accéder de nombreuses manières, et notamment par Portsea Surf Beach, le long de la route secondaire entre Portsea et Rye, par Gunnamatta Beach et, surtout, par le cap Schanck.

TEMPS FORT

## 4 Mornington Peninsula National Park

Ce parc national, qui s'étend de la côte de Portsea au cap Schanck et dans les terres jusqu'au parc de Greens Bush, est un concentré de superbes plages sauvages. Il est bordé par les falaises de Portsea, Sorrento, Blairgowrie, Rye, St Andrews, Gunnamatta et du cap Schanck, au pied desquelles vient s'écraser une mer déchaînée, et dangereuse. Respectez bien la zone de baignade à Gunnamatta et Portsea durant la période de patrouille estivale. Construit en 1859, le phare du cap Schanck, toujours en activité, n'a rien perdu de son cachet. Suivez les sentiers qui descendent vers l'extrémité du cap pour un splendide panorama. De plus longues balades sont également envisageables.

**La route »** Depuis le Cape Schanck Lighthouse (phare), reprenez la C777 sur 11 km vers l'est, jusqu'à Flinders, vue panoramique sur l'océan en prime, notamment à mi-trajet.

## 5 Flinders

Posé entre les plages sauvages de la péninsule de Mornington et l'arrière-pays viticole, ce village côtier, majoritairement résidentiel, est miraculeusement épargné par les foules de vacanciers. Les voyageurs y sont davantage portés sur des journées actives. Les surfeurs y affrontent des vagues répondant au doux nom de Gunnery, Big Left ou Cyril's, quand les golfeurs luttent contre le vent au très haut perché **Flinders Golf Club**. Un masque et un tuba peuvent suffire pour apercevoir les dragons des mers sous la jetée. Les amateurs de farniente apprécieront les piscines naturelles du Mushroom Reef Marine Sanctuary voisin.

p. 157

**La route »** Suivez la C777 le long de la côte de Western

### VAUT LE DÉTOUR
### QUEENSCLIFF

**Point de départ : 2 Sorrento**

Queenscliff est l'une des plus charmantes bourgades côtières du Victoria. Elle fait face à Sorrento depuis la péninsule de Bellarine. Le passé se lit dans ses rues, mais aussi à travers l'imposant **Fort Queenscliff** (03-5258 1488 ; www.fortqueenscliff.com.au ; angle Gellibrand St et King St ; visite 1 heure 30 adulte/enfant/famille 15/7/35 $ ; 11h, 13h45 et 15h tlj vacances scolaires, 11h lun-ven, 11h et 13h45 sam-dim reste de l'année). La nature occupe ailleurs le terrain, jusqu'à la plage. Depuis le point de vue à l'extrémité sud de Hess St (près du bowling), entre autres, la vue sur Port Phillip Heads et le détroit de Bass est formidable. Le **ferry Queenscliff-Sorrento Ferry** (03-5257 4500 ; www.searoad.com.au ; 1 Wharf St East, Queenscliff ; aller simple piéton adulte/enfant 13/9 $, voiture avec conducteur 67, vélo gratuit ; toutes les heures 6h-18h) circule en continu dans la journée et traverse la baie en 40 minutes.

RIBEIROANTONIO/SHUTTERSTOCK ©

**Arthurs Seat** Le télésiège Eagle Skylift

Port Bay en direction du nord-est jusqu'à Balnarring. Poursuivez encore sur 7 km puis partez vers le sud-est, direction Stony Point (à 7 km de l'intersection). Garez votre voiture et prenez le ferry à Stony Point jusqu'au débarcadère Tankerton Jetty à French Island.

## 6 French Island

French Island est aux deux tiers protégée par un parc national. C'est un vrai havre de paix – on ne peut s'y rendre qu'avec le ferry piétonnier, la circulation est donc pour ainsi dire inexistante. Les principales activités y sont la randonnée dans le bush, le vélo, la contemplation des paysages, et l'observation des koalas (dans l'une des

## LA ROUTE DU GOLF

La péninsule de Mornington peut aussi se targuer de renfermer certains des parcours de golf les plus spectaculaires du Victoria, tant sur le niveau de difficulté que sur le cadre (vue sur mer pour tous !).

**The Dunes** (☎03-5985 1334 ; www.thedunes.com.au ; 335 Browns Rd, Rye ; 18 trous semaine/week-end 69/89 $, 9 trous 38/48 $).

**Flinders Golf Club** (☎03-5989 0583 ; www.flindersgolfclub.com.au ; Bass St ; 18 trous semaine 23-46 $, week-end 27-66 $ ; ⌚horaires variables ; 🚌782 depuis Frankston Station).

**Cape Schanck** (☎03-5950 8100 ; www.racv.com.au/travel-leisure/racv-resorts/our-destinations/cape-schanck-resort/golf ; Trent Jones Dr par Boneo Rd, cap Schanck ; 9/18 trous semaine 39/63 $, week-end 50/75 $).

**Moonah Links** (☎03-5988 2047 ; www.moonahlinks.com.au ; 55 Peter Thomson Dr, Fingal ; 18 trous 55-95 $).

**Portsea Golf Club** (☎03-5981 6155 ; www.portseagolf.com.au ; 46 London Bridge Rd ; 9/18 trous semaine 45/80 $, dim 50/90 $ ; ⌚8h-17h lun, ven et dim, 10h30-17h mar-mer ; 🚌788 depuis Frankston).

plus grandes colonies du pays) et des nombreuses espèces d'oiseaux. Les routes sont toutes en terre, certaines très sablonneuses. L'épicerie **French Island General Store** (☎03-5980 1209 ; www.figsfrenchisland.com.au ; 289 Tankerton Rd, Tankerton ; plats 16 $ ; ⌚8h30-17h lun-ven, 9h-17h sam-dim ; 📶) est à 2 km du débarcadère. Elle fait aussi fonction de bureau de poste, de point information et d'agence de location de vélos.

**La route »** Reprenez le ferry pour Stony Point, rebroussez chemin sur 17 km jusqu'à Shoreham, puis roulez dans les terres, direction Red Hill.

TEMPS FORT

### 7 Red Hill

Les collines ondoyantes des environs de Red Hill et de Main Ridge invitent à passer d'un vignoble à l'autre. Il peut être difficile de choisir (une pensée pour celui ou celle qui conduit et ne boira pas), mais voici une sélection : **Pt. Leo Estate** (☎03-5989 9011 ; www.ptleoestate.com.au ; 3649 Frankston-Flinders Rd, Merricks ; dégustation 6 $, parc de sculptures tarif plein/réduit/famille 10/5/25 $ ; ⌚11h-17h ; P 👪), **Montalto** (☎03-5989 8412 ; www.montalto.com.au ; 33 Shoreham Rd, Red Hill South ; plats 17-48 $ ; ⌚café 11h-17h, restaurant 12h-14h30 ven-mar, 18h30-22h ven-sam, horaires prolongés en été ; P 👪), **Port Phillip Estate** (☎03-5989 4444 ; www.portphillipestate.com.au ; 263 Red Hill Rd, Red Hill South ; menu 2/3 plats 68/85 $ ; ⌚12h-15h mer-dim et 18h30-20h30 ven-sam ; P ❄) et **Ten Minutes by Tractor** (☎03-5989 6080 ; www.tenminutesbytractor.com.au ; 1333 Mornington-Flinders Rd, Main Ridge). Le premier samedi du mois (excepté en hiver), faites une halte au **Red Hill Market** (www.craftmarkets.com.au ; 184 Arthurs Seat Rd, Red Hill Recreational Reserve ; ⌚8h-14h). En famille, vous apprécierez le labyrinthe et les jardins de lavande d'**Ashcombe Maze & Lavender Gardens** (☎03-5989 8387 ; www.ashcombemaze.com.au ; 15 Shoreham Rd, Shoreham ; adulte/enfant/famille 18,50/10/52-66 $ ; ⌚9h-17h). Un petit détour (16 km) vous mènera à **Arthurs Seat**, qui, à 305 m d'altitude, est le point culminant de la côte de Port Phillip Bay. Prenez le télésiège pour une vue sur la baie et la région que vous venez d'explorer.

✕ p. 157

# Se restaurer et se loger

## Mornington 1

**D.O.C** Italien **$$**

(03-5977 0988 ; www.docgroup.net ; 22 Main St ; plats 18-25 $ ; 9h30-tard ; 781 depuis Frankston). Annexe de plage de l'empire du café et de la pizza, Carlton, le D.O.C. est la meilleure table de Mornington. Les authentiques spécialités, pizzas et pâtes en tête, s'y accompagnent d'un spritz, d'un negroni, d'un vin ou d'une bière italienne. Assiettes de charcuterie et mozarella à partager.

## Sorrento 2

**Bistro Elba** Australien **$$$**

(03-5984 4995 ; www.bistroelba.com.au ; 100-102 Ocean Beach Rd ; plats 30-38 $ ; 12h-21h30 ; ; 788 from Frankston). S'il porte le nom de la fameuse île toscane, c'est que l'Elba sert une cuisine d'inspiration méditerranéenne. Décontracté mais un rien chic, ce restaurant est sans conteste le meilleur de Sorrento. Formule déjeuner avec plat et verre de vin (29,50 $) et happy hour très cotée avec huîtres à moitié prix. Excellente carte des vins.

**The Baths** Australien moderne **$$**

(03-5984 1500 ; www.thebaths.com.au ; 3278 Point Nepean Rd ; plats 27-40 $ ; 11h30-15h, 17h30-20h lun-sam ; ; 788 depuis Frankston). La terrasse vitrée de ces anciens bains publics à l'eau de mer se prête à un bon déjeuner ou une soirée romantique sur fond de coucher du soleil, face à la jetée et au ferry de Queenscliff. Les plats, façon pub, cachent de belles assiettes de poisson et fruits de mer. Vins et bières de la région.

**Hotel Sorrento** Hôtel historique **$$**

(03-5984 8000 ; www.hotelsorrento.com.au ; 5-15 Hotham Rd, Sorrento ; d semaine/week-end à partir de 150/195 $, app semaine/week-end à partir de 250/295 $ ; P ; 788 depuis Frankston). Cet hôtel de 1871, véritable institution à Sorrento, propose un large choix d'hébergements. Ses ravissants appartements familiaux et doubles disposent de séjours lumineux, de sdb spacieuses et de balcons privatifs. On a, depuis le pub, une vue fabuleuse sur l'océan. Petit-déjeuner à 25 $.

## Portsea 3

**Portsea Hotel** Hôtel historique **$$$**

(03-5984 2213 ; www.portseahotel.com.au ; 3746 Point Nepean Rd ; ch 260-325 $ ; ; 788 depuis Frankston). Le Portsea Hotel a rouvert ses portes en décembre 2018 après une coûteuse rénovation. C'est qu'il est très apprécié, cet établissement du XIXe siècle. Parmi les 34 chambres, les moins chères partagent une sdb et n'ont pas la climatisation. Les plus onéreuses ont une vue sur la baie.

## Flinders 5

**Georgie Bass** Café-restaurant **$$**

(03-5989 0031 ; www.georgiebass.com.au ; 30 Cook St ; plats 8-25 $ ; 7h-14h30 lun-ven, 7h-15h sam-dim ; ; 782 depuis Frankston Station). Le Georgie Bass sert un excellent café, torréfié dans les environs (par Commonfolk à Mornington), ainsi qu'une cuisine cosmopolite à base, autant que possible, de produits régionaux. Charmant accueil donné aussi bien aux habitués, qu'aux voyageurs et à leurs enfants, ainsi qu'aux chiens. La terrasse rencontre un franc succès l'été.

## Red Hill 7

**Foxeys Hangout** Bistrot **$**

(03-5989 2022 ; www.foxeys-hangout.com.au ; 795 White Hill Rd, Red Hill ; plats 12 $ ; 11h-17h ven-lun ; P). Connu pour son pinot noir d'origine unique, le Foxeys propose des dégustations dans un cadre sans prétention donnant sur les vignes. Commencez par une dégustation (trois vins gratuits, 10 vins 10 $) puis installez-vous pour un déjeuner d'inspiration méditerranéenne. Réservez votre place pour l'atelier du week-end et repartez avec un pétillant que vous aurez vous-même concocté (55 $ pour deux).

SE DÉGOURDIR LES JAMBES

# MELBOURNE

**Départ/arrivée** Queen Victoria Market

**Distance :** 5 km

**Durée :** 3 heures

Melbourne déborde de vie et ose s'affirmer. On l'apprécie pour ses espaces verts, sa gastronomie et son goût pour le bon café, ainsi que son architecture remontant aux grandes heures de la ruée vers l'or et son dédale d'allées, aujourd'hui habillées de street art. Partez en promenade dans cette ville où il fait bon vivre. Prolongez votre séjour si vous en avez le temps.

**Compatible avec l'itinéraire :**

1

## Queen Victoria Market

La journée idéale commence dans ce **marché** (03-9320 5822 ; www.qvm.com.au ; angle Elizabeth St et Victoria St, Melbourne ; 6h-14h mar et jeud, 6h-17h ven, 6h-15h sam, 9h-16h dim ; P ; 58, Flagstaff), établi il y a 140 ans. Il s'agit du plus grand marché non couvert de tout l'hémisphère Sud. On y vient pour ses produits frais (plus de 600 marchands) et son atmosphère décontractée.

**La promenade »** Dans Elizabeth St, prenez à gauche pour remonter la colline via La Trobe St. À Swanston St, pénétrez dans Melbourne Central pour y admirer sa célèbre tour à plomb.

## State Library of Victoria

La **State Library of Victoria** (03-8664 7000 ; www.slv.vic.gov.au ; angle Russell St et La Trobe St, Melbourne ; 10h-21h lun-jeu, 10h-18h ven-dim, galeries 10h-18h jeu-mar, 10h-21h mer ; ; 1, 3, 5, 6, 16, 30, 35, 64, 67, 72, Melbourne Central) est au premier plan de la scène littéraire de la ville depuis 1854. On y recense plus de 2 millions d'ouvrages. Ne manquez pas l'illustre La Trobe Reading Room (1913).

**La promenade »** Descendez Swanston St, croisez Little Bourke St (le Chinatown de Melbourne), et poursuivez jusqu'à l'hôtel de ville sur votre gauche, à l'angle de Collins St.

## Melbourne Town Hall

Depuis son inauguration en 1870, l'**hôtel de ville de Melbourne** (03-9658 9658 ; www.melbourne.vic.gov.au ; 90-130 Swanston St, Melbourne ; visite 11h et 13h, mer-ven et lun ; Flinders St) a vu défiler des personnalités comme la reine Elizabeth II en 1954 et les Beatles en 1964, qui ont salué leurs fans depuis le balcon. Visite guidée gratuite (1 heure) où on peut s'asseoir dans le fauteuil du Lord Maire et tapoter les touches du piano comme le fit il y a quelques années Paul McCartney.

**La promenade »** Admirez la façade Art déco du Manchester Unity Building (1932) juste en face, puis descendez Collins St à pieds. La Block Arcade est sur votre droite, juste avant Elizabeth St.

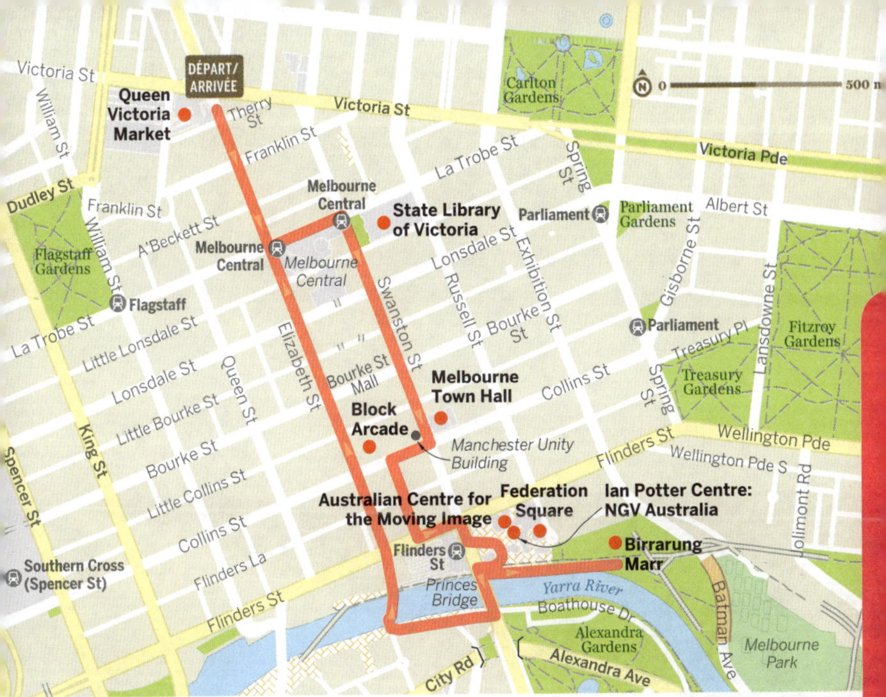


## Block Arcade

L'élégante **Block Arcade** (☎03-9654 5244 ; www.theblock.com.au ; 282 Collins St et 96 Elizabeth St, Melbourne ; ⏲8h-18h lun-jeu, 8h-20h ven, 8h-17h sam, 9h-17h dim ; 🚉Flinders St) fut construite en 1892 – faire "le Block" (en faire le tour) était un passe-temps prisé du Melbourne du XIX^e siècle. Elle rappelle les passages parisiens, avec ses mosaïques au sol et ses plafonds de verre gravé à l'eau-forte.

**La promenade »** Revenez sur Collins St, traversez et tournez sur Centreway Arcade, qui débouche sur Centre Place en face de Flinders Lane. Longez les cafés et boutiques de Degraves St puis tournez sur Flinders St et traversez la rue pour rejoindre Federation Square.

## Federation Square

Le parvis de **"Fed Square"** (☎03-9655 1900 ; www.fedsquare.com ; angle Flinders St et Swanston St, Melbourne ; 👪 ; 🚉Flinders St) ne compte pas moins de 460 000 pavés de grès de la région de Kimberley dessinant des motifs qui indiquent la direction des sites d'intérêt de la ville. L'immense hall vitré abrite le **Ian Potter Centre: NGV Australia** (☎03-8620 2222 ; www.ngv.vic.gov.au ; Federation Sq, Melbourne ; ⏲10h-17h ; 🚉Flinders St) et son excellente exposition permanente d'art aborigène. L'**ACMI** (ACMI ; ☎03-8663 2200 ; www.acmi.net.au ; Federation Sq, Melbourne ; ⏲10h-17h, cinéma jusque tard ; 👪 ; 🚋1, 3, 5, 6, 16, 64, 67, 70, 72, 75, City Circle, 🚉Flinders St) célèbre quant à lui la télévision et le cinéma australiens.

**La promenade »** Contemplez le fleuve et la Southbank depuis Princes Bridge (traversez pour une vue sur le quartier d'affaires). Descendez sur la rive et marchez le long de Birrarung Marr.

## Birrarung Marr

Avec ses terrasses, ses buttes herbeuses, ses promenades sur les rives de la Yarra, sa flore endémique et sa splendide vue, le **Birrarung Marr** (Batman Ave, Melbourne ; 🚉Flinders St) est un must. Dans la langue des Wurundjeri, occupants historiques de ce territoire, son nom signifie "rivière de brume".

12

# Gippsland et Wilsons Prom

*Cette boucle invite à découvrir la splendeur sauvage de la côte sud-est du Victoria ainsi qu'un village minier, presque déserté, en plein cœur de la forêt.*

## TEMPS FORTS

### 6-7 JOURS
### 495 KM

### PARFAIT POUR...

### LE MEILLEUR MOMENT

D'octobre à avril, lorsque la température se réchauffe.

### LA PHOTO SOUVENIR

Ninety Mile Beach, qui s'étend vers l'infini et au-delà.

### AVENTURES EN PLEIN AIR

Wilsons Prom pour ses wallabies, kangourous, émeus et wombats.

**Ninety Mile Beach** Sable à perte de vue et vagues déferlantes

12

# Gippsland et Wilsons Prom

Cet itinéraire contourne Melbourne par le sud-est et l'est pour s'enfoncer dans l'une des régions les plus injustement méconnues d'Australie. Il permet de découvrir la faune et la flore sauvage de Phillip Island et Wilsons Prom ainsi que de petites bourgades rurales telles Inverloch, Koonwarra et Port Albert. Avant de rentrer à Melbourne, passez par l'étonnante ville-fantôme de Walhalla.

TEMPS FORT

## 1 Phillip Island

Si sa superficie ne dépasse pas les 100 km², Phillip Island n'en est pas moins un concentré de nature. La plupart des visiteurs s'y rendent pour la fameuse **Penguin Parade** (☎03-5951 2800 ; www.penguins.org.au ; 1019 Ventnor Rd, Summerland Beach ; observation adulte/enfant/famille 26,20/13/65,40 $ ; ⏰heure variable, ouverture 1 heure avant ; P 👪), le retour au rivage des manchots, au crépuscule. Profitez

de l'après-midi pour aller aux **Seal Rocks & the Nobbies** (☎03-5951 2800 ; Summerlands ; ⏲10h-1 heure avant le coucher du soleil), qui abritent la plus grande colonie d'otaries à fourrure d'Australie, mais aussi le **Koala Conservation Centre** (☎03-5951 2800 ; www.penguins.org.au ; 1810 Phillip Island Rd, Cowes ; adulte/enfant/famille 13/6,50/32,50 $ ; ⏲10h-17h, horaires prolongés en été ; 👪). La côte fait le bonheur des baigneurs et des surfeurs, avec des breaks de rang planétaire à **Woolamai**, **Smiths Beach**, **Summerland Beach** et **Cat Bay**. Phillip Island accueille aussi son propre **Grand Prix** de moto et héberge le **History of Motorsport Museum** (☎03-5952 9400 ; www.phillipislandcircuit.com.au ; Back Beach Rd, Cowes ; adulte/enfant/famille 17,50/8,50/42 $ ; ⏲9h-17h).

✕ 🛏 p. 167

**La route »** Quittez l'île par la chaussée à Newhaven, puis roulez dans le plat pays que traverse la Bass Hwy (B460). Passez Wonthaggi et rejoignez Inverloch, à seulement 50 km de là où votre parcours a débuté.

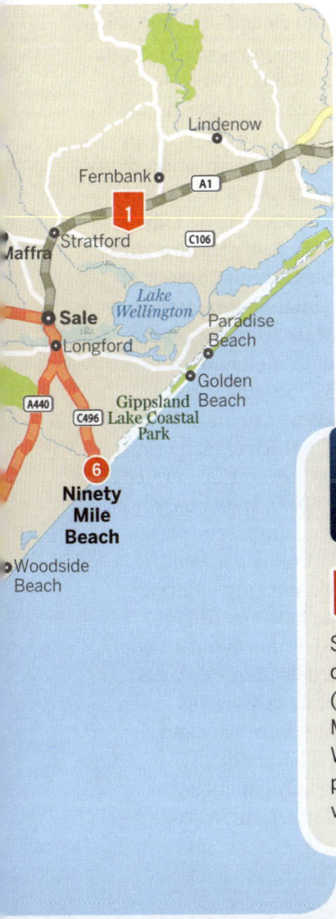


## 2 Inverloch

Inverloch se cache à l'écart des grands axes. Les voyageurs en route pour Philip Island ne poussent en général jamais si loin, et ceux à destination de Wilsons Promontory préfèrent traverser le Gippsland, plus au nord. Et pourtant, on trouve ici des vagues fabuleuses, des criques abritées et de formidables spots de plongée et de snorkeling. Autant de secrets bien gardés, mais à partager avec l'**Offshore Surf School** (☎0407 374 743 ; www.offshoresurfschool.com.au ; 8 Ramsey Blvd ; cours 2 heures 70 $), le temps d'une session ou davantage. Ajoutez à cela quelques bonnes tables.

✕ p. 167

**La route »** Vous pourrez emprunter les routes de campagne, étroites et calmes, qui mènent, par la côte, à Wilsons Prom, mais il est plus agréable de filer vers le nord-est depuis Inverloch, en suivant la B460 sur 10 km avant de prendre la direction de Koonwarra, à 11 km de là. On traverse, pour s'y rendre, une partie du terroir laitier qui s'étend au nord-est.

## 3 Koonwarra

Cette minuscule localité est nichée au cœur des vallons du pays laitier que longe la South Gippsland Hwy. Elle attire notamment les

### À COMBINER AVEC

**1 De Sydney à Melbourne**

Si vous suivez l'itinéraire dans le sens inverse (avec pour point de départ Melbourne), roulez de Walhalla à Paynesville pour commencer, de là, votre road trip.

**11 Péninsule de Mornington**

La route Phillip Island-Red Hill (127 km) permet de rejoindre l'arrivée de la boucle autour de la péninsule de Mornington.

## VAUT LE DÉTOUR BUNURONG MARINE & COASTAL PARK

**Point de départ : 2 Inverloch**

Si la route intérieure menant à Inverloch manque particulièrement de charme, c'est tout l'inverse pour les 13 km de détour en direction du sud-ouest et du cap Paterson. Ce parcours le long des falaises s'ouvre sur l'horizon et le **Bunurong Marine & Coastal Park**, un petit parc qui dissimule des sites de plongée et de snorkeling parmi les meilleurs du pays. Pour être guidé et équipé, tournez-vous vers **SEAL Diving Services** (☎03-5174 3434 ; www.facebook.com/sealdivingservices ; plongée par pers équipement compris 99 $ ; ⌚10h-17h mar-ven, 9h-12h sam). Si vous êtes équipé et autonome, les plages de **Eagles Nest**, **Shack Bay**, **The Caves** et **Twin Reefs** sont tout indiquées pour le snorkeling. **The Oaks** est une plage à forte houle, prisée des connaisseurs. Au début des années 1990, des ossements de dinosaure, vieux de 120 millions d'années, furent découverts à la plage des Caves. À marée basse, contemplez la trace de pas laissée par l'un de ces géants sur la roche.

amateurs de bonne chère, en deux lieux plus particulièrement. Le premier est le Koonwarra Store (p. 167), qui propose des produits frais et des recettes inventives, servies dans un splendide jardin. Le second est **Milly & Romeo's Artisan Bakery & Cooking School** (☎03-5664 2211 ; www.millyandromeos.com.au ; 1 Koala Dr ; atelier adulte/enfant à partir de 100/50 $ ; ⌚9h-16h jeu-dim, horaires prolongés en été), première école de cuisine certifiée bio du Victoria. On peut y suivre des stages et ateliers pour apprendre à confectionner gâteaux, pains, pâtisseries traditionnelles, pâtes, etc. Il existe des cours de cuisine pour enfants également. Un **marché de producteurs** (☎0408 619 182 ; www.kfm.org.au ; Memorial Park, Koala Dr ; ⌚8h30-12h30 1er sam du mois) se tient le premier samedi du mois. Tout y est bon et bio (fruits, légumes, baies, café), sans hormones (pour le bœuf) et sans additifs chimiques (pour le fromage). Cerise sur le gâteau, vous pourrez passer la nuit au domaine viticole voisin.

✕ p. 167

**La route »** Après de Koonwarra, la C444 passe à Meenyyan, Fish Creek et Yanakie, direction Wilsons Promontory (le "Prom"). Plus on avance, plus le paysage se fait sauvage. On aperçoit bientôt les affleurements boisés des caps du Prom. La magie est loin de se rompre à l'approche du parc : ouvrez les yeux, la faune sauvage est partout, tout comme les sentiers menant aux plages de rêve en contrebas.

TEMPS FORT

### 4 Wilsons Promontory National Park

À l'extrémité sud de l'Australie continentale, le Prom est aussi splendide que sauvage. Sa forêt dense abrite une riche faune indigène et ses paysages littoraux sont à couper le souffle. Avec ses plages de sable blanc, il s'est hissé au rang des parcs nationaux les plus visités du pays. Les sentiers de **Lilly Pilly Gully Nature Walk**, **Mt Oberon Summit** et **Squeaky Beach Nature Walk** sont une bonne entrée en matière. Même sans vous aventurer au-delà de Tidal River (attention, pas de station-service là-bas), vous pourrez vous imprégner de la magie des lieux. Un parking en marge de la route de Tidal River permet d'accéder à de superbes plages et de croiser des animaux sauvages. La baignade est généralement sans danger sur la plage

KWEST/SHUTTERSTOCK ©

**Wilsons Promontory National Park** Le lieu le plus méridional d'Australie continentale

de **Norman Bay** (Tidal River) – méfiez-vous toutefois des contre-courants et des baïnes (sortes de piscines naturelles entre la côte et les bancs de sable). Ne manquez pas non plus la jolie **Squeaky Beach** – son sable de quartz ultrafin grince (*squeak*) sous les pieds.

**La route »** Revenez sur vos pas en direction du nord-ouest jusqu'à la C444. Au bout de 45 km, tournez vers le nord-est jusqu'à Foster (à 14 km). De là, Port Albert n'est qu'à 50 km sur l'A440. Le panneau vous l'annonce 6 km avant l'arrivée. En chemin, regardez vers le sud pour admirer le Prom de loin.

## 5 Port Albert

Port Albert s'est fait un nom en matière de navigation de plaisance, de sorties de pêche et de produits de la mer – ceux-ci représentant les piliers de l'économie locale depuis 150 ans. La bourgade est le premier port établi dans le Gippsland. De fait, l'artère principale compte plusieurs bâtiments en bois datant des années 1850. Une plaque en laiton précise l'âge de chacun et son affectation initiale.

p. 167

**La route »** Repartez sur la A440, traversez Yarram, puis baissez votre fenêtre pour humer les embruns. À 66 km de Yarram, roulez vers Seaspray, au sud-est sur la C496, 27 km après l'intersection.

TEMPS FORT

## 6 Ninety Mile Beach

Seaspray, avec ses lotissements de maisons standardisées, est très discrète. Le temps semble s'y être arrêté dans les années 1950. Mais elle n'est, disons-le, qu'une excuse pour accéder au décor de rêve de Ninety Mile Beach. Cette fine

## RANDOS À LA JOURNÉE

**Lilly Pilly Gully Nature Walk** Une promenade facile de 5 km (2 heures) coupant à travers la lande et la forêt d'eucalyptus, avec une faune abondante.

**Sommet du Mt Oberon** Au départ du parking de Telegraph Saddle, un parcours modéré à difficile de 7 km aller-retour, idéal pour une entrée en matière sur le "Prom". Vue panoramique depuis tout là-haut.

**Little Oberon Bay** Une randonnée modérée de 19 km (6 heures) dans le sable et les dunes boisées, avec une vue splendide sur Little Oberon Bay.

**Squeaky Beach Nature Walk** Une balade tranquille de 5 km (2 heures) aller-retour au départ de Tidal River pour voir des arbres à thé, des banksias et une éblouissante plage de sable blanc.

**Prom Wildlife Walk** Au nord du parc, une petite boucle de 2,3 km (45 min) pour admirer kangourous, wallabies et émeus. Située en marge de la route principale à environ 14 km au sud de l'entrée du parc.

**Sealers Cove** Une randonnée très appréciée de 19 km (6 heures aller-retour) à travers une très belle forêt (sentier aménagé au sol) et qui s'achève sur une splendide anse de sable. Camping sur place pour qui souhaite y passer la nuit.



étendue de sable se déroule sur environ 150 km, entre dunes et lagunes, depuis les abords de McLoughlins Beach au canal de Lakes Entrance. Enfoncez vos pieds dans le sable et laissez votre regard s'évader, bercé par le bruit des vagues, vers le nord-est.

**La route »** Difficile de quitter cette plage pour entamer la portion de route la moins attrayante de l'itinéraire. Pour rejoindre Walhalla, à 127 km, prenez la C496 sur 27 km, puis la A440 sur 6 km jusqu'à Sale. De là, place à la monotonie sur 55 km pour arriver à Traralgon. Les derniers 42 km traversent la forêt et mènent à Walhalla.

TEMPS FORT

### 7 Walhalla

Petite bourgade de carte postale, Walhalla dissimule parmi les hauteurs verdoyantes et les forêts au pied du Baw Baw National Park ses jolis cottages d'époque aux tons sépias et autres bâtiments en bois (certains d'origine, mais la plupart reconstruits). Traversé en son centre par le Stringers Creek, le village s'étire le long d'une profonde vallée boisée dans un cadre idyllique.

Si de l'or y fut trouvé dès le 26 décembre 1862, cette découverte ne fut révélée qu'en janvier 1863, date qui marqua le véritable début de la ruée vers l'or. À cette époque, Walhalla comptait 5 000 habitants, contre 10 en 1998 (lorsque l'électricité arriva dans le village). Aujourd'hui, la population a grimpé à 20 habitants. Comme dans toute ville-fantôme qui se respecte, les morts – qui reposent ici sur un site spectaculaire – l'emportent par le nombre. L'endroit se visite mieux à pied : suivez le "tramline walk" (45 min), dont le point de départ se trouve face à l'épicerie, peu après l'entrée de Walhalla. Une visite du **Long Tunnel Extended Gold Mine** (☎03-5165 6259 ; www.walhallaboard.org.au ; adulte/enfant/famille 20/15/50 $ ; ⏰visites 13h30 tlj, et 12h, 15h sam-dim et vacances) vous renverra à la période faste. La **Walhalla Goldfields Railway** (☎réservations 03-5165 6280 ; www.walhallarail.com.au ; aller-retour adulte/enfant/famille 20/15/50 $ ; ⏰départ Walhalla Station 11h, 13h et 15h, départ Thomson Station 11h40, 13h40 et 15h40 mer, sam-dim et jours fériés), ligne de chemin de fer des terrains aurifères de Walhalla, serpente le long de la Stringers Creek Gorge, traverse un paysage densément boisé et franchit plusieurs ponts à tréteaux.

p. 165

# Se restaurer et se loger

## Phillip Island 1

**Bani's Kitchen** Méditerranéen **$$**
(03-5932 0710 ; www.baniskitchen.com.au ; 69 B Chapel St, Cowes ; plats 12-32 $ ; 12h-15h et 17h-21h mer-ven, 10h-21h sam-dim ; ). Manpreet Singh Tung est un chef ayant travaillé avec de grands noms. S'il est étonnant de le trouver sur la petite Phillip Island, on ne saurait s'en plaindre. Les amateurs de viande choisiront l'agneau longue cuisson ou un souvlaki ; belle salade végane pour les autres. Droit de bouchon 5 $ si vous apportez votre bouteille (BYO).

**Clifftop** Boutique-hôtel **$$$**
(03-5952 1033 ; www.clifftop.com.au ; 1 Marlin St, Smiths Beach ; d 235-290 $ ; P ). Difficile d'imaginer un meilleur endroit pour votre séjour sur l'île que juché au-dessus de Smiths Beach. Sept suites luxueuses sont à louer, mais seules les quatre de l'étage ont une vue sur l'océan et des balcons privatifs, tandis que les chambres du bas donnent sur le jardin. Lits moelleux et décoration contemporaine épurée. Feu de bois et table de billard au salon.

## Inverloch 2

**Tomo's Japanese Inverloch** Japonais **$$**
(03-5674 3444 ; www.tomos-japanese.com ; 23 A Beckett St ; sushis à partir de 2,50 $, plats 17-39 $ ; 12h-14h et 18h-tard mer-dim, tlj janv). Cuisine nipponne parfaitement maîtrisée : sushis et sashimis fondants, gyozas, tempuras de crevettes... Pour accompagner les plats : sapporo à la pression, whiskys et sakés japonais.

## Koonwarra 3

**Koonwarra Store** Café-restaurant **$$**
(03-5664 2285 ; www.koonwarrastore.com.au ; 2 Koonwarra-Inverloch Rd ; plats 12,50-28 $ ; 8h30-16h30 ; ). Cette bâtisse en bois rénovée abrite un bon café servant une cuisine toute simple mais inspirée, à base de produits bio de provenance locale – goûtez le burger Koonie, dont tous les ingrédients viennent du Gippsland. Imprégnez-vous de l'ambiance accueillante, ou installez-vous dans le jardin pour savourer une glace, un vin régional ou un fromage. Vente de produits frais et de vins locaux.

## Port Albert 5

**Port Albert Wharf Fish & Chips** Fish & Chips **$**
(03-5183 2002 ; 40 Wharf St ; fish and chips à partir de 10,40 $ ; 11h-19h30 dim-jeu, 11h-20h ven-sam). S'il est une raison d'entrer dans Port Albert, la voici. Cet établissement de renom, sur la jetée, concocte une pâte de friture légère pour en envelopper une chair de poisson tendre. Présentation et fraîcheur impeccables.

**Rodondo** B&B **$$**
(03-5183 2688, 0429 333 303 ; www.portalbertaccommodation.com.au ; 74 Tarraville Rd ; ch 100-190 $ ; ). Mariage réussi de l'ancien et du contemporain dans cette maison de 1871. Chambres luxueuses et chaleureuses, et accueil parfait des propriétaires. *Cabin* équipée et douillette dans l'ancien lavoir, idéale en couple ou jusqu'à 6 personnes. Petit-déjeuner copieux à 20 $.

## Walhalla 7

**Walhalla Star Hotel** Hôtel historique **$$**
(03-5165 6262 ; www.starhotel.com.au ; Main Rd ; d avec petit-déj à partir de 179 $ ; @). Un hôtel rénové élégant. Grands lits et cadre raffiné – avec des objets habilement détournés, comme les réservoirs en fer forgé. Les clients peuvent dîner dans le restaurant haut de gamme (plats 26-33 $), les autres doivent réserver. Attenant, le **Greyhorse Cafe** (03-5165 6262 ; Walhalla Star Hotel, Main Rd ; plats à partir de 4 $ ; 9h30-14h30) sert de bons petits-déjeuners, tourtes (*pies*), cafés et gâteaux. Les enfants de moins de 12 ans ne sont pas acceptés.

MALDON
TIMBER
AND
HARDWARE
WALLER REALTY
F. BERRYMAN
WALLER REALTY
CAFE AND
TEA ROOMS

# Victoria's Goldfields

13

*L'or a donné sa grandeur au Victoria : partez sur ses traces entre paysages vallonnés et anciens villages aurifères. Cet itinéraire compte parmi les plus agréables et les moins fréquentés de l'État.*

## TEMPS FORTS

**160 km**
**Clunes**
Bel héritage de la ruée vers l'or et excellentes librairies

**81 km**
**Maldon**
Village parfaitement préservé de l'époque de la fièvre aurifère

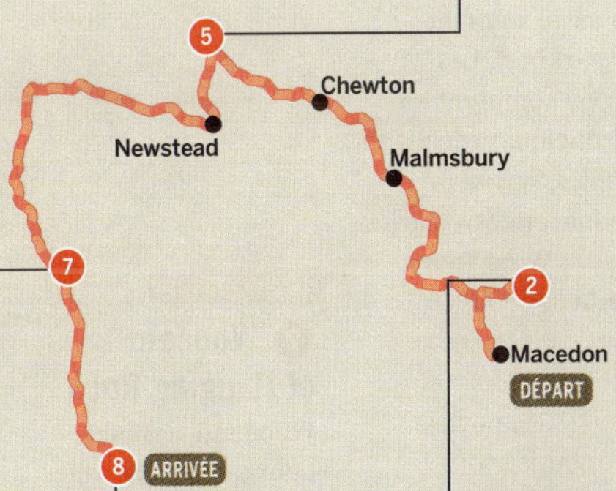


**Ballarat**
Une imposante architecture victorienne dans une ville construite sur l'or
**201 km**

**Woodend et Hanging Rock**
Formations rocheuses volcaniques nimbées de mystère
**7 km**

**4-5 JOURS**
**201 KM**

### PARFAIT POUR...

### LE MEILLEUR MOMENT

L'hiver peut être rude dans les régions les plus au sud. L'automne sublime les Macedon Ranges.

### LA PHOTO SOUVENIR

La rue principale de Maldon et ses bâtiments historiques.

### HÉRITAGE HISTORIQUE

L'architecture de Ballarat témoigne de la ruée vers l'or.

**Maldon** Bâtiments patrimoniaux

# 13 Victoria's Goldfields

Les Macedon Ranges sont un excellent point de départ pour cet itinéraire. Alors que les rochers de Hanging Rock restent longtemps dans les mémoires, de charmants villages offrent un concentré de la campagne du Victoria. Jusqu'à Ballarat, le patrimoine aurifère est roi. Découvrez les charmes de Kyneton, l'âme artiste de Castlemaine, les traces de l'histoire sur Maryborough et enfin Clunes, ville férue de littérature.

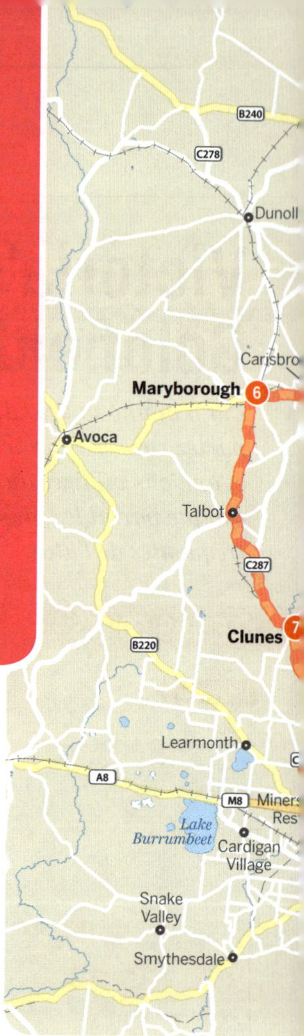


## 1 Macedon

À moins d'une heure au nord-ouest de Melbourne, la discrète Macedon semble bien loin de la métropole. Si l'histoire est moins présente que d'autres localités, son cadre verdoyant est un agréable prélude aux Macedon Ranges, région de basse montagne, alliant forêt endémique et gastronomie. Resplendissantes toute l'année, ces collines, parfois voilées de brume en hiver, sont à leur meilleur en automne. La route panoramique montant au **Mt Macedon**, un volcan éteint à 1 010 m d'altitude, croise de superbes demeures et jardins, mais aussi des aires de pique-nique, des sentiers de marche, d'excellents points de vue et la grande croix commémorative qui annonce le sommet (et le parking). Les environs comptent en outre quelques excellents vignobles (www.macedonrangeswineries.com.au) ; **Wine Tours Victoria** (☎1800 946 386 ; www.winetours.com.au ; par pers transport et déj inclus 180 $) pourra vous organiser des journées de découverte.

**La route »** Seuls 7 km séparent Macedon de Woodend, plus au nord. Mais quittez la Calder Freeway (M79) pour lui préférer la route secondaire qui la longe.

TEMPS FORT

## 2 Woodend et Hanging Rock

Woodend, agréable bourgade au charme bucolique, avec ses larges rues, sa tour de l'horloge et ses bâtiments patrimoniaux, plaît surtout pour son cadre, alliant collines,

vignes et forêts. À l'est du village, **Hanging Rock** doit sa célébrité au roman de Joan Lindsay (sortie en 1967 et adapté au cinéma) *Pique-nique à Hanging Rock*. Cette formation rocheuse volcanique est un site sacré du peuple wurundjeri. C'est également ici que

## À COMBINER AVEC

### 1 De Sydney à Melbourne

Suivez cet itinéraire en sens inverse : partez vers le sud sur la Calder Hwy jusqu'à Melbourne, puis tournez à l'est sur la Princes Hwy.

### 10 Great Ocean Road

Depuis Macedon, prenez la Calder Hwy (sud) puis la Western Ring Rd afin de rejoindre la Princes Hwy – pour un road trip mémorable.

## VAUT LE DÉTOUR
## TRENTHAM ET BLACKWOOD

**Point de départ : 2 Woodend**

La petite localité historique de **Trentham** (764 habitants aujourd'hui) repose au sommet de la Great Dividing Range, à mi-chemin entre Woodend et Daylesford. À 700 m d'altitude, l'air y est plus frais qu'ailleurs dans les environs. Ses rues invitent à la balade, avec un arrêt déjeuner au **Du Fermier restaurant** (☎03-5424 1634 ; www.dufermier.com.au ; 42 High St ; formule 75 $ ; ⊙12h-14h30 ven-lun) ou une pause au **Cosmo** (The Cosmo ; ☎03-5424 1516 ; www.thecosmopolitanhotel.com.au ; 28 High St ; ⊙15h30-19h30 lun-mar, 12h-tard mer-dim), depuis longtemps bar favori des habitants. Si Trentham fait de plus en plus parler de lui, le village reste très paisible en semaine. Il est à 20 minutes de route de Woodend par la Woodend-Tylden Rd.

À quelque 16 km de là en direction du sud, le minuscule **Blackwood**, dans son écrin de forêt, est une version moins connue et plus petite encore de Trentham, mais dotée du même charme. Sur l'artère principale, le **Martin St Coffee** (☎03-5368 6525 ; www.martinstreetcoffee.com ; 21 Martin St ; plats 7-23 $ ; ⊙9h-14h lun, 9h-21h ven, 9h-15h30 sam-dim ; ❄ ) est un élégant établissement servant du bon café de Java et des plats contemporains. Sa terrasse a une belle vue sur la forêt. À l'angle se trouve le **Blackwood Hotel** (☎03-5368 6501 ; www.blackwoodpub.com ; 1 Goldenpoint Rd ; ⊙12h-22h dim-jeu, 12h-1h ven-sam), fondé en 1868. Allez aussi admirer l'agréable **Garden of St Erth** (☎03-5368 6514 ; www.diggers.com.au/our-gardens/st-erth ; 189 Simmons Reef Rd, Blackwood ; entrée 10 $ ; ⊙9h-17h), un jardin botanique articulé autour d'un cottage en grès datant de 1860 et dont la production entre dans les plats concoctés dans le café attenant.

venaient se cacher les bandits de grand chemin. Les lieux conservent une aura de légende et de mystère, avec ses énormes rochers. Rejoignez-en le sommet (20 min), d'où le regard porte sur le Mt Macedon et au-delà. Étiré au pied de Hanging Rock et fréquenté par des kangourous, son fameux **champ de courses** (☎03-5422 1866 ; country.racing.com/hanging-rock ; South Rock Rd) accueille deux compétitions annuelles, avec pique-nique, au 1er janvier et à l'occasion de l'Australia Day (fête nationale, le 26 janvier).

**La route »** Depuis Woodend, prenez vers l'ouest sur 12 km jusqu'à Tylden, d'où un embranchement vous conduira au sud-ouest vers la boucle Trentham-Blackwood ou au nord à Kyneton. Les deux routes sont très agréables, entre pays fermier et bois d'eucalyptus.

### 3 Kyneton

Fondé un an avant que l'on y découvrît de l'or, Kyneton fut longtemps la principale ville-étape entre Melbourne et Bendigo, et un centre de services pour les fermiers qui approvisionnaient les mineurs en produits frais. Elle reste encore aujourd'hui un carrefour pour cette région agricole prospère. Son histoire est aussi celle de la ruée vers l'or, comme en témoignent de nombreux sites et bâtiments, mais elle reste très souvent oubliée, au profit d'autres bourgades de la région comme Daylesford, Bendigo ou Castlemaine. Piper St, sa rue principale, fait le bonheur des gourmets et amateurs d'art : ses édifices historiques accueillent aujourd'hui de bonnes tables, des pubs, une distillerie de gin et des antiquaires. Pour découvrir ces mêmes bâtiments, mais

FILEDIMAGE/SHUTTERSTOCK ©

**Hanging Rock** Roches volcaniques formées il y a des millions d'années

de l'intérieur, avec mobilier d'époque, visitez le **Kyneton Historical Museum** (03-5422 1228, 03-5422 0319 ; 67 Piper St ; adulte/enfant 5/3 $ ; 11h-16h ven-dim). Le **jardin botanique** (www.kynetonbotanicgardensfriends.org ; 4 Clowes St) municipal occupe un terrain voisin de la Campaspe River.

p. 176

**La route »** La route de Melbourne à Castlemaine en a vu passer des visiteurs : elle passe par Kyneton. Si vous empruntez les routes secondaires qui longent la Calder Freeway, vous pourrez voir Malmsbury et l'adorable Chewton sur le chemin de Castlemaine.

## 4 Castlemaine

Au cœur du Victoria et de son pays minier, Castlemaine doit son animation à la présence d'artistes et de néo-ruraux ayant quitté la frénésie urbaine, attirés par la belle architecture et les espaces verts de la petite ville. Or il s'agissait déjà, au XIXe siècle, du carrefour de l'activité aurifère de la région. L'industrie et l'innovation prirent ensuite le relais – c'est ici qu'est née la brasserie Castlemaine XXXX (aujourd'hui installée dans le Queensland). Son ancien marché couvert, **Castlemaine Market** (Mostyn St), aux allures de basilique romaine, date de 1862. Citons également le **Theatre Royal** (1856) sur Hargreaves St, le **bureau de poste** (1894) et l'ancien **palais de justice** (1851) sur Goldsmith Crescent. Pour un panorama sur la ville, rendez-vous au **Castlemaine Gaol** (36-48 Bowden St), ancienne prison transformée en galerie d'art contemporain. Enfin, offrez-vous un verre de vin ou un plat, puis un concert, au **Theatre Royal** (03-5472 1196 ; www.theatreroyalcastlemaine.com.au ; 30 Hargreaves St).

p. 176

**La route »** Le trajet Castlemaine-Maldon (16 km) sur la C282 traverse la Box-Ironbark Forest (forêt d'eucalyptus) du pays aurifère victorien. Une jolie route conduisant à une agréable destination.

TEMPS FORT

## 5 Maldon

La modeste Maldon est une relique de l'époque de la ruée vers l'or, avec ses édifices en pierre locale bien préservés. Si sa population a largement chuté depuis l'époque où quelque 20 000 personnes travaillaient dans les mines, la bourgade reste bien vivante et voit affluer des touristes le week-end. Impossible de manquer la **Beehive Chimney**, haute de 24 m, juste à l'est de Main St. L'**ancienne poste** (95 High St), construite en 1870, fut la maison d'enfance de l'écrivain Henry Handel Richardson, nom de plume d'Ethel Florence Lindesay Richardson (1870-1946). Un peu plus loin sur High St en direction du sud, vous trouverez les vestiges de la **North British Mine**, jadis l'une des mines les plus riches au monde.

**La route »** À la sortie de la ville, faites un détour de 3 km pour rejoindre le sommet du Mt Tarrengower et son chevalement de mine transformé en plateforme panoramique. Partez ensuite vers le sud, direction Newstead, puis vers l'ouest le long de la B180. Passez Joyces Creek, Carisbrook et vous voici à Maryborough.

## 6 Maryborough

Maryborough est au cœur du "triangle d'or" victorien, mais reste suffisamment isolé pour échapper aux foules d'excursionnistes venues visiter Castlemaine et Maldon. L'endroit se distingue par sa belle architecture de l'ère victorienne, mais la **Maryborough Railway Station** (03-5461 4683 ; 38 Victoria St ; 10h-17h) l'emporte de loin. Construire en 1892, cette gare démesurément grande fut décrite par Mark Twain comme "une gare avec une ville attenante". Elle abrite aujourd'hui un café et une boutique de souvenirs. Le **Coiltek Gold**

## LA RUÉE VERS L'OR DANS LE VICTORIA

En mai 1851, de l'or fut découvert en Nouvelle-Galles du Sud. Par crainte de voir le Victoria laissé pour compte, une récompense était promise à quiconque en trouverait dans un rayon de 300 km depuis Melbourne. En juin, une découverte eut lieu à Clunes, à 32 km au nord de Ballarat, et les chercheurs d'or accoururent dans le centre du Victoria.

Pendant les mois qui suivirent, on trouva de l'or presque chaque semaine dans l'État. Puis, vers septembre 1851, la plus grande pépite jamais trouvée fut découverte à Moliagul. Vinrent ensuite Ballarat, Bendigo, Mt Alexander et bien d'autres encore. Vers fin 1851, des mineurs plein d'espoir commencèrent à affluer d'Angleterre, d'Irlande, d'Europe, de Chine et de Californie.

La ruée vers l'or, même si elle s'accompagnait de tragiques aléas, annonça une formidable période de prospérité pour le Victoria. En 12 ans, la population était passée de 77 000 à 540 000 habitants. Les compagnies minières investirent beaucoup d'argent, la construction des routes et chemins de fer s'accéléra et les modestes campements furent remplacés par des villes modernes, dont Ballarat, Bendigo et Castlemaine, qui connurent leur apogée dans les années 1880.

**Centre** (☎03-5460 4700 ; www.thegoldcentre.com.au ; 6 Drive-in Court ; par pers 140 $ ; ⏲9h-17h) propose, aux orpailleurs d'un jour, des stages avec détecteurs à métaux, mais aussi la vente et la location d'équipement.

✕ 🛏 p. 177

**La route »** La C287 part vers le sud puis le sud-ouest sur 32 km jusqu'à Clunes. La route, belle et tranquille, croise bosquets et champs. À l'approche de Clunes, vous verrez apparaître au loin le Mt Beckworth.

TEMPS FORT

### 7 Clunes

C'est ici que tout a commencé : en juin 1851, de l'or fut trouvé à Clunes, à peu près à mi-chemin entre Maryborough et Ballarat. Les chercheurs d'or accoururent dans le Victoria. Le village a conservé les traces de son passé aurifère, avec de splendides édifices du XIXe siècle. Chaque année, au début du mois de mai, se tient le **Booktown Book Fair** (clunesbooktown.com.au) ; la ville compte pas moins de huit librairies, de livres d'occasion principalement.

**La route »** Pour rejoindre Ballarat, deux itinéraires sont possibles, mais notre préférence va à la C287, plus tranquille. Au fil des 24 km qui séparent Clunes et Ballarat, la route laisse derrière elle le manteau jaune des terres agricoles pour entrer dans la périphérie de la ville en passant sous la Western Hwy.

TEMPS FORT

### 8 Ballarat

Ballarat s'est construit sur l'or, et l'imposante architecture victorienne du centre-ville reflète bien cette époque d'opulence. C'est notamment le cas sur Lydiard St, avec des édifices tels que **Her Majesty's Theatre**, **Craig's Royal Hotel**, le **George Hotel** et l'**Art Gallery** (☎03-5320 5858 ; www.artgalleryofballarat.com.au ; 40 Lydiard St North ; ⏲10h-17h, visite guidée 14h), qui conserve une fantastique collection de peintures du début de l'ère coloniale. Deux musées relatent l'histoire de la ville et ses heures de gloire : **Sovereign Hill** (☎03-5337 1199 ; www.sovereignhill.com.au ; Bradshaw St ; adulte/enfant/famille 57/25,60/144 $ ; ⏲10h-17h, 10h-17h30 heure d'été) et sa reconstitution de village, et l'**Eureka Centre** (102 Stawell St ; adulte/enfant/famille 6/4/18 $ ; ⏲10h-17h).

✕ 🛏 p. 177

# Se restaurer et se loger

## Kyneton 3

### Source Dining — Australien $$$

(03-5422 2039 ; www.sourcedining.com.au ; 72 Piper St ; plats 38-45 $ ; 12h-14h30 et 18h-21h jeu-sam, 12h-14h30 dim). Ce restaurant, l'un des meilleurs du centre de l'État, présente une carte raffinée évoluant au fil des saisons. Les combinaisons de saveurs sont élaborées avec soin.

### Midnight Starling — Français $$$

(03-5422 3884 ; www.midnightstarling.com.au ; 80 Piper St ; plats 38-45 $ ; 12h-15h et 7h-22h mer-sam, jusqu'à 15h dim). Cuisine raffinée, excellents accords mets-vins, ambiance décontractée : le Midnight Starling attire les gourmets depuis Melbourne, qui viennent volontiers déjeuner le dimanche (formule 4 plats). Si les influences françaises du chef sont évidentes, les plats célèbrent aussi la cuisine moderne australienne. Vaut le détour.

## Castlemaine 4

### Bistro Lola — Italien $$

(03-5472 1196 ; www.bistrolola.com.au ; Theatre Royal, 30 Hargraves St ; plats 16-30 $ ; 17h30-22h30 mar-ven, 12h-22h30 sam, 12h-15h dim). La réhabilitation du Theatre Royal (p. 172) a fait grand bruit, et le Bistro Lola, avec ses savoureuses recettes italiennes, n'y est pas pour rien. Agneau longue cuisson aux anchois et aromates, tortellinis poireaux-potiron au beurre, à la sauge et aux noisettes, pour ne citer que quelques plats. Le chef Carly Lauder a précédemment occupé la cuisine du très respecté Du Fermier (p. 172).

### Bridge Hotel — Gastropub $$

(03-4406 6730 ; www.thebridgehotelcastlemaine.com ; 21 Walker St ; plats 23-29 $ ; 15h-22h lun-mer, 15h-23h jeu, 15h-1h ven, 12h-1h sam, 12h-21h dim). Le Bridge a acquis ses lettres de noblesse en tant que salle de concerts et s'apprête à les remporter côté cuisine. Ses nouveaux propriétaires y ont fait venir des chefs du très réputé Public Bar. Les délicieux barbecues Sunday Brazilian remportent la palme, mais tout est succulent : *fish and chips* à la pâte au levain, burgers au bœuf wagyu (Kobé) ou tagliatelles *marinara bianco*.

### Castlemaine Colonial Motel — Motel $$

(03-5472 4000 ; www.castlemainemotel.com.au ; 252 Barker St ; ch 100-195 $ ; ). Assez central, le Colonial loue des appartements dans une ancienne école de 1852 reconvertie et des chambres de motel moins jeunes, mais confortables, certaines avec baignoire balnéo.

### Newnorthern — Boutique-hôtel $$

(03-5472 3787 ; www.newnorthern.com.au ; 359 Barker St ; ch avec petit-déj à partir de 209 $, sans petit-déj avec sdb attenante 179 $ ; ). L'ancien Northern Hotel (1870) a été superbement restauré et décoré par le créateur de meubles et artiste de renom Nicholas Dattner. Les chambres, spacieuses et confortables, s'ornent d'œuvres d'art et de meubles anciens. Toutes disposent d'une sdb privée, mais pas toujours attenante. Ravissants salon et bar au rez-de-chaussée, où est servi le petit-déjeuner. Porto offert par la maison.

## Maldon 5

### Kangaroo Hotel — Pub

(03-5475 2214 ; www.thekangaroohotel.com.au ; angle High St et Fountain St ; 15h-22h30 lun-mar, 12h-tard mer-dim ; ). Véritable institution, ouvert en 1856, le Kangaroo est pourvu d'un *beer garden*, d'une terrasse sur la rue et d'une salle animée par de la musique live (et du billard) le week-end. Les instruments attendent les musiciens prêts à faire un bœuf.

## Maryborough 6

### Railway Cafe & Tracks Bar — Café-restaurant $$

(03-5461 1362 ; www.railwaycafe.com.au ; 29 Station St ; plats 22-29 $ ; 10h-15h mer, jeu, sam-dim et 18h-22h jeu-dim ; ). Un chef officie dans ce beau café-restaurant de la Maryborough Station (p. 174) au parquet ciré et mobilier d'époque. Installez-vous sur le quai ou dans l'élégante salle, où se tiennent régulièrement des animations et concerts.

### Maryborough Caravan Park — Caravaning $

(03-5460 4848 ; www.maryboroughcaravanpark.com.au ; 7-9 Holyrood St ; empl sans élec 32-40 $, avec élec 34-45 $, cabins 95-220 $ ; ). Proche du centre-ville et bien situé près du lac Victoria, cet espace caravaning de 3,6 ha est très bien aménagé. Les familles apprécient particulièrement ses aires de jeu, son terrain de foot australien (ovale, donc) et ses possibilités de canoë ou de pêche sur le lac. Cuisine de camp à disposition.

## Ballarat 8

### Yacht Club — Café-restaurant $$

(03-5331 2208 ; www.theyachtclub.net.au ; Wendouree Parade ; plats 10-33 $ ; 7h-17h lun-jeu, 7h-tard ven, 7h-18h sam, 8h-17h dim). Propriété du Ballarat Yacht Club (établi en 1877), cet établissement moderne et lumineux bénéficie de la petite brise du lac auquel il fait face. Prenez place en terrasse et régalez-vous de pancakes au bacon, d'un *bowl* énergétique ou d'un taco à la langoustine de Moreton Bay. Vins régionaux.

### Mr Jones — Asiatique $$

(03-5331 5248 ; www.mrjonesdining.com.au ; 42-44 Main Rd ; petites/grandes assiettes 7-21 $/24-45 $ ; 18h-21h30 mer-sam, et 12h-14h ven). L'ancien Catfish, devenu le Mr Jones à la fin 2018, était la table la plus réputée de Ballarat. Les propriétaires ont opté pour une cuisine raffinée et de saison dans une ambiance décontractée. Les produits, régionaux, s'inspirent des recettes sans cesse renouvelées, comme la poitrine de canard au chorizo maison ou la poitrine de porc caramélisée et ses légumes épicés grillés au feu de bois.

### Sovereign Hill Hotel — Hôtel $$

(03-5337 1159 ; www.sovereignhill.com.au/sovereign-hill-hotel ; 39-41 Magpie St ; s/d/tr 158/176/185 $ ; ). Si vous êtes venu à Ballarat pour visiter Sovereign Hill (p. 175), ce lodge est idéal car situé à deux pas de l'entrée. Divers types d'hébergements au confort moderne, mais peut-être un peu austère.

### Craig's Royal Hotel — Hôtel historique $$$

(03-5331 1377 ; www.craigsroyal.com ; 10 Lydiard St S ; s/d avec petit-déj à partir de 200/260 $ ; ). Le plus attrayant des pubs historiques de la ville doit son nom à la visite du prince de Galles et du duc d'Édimbourg, sans oublier celle de l'écrivain Mark Twain. Ce merveilleux édifice victorien affiche une opulence surannée avec son escalier monumental et son élégant ascenseur des années 1930. Les chambres, superbement rénovées, sont dotées de grands lits, de meubles d'époque et de sdb en marbre.

# Great Alpine Road

*De Beechworth à Lakes Entrance, cette spectaculaire traversée du High Country s'achève au bord de la mer. Avis aux amateurs de bonne chère et de paysages alpins !*

14

## TEMPS FORTS

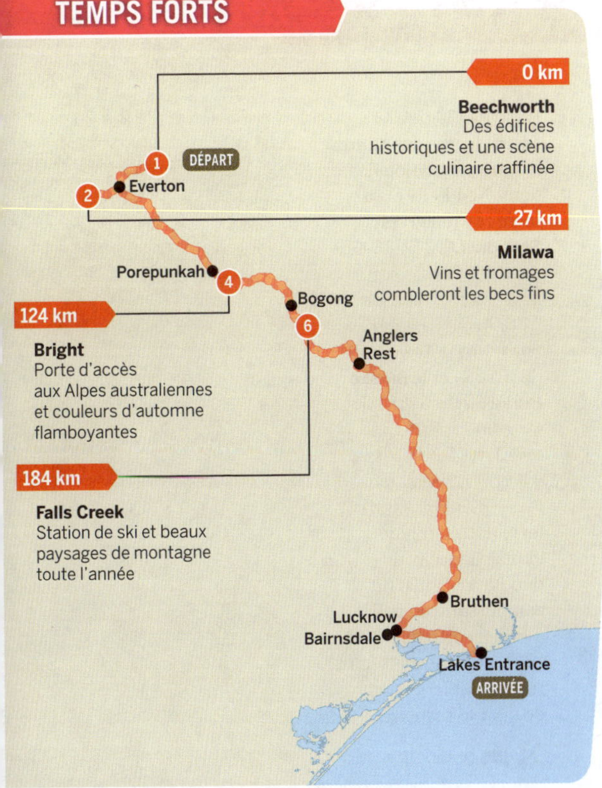


### 7 JOURS
### 375 KM

### PARFAIT POUR...

### LE MEILLEUR MOMENT

De novembre à avril. Certaines routes de montagnes sont fermées de juin à début novembre.

### LA PHOTO SOUVENIR

La ville de Bright en automne.

### PLAISIR DES PAPILLES

La Milawa Gourmet Region, pour son vin, son fromage, sa moutarde, et plus encore.

# 14 Great Alpine Road

Situé dans le nord-est du Victoria, le High Country est un trésor débordant d'activités pour les habitants de l'État, entre excursions gourmandes à Beechworth (l'un des sites historiques les mieux préservés du Victoria), Milawa et Myrtleford, et descentes à ski sur les pistes de Falls Creek. De part et d'autre de cette route de montagne, Bright comme Lakes Entrance invitent au farniente en pleine nature.

TEMPS FORT

## 1 Beechworth

Commencer par Beechworth n'est pas sans risque : il se peut que vous ne souhaitiez plus repartir. Peu de villages du Victoria affichent une telle alliance de cachet et de temps forts. Vous sillonnerez des rues aux allures de musée à ciel ouvert, avec leurs édifices patrimoniaux couleur miel. Suivez une **promenade commentée** (incl dans le Beechworth Heritage Pass ; 10h15 et 13h15) pour découvrir le **Beechworth Courthouse** (palais de justice ; 03-5728 8067 ; www.burkemuseum.com.au ; 94 Ford St ; entrée avec le Beechworth Heritage Pass ; 9h30-17h), où furent jugées des figures historiques nationales (dont Ned Kelly et sa mère), la **Telegraph Station** (03-5728 8067 ; www.burkemuseum.com.au ; 92 Ford St ; entrée avec le Beechworth Heritage Pass ; 10h-17h), le **Town Hall** (103 Ford St) et le **musée Burke** (03-5728 8067 ; www.burkemuseum.com.au ; 28 Loch St ; entrée avec le Beechworth Heritage Pass ; 10h-17h) – Burke (explorateur réputé et malchanceux du duo Burke-Wills) fut commissaire de police à Beechworth de 1854 à 1858. Les gourmets, eux, trouveront largement de quoi se sustenter.

p. 185

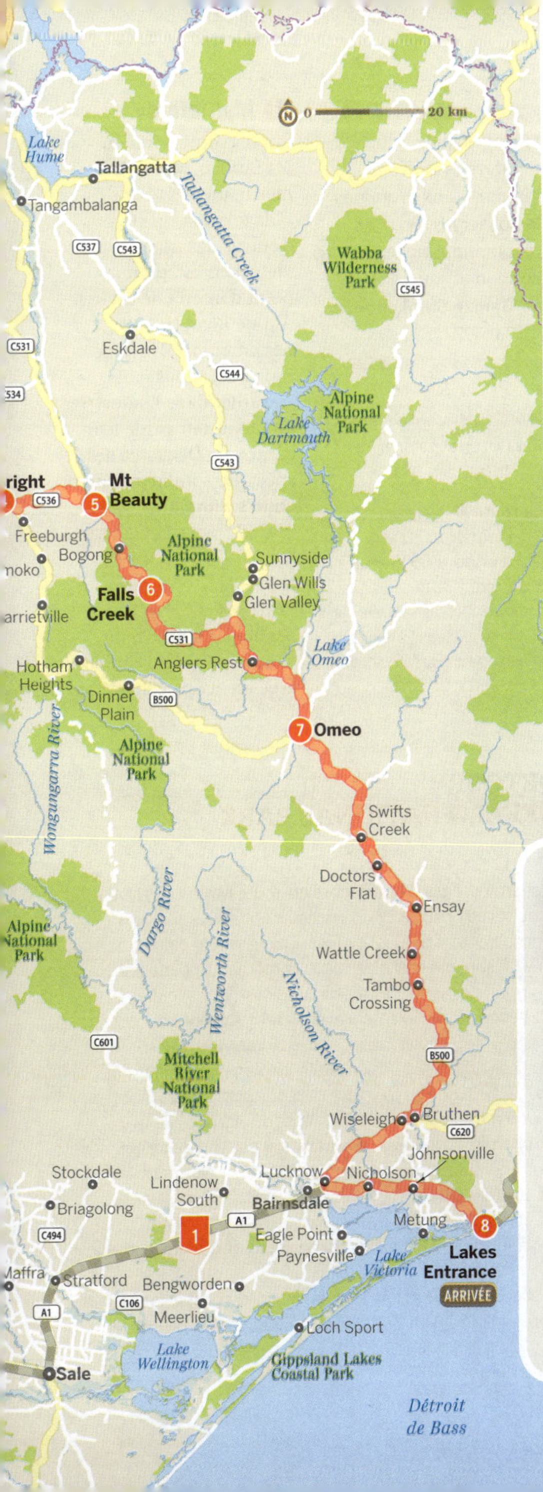


**La route »** Un saut de puce relie Beechworth à Milawa. Entre les deux se trouvent Everton, ainsi que des terres agricoles arides et des bosquets d'eucalyptus – comptez 20 minutes, pas plus.

TEMPS FORT

## 2 Milawa

Les produits que l'on retrouve sur les bonnes tables de Beechworth proviennent pour une bonne part de la "Milawa Gourmet Region". **Brown Brothers** (☎03-5720 5500 ; www.brownbrothers.com.au ; 239 Milawa-Bobinawarrah Rd, Milawa ; ⏲dégustation 9h-17h, visite 1 heure tlj 11h et 14h ; 👪) est l'un des vignobles les plus réputés, et ce depuis 1899. Outre sa salle de dégustations mentionnons son restaurant, l'Epicurean



## À COMBINER AVEC

### 1 De Sydney à Melbourne

Rien ne vous interdit de commencer par Lakes Entrance et de parcourir cet itinéraire mythique en sens inverse.

### 15 Le long du Murray

Beechworth est à 203 km au sud-est d'Echuca, point de départ du parcours – passez par Wangaratta, Benalla et Shepparton.

Centre, son ravissant jardin, et ses aires de jeu, de pique-nique ou de barbecue. **Milawa Cheese Company** (☎03-5727 3589 ; www.milawacheese.com.au ; 17 Factory Lane, Milawa ; ⌚9h-17h, déj 11h30-15h) est au fromage ce que Brown Brothers est au vin. À 2 km au nord de Milawa, on y déguste un brie fermier (au lait de vache ou de chèvre) et autres fromages à pâte molle et à croûte lavée parfumés. Boulangerie sur place ainsi qu'un bon restaurant (pizzas au fromage de Milawa). **Milawa Mustard** (☎03-5727 3202 ; www.milawamustards.com.au ; 1597 Snow Rd, Milawa ; ⌚10h-16h), dans la rue principale, vend moutardes maison, vinaigres aux aromates et conserves. Pour un pique-nique, achetez jambon et saucisses au **Gamze Smokehouse** (☎03-5722 4253 ; www.gamzesmokehouse.com.au ; Shop 1/1594 Snow Rd, Milawa ; plats 24-29 $, pizzas 16-21 $ ; ⌚8h-15h dim-mer, 8h-21h jeu-sam ; P).

**La route »** Retournez à Everton puis roulez vers le sud-est sur la B500 jusqu'à Myrtleford, à 30 minutes. Les sommets montagneux, enneigés l'hiver, se dessinent à l'horizon et les couleurs de l'automne embrasent le paysage.

## 3 Myrtleford

Sur les contreforts du Mt Buffalo, Myrtleford mérite un arrêt. Le village est la "porte d'entrée des Alpes victoriennes", premier point d'intérêt de la Great Alpine Road (B500). Ses habitants d'origine italienne, venus jadis travailler dans l'industrie du tabac, ont gardé leur caractère. Dégustez des spécialités italiennes au **Lupo's Kiln Cafe** (☎03-5752 2310 ; www.luposkilncafe.com.au ; 134 Great Alpine Rd ; plats 12-22 $ ; ⌚8h-16h jeu-dim ; P ❄ [icônes]) ou participez à un circuit "Rolling Gnocchi" à vélo, avec atelier de confection

## VAUT LE DÉTOUR
## MOUNT BUFFALO NATIONAL PARK

**Point de départ : 4 Bright**

Le Mt Buffalo a, entre autres charmes, celui d'être accessible toute l'année. En hiver, c'est une toute petite station de ski aux pentes douces idéales en famille, avec ski de fond (14 km de pistes impeccablement tenues) ou luge. En été, on s'y balade dans le bush ou on y sort son VTT, son matériel d'escalade et même son deltaplane. Paysages d'affleurements de granit, de points de vue, de ruisseaux, de cascades et de nature à l'état sauvage à découvrir par exemple avec **Bright Adventure Company** (☎03-5756 2486 ; www.brightadventurecompany.com.au ; 9 Ireland St, Bright Outdoor Centre ; adulte/enfant à partir de 110 $ ; ⌚9h-17h lun-ven, 9h-15h sam-dim ; [icône]) ou **Adventure Guides Australia** (☎0419 280 614 ; www.adventureguidesaustralia.com). Action et aventure garanties. Une route mène sous le sommet du Horn (1 723 m), point culminant du massif. En chemin, savourez la vue depuis le parking de ce qui fut le Mt Buffalo Chalet. Si vous cherchez plutôt une simple balade se clôturant par une vue panoramique, **Mt Buffalo Olives** (☎03-5756 2143 ; www.facebook.com/mtbuffaloolives ; 307 Mt Buffalo Rd, Porepunkah ; ⌚11h-17h ven-lun, tlj pendant les vacances scolaires), sur la route du Mt Buffalo en provenance de Porepunkah, vous conviendra davantage.

Depuis Bright, rebroussez chemin sur 6 km en direction du nord-ouest le long de la B500 en direction de Porepunkah. Le Mt Buffalo est indiqué à partir de cet endroit – la route est raide.

de pâtes et visites de vignobles organisés par le **Myrtleford Cycle Centre** (☎0407 967 309, 03-5752 1511 ; www.myrtlefordcycle.com ; 59 Clyde St ; 35 $/24 heures, circuits à partir de 140 $ ; ⏲9h30-17h30 mar-sam, 10h-14h dim). Pour de la viande fumée et de la bière artisanale, rendez-vous à l'**Old Factory** (☎03-5752 1435 ; www.facebook.com/TheOldFactoryMyrtleford ; 15 Myrtle St ; plats 15-18 $ ; ⏲16h-20h ven, 12h20h sam-dim ; P). L'accueil y est chaleureux et il y a de la musique live certains samedis à partir de 18h.

**La route »** Le trajet de 31 km entre Myrtleford et Bright est l'un des plus beaux de tout l'itinéraire. Il coupe à travers la campagne verte et les collines boisées avec, au loin, les Alpes victoriennes. Autour de Myrtleford repérez les anciens séchoirs à tabac.

TEMPS FORT

## 4 Bright

Si l'architecture de Bright n'a rien de notable, sa situation géographique (dans la vallée au pied des montagnes), ses reflets chatoyants à l'automne, ses bonnes tables et ses nombreuses activités en font un petit joyau vert. Les skieurs lassés des mondanités à Falls Creek ou au Mt Hotham viennent profiter ici du calme. Les amateurs de sensations fortes cependant trouveront leur bonheur en parapente (les initiés profitent des ascendances thermiques venues de la Mystic Mountain voisine) avec **Alpine Paragliding** (☎0428 352 048 ; www.alpineparagliding.com ; ⏲oct-juin), à VTT, en kayak, dans les grottes souterraines ou lors des descentes en rappel avec Bright Adventure Company (p. 184). La **Bright Brewery** (☎03-5755 1301 ; www.brightbrewery.com.au ; 121 Gavan St ; ⏲11h-22h ; 👪) brasse de la bière artisanale.

✕ 🛏 p. 187

**La route »** Entre Bright et Mt Beauty (30 km), la route se vide progressivement, les champs verdoyants prennent de l'altitude et laissent place aux contreforts alpins. La masse des montagnes semble peser sur le paysage. Aux abords de Mt Beauty, la pente se fait raide et la vue est fort agréable.

NILS VERSEMANN/SHUTTERSTOCK ©

**Beechworth** Ancien palais de justice

## 5 Mt Beauty

L'air de la montagne semble encore plus pur à Mt Beauty, sage village préalpin niché aux pieds du plus haut sommet de l'État, le Mt Bogong (1 986 m), le long de la Kiewa River. Mt Beauty et ses voisins jumeaux de Tawonga et Tawonga South sont certes sur la route de la station de ski de Falls Creek, mais méritent un arrêt, ne serait-ce que pour leurs promenades : la **Tree Fern Walk** (2 km) et la **Peppermint Walk** (plus longue) partent toutes deux du Mountain Creek Picnic and Camping Ground dans Mountain Creek Rd, sur la Kiewa Valley Hwy (C531). À 1 km au sud de Bogong Village (en direction de Falls Creek), la **Fainter Falls Walk** (1,5 km aller-retour) conduit à une jolie cascade. Tout cet exercice justifie bien une pause au **Stockpot** (☎03-5754 4114 ; www.stockpot.net.au ; 231 Kiewa Valley Hwy, Tawonga South ; plats 23-38 $ ; ⏲17h-20h mer-dim ; ).

**La route »** La pente se fait plus raide à partir de Mt Beauty, longeant les virages d'un paysage désolé depuis un grand incendie de bush en 2013. En hiver, il faudra équiper vos pneus de chaînes. Le reste de l'année, attendez-vous à de nombreux arrêts pour admirer la vue. Avant de quitter Mt Beauty, vérifiez que la route entre Falls Creek et Omeo est ouverte (c'est généralement le cas de novembre à avril). Comptez environ 40 minutes (31 km) entre Mt Beauty et Falls Creek.



TEMPS FORT

## 6 Falls Creek

Falls Creek est la station la plus chic, et branchée, du Victoria. À ses beaux paysages de montagne et ses pistes, s'ajoute une vie nocturne trépidante. Elle offre le meilleur du ski alpin, du snowboard et du ski de fond, ainsi que bien d'autres activités hivernales pour les non-skieurs. L'été est aussi une période appréciée : la randonnée et une scène vététiste en plein essor attirent en masse les amoureux des grands espaces. Son télésiège (par trajet/jour 15/25 $) reste ouvert à cette période. Enfin, nous aimons Falls parce que la route montagneuse qui y mène est l'une des plus belles du genre en Australie.

**La route »** Les pistes et stations de ski étant largement concentrées à l'ouest de Falls Creek, la lente descente vers Omeo (d'abord sur la C531 puis vers le sud sur la C543) est tout aussi jolie, mais bien plus tranquille. Attention, la route n'est généralement ouverte que de début novembre à avril. Falls Creek est à 76 km (environ 1 heure 25) d'Omeo.

## 7 Omeo

Haut perché et ne menant pour ainsi dire nulle part, Omeo est le principal village de la portion est de la Great Alpine Rd. Depuis Falls Creek, la route est habituellement ouverte de novembre à avril : consultez les bulletins météo avant de partir. Il n'y a pas grand-chose à voir sur place, mais si vous réservez et êtes partant pour un arrêt à Anglers Rest, à environ 25 km au nord d'Omeo, vous pourrez revivre le film *L'Homme de la rivière d'argent* (réalisé par George Miller, 1982) et partir à cheval avec **Packers High Country Horse Riding** (☎03-5159 7241 ; www.horsetreks.com ; 322 Callaghans Rd, Anglers Rest ; 2 heures/balade ½ journée/journée 120/170/280 $ ; ⏲sept-fin juil). L'endroit se prête aussi à la détente, avec de nombreux et charmants sentiers.

p. 185

**La route »** La descente depuis Omeo sur la B500 est un vrai plaisir. Les 95 premiers kilomètres sinuent gentiment, coupant à travers des vallées arrosées par des rivières et leurs rapides. Pour rejoindre Lakes Entrance depuis Bruthen, passez par Sarsfield, Lucknow et Swan Reach pour une vue sur mer à l'arrivée ; 120 km séparent Omeo de Lakes Entrance.

## 8 Lakes Entrance

Sur le plan architectural, Lakes Entrance n'est qu'une succession disgracieuse de motels, sites de caravaning, minigolfs et magasins de souvenirs sur l'Esplanade. Or c'est pour ses points de vue qu'on y vient, tels le **Jemmy's Point Lookout** et le **Kalimna Lookout**, avec la mer de Tasman au loin. On s'y régale aussi de poisson et de fruits de mer ultrafrais, caressé par la douce brise marine. Des croisières s'organisent sur les lacs jouxtant la merveilleuse Ninety Mile Beach – **Peels Cruises** (☎0409 946 292, 03-5155 1246 ; www.peelscruises.com.au ; Post Office Jetty ; croisière Metung 4 heures avec déj adulte/enfant 59/16 $, croisière 1 heure 15 adulte/enfant 33/16,50 $) est une compagnie reconnue. En chacun résonne la gratifiante satisfaction d'avoir traversé montagnes et vallées pour enfin la voir : la mer.

p. 45

# Se restaurer et se loger

## Beechworth 1

**Provenance** Australien moderne **$$$**
(03-5728 1786 ; www.theprovenance.com.au ; 86 Ford St ; menu 2/3 plats 73/95 $, menu dégustation sans/avec accords mets-vins 125/200 $ ; 18h30-21h mer-dim ; ). Aménagé dans une ancienne banque de 1856, Provenance est un restaurant contemporain raffiné. La carte innovante concoctée par le chef local renommé Michael Ryan propose une cuisine australienne moderne aux influences japonaises, comme le tartare de wallaby fumé et *umeboshi*, jaune d'œuf et sauce miso. Si vous n'arrivez pas à choisir, optez pour le menu dégustation, proposé en version végétarienne. Réservation indispensable.

**Lake Sambell Caravan Park** Caravaning **$**
(03-5728 1421 ; www.caravanparkbeechworth.com.au ; 20 Peach Dr ; empl sans/avec élec à partir de 32/38 $, cabins et units 98-180 $ ; ). Espace ombragé près du beau lac Sambell, aux excellentes installations et activités : cuisine de camping, aire de jeu, location de VTT (22/33 $ par demi-journée/jour) et de canoës (à partir de 45 $). Les couchers de soleil sur le lac sont spectaculaires. Les villas deluxe, récentes, sont particulièrement confortables. Minigolf et aire de jeu font le bonheur des familles.

## Bright 4

**Dumu Balcony Cafe** Café **$**
(03 5755 1489 ; www.facebook.com/pg/dumubalconycafe ; 4 Ireland St ; en-cas et repas sur le pouce 7-14 $ ; 9h-15h ; ). Le Dumu ("canard à sourcils") Balcony est un lieu de formation pour la jeunesse du peuple wadeye du Territoire du Nord. En d'autres termes, un café social, qui se soucie aussi de notre santé et de l'environnement avec des produits et plats sur le pouce pensés avec soin. Relaxez-vous sur le balcon caressé par la brise et savourez les rires délicieux qui ne manquent pas de monter de la cuisine.

**Reed & Co** Australien moderne **$$**
(03-5750 1304 ; www.reedandcodistillery.com ; 15 Wills St ; assiettes à partager 8-20 $, formule 57 $ ; 15h-tard dim, lun, ven et 12h-15h sam ; ). Une distillerie de gin où savourer une délicieuse cuisine au feu de bois. Reed & Co est un incontournable de la région. Les plantes du bush servent à préparer l'alcool fort, que l'on déguste idéalement face au spectacle de la petite cuisine ouverte au regard des convives. Au menu, un beau choix de produits australiens tels que le wallaby (en tartare) ou le cabillaud (du fleuve Murray). En journée, le même espace élégant propose un très bon café de chez **Sixpence** (0423 262 386 ; www.sixpencecoffee.com.au ; 15 Wills Street ; 8h-15h mar-ven, 8h-14h sam).

**Aalborg** Appartements **$$$**
(0401 357 329 ; www.aalborgbright.com.au ; 6 Orchard Ct ; ch 220-240 $ ; P). Un bel endroit au design scandinave épuré, avec mobilier de bois blanc. Les équipements sont excellents, et les grandes fenêtres ont une vue panoramique sur le bush. Séjour de 2 nuitées minimum.

## Omeo 7

**Snug as a Bug Motel** Motel **$$**
(0427 591 311, 03-5159 1311 ; www.motelomeo.com.au ; 188 Day Ave ; s/d à partir de 120/130 $ ; ). Cette option pittoresque aussi douillette que son nom l'indique (*snug as a bug* signifie "bien au chaud") se trouve dans la rue principale dans de beaux bâtiments historiques d'allure rustique. Suites familiales façon motel, chambres dans le bâtiment principal et ravissant cottage tout équipé.

ALEXANDER ARBUTHNOT
ALEXANDER ARBUTHNOT

# Le long du Murray

15

*D'Echuca à Mildura, cet itinéraire résolument fluvial est une tranche d'Australie en soi. On y suit le rythme indolent du fleuve Murray, du cœur densément peuplé du Sud-Est, aux prémisses de l'outback.*

## TEMPS FORTS

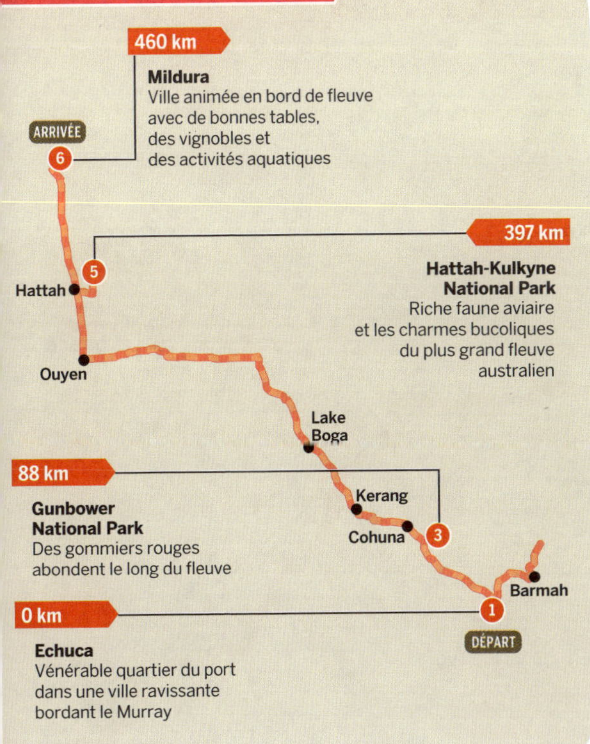


### 5 JOURS
### 460 KM

### PARFAIT POUR...

### LE MEILLEUR MOMENT

Au printemps (septembre à novembre) et à l'automne (mars à mai). Météo plus douce et ciel souvent dégagé.

### LA PHOTO SOUVENIR

Un bateau quittant les quais d'Echuca.

### AVENTURES AU GRAND AIR

Le Hattah-Kulkyne National Park : belle forêt fluviale et riche avifaune.

**Echuca** Vapeur à aubes dans le port historique

# 15 Le long du Murray

Les rives du Murray racontent à elles seules un pan de l'Australie. Le gommier rouge, roi du bush, y est omniprésent et attire cacatoès et cormorans. Les villes et villages le long du fleuve comptent parmi les plus anciens et les plus évocateurs du Victoria. Echuca, Swan Hill et Mildura nous parlent, à travers leur architecture notamment, d'un temps où cette voie navigable apportait vie et âme à tout l'arrière-pays.

TEMPS FORT

## 1 Echuca

Echuca compte parmi les villes de l'intérieur du pays à garder un souvenir vivace de leur grandeur passée. Si la modernité s'impose et étend son empire loin du fleuve, les anciens quais sont bordés de bâtiments historiques. La Murray Esplanade, non pavée, ressemble à un décor de cinéma façon calèches et belles façades, et permet d'accéder au quai par l'excellent **Port of Echuca Discovery Centre** (☎03-5481 0500 ;

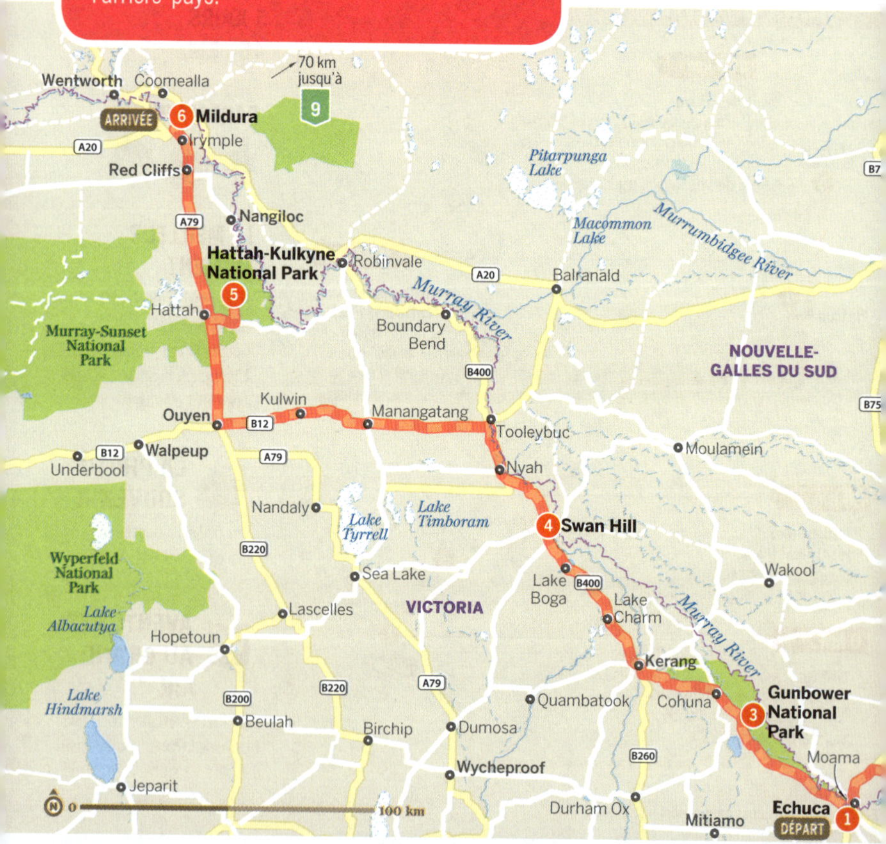

www.portofechuca.org.au ; 74 Murray Esplanade ; adulte/enfant/famille 14/8/45 $ ; 9h-17h ; ), centre d'interprétation du patrimoine très bien conçu. Les affichages renseignent sur l'histoire des lieux, ponctués d'anciennes machines et de bateaux à l'abandon. La vue sur le fleuve y est imprenable. C'est ici aussi que vous pourrez réserver votre circuit sur un bateau à vapeur du début du XX<sup>e</sup> siècle. Le **Pevensey** (03-5481 2832 ; www.echucapaddlesteamers.net.au ; adulte/enfant/famille 26/12/70 $ ; ) vous plongera dans l'ambiance. Des sorties sont également proposées sur le **bateau à aubes Emmylou** (03-5482 5244 ; www.murrayriverpaddlesteamers.com.au ; croisière adulte/enfant/famille 1 heure 30/20/91 $, 2 heures 40/29/125 $ ; ). High St, parallèle au fleuve, affiche une jolie succession de cavistes avec terrasses abritées, d'épiceries fines (fromages et charcuterie) et même une distillerie de gin.

p. 193

**La route »** Depuis Echuca, traversez la Murray, continuez vers le nord en passant par Moama et rejoignez la Cobb Hwy, le long des champs de blé qui marquent le sud de la Nouvelle-Galles du Sud. À environ 14 km au nord de Moama, suivez la direction (est) de Barmah (14 km), auquel on accède par un pont au-dessus du fleuve. L'entrée du parc est à peu près 6 km plus loin, au nord du village (tournez au niveau du pub).

## 2 Barmah National Park

Barmah englobe une portion pittoresque de la plaine inondable du Murray, mais aussi la plus vaste forêt de gommiers rouges du pays. La forêt marécageuse est généralement inondée en saison et les robustes eucalyptus, le tronc à demi immergé, sont comme un instantané du bush. De nombreux oiseaux et poissons viennent se reproduire ici. C'est d'ailleurs un des rares endroits où vit la perruche de Barraband. Sur la route, arrêtez-vous au pub de Barman pour y prendre une carte puis dirigez-vous vers la zone de camping des lacs de Barmah, où vous attendent des tables de pique-nique, un coin barbecue et d'où les pistes (la plupart praticables en voiture de tourisme) s'enfoncent entre les gommiers.

## À COMBINER AVEC

### 9 Outback de la Nouvelle-Galles du Sud

La route passe par le Mungo National Park avant de partir vers le nord, direction Broken Hill – les deux à quelques heures de Mildura.

### 14 Great Alpine Road

Echuca est à 203 km au nord-ouest de Beechworth, point de départ de cet itinéraire qui part de la montagne pour rejoindre la mer – par Shepparton, Benalla et Wangaratta.

KILKIE/SHUTTERSTOCK ©



**La route »** Retournez à Echuca (40 km) par la Cobb Hwy puis prenez la Murray Valley Hwy (B400) qui longe le fleuve au nord-ouest d'Echuca – du Murray, vous ne verrez que les rives boisées. À Gunbower, à 40 km d'Echuca, prenez à droite (vers le nord). La route coupe le Gunbower National Park et rejoint la B400 à Cohuna.

TEMPS FORT

### 3 Gunbower National Park

Gunbower Island, entre la Murray et Gunbower Creek, est l'un des joyaux méconnus du Murray. Le parc national a été créé en 2010 pour protéger sa belle forêt de gommiers rouges de l'industrie du bois. Très facile d'accès, il reste néanmoins souvent désert. Profitez-en pour admirer à votre rythme les magnifiques arbres, mais aussi la faune qu'ils cachent : kangourous, opossums, varans, tortues et serpents, mais aussi plus de 200 espèces d'oiseaux. Un réseau de "pistes fluviales" quadrille l'île et mène à de nombreux emplacements de camping dans le bush, sur la rive du fleuve côté Victoria. Certaines routes ne sont pas

## BON À SAVOIR SORTIES EN BATEAU

En quittant Echuca tôt, partez avec **Kingfisher Cruises** (☎03-5855 2855 ; www.kingfishercruises.com.au ; espace des visiteurs à la journée de Barmah Lakes ; croisère 2 heures adulte/enfant/famille 40/22/105 $ ; ⏲10h30 lun, mer, jeu, sam-dim ; 👪) pour une sortie en bateau au départ de Barmah. L'équipage en connaît un rayon sur les plantes et les oiseaux de la région.

**Le Murray** Au cœur de la Gunbower Creek Reserve

bitumées et restent un peu chaotiques, sans que cela ne soit gênant en voiture de tourisme – lorsqu'il a beaucoup plu, le 4x4 s'impose. On peut toutefois, en toute saison, circuler sur l'axe principal Gunbower–Cohuna qui traverse le parc.

**La route »** Passé Cohuna (à 20 km du Gunbower National Park), la Murray Valley Hwy s'éloigne pour un temps du fleuve. Des routes secondaires en suivent le cours, mais ne justifient pas vraiment le rallongement du temps de parcours. Depuis Kerang (à 32 km de Cohuna), la B400 coupe à travers une zone agricole et mène à différents chemins conduisant à la plus grande colonie d'ibis de l'hémisphère Sud et au lac Boga. Swan Hill est à 59 km de Kerang.

## 4 Swan Hill

Petite ville provinciale typiquement australienne, Swan Hill ne séduit pas forcément au premier regard – sa longue artère principale a son kiosque à journaux, son pub avec son porche, son glacier, son vendeur de *fish and chips* et ses plats asiatiques à petit prix. Il faut se rapprocher des rives du fleuve pour trouver le formidable **Pioneer Settlement** (☎03-5036 2410 ; www.pioneersettlement.com.au ; Monash Dr, Horseshoe Bend ; adulte/enfant/famille 30/22/82 $ ; ⏲9h30-16h30 ; 👪), reproduction très bien réalisée d'une petite ville portuaire tout droit sortie de l'époque des vapeurs à aubes, avec bateaux et calèches restaurés, atelier de photographie à l'ancienne, confiserie, salle de classe et lieu de rassemblement aborigène. Chaque soir au coucher du soleil, un **spectacle son et lumière** (www.pioneersettlement.com.au ; adulte/enfant/famille 22/15/59 $ ; 👪) de 45 minutes propose une découverte théâtralisée des lieux, depuis un véhicule à toit ouvert. Juste en face, la **Swan Hill Regional Art Gallery** (03-5036 2430 ; gallery.swanhill.vic.gov.au ; Monash Dr, Horseshoe Bend ; don libre ; 10h-17h mar-ven, 10h-16h sam-dim) met à l'honneur les artistes de la région. Pour tirer le meilleur parti de votre visite, renseignez-vous au **Swan Hill Information Centre** (03-5032 3033, 1800 625 373 ; www.visitswanhill.com.au ; angle McCrae St et Curlewis St ; 9h-17h ; ).

p. 193

**La route »** À environ 46 km au nord-ouest de Swan Hill, prenez plein ouest sur la Mallee Hwy, longue portion de route déserte où la terre se fait aride : l'outback n'est plus très loin. Après 100 km sur la Mallee Hwy, bifurquez vers le nord et la Calder Hwy au niveau d'Ouyen. Suivez les panneaux indiquant le Hattah-Kulkyne National Park depuis le hameau de Hattah, à 35 km au nord d'Ouyen.

TEMPS FORT

## 5 Hattah-Kulkyne National Park

Des nombreux parcs nationaux que compte le nord-ouest du Victoria, le Hattah-Kulkyne est peut-être le plus beau, et sans nul doute le plus facile d'accès. Son paysage est caractéristique du Murray, avec une alternance de végétation sèche et broussailleuse et de plaines fertiles à mesure que l'on approche du fleuve. On y voit des gommiers rouges et noirs, des acacias et callistemons. Les eaux du lac Hattah montent durant la crue du Murray, une aubaine pour les oiseaux aquatiques. On y recense ainsi plus de 200 espèces. Peut-être apercevrez-vous la rare perruche mélanure ou, plus rare encore, le léipoa ocellé. Si vous n'êtes pas venu pour randonner dans le bush ou suivre des pistes en 4x4, les deux itinéraires de Hattah et Kulkyne sont accessibles aux voitures de tourisme. Le **Hattah-Kulkyne National Park Visitor Centre** (13 19 63 ; www.parks.vic.gov.au) vous aidera dans vos recherches.

**La route »** Retournez sur la Calder Hwy : Mildura se trouve quelque 70 km plus loin (la route est facile). La végétation reprend de plus en plus ses droits à mesure que l'aridité du Mallee cède le terrain aux plaines inondables grâce auxquelles poussent vignes et vergers.

TEMPS FORT

## 6 Mildura

Malgré sa moiteur et son fort ensoleillement, Mildura reste une oasis dans un territoire aride. Cette ville moderne aux racines ancrées dans la tradition ovine renferme aussi des joyaux Art déco et certaines des meilleures tables du Victoria provincial. Des bateaux à aubes partent toujours du Mildura Wharf tandis que l'**Old Mildura Station Homestead** (Cureton Avenue ; don apprécié ; 9h-18h) rappelle les grandes heures du commerce fluvial. On ne s'arrête pas là : autour de la ville, le Murray se prête à mille et une activités : pêche, baignade, canoë, ski nautique, nuit en house-boat, croisière en vapeur à aubes ou partie de golf au bord de l'eau. Mildura est une région viticole prolifique : procurez-vous la brochure *Mildura Wines* à l'**office du tourisme** (03-5018 8380, 1800 039 043 ; www.visitmildura.com.au ; angle Deakin Ave et Twelfth St ; 9h-17h30 lun-ven, 9h-17h sam-dim ; ) ou consultez le site www.mildurawines.com.au. Si vous n'avez pas la possibilité de faire le tour des vignobles, **Sunraysia Cellar Door** (03-5021 0794 ; www.sunraysiacellardoor.com.au ; 125 Lime Ave ; 9h-17h lun-jeu, 9h-21h ven, 11h-17h sam-dim), au cœur de la ville, propose dégustation et vente. Environ 250 références et 22 domaines y sont représentés. Enfin, pour un aperçu de la gastronomie locale, on file le samedi au **Sunraysia Farmers Market** (www.facebook.com/pg/SunraysiaFarmersMarket ; Hugh King Dr, Jaycee Park ; 8h-12h 1er et 3e dim du mois).

p. 193

# Se restaurer et se loger

## Echuca 1

**Shebani's** Méditerranéen $$

(03-5480 7075 ; www.shebani.com.au ; 535 High St ; plats 14-24 $, plateau 20-39 $ ; 8h-16h ; ). Les saveurs méditerranéennes sont à l'honneur ici avec des plats grecs, libanais et nord-africains. Carrelage, lampes marocaines et café à l'australienne. Assiettes sympas (goûtez la Shebani, avec halloumi grillé et saucisse de mouton) à prix abordables, bon café.

**The Mill** International $$$

(03-5480 1619 ; www.themillechuca.com ; 2-8 Nish St ; assiettes à partager 12-28 $, plats 28-42 $ ; 16h-tard ; ). Cet ancien moulin à farine (1881) accueille désormais un bar animé et un restaurant-lounge baigné de lumière. Les plats australiens modernes et assiettes à partager (recettes variées) sont généreux et se savourent dans un décor industriel chic. Bières artisanales signées Bandicoot Brewing, une brasserie voisine. Cocktails et vins ne déçoivent pas non plus.

**Cock 'n Bull Boutique Hotel** Boutique-hôtel $$

(03-5480 6988 ; www.cocknbullechuca.com ; 17-21 Warren St ; s/d à partir de 159/189 $ ; P ). Ces appartements luxueux apportent une touche d'élégance au centre-ville d'Echuca, où les hébergements ont plus le style motel. La partie la plus ancienne du bâtiment (un pub à ses origines, en 1870) donne sur la Campaspe River. La partie récente est à l'arrière. La déco varie d'un intérieur à l'autre, mais toujours avec goût.

## Swan Hill 4

**Boo's Place Café & Provedore** Café-restaurant $$

(03-5032 4127 ; www.facebook.com/boosplacecafeandprovedore ; 12 McCrae St ; plats 11-20 $ ; 8h-17h lun-ven, 8h-16h sam, 8h-15h dim ; ). Où boire le meilleur café de la ville ? Ici ! L'endroit est génial, le chef s'approvisionne auprès des producteurs locaux et on peut même y acheter des légumes et oranges de la région. Au petit-déjeuner, œufs Bénédicte, *bowl* énergétique avec smoothie, fruits de saison, tacos et pétales de noix de coco et miel... Consultez le tableau des plats du jour (très variés) avant de faire votre choix.

**Jilarty Gelato Bar** Glacier $

(03-5033 0042 ; 233 Campbell St ; 8h-17h lun-sam, 10h-16h dim ; ). Ce petit café sert des glaces à l'italienne, délicieusement parfumées aux fruits de la région. Très bon café et churros pour les grands gourmands.

## Mildura 6

**Stefano's Cafe** Café $$

(03-5021 3627 ; www.stefano.com.au ; 27 Deakin Ave ; formules 14-23 $ ; 7h-15h lun-ven, 8h-15h sam, 8h-12h dim). Pain frais, œufs en cocotte à la tomate, pâtisseries et, bien sûr, café de bonne qualité : simplicité et fraîcheur sont de mise. Mais Stefano's est aussi une épicerie fine où trouver de délicieuses spécialités et des bons vins. Tables en terrasse, œuvres d'artistes locaux (souvent en vente), il y a de la vie ici.

**Mildura Grand** Hôtel historique $$

(1800 034 228, 03-5023 0511 ; www.milduragrand.com.au ; Seventh St ; ch/ste à partir de 140/220 $ ; ). Du nouveau linge de lit égaie les chambres standards du Mildura Grand, dans lequel un séjour reste un moment à part. Les chambres les moins chères de ce lieu historique, aménagées dans son aile d'origine, sont confortables, mais nous conseillons l'une des élégantes suites, avec baignoire spa. Au rez-de-chaussée, un restaurant propose un bon choix de plats.

# Queensland

**DANS LE QUEENSLAND, LES DISTANCES N'ONT D'ÉGAL QUE LA LISTE DES** activités possibles. Omniprésente tout au long de la spectaculaire côte de l'État, la Grande Barrière de corail, merveille naturelle peuplée d'une faune marine multicolore et abritant la plus grande concentration de récifs coraliens au monde, recèle des archipels de rêve, tels les Whitsundays. Sur le littoral nord, la forêt humide de Daintree est un autre bijou classé au Patrimoine mondial. De sa faune, sa flore et ses légendes aborigènes se dégagent une envoûtante beauté primitive. Plus à l'ouest, relais routiers isolés et anciennes peintures rupestres émaillent l'impitoyable arrière-pays. Terre de contrastes, le Queensland offre une palette d'expériences à nulle autre pareille au pays aussie.

**Grande Barrière de corail** Coraux de récif et poissons-soldats
PETE NIESEN/SHUTTERSTOCK ©

# Queensland

0
500 km
PAPOUASIE-NOUVELLE-GUINÉE
Mabuiag Island
Cap York
Jardine River National Park
Weipa
Oyala Thumotang National Park
Coen
Golfe de Carpentarie
Lakefield National Park
Cooktown
Laura
Daintree National Park
20
19
Mer de Corail
Mornington Island
Staaten River National Park
Mossman
Port Douglas
Cairns
Chillagoe
Karumba
Normanton
Innisfail
Burketown
Mission Beach
Tully
21
Croydon
Cardwell
Boodjamulla (Lawn Hill) National Park
Ingham
Paluma Range National Park
A1
Townsville
Flinders River
A7
Camooweal
A2
Bowen
Charters Towers
Airlie Beach
Mt Isa
Cloncurry
A5
Hughenden
Mackay
TERRITOIRE DU NORD
16
Moranbah
Winton
Boulia
A2
Clermont
A1
Yeppoon
Diamantina National Park
Diamantina River
Longreach
Barcaldine
Emerald
Rockhampton
A4
Bedourie
Welford National Park
Gladstone
Carnarvon National Park
Town of 1770
Barcoo River
A2
Biloela
Simpson Desert National Park
Idalia National Park
Bundaberg
Fraser Island
Expedition National Park
Birdsville
Childers
Hervey Bay
Maryborough
Cooper Creek
A39
Charleville
Quilpie
A2
Roma
Gympie
Kingaroy
A71
Maroochydore
Caloundra
18
Dalby
AUSTRALIE-MÉRIDIONALE
St George
Toowoomba
BRISBANE
Cunnamulla
Goondiwindi
17
Currawinya National Park
Coolangatta
Stanthorpe
Springbrook National Park
NOUVELLE-GALLES DU SUD

Route Nerang-Murwillumbah

Route Mythique

**16** **Côte du Queensland 10-14 jours**
Superbe itinéraire reliant le Sud bouillonnant au Nord bordé par la Grande Barrière de corail.

**17** **Boucle dans le sud du Queensland 7 jours**
Les stations balnéaires animées n'éclipsent pas les réserves naturelles et les forêts humides de l'arrière-pays.

**18** **Arrière-pays de Brisbane 3-4 jours**
La chic et tranquille Noosa, des marchés hippies et un zoo fantastique.

**19** **Cairns et la Daintree 7 jours**
Forêts humides, Grande Barrière de corail, crocodiles et vastes plages désertes parsèment le nord du Queensland.

**20** **Vers le cap York : de Cairns à Cooktown 5-7 jours**
L'extrémité nord du Queensland recèle peintures rupestres et villages reculés.

**21** **Outback du Queensland 7-10 jours**
Cet itinéraire part de la Grande Barrière de corail pour s'enfoncer dans l'outback.

## À NE PAS MANQUER

**Whitehaven Beach**
Une balade sur l'une des plus belles plages d'Australie. 16

**Route de Nerang à Murwillumbah**
Un secret jalousement gardé, jalonné de gorges, de forêts humides et de bien d'autres trésors. 17

**Spirit House**
Un repas dans ce petit coin féerique aux airs de Thaïlande. 18

**Kuku-Yalanji Dreamtime Walks**
La découverte des territoires aborigènes avec un guide à Mossman Gorge. 19

**Split Rock Gallery**
Les peintures rupestres et le profond silence près de Laura. 20

Route Mythique

# Côte du Queensland

16

*Cet itinéraire baigné de soleil croise des sites emblématiques de la côte australienne : Brisbane la branchée, la plus grande île de sable de la planète et de vastes étendues de forêt humide.*

## TEMPS FORTS

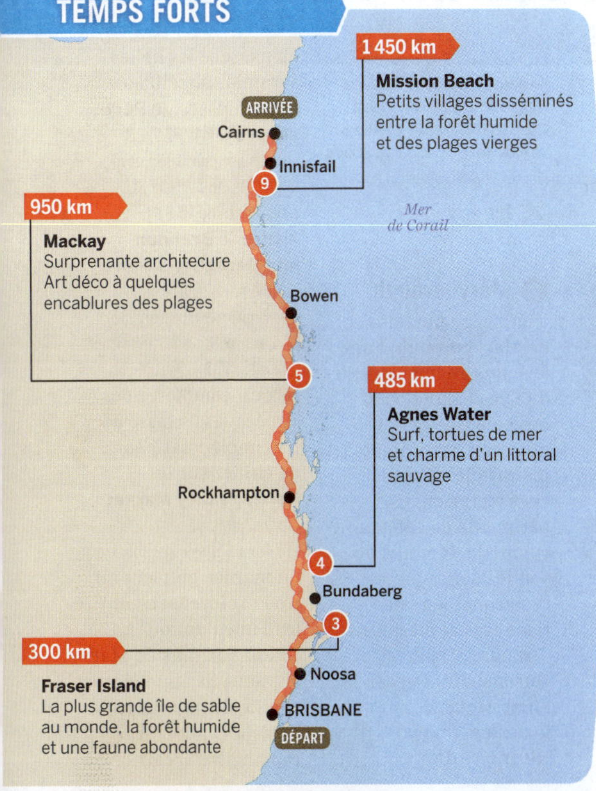


**10-14 JOURS**
**1 680 KM**

### PARFAIT POUR...

### LE MEILLEUR MOMENT

Avril à septembre – le temps est humide en montant vers le nord, surtout à partir de mi-décembre.

### LA PHOTO SOUVENIR

Whitehaven Beach – une sublime étendue de silice.

### POUR LE PLEIN AIR

Une profusion de couleur, le Reef en snorkeling.

**Whitsunday Islands** Whitehaven Beach

Route Mythique

# 16 Côte du Queensland

Longeant la superbe côte du Queensland sur plus de 1 600 km, cet itinéraire ensoleillé rassemble bon nombre des plus belles curiosités de l'État. La Bruce Hwy, jalonnée par toutes les grandes villes de la côte entre Brisbane et Cairns, passe d'un climat subtropical à tropical et offre d'innombrables occasions de faire des détours ou des pauses au gré des forêts humides, îles et plages rencontrées sur la route.

## 1 Brisbane

Point de départ de ce fantastique itinéraire, Brisbane est une ville créative et en constante évolution qui mérite qu'on s'y attarde. Si vous avez quelques jours avant de prendre le volant, visitez la **Gallery of Modern Art** (GOMA ; 07-3840 7303 ; www.qagoma.qld.gov.au ; Stanley Pl ; 10h-17h ; ; South Bank 1 et 2, South Brisbane), le **Queensland Cultural Centre** (Melbourne St ; South Bank Terminal 1 et 2, South Brisbane) et le **Museum of Brisbane** (07-3339 0800 ; www.museumofbrisbane.com.au ; 3e niv. Brisbane City Hall, King George Sq ; 10h-17h, 10h-19h ven ; ; Central). (p. 27)

**La route »** En prenant l'A1 au nord de Brisbane, ignorez l'appel de la Sunshine Coast entre Moroochydore et Noosa et vous atteindrez Maryborough en 3 heures environ.

p. 225

## 2 Maryborough

L'immense port fluvial de Maryborough, l'une des plus anciennes villes du Queensland, vaut largement le détour pour son patrimoine historique : larges rues victoriennes, bâtiments de l'époque coloniale, témoins de son influence passée, remarquablement restaurés et élégantes demeures typiques du Queensland. Descendez l'historique Quay St jusqu'à la Mary River en admirant au passage les belles vérandas à treillages et les musées de **Portside** (07-4190 5722 ; www.ourfrasercoast.com.au/Portside ; Wharf St ; pass Portside 15 $) ; visitez le **Brennan and Geraghty's Store** (07-4121 2250 ; www.nationaltrust.org.au ; 64 Lennox St ; adulte/famille 5,50/13,50 $ ; 10h-15h ; ), un commerce des années 1890 classé au patrimoine national ; ou chinez sur le **Heritage City Market** (angle Adelaide St et Ellena St ; 8h-13h30 jeu), un marché en plein air, d'où est joyeusement tiré le "Time Cannon" à 13h. Quant aux fans de Mary Poppins, ils apprécieront la ville de naissance de Pamela Lyndon Travers, romancière créatrice de

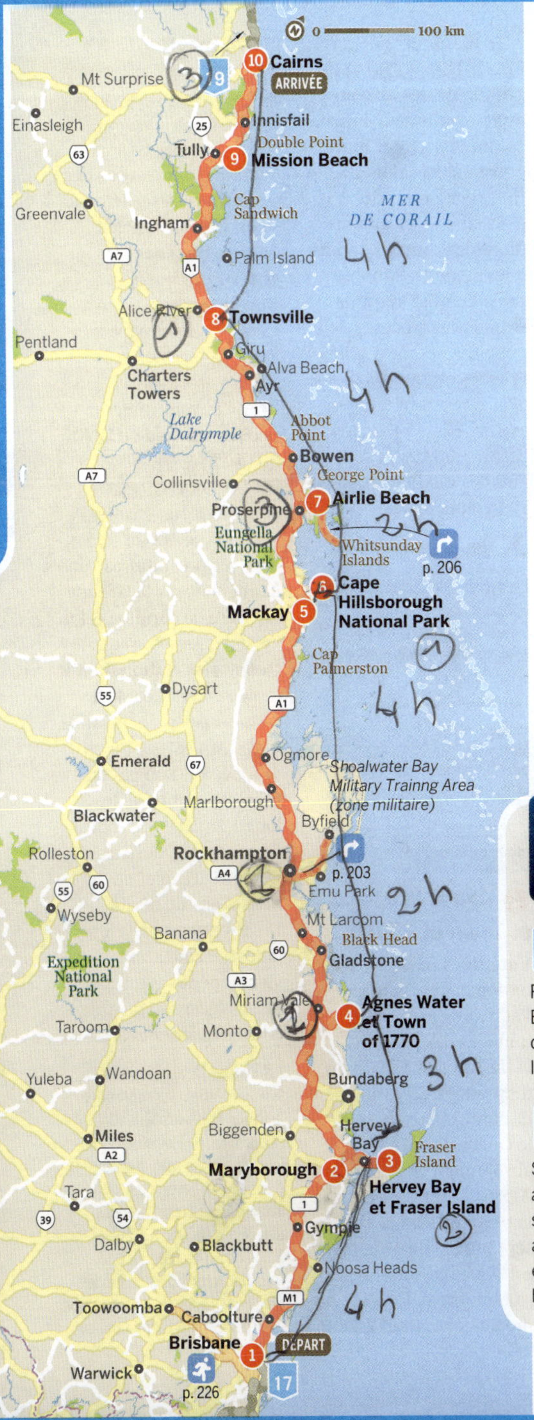


la célèbre gouvernante, ainsi que la **statue** (Richmond St) grandeur nature de Mary, à l'angle de Richmond St et de Wharf St ; l'agence **Tea With Mary** (07-4190 5722 ; 20 $/pers ; 9h30 jeu-ven) propose d'intéressantes visites du quartier historique accompagnées d'une guide déguisée en Mary Poppins ; enfin, **Mary Poppins Festival** (07-4196 9630 ; www.marypoppinsfestival.com.au ; ) se déroule sur 9 jours fin juin/début juillet.

**La route »** Partez en direction du nord-est par l'A57 (route Hervey Bay-Maryborough). Environ 30 km plus loin, vous arrivez à Hervey Bay ; l'océan est droit devant, et, sur votre droite, des kilomètres de front de mer urbanisé.

## À COMBINER AVEC

### 17 Boucle dans le sud du Queensland

Part également de Brisbane ; à réaliser avant de vous lancer dans la longue route vers le Nord.

### 19 Cairns et la Daintree

Si vous souhaitez pousser après Cairns, ces 195 km supplémentaires vous amèneront jusqu'au Reef et au cœur de la forêt humide de Daintree.

Route Mythique

TEMPS FORT

## 3 Hervey Bay et Fraser Island

Longues plages, ambiance de vacances et restaurants tels que Coast (p. 208) sont une raison suffisante de faire halte à Hervey Bay. Ajoutez à cela le passage des baleines à bosse et l'accès aisé à Fraser Island, inscrite au Patrimoine mondial. **MV Tasman Venture** (☎1800 620 322 ; www.tasmanventure.com.au ; Great Sandy Straits Marina, Buccaneer Dr, Urangan ; observation des baleines adulte/enfant 115/60 $ ; 🕒8h30 et 13h30 juil-début nov ; 👪), **Freedom Whale Watch** (☎1300 879 960 ; www.freedomwhalewatch.com.au ; Great Sandy Straits Marina, Urangan ; adulte/enfant 140/100 $ ; 👪) et **Blue Dolphin Marine Tours** (☎07-4124 9600 ; www.bluedolphintours.com.au ; quai d'amarrage B47, Great Sandy Straits Marina, Urangan ; adulte/enfant 160/130 $ ; 👪) organisent des circuits d'observation des baleines. Le **Hervey Bay Whale Festival** (www.herveybayoceanfestival.com.au) célèbre leur retour au mois d'août.

À 30 minutes de ferry, Fraser Island est la plus grande île de sable au monde, et le seul endroit connu où la forêt humide pousse sur le sable. Elle abrite quantité d'oiseaux et d'animaux (dont des dingos), tandis que dugongs, dauphins, raies mantas, requins et baleines à bosse peuplent ses eaux. **Eliza Fraser Lodge** (☎0418 981 610 ; www.elizafraserlodge.com.au ; 8 Eliza Ave, Orchid Beach ; 410 $/pers) est l'un des meilleurs logements de l'île.

🍴 🛏 p. 208

**La route »** Suivez la route Pialba-Burrum Heads vers l'ouest, puis bifurquez sur Toogoom Rd vers le sud-ouest pour rejoindre la Bruce Hwy. Traversez Childers vers le nord jusqu'à Miriam Vale, où vous quittez la Bruce Hwy vers l'est, direction Agnes Water à 56 km, et Town of 1770, 8 km plus loin.

TEMPS FORT

## 4 Agnes Water et Town of 1770

Entourées par des parcs nationaux et l'océan Pacifique, les villes jumelles d'Agnes Water et de Town of 1770 (date du premier débarquement de James Cook dans le Queensland) sont absolument charmantes. Agnes Water possède la plage de surf la plus septentrionale de la côte est ; essayez-vous au surf sur son break long et modéré avec **Reef 2 Beach Surf School** (☎07-4974 9072 ; www.reef2beachsurf.com.au ; 1/1-10 Round Hill Rd ; 🕒magasin 9h-17h lun-sam, 9h-15h dim ; 👪), très réputé, et faites-vous des amis dans d'excellentes auberges de jeunesse comme **Backpackers @ 1770** (☎0408 533 851 ; www.backpackers1770.com.au ; 20-22 Grahame Colyer Dr, entrée via Captain Cook Dr, Agnes Water ; dort/d 27/70 $ ; ❄📶). Si vous préférez pêcher, **Hooked on 1770** (☎07-4974 9794, 0428 941 770 ; www.1770tours.com ; circuit demi-journée/journée 175/250 $) et d'autres prestataires vous emmènent sur la Grande Barrière de corail. À 8 km au sud d'Agnes Water, le **Deepwater National Park** (www.parks.des.qld.gov.au/parks/deepwater), accessible à pied, en bateau ou en 4x4, déploie son paysage préservé composé de longues plages de sable, de sentiers pédestres, de cours d'eau et de bons coins de pêche. De novembre à février, la tortue caouanne vient y pondre sur les plages (éclosion de nuit entre janvier et avril).

**La route »** Retournez à Miriam Vale pour reprendre la Bruce Hwy vers le nord. Aux abords sud de Rockhampton, vous passez le tropique du Capricorne marqué par une immense flèche où prendre une photo souvenir. Mackay, à 334 km au nord-ouest de Rockhampton, jouit d'une des plus belles vues de cette portion de littoral au nord de Clairview.

## VAUT LE DÉTOUR
## BYFIELD NATIONAL PARK

**Point de départ : 4 Agnes Water**

Les panneaux indiquant Yeppoon évoquent Great Keppel Island, île paradisiaque à 13 km de la côte. Mais si les charmes de l'île sont bien connus, nous recommandons de suivre la route au nord de Yeppoon via Byfield jusqu'au somptueux **Byfield National Park**, aux paysages d'une grande diversité : immenses dunes de sable, épaisses forêts semi-tropicales humides, marécages et pinacles rocailleux. Fantastique destination à la journée, elle compte toutefois suffisamment de sentiers de randonnée et de plages isolées pour un séjour prolongé.

Pour vous y rendre, bifurquez sur Yeppoon Rd juste au nord de Rockhampton. Depuis Yeppoon, la ville de Byfield est à 40 km au nord environ.



TEMPS FORT

### 5 Mackay

Malgré ses bons restaurants, ses larges rues tropicales, ses bâtiments Art déco, ses mangroves sinueuses et ses chaleureux habitants, Mackay n'a rien de très touristique, et c'est tant mieux. D'excellents restaurants asiatiques tels que **Kevin's Place** (☎07-4953 5835 ; www.kevinsplace.com.au ; 79 Victoria St ; plats 25-30 $ ; ⏲11h30-14h lun-ven et 18h-23h30 lun-sam) sauront caler les petites faims. On doit la formidable architecture Art déco du centre à un cyclone qui a ravagé les bâtiments en bois en 1918. Un style particulièrement reconnaissable au niveau du premier étage des façades, notamment sur la **Chaseley House**, l'**Australian Hotel** et l'**Ambassador Hotel**. La brochure *Art Deco in Mackay* distribuée par le **Mackay Visitor Centre** (☎07-4837 1228, 1300 130 001 ; www.mackayregion.com ; 320 Nebo Rd ; ⏲9h-17h lun-ven ; 📶) donne d'autres adresses. Restaurants et cafés s'égrènent le long de la jolie promenade de la marina rénovée, et les plages ne manquent pas – les plus belles sont à 16 km au nord de la ville : **Bucasia** est la plus sauvage et la plus jolie.

🍴 🛏 p. 208

**La route »** Le Cape Hillsborough National Park est à 50 km au nord de Mackay. Il est bien indiqué sur la route Yakapari-Seaforth, en quittant la Bruce Hwy vers le nord.

### 6 Cape Hillsborough National Park

Ce petit **parc** (www.parks.des.qld.gov.au/parks/cape-hillsborough) côtier très accessible a des airs de bout du monde. D'une beauté brute, il englobe le rocailleux cap Hillsborough (300 m), ainsi qu'Andrews Point et Wedge Island, reliés par une chaussée à marée basse. Falaises escarpées, vaste plage, promontoires rocheux, dunes, mangroves, pins de Hoop et forêt humide abritent nombre de kangourous, wallabies, phalangers volants et tortues. Le soir, et tôt le matin, des kangourous se promènent parfois sur la plage. On peut aussi voir les restes d'amas coquillers aborigènes et des pièges à poisson en pierre, accessibles par de bons sentiers. Aux abords de l'estran, une promenade en planches serpente à travers la mangrove.

**La route »** Repartez par Cape Hillsborough Rd, puis Mount Ossa-Seaforth Rd pour rattraper la Bruce Hwy qui poursuit vers le nord-ouest. À Proserpine, tournez vers Airlie Beach, à 34 km de là. La seconde moitié du trajet offre une belle vue sur les Whitsunday Islands.

MATT MUNRO/LONELY PLANET ©

ALIZADA STUDIOS/SHUTTERSTOCK © SCULPTOR: DR. RHYL HINWOOD

## POURQUOI EST-CE UNE ROUTE MYTHIQUE ?

ANTHONY HAM, AUTEUR

Quoi de plus mythique qu'une route qui ne s'éloigne jamais de la Grande Barrière de corail, l'une des principales merveilles naturelles de l'Australie, et du monde, sur près de 2 000 km ? Cet itinéraire fabuleux relie deux royaumes distincts – le sud subtropical et les tropiques humides de l'extrême Nord – conciliant ainsi la terre et la mer, des sites admirés dans le monde entier et des lieux méconnus.

Ci-dessus : dingo, Fraser Island
À gauche : statue de Mary Poppins, Maryborough
À droite : Ambassador Hotel, Mackay

JON ARNOLD IMAGES LTD/ALAMY STOCK PHOTO ©

## 7 Airlie Beach

Airlie doit sa notoriété à la proximité des Whitsunday Islands et à son emplacement sur le circuit des routards, mais vous serez aussi charmé par les environs de la ville, ainsi que par la profusion de bars et de restaurants où passer du bon temps. Attardez-vous pour un verre au crépuscule chez **Northerlies** (☎1800 682 277 ; www.northerlies.com.au ; 116 Pringle Rd, Woodwark ; ⏰10h-20h30 dim-jeu, 10h-21h ven-sam), dégustez un déjeuner en toute décontraction chez **Sushi Hi** (☎07-4948 0400 ; 390 Shute Harbour Rd ; sushi 3,70-6,40 $, plats 10-12 $ ; ⏰11h-20h), partez en balade dans le **Conway National Park** (www.parks.des.qld.gov.au/parks/conway) ou bien sautez en parachute avec **Airlie Beach Skydivers** (☎1300 759 348 ; www.airliebeachskydivers.com.au ; 2/273 Shute Harbour Rd ; saut à 3 048 m/4 267 m 244/295 $ ; ⏰8h-17h30). Point d'embarquement pour les somptueuses Whitsundays, la ville compte une kyrielle de bateaux à louer, mais aussi d'excellents tour-opérateurs, notamment **Red Cat Adventures** (☎07-4946 4444 ; www.redcatadventures.com.au ; circuit à partir de 179 $).

✖ 🛏 p. 208

Route Mythique

**La route »** Cap vers le sud-ouest d'Airlie sur Shute Harbour Rd, puis plein ouest sur Gregory Cannon Valley Rd, pour reprendre la direction du nord par la Bruce Hwy. Traversez Bowen et poursuivez sur 202 km jusqu'à Townsville, via Ayr et le delta de la Burdekin River, entouré de champs de canne à sucre.

## 8 Townsville

S'étirant entre un imposant monolithe rouge et des eaux d'un bleu étincelant, Townsville est une ville ordonnée et relativement moderne qui compte d'intéressants musées, un immense aquarium, de superbes spots de plongée, une grande promenade du front de mer (The Strand) et une vie nocturne animée. Adaptée aux piétons, elle possède de beaux édifices du XIXe siècle restaurés. Sa population, jeune et dynamique, est composée d'étudiants et de militaires qui se mêlent aux gens du cru, aux mineurs saisonniers et aux vacanciers venus profiter des 320 jours d'ensoleillement annuels. Le **Reef HQ Aquarium** (☎07-4750 0800 ; www.reefhq.com.au ; Flinders St E ; adulte/enfant/famille 28/14/70 $ ; ⏲9h30-17h) accueille 130 espèces de coraux et 120 espèces de poissons, et les enfants pourront nourrir et toucher les pensionnaires de l'hôpital des tortues. L'**Australian Institute of Marine Science** (AIMS ; ☎07-4753 4444 ; www.aims.gov.au ; 1526 Cape Cleveland Rd, Cape Ferguson ; ⏲10h ven avr-nov) organise des visites guidées gratuites de 2 heures expliquant notamment ses recherches sur le

### VAUT LE DÉTOUR
### LES WHITSUNDAY ISLANDS

**Point de départ : 7 Airlie Beach**

Le mot "paradis" peut paraître cliché, mais il est tout indiqué ici. Temps fort de la plupart des excursions à la journée (ou plus longues) au départ d'Airlie, **Whitehaven Beach** étale ses 7 km de sable éblouissant et préservé sur **Whitsunday Island**. **Hamilton Island**, principal pôle touristique de l'archipel, ne s'adresse pas aux petits budgets, mais si votre bourse le permet, le *resort* **Qualia** (☎1300 780 959 ; www.qualia.com.au ; 20 Whitsunday Blvd ; villas à partir de 1 250 $ ; ❄@📶🏊) et le restaurant **Bommie** (☎07-4946 9999 ; Hamilton Island Yacht Club, Front St ; menu 4 plats/dégustation 125/150 $ ; ⏲18h-tard mar-sam) sont de prestigieuses adresses.

Apparus à la préhistoire lorsque le Pacifique a englouti une chaîne de montagnes volcaniques sur la côte du Queensland, ces joyaux tropicaux se visitent de bien des façons : en hélicoptère avec **HeliReef** (☎07-4946 9102 ; www.helireef.com.au), en vol panoramique avec arrêts snorkeling avec **Air Whitsunday** (☎07-4946 9111 ; www.airwhitsunday.com.au ; Terminal 1, Whitsunday Airport ; sortie à partir de 295 $), ou en bateau sur **Illusions 2** (☎0455 142 021 ; www.illusions-whitsundays.com.au ; excursion tout compris à la journée 165 $), un catamaran de 12 m proposant d'excellentes sorties à prix doux. **Cruise Whitsundays** (☎07-4846 7000 ; www.cruisewhitsundays.com ; port d'Airlie, 24 The Cove Rd ; croisière demi-journée adulte/enfant à partir de 129/79 $) organise des sorties vers Hardy Reef et **Daydream Island** ainsi que Long Island, ou des croisières à la journée sur le catamaran *Camira*. **Ocean Rafting** (☎07-4946 6848 ; www.oceanrafting.com.au ; AbellPoint Marina, Shingley Dr ; adulte/enfant/famille 159/102/476 $ ; 👪) propose différents circuits, notamment en kayak de mer.

blanchissement des coraux et la gestion de la Grande Barrière de corail. En juillet ou en août a lieu l'**Australian Festival of Chamber Music** (07-4771 4144 ; www.afcm.com.au ; juil/août), festival de musique de chambre de réputation internationale.

p. 209

**La route »** À l'exception d'un petit tronçon entre Mutarnee et l'extrémité d'Ingham, la route longe la côte sur 235 km. N'hésitez pas à faire une pause pour profiter de la vue ou de la plage.

VEK AUSTRALIA/SHUTTERSTOCK ©

**Mission Beach** Un coin de paradis perdu

TEMPS FORT

## 9 Mission Beach

Moins de 30 km à l'est des plantations de canne à sucre et de bananes bordant la Bruce Hwy, Mission Beach est lovée au milieu d'une magnifique forêt humide inscrite au Patrimoine mondial, qui se déroule jusqu'à une enclave de 14 km jalonnée de criques reculées et de plages désertes. "Mission" consiste en une série de villages isolés : **Bingil Bay**, 4,8 km au nord de **Mission Beach** proprement dite ; **Wongaling Beach**, 5 km au sud ; et **South Mission Beach**, 5,5 km plus au sud. Ces villages comptent néanmoins de délicieux cafés et restaurants, par exemple le Bingil Bay Cafe (p. 209) et **PepperVine** (07-4088 6538 ; www.peppervine.com.au ; shop 2, 4 David St ; tapas à partir de 12 $, plats 24-44 $ ; 16h30-tard lun, jeu-ven, 10h-tard sam-dim). Attention, les eaux cristallines de Mission Beach sont peuplées de méduses et de crocodiles marins ; respectez impérativement les zones de baignade. Des sentiers pédestres sillonnent la forêt humide, où vit la plus grande concentration de casoars d'Australie.

p. 209

**La route »** Au nord de Mission Beach, la route rejoint la Bruce Hwy au niveau d'El Arish, d'où elle file tout droit vers Cairns (quelques détours par les plages sont très tentants, comme celle de l'adorable Etty Bay avec ses casoars, ses promontoires rocheux et ses étendues de forêt humide). Après Innisfail, Cairns n'est plus qu'à 88 km.

## 10 Cairns

Dernière étape et concurrente au titre de capitale septentrionale du Queensland, Cairns est la porte d'accès à la Grande Barrière de corail et aux trésors de l'extrémité nord. Cette "métropole" tropicale qui attire les touristes propose un large choix de restaurants tels que **Ochre** (07-4051 0100 ; www.ochrerestaurant.com.au ; Marlin Pde ; plats 20-42 $ ; 11h30-15h et 17h30-21h30), de curiosités comme le Cairns Aquarium (p. 230), et d'activités telles que celles proposées par **Falla Reef Trips** (0400 195 264 ; www.fallareeftrips.com.au ; D-Finger, Marlin Marina ; excursion adulte/enfant/famille à partir de 145/90/420 $, initiation plongée 85 $).

p. 235

# Se restaurer et se loger



## Hervey Bay 3

### Coast — Australien $$

(☎07-4125 5454 ; www.coastherveybay.com.au ; 469 Charlton Esplanade, Torquay ; plats 23-32 $ ; ⏲17h30-tard mar-dim et 11h30-14h30 jeu-dim). La meilleure table de Hervey Bay apporte une touche urbaine contemporaine à sa cuisine, conçue pour dépasser les clivages culturels et sublimer d'excellents produits. Les petites assiettes (pétoncles de Hervey Bay au citron, câpres et beurre persillé, par exemple) sont suivies de plats plus copieux comme le poisson fumé au foin à l'ail noir, cornichons, orange et couenne de porc.

### Scarness Beachfront Tourist Park — Camping-caravaning $

(☎07-4128 1274 ; www.beachfronttouristparks.com.au ; Charlton Esplanade, Scarness ; empl avec/sans élec à partir de 42/34 $ ; 📶). L'un des trois camping-caravanings installés face à la longue plage de Hervey Bay. Cuisine de camp, barbecues et aires de pique-nique. Proche des commodités et des restaurants.

## Mackay 5

### Paddock & Brew Company — Barbecue $$

(☎0487 222 880 ; www.facebook.com/thepaddockandbrewcompany ; 94 Wood St ; plats 16-22 $ ; ⏲17h-minuit lun-mer, 12h-minuit jeu-ven, 7h-minuit sam-dim). Une brasserie artisanale-fumoir de style américain servant effiloché de porc, poitrine de bœuf, ribs, ailes de poulet Buffalo et un large choix de burgers (du poulet mariné au poisson pané). Le week-end au petit-déjeuner, essayez les pancakes au sirop d'érable ou le bagel façon new-yorkaise (bacon, œuf, croquettes de pommes de terre...).

### Stoney Creek Farmstay — Séjour à la ferme $$

(☎07-4954 1177 ; stoneycreekfarmstay.com ; 180 Stoney Creek Rd, Eton, en retrait de Peak Downs Hwy ; dort/écurie/cottage 25/150/195 $ ; P). À 32 km au sud de Mackay, faites fi du confort moderne et choisissez entre le sympathique cottage rustique, l'écurie reconvertie ou le Dead Horse Hostel plein de charme : c'est ça la vie du bush ! Promenades équestres de 3 heures (115 $/pers) et nombreuses autres activités. Dortoir gratuit si vous montez 2 jours d'affilée.

## Airlie Beach 7

### Airlie Beach Treehouse — Café $$

(☎07-4946 5550 ; www.facebook.com/airliebeachtreehouse ; 6a/263 Shute Harbour Rd ; plats 18-25 $ ; ⏲8h30-15h30 mer-dim). Ce restaurant décontracté au bord du lagon est réputé pour son service, sa cuisine de qualité et son cadre ombragé. Fermé le soir, il propose des plats originaux (pizza sauce barbecue, feta, oignons et saucisse de crocodile piquante) et plus traditionnels (travers de porc fumés à l'américaine, avec *coleslaw*).

### Kipara — Resort $

(☎07-4946 6483 ; www.kipara.com.au ; 2614 Shute Harbour Rd, Jubilee Pocket ; ch/cabins/villas à partir de 85/130/150 $ ; ❄📶🏊). Nichée dans le cadre luxuriant de Jubilee Pocket, à l'est d'Airlie, ce complexe pour voyageurs à petit budget, très propre et d'un excellent rapport qualité/prix, loue des chambres doubles, des *cabins* spacieuses et de grandes villas équipées pour les familles. Piscine, barbecue, cuisines de camp et buanderie à disposition.

**Whitsundays Tropical Eco Resort** Camping-caravaning $
(1800 069 388 ; whitsundaystropicalecoresort.com.au ; 2955 Shute Harbour Rd, Jubilee Pocket ; empl sans/avec élec 25/35 $, cabins à partir de 115 $ ; P ❄ @ ≋ 🐾). Adresse familiale installée sur un immense terrain ombragé, qui propose des emplacements tentes et caravanes d'un très bon rapport qualité/prix et des studios et villas tout équipés. À Flametree, 6 km à l'est d'Airlie, proche du petit aéroport de Whitsunday.

## Townsville 8

**Longboard Bar & Grill** Australien $$
(07-4724 1234 ; www.longboardbarandgrill.com ; The Strand, en face de Gregory St ; plats 16-37 $ ; 11h-15h et 17h30-tard lun-sam, 11h-15h dim). Ce pub-restaurant à la déco thématique surf est l'adresse la plus branchée de Townsville pour un repas léger et festif face à la mer. Bonnes assiettes du soir (tacos, ailes de poulet Buffalo), mais aussi des steaks, du poisson et des pâtes, à commander au bar. Bonne ambiance ; personnel rapide et efficace.

**Wayne & Adele's Garden of Eating** Australien $$
(07-4772 2984 ; gardenofeating.com.au ; 11 Allen St ; plats à partir de 18,50 $ ; 18h30-22h30 lun, 18h30-23h jeu-sam, 12h-15h dim). Dans une petite cour, ce restaurant gastronomique décalé tenu par un couple sert des plats originaux comme les gnocchis canard-ricotta, ou le filet de kangourou, champignons au curry et purée au bacon. Gardez une place pour le cheesecake aux noix de cajou s'il est au menu.

**Rambutan** Auberge de jeunesse $
(07-4771 6915 ; www.rambutantownsville.com.au ; 113-119 Flinders St ; dort/d à partir de 24/120 $ ; bar 12h-tard). Une adresse centrale ultratendance de l'extrême nord du Queensland, proposant des dortoirs impeccables et des chambres décorées avec goût. Les villas sont idéales pour les groupes. Fantastique bar rooftop servant aussi à manger, et café au rez-de-chaussée : il faudra une bonne raison pour quitter cet endroit.

## Mission Beach 9

**Bingil Bay Cafe** Café $$
(07-4068 7146 ; 29 Bingil Bay Rd, Bingil Bay ; plats 19-32 $, pizzas 25 $ ; 7h-22h ; ). Déco New Age, bon café et plats délicieux vous attendent dans cette institution aux murs lavande et à la terrasse couverte, où l'on se régale de succulents petits-déjeuners. Excellents linguini aux crevettes tigrées et maquereau espagnol ; la bavette d'aloyau, à prix raisonnable, connaît un franc succès. Expositions et concerts fréquents attirent une clientèle d'artistes. Ouvert toute la journée.

**Tusker's Tuckerbox** Australien $$
(0414 395 164 ; www.tuskers.com.au ; 154 Kennedy Esplanade, South Mission Beach ; plats déj à partir de 16 $, dîner 18-48 $ ; 12h-21h ven-dim). Établissement prisé en fin de semaine à South Mission Beach, concoctant *enchiladas* de rumsteck, ragoût de cabri et choix de steaks et burgers, parfois le tout proposé en un seul énorme plat. Les plats du déjeuner sont plus légers.

**Licuala Lodge** B&B $$
(07-4068 8194 ; licualalodge.com.au ; 11 Mission Circle, Mission Beach ; s/d/tr avec petit-déj à partir de 120/140/190 $ ; ). Il faut être motorisé pour rejoindre ce paisible B&B situé à 1,5 km de la plage et de toutes les commodités. Profitez d'une superbe terrasse couverte donnant sur un jardin paysager où prendre le délicieux petit-déjeuner, et d'une piscine entourée de plantes et de rochers. Des casoars fréquentent régulièrement les lieux. Sue et Mick réservent un accueil chaleureux.

17

# Boucle dans le sud du Queensland

*Baignée de soleil, la côte sud du Queensland promet vagues à l'infini, parcs à thème et scène culinaire en plein essor. Dans les terres, forêts humides et cascades apportent une délicieuse note de fraîcheur.*

## TEMPS FORTS

**7 JOURS**
**374 KM**

### PARFAIT POUR...

### LE MEILLEUR MOMENT

Toute l'année, mais idéal d'avril à octobre ; évitez la "schoolie week" en novembre.

### LA PHOTO SOUVENIR

Un selfie avec un loriquet arc-en-ciel dans le Currumbin Wildlife Sanctuary.

### POUR LES FAMILLES

Movie World : l'un des meilleurs parcs à thème.

**Currumbin Wildlife Sanctuary** Loriquet arc-en-ciel

# 17 Boucle dans le sud du Queensland

Le trajet de Brisbane au Lamington National Park confirme que le sud du Queensland ne se résume pas au frisson des mythiques parcs à thème de la Gold Coast : les îles Stradbroke et Burleigh Heads attirent les visiteurs en nombre, tandis que les merveilleuses forêts humides des parcs nationaux de Springbrook et Lamington apaisent l'esprit.

## 1 Brisbane

Brisbane cumule les bons points : cafés élégants, bars et microbrasseries ; scène musicale et artistique effervescente ; architecture unique du Queensland ; et climat frisant la perfection. Mais c'est la Brisbane River qui fait sa singularité. Elle sculpte un patchwork de villages urbains, très variés : le bohème West End, dans la partie basse ; le très tendance Paddington, sur les hauteurs ; le sélect New Farm sur une péninsule. Cet immense fleuve est bordé de points d'intérêt, depuis les institutions culturelles de South Bank à la **Brisbane Riverwalk** ( ; 195, 196, 199, Sydney St) et aux quais des **Howard Smith Wharves** (howardsmithwharves.com), transformés en espace de restauration et de loisirs. Ces derniers incarnent le raffinement croissant de la ville, en passe de rivaliser avec Melbourne ou Sydney. La ville adopte même la culture des ruelles chères à Melbourne : Fish Lane abrite des adresses de choix où boire un verre et manger, et des fresques de *street art*. (p. 27)

**La route »** Du centre de Brisbane, Old Cleveland Rd traverse les banlieues de l'est. Suivez les panneaux jusqu'à Cleveland, où les ferries gagnent North Stradbroke Island en 30 minutes.

p. 225

TEMPS FORT

## 2 North Stradbroke Island

North Stradbroke Island (Minjerribah) évoque à la fois Noosa et Byron Bay. Ourlée de magnifiques

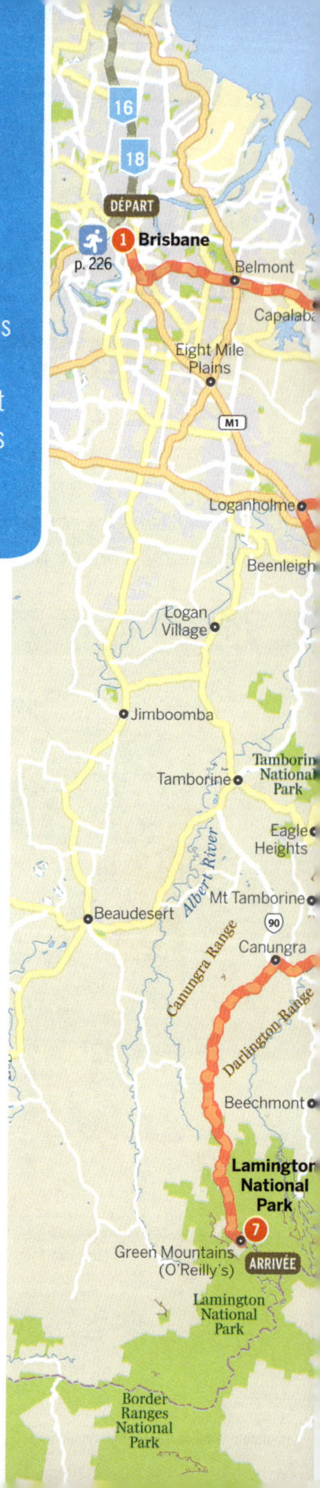

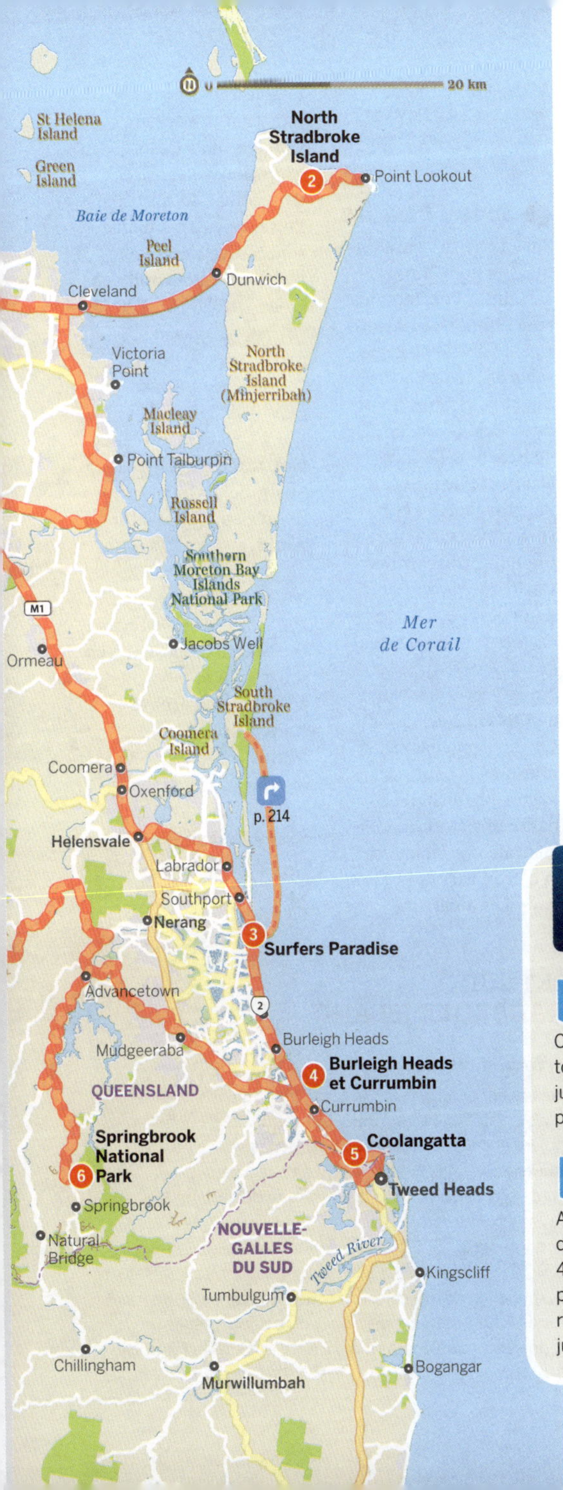


plages de sable blanc et baignée de belles vagues, l'île possède quelques hébergements de qualité. On peut y apercevoir des dauphins, des tortues et des raies mantas, que rejoignent les baleines à bosse de juin à novembre. Au cœur de l'île, le **Naree Budjong Djara National Park** (www.nprsr.qld.gov.au/parks/naree-budjong-djara ; Alfred Martin Way) cache l'étincelant Blue Lake. Ouvrez l'œil pour apercevoir oiseaux de la forêt, lézards et wallabies bicolores. Le lac, entouré d'une forêt de niaoulis (paperbarks), d'eucalyptus et de banksias, abrite une petite plateforme d'observation en bois. Un circuit avec **Straddie Adventures** (☎0433 171 477 ; www.straddieadventures.com.au ; adulte/enfant excursion kayak à partir



## À COMBINER AVEC

### 16 Côte du Queensland

Cet itinéraire qui longe toute la côte du Queensland jusqu'à Cairns (1 680 km) part aussi de Brisbane.

### 18 Arrière-pays de Brisbane

Autre itinéraire au départ de Brisbane : ce trajet de 471 km part vers le nord, puis l'ouest avant de redescendre vers le sud jusqu'à Toowoomba.

de 75/40 $, sandboard 35/30 $ ; 👪), une exposition de la **Salt Water Murris Quandamooka Aboriginal Art Gallery** (☎07-3415 2373 ; 3 Ballow Rd, Dunwich ; ⏰10h-14h mar-jeu, 9h-14h ven, 9h-12h sam-dim) ou une discussion avec l'artiste aborigène Delvene Cockatoo-Collins dans son atelier-boutique **Cockatoo-Collins Studio** (7 Stradbroke Pl, Dunwich ; ⏰9h30-13h30 sam ou sur rdv) vous en apprendront plus sur la culture aborigène de l'île. Les villages sont peu nombreux et le choix d'hébergements et de restauration limité – et concentré au nord-est, près de Point Lookout.

🛏 p. 217

**La route »** Revenez à Cleveland en ferry puis dirigez-vous toujours vers l'ouest jusqu'à la Pacific Mwy (M1). Empruntez-la vers le sud jusqu'à la sortie n°66 vers la Smith St Mwy (Rte 10), qui mène à Southport. Au carrefour en T, tournez sur la Gold Coast Hwy (Rte 2), qui mène à Surfers Paradise.

## 3 Surfers Paradise

Surfers n'a de "Paradis" que son nom, diront certains... Pourtant, les rues animées, les gratte-ciel et la belle plage de sable de Surfers attirent toujours la foule. Cœur de la Gold Coast, ce lieu hédoniste mêle corps bronzés, cieux azur et flots turquoise. Pour vous repérer, grimpez au **SkyPoint Observation Deck** (www.skypoint.com.au ; niveau 77, Q1 Bldg, Hamilton Ave ; adulte/enfant/famille 27/17/71 $ ; ⏰7h30-22h dim-jeu, 7h30-23h ven-sam), au 77e étage de la tour Q1 (322,5 m), deuxième tour la plus haute de l'hémisphère Sud. Le panorama sur la 6e ville australienne embrasse la côte et l'arrière-pays. Les amateurs de sensations fortes tenteront la SkyPoint Climb, la plus haute ascension (extérieure) d'un édifice en Australie. Plusieurs parcs à thème sont faciles d'accès en voiture. **Dreamworld** (☎1800 073 300, 07-5588 1111 ; www.dreamworld.com.au ; Dreamworld Pkwy, Coomera ; adulte/enfant à partir de 99/89 $ ; ⏰10h-17h), à Coomera, est le plus grand du genre en Australie. Le billet inclut l'entrée au **WhiteWater World** (www.dreamworld.com.au/whitewater-world ; entrée incluse avec billets Dreamworld ; ⏰11h-16h lun-ven, 10h-17h sam-dim) voisin, proposant jeux aquatiques et tobogans. À Oxenford se trouve **Warner Bros. Movie World** (☎07-5573 3999, 13 33 86 ; www.movieworld.com.au ; Pacific Hwy, Oxenford ; adulte/enfant 95/89 $ ; ⏰9h30-17h), sur le thème du cinéma.

🍴 p. 217

### VAUT LE DÉTOUR
### SOUTH STRADBROKE ISLAND

**Point de départ : 3 Surfers Paradise**

Les deux îles Stradbroke ne formaient qu'une seule île jusqu'à ce qu'une violente tempête balaye la langue de sable qui les reliait en 1896. Conséquence de son isolement, cette étroite île sablonneuse de 21 km de long est peu développée, antidote idéal à l'urbanisation excessive qui gâche une partie de la côte sud du Queensland. À son extrémité nord, l'étroit chenal qui la sépare de sa jumelle est un excellent site de pêche ; à la pointe sud, le Spit n'est qu'à 200 m. L'île compte le **Couran Cove Island Resort** (☎07-5597 9999 ; www.courancove.com.au ; South Stradbroke Island ; studios 179-230 $, eco-cabins 249 $ ; ❄🏊), idéal pour les familles, trois terrains de camping, des myriades de wallabies, des étendues de sable, de mer et de bush – mais pas de voiture ! Pour vous y rendre, louez un bateau, prenez un bateau-taxi ou joignez-vous à une excursion depuis Main Beach ou Surfers Paradise.

**La route »** Quittez Surfers Paradise en suivant la Gold Coast Hwy vers le sud sur une courte distance jusqu'à Burleigh Heads, proche de la verdoyante Currumbin, un peu plus au sud.

PENNY CARROLL/LONELY PLANET ©

Burleigh Heads Rick Shores

TEMPS FORT

## 4 Burleigh Heads et Currumbin

Cultures surf, hipster et bohème se mêlent à Burleigh Heads, connue pour son point break droit, sa plage sublime et son atmosphère détendue. La scène culinaire de la ville est en effervescence, comme en témoignent Rick Shores (p. 217), bar-bistrot asiatique-fusion avec vue sur les vagues et la ville, ou **Jimmy Wah's** (☎07-5659 1180 ; www.jimmywahs.com.au ; 1724 Gold Coast Hwy ; plats 12-38 $ ; ⏲12h-tard), proche de la plage, mariant saveurs vietnamiennes et créativité australienne à prix plus doux. Les **Village Markets** (☎0487 711 850 ; www.thevillagemarkets.co ; Burleigh Heads State School, 1750 Gold Coast Hwy, Burleigh Heads ; ⏲8h30-13h 1er et 3e dim du mois) regroupent deux fois par mois créateurs, artisans et collectionneurs, avec stands dédiés à la mode et au bien-être, concerts et alimentation. Baladez-vous sur le promontoire au sein du **Burleigh Head National Park** (www.npsr.qld.gov.au/parks/burleigh-head ; Goodwin Tce, Burleigh Heads ; ⏲24h/24), 27 ha de forêt humide peuplée d'oiseaux, en profitant de la vue sur les vagues. À 3 km dans les terres, le **David Fleay Wildlife Park** (☎07-5576 2411 ; www.npsr.qld.gov.au/parks/david-fleay ; angle Loman Lane et West Burleigh Rd, West Burleigh ; adulte/enfant/famille 23/10,50/58,75 $ ; ⏲9h-17h) accueille des animaux dans leur habitat naturel et des présentations de la faune endémique par les *rangers* du parc. Le **Currumbin Wildlife Sanctuary** (☎07-5534 1266, 1300 886 511 ; www.cws.org.au ; 28 Tomewin St, Currumbin ; adulte/enfant/famille 50/40/150 $ ; ⏲8h-17h) réunit la plus importante concentration d'oiseaux de forêt humide d'Australie et présente divers shows avec les animaux. On peut voir des dingos, nourrir des loriquets ou prendre une photo avec un koala.

✕ p. 217

**La route »** La Gold Coast Hwy s'infléchit vers le sud-est pour gagner Coolangatta, à 8 km de Currumbin.

## 5 Coolangatta

À l'extrémité sud de la Gold Coast, "Coolie" s'enorgueillit de belles plages de surf, incluant le légendaire break Superbank, l'un des plus réguliers du Queensland. Sans surprise, c'est ici que se déroule la compétition annuelle de surf des Quiksilver et Roxy Pros. Suivez la promenade en planches contournant Kirra Point jusqu'à Kirra et sa longue plage aux vagues plus stimulantes. Le break le plus difficile est Point Danger, mais Kirra Point est souvent au rendez-vous, et des breaks moins exigeants déferlent à Greenmount Beach et Rainbow Bay. Chez **Gold Coast Surfing Centre** (☎0417 191 629 ; www.goldcoastsurfingcentre.com ; cours collectif 45 $), Dave Davidson, ancien surfeur professionnel vous fera tenir debout sur la planche dès le premier cours. De mi-juin à fin octobre environ, **Coolangatta Whale Watch** (☎0407 070 362 ; www.coolangattawhalewatch.com.au ; 156 Wharf St, Ivory Marina ; sortie 3 heures adulte/enfant 88/65 $ ; ⌚8h30-11h30 mar-dim fin-mai à début-nov) organise des sorties d'observation des baleines de 3 heures.

p. 217

**La route »** Quittez la côte et suivez les indications vers Murwillumbah et Nerang. D'étroites routes de campagne serpentent à travers des montagnes et des vallées. Juste après Rosins Lookout (à 44 km de Murwillumbah), bifurquez à droite puis suivez les panneaux pour Springbrook.

## 6 Springbrook National Park

Changement de décor ! Le **Springbrook National Park** (☎13 74 68 ; www.nprsr.qld.gov.au/parks/springbrook) est ce qui reste du Tweed Shield, un immense volcan qui se dressait au milieu du Mt Warning voisin il y a 20 millions d'années. Ses sentiers, jalonnés de gorges, falaises et cascades, ainsi que ses températures clémentes et ses forêts humides et d'eucalyptus, sont un paradis pour les randonneurs. Le parc comporte quatre sections. Le **Springbrook Plateau**, à plus de 1 000 m d'altitude, est émaillé de cascades, de sentiers et de saisissants points de vue. Springbrook, le long de Springbrook Rd, est la municipalité qui accueille le plus de visiteurs. La partie **Natural Bridge**, en retrait de la route Nerang-Murwillumbah, comporte un circuit pédestre de 1 km menant à une immense arche de pierre enjambant une grotte où vit une colonie de vers luisants (visites guidées possibles). La partie **Mt Cougal**, accessible par la Currumbin Creek Rd, se distingue par plusieurs cascades et points de baignade (attention aux rondins immergés et aux rochers glissants). Enfin, **Numinbah**, au nord et densément boisée, est la quatrième section.

**La route »** Retournez au Rosins Lookout (18 km), puis suivez les panneaux indiquant Nerang sur les routes de montagne sinueuses. Juste avant Nerang, prenez au nord puis à l'ouest via Canungra, et, enfin, vers le sud jusqu'au Lamington National Park.

TEMPS FORT

## 7 Lamington National Park

Les vestiges les plus étendus de forêt humide subtropicale recouvrent les vallées et falaises de la McPherson Range, qui culmine à 1 100 m sur le plateau de Lamington. C'est là que s'étirent les 160 km de sentiers pédestres du **Lamington National Park** (www.nprsr.qld.gov.au/parks/lamington), inscrit au Patrimoine mondial. Les deux zones les plus accessibles sont **Binna Burra** et les **Green Mountains** (O'Reilly's), que l'on atteint par des routes en lacets étroites depuis Canungra (déconseillées aux camping-cars). On peut aussi rejoindre Binna Burra par les routes de Beechmont ou de Binna Burra via Nerang (depuis la Gold Coast) ou Canungra (de Brisbane), toutes deux praticables en camping-car. Il est possible de randonner dans le bush, quelques heures ou plusieurs jours. Les marcheurs chevronnés apprécieront la **Gold Coast Hinterland Great Walk**, randonnée de 3 jours et 54 km entre les Green Mountains et le Springbrook Plateau. La **Tree Top Walk** traverse une succession de ponts de singe à 16 m de hauteur, dans la canopée des Green Mountains.

# Se restaurer et se loger

## North Stradbroke Island 2

### Sea Shanties Cabins $$

(07-3409 7161 ; www.seashanties.com.au ; 9a Cook St, Amity Point ; cabins 155-200 $ ; ). Sculptures en matériaux recyclés et plantes tropicales émaillent cette oasis en bord de mer qui loue 7 superbes *cabins* tout équipées (réfrigérateur, plaque de cuisson, micro-ondes et machine à café) à la déco nautique élégante. Cuisine extérieure bien équipée, coin barbecue, salon, jetée privée (équipement de snorkeling à disposition) et buanderie.

## Surfers Paradise 3

### Surfers Sandbar Australien $$

(07-5526 9994 ; www.sandbargc.com ; 52 Esplanade ; plats 14-29 $ ; 6h-22h dim-jeu, 6h-minuit ven-sam). Face à la plage, une adresse branchée, entre Riviera et Bali, dont la carte s'inspire du monde entier. Vaste choix au petit-déjeuner – smoothies copieux et autres plats pour lendemains difficiles comme le *nasi goreng* (indonésien). Le midi et le soir, le menu adopte des classiques (burgers, *fish and chips*, pâtes) et un choix de *poke bowls* hawaïens.

## Burleigh Heads et Currumbin 4

### Rick Shores Asiatique fusion $$

(07-5630 6611 ; www.rickshores.com.au ; 43 Goodwin Tce, Burleigh Heads ; plats 29-55 $ ; 12h-minuit mar-dim). Délicieuse cuisine asiatique, moderne et inventive, à déguster les pieds dans le sable en profitant de la vue, du son des vagues, de la brise et de l'ambiance détendue. Les portions, copieuses, se partagent, mais commencez par un sublime Moreton Bay bug roll (petit pain à la cigale des mers frite) rien que pour vous.

### Elephant Rock Café Café $$

(07-5598 2133 ; www.elephantrock.com.au ; 776 Pacific Pde, Currumbin ; plats 24-40 $ ; 7h-15h lun-jeu, 7h-21h ven-sam, 7h-16h dim). Sur le front de mer délicieusement préservé de Currumbin, ce bar de plage sur deux niveaux se transforme en établissement chic le soir. Superbe vue sur l'océan. La salade de crabe de Mooloolaba (40 $) et les planches d'antipasti (longboard, 44 $) sont faites pour être partagées.

## Coolangatta 5

### Tasca Italien $$

(0457 230 921 ; www.tascacoolangatta.com ; 114 Griffith St ; plats 23-29 $ ; 15h-tard, fermé lun en hiver). Bien nommé, ce bar à vins de "poche" élégant affiche une carte des vins impressionnante et prépare une succulente cuisine italienne moderne. Commencez par une assiette d'antipasti, suivie de calamars sautés et de *pappardelle* au ragoût de joue de bœuf. Excellents cocktails également.

### The Pink Hotel Boutique-hôtel $$$

(0499 746 545 ; www.thepinkhotelcoolangatta.com ; 171 Griffith St ; ch à partir de 295 $). Au-dessus du bar **Eddie's Grub House** (07-5599 2177 ; www.eddiesgrubhouse.com ; 171 Griffith St ; 12h-22h30 mar-jeu et dim, 12h-minuit ven-sam), l'ancien motel rose bonbon des années 1950 est désormais un boutique-hôtel aux accents californiens pimenté de rock 'n' roll. Les chambres et suites sont ornées de fresques signées par un artiste tatoueur local, de panneaux en néon, de fauteuils en velours et de mini-bars rétros.

18

# Arrière-pays de Brisbane

*Vagues turquoise, pics volcaniques, crocodiles placides et festins à la mode thaïlandaise, le tout avant d'arriver à Noosa ! Au programme de l'arrière-pays de Brisbane : marchés artisanaux, villes agréablement assoupies et street art.*

## TEMPS FORTS

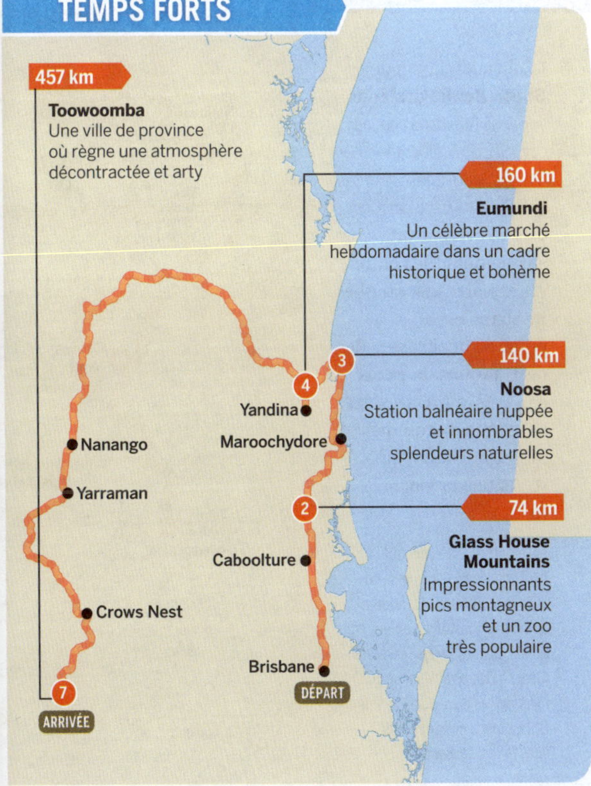


**3-4 JOURS**
**457 KM**

**PARFAIT POUR...**

**LE MEILLEUR MOMENT**

Toute l'année, mais le temps est plus sûr de mai à octobre.

**LA PHOTO SOUVENIR**

La vue panoramique sur d'anciens pics abrupts depuis le Glass House Mountains Lookout.

**POUR LES FAMILLES**

Les crocodiles de l'Australia Zoo.

**Glass House Mountains** Vue imprenable depuis les sentiers de randonnée

# 18 Arrière-pays de Brisbane

Si la plupart de ces sites peuvent faire l'objet d'excursions à la journée depuis Brisbane, il manque la sensation de liberté associée à la route et le plaisir d'échapper à la grande ville. Les Glass House Mountains semblent venir d'un autre monde tandis que la forêt tropicale enveloppant Spirit House évoque la sensuelle Bali. Enfin, ne ratez pas Noosa la huppée, Eumundi la libre penseuse et les nostalgiques Crows Nest et Toowoomba.

## 1 Brisbane

Brisbane s'est débarrassée de son côté apathique pour devenir une cité en pleine effervescence à l'ambiance décontractée. La Gallery of Modern Art (p. 200), au bord du fleuve, est une figure de proue de la scène artistique australienne, tandis que **The Triffid** (07-3171 3001 ; www.thetriffid.com.au ; 7-9 Stratton St, Newstead ; 12h-tard mer-dim ; 393) et le Fortitude Valley Music Hall, flambant neuf, ont dynamisé la scène musicale de Brisbane. Si de nouveaux bars à vins, microbrasseries et restaurants tendance ouvrent chaque semaine, la plage du lagon de **South Bank Parklands** (www.visitbrisbane.com.au ; Grey St ; aube-crépuscule ; ; South Bank 1, 2 et 3 South Brisbane, South Bank), parc gratuit surplombant le centre-ville, plaira aux familles. Brisbane est aussi le point de départ vers des destinations de week-end très appréciées des habitants, notamment Moreton Island, qui se visite à la journée. (p. 27)

**La route »** Remontez l'autoroute M3 vers le nord et la Sunshine Coast. Après Brisbane, l'autoroute devient la M1 (Bruce Hwy). Suivez-la jusqu'à Beerwah (sortie 163) ; lorsque les panneaux indiquent Caboolture, dirigez-vous vers la file de gauche.

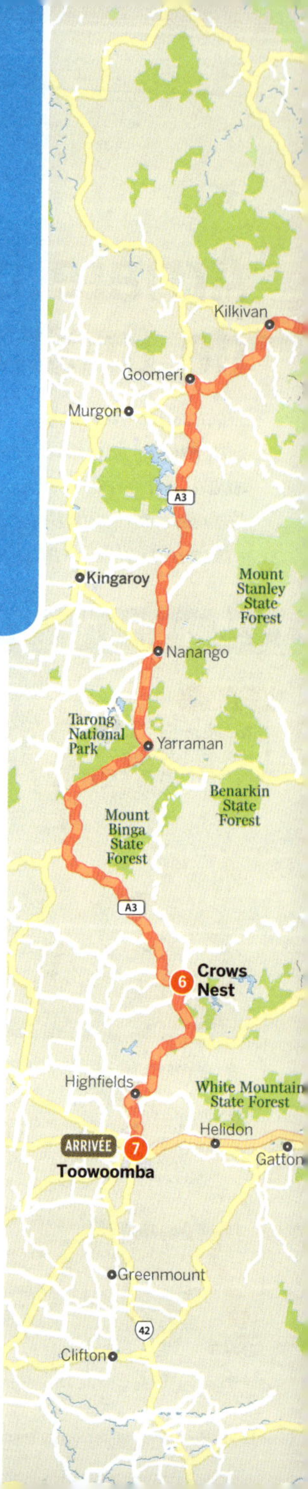

TEMPS FORT

## 2 Glass House Mountains

Les pics volcaniques des Glass House Mountains jaillissent de la plaine subtropicale à 20 km au nord-ouest de Caboolture. Selon la légende du Temps du Rêve des Aborigènes, ces imposants pics abrupts appartiennent à une famille d'esprits de la montagne. Pour l'explorateur britannique James Cook, leurs formes rappelaient celles des hauts-fourneaux coniques des fonderies de verre (*glass houses*) de son Yorkshire natal. Au fil des ans, leur aspect étrange a inspiré moult

## À COMBINER AVEC

### 16 Côte du Queensland

Cet itinéraire suit la côte du Queensland sur 1 680 km, de Brisbane jusqu'à la lointaine Cairns.

### 17 Boucle dans le sud du Queensland

Cette route qui débute et s'achève à Brisbane s'imprègne de l'animation de la côte sud du Queensland et de la quiétude des forêts humides de l'arrière-pays.

artistes australiens, tels la poétesse Judith Wright, le peintre Fred Williams et l'écrivain David Malouf, natif de Brisbane. En sortant de la Bruce Hwy, la Steve Irwin Way mène au **Glass House Mountains Visitor & Interpretive Centre** (07-5458 8848 ; www.visitsunshinecoast.com.au ; angle Bruce Pde et Reed St, Glass House Mountains ; 9h-16h ; ), où vous trouverez quantité d'informations sur ces montagnes et leur réseau de chemins de randonnée (avec notamment des plans). Un sentier de difficulté moyenne (2,8 km) grimpe au Mt Ngungun (253 m), avec une vue saisissante sur les monts Tibrogargan, Coonowrin et Beerwah. La Steve Irwin Way conduit aussi à l'**Australia Zoo** (07-5436 2000 ; www.australiazoo.com.au ; 1638 Steve Irwin Way, Beerwah ; adulte/enfant 59/35 $ ; 9h-17h ; ), dont le fondateur, passionné d'animaux sauvages, a donné son nom à l'autoroute.

**La route »** Suivez les panneaux indiquant Caloundra vers l'est, puis bifurquez vers le nord et traversez une série de *resorts* balnéaires – Maroochydore, Mudjimba et Coolum Beach. Repérez l'endroit qui vous intéresse : Noosa Heads (près de Laguna Bay et Hastings St), Noosaville (qui borde la Noosa River) ou Noosa Junction (centre administratif).

TEMPS FORT

## 3 Noosa

Entre plages aux eaux cristallines et forêts tropicales humides, Noosa est une station balnéaire parmi les plus cotées d'Australie. Boutiques de créateurs et restaurants chics côtoient plages de sable fin et bush, mêlant joyeusement fashionistas, surfeurs et amateurs

## VAUT LE DÉTOUR
## MORETON ISLAND

**Point de départ : 1 Brisbane**

Dans les inoubliables îles du Queensland, les couleurs sont flamboyantes, les paysages époustouflants et la nature est unique en son genre.

Que vous alliez ou non plus au nord dans le Queensland, faite un détour par la merveilleuse Moreton Island (Moorgumpin). Séparée du continent par la Moreton Bay (où sont pêchées les fameuses cigales des mers), l'île recèle des plages de sable, des étendues de bush, de nombreuses espèces d'oiseaux, des dunes et de superbes lagunes. Fait notable, 95% de l'île est protégé par le **Moreton Island National Park & Recreation Area** (www.nprsr.qld.gov.au/parks/moreton-island). Les restes de coquillages et d'os témoignent de la présence des premiers habitants de l'île, les Ngugi, un clan appartenant au groupe des Quandamooka. L'île, où se trouve aussi le plus ancien phare du Queensland encore en activité (1857), est aussi un excellent site d'observation des baleines, généralement entre juin et octobre. Près de la côte ouest, les imposantes épaves rouillées de Tangalooma forment un superbe site de snorkeling et de plongée. Outre quelques promontoires rocheux, c'est le sable qui domine (Moreton Island est la troisième île sablonneuse au monde par la taille), alors que le Mt Tempest constitue la dune de sable côtière la plus haute de l'hémisphère Sud (280 m).

Pour l'explorer sur terre et en mer, réservez une excursion à la journée avec **Australian Sunset Safaris** (07-3287 1644, 1300 553 606 ; www.sunsetsafaris.com.au ; circuits depuis Brisbane adulte/enfant à partir de 199/164 $ ; ), qui propose de la luge sur les dunes, du snorkeling et des sorties nocturnes en kayak à fond transparent.

de bronzage. Un grand nombre d'activités et de circuits sont possibles depuis Noosa : du kayak, des cours de surf, des excursions en 4x4 sur Fraser Island, etc. Le **Noosa Visitor Information Centre** (☎07-5430 5000 ; www.visitnoosa.com.au ; 61 Hastings St, Noosa Heads ; ⏲9h-17h ; 📶) en fournit la liste. Enveloppant le promontoire, le **Noosa National Park** (www.noosanationalpark.com ; Noosa Heads ; 👪) est l'un des sites d'intérêt de Noosa. Au programme ici : de belles balades, un superbe paysage côtier et une série de baies se prêtant bien à la baignade et à la pratique du surf. Gagnez le parc national pour profiter de la vue que l'on découvre en empruntant la promenade qui longe la côte depuis la ville. Un superbe panorama vous attend lorsque vous montez à **Laguna Lookout** (Viewland Dr, Noosa Junction), au départ de Viewland Dr à Noosa Junction, à pied ou en voiture.

✕ p. 225

**La route »** Sortez de Noosa par Eumundi-Noosa Rd (Rte 12), en suivant les panneaux indiquant Eumundi et la Bruce Hwy. Juste avant la Bruce Hwy, au rond-point, tournez à droite sur Caplick Way, qui amène au centre d'Eumundi. La ville est suffisamment proche de Noosa pour pouvoir faire l'aller-retour en une journée.

RIBEIROANTONIO/SHUTTERSTOCK ©

**Eumundi** Étals de marché

TEMPS FORT

## 4 Eumundi

Pubs lambrissés, larges vérandas et cottages à toit de tôle bordant la grand-rue évoquent le Queensland rural. Ici, les visages burinés et les amateurs de bière XXXX croisent artistes, professeurs de yoga et néo-ruraux. Cette bourgade vallonnée est surtout connue pour ses **marchés** (☎07-5442 7106 ; www.eumundimarkets.com.au ; 80 Memorial Dr ; ⏲8h-13h30 mer, 7h-14h sam ; 👪), où plus de 600 étals attirent 1,6 million de visiteurs par an. Dans une ambiance très détendue, artistes de rue et musiciens se produisent entre étals de cuisine du monde et stands d'artisanat, de meubles, de bijoux, de vêtements ou de médecine alternative. Jetez un coup d'œil à **Berkelouw Books** (☎07-5442 8366 ; www.berkelouw.com.au/stores/eumundi ; 87 Memorial Dr, Eumundi ; ⏲9h-17h, 8h-17h mer et sam, 8h-16h dim), qui propose des livres neufs et d'occasion et organise des événements littéraires ; ou réservez une visite de la microbrasserie de l'**Imperial Hotel** (☎07-5442 8811 ; www.imperialhoteleumundi.com.au ; 1 Etheridge St ; plats midi 16-23 $, soir 20-37 $ ; ⏲10h-22h, 10h-minuit ven-sam), en bas de la rue.

**La route »** Reprenez la Bruce Hwy sur 11 km, puis bifurquez vers Yandina et suivez les panneaux. Au premier rond-point, prenez la sortie vers Coulson Rd. Quelque 500 m plus loin, la route forme une intersection en T avec Ninderry Rd. Tournez à droite ; Spirit House est à 50 m sur la droite.

## 5 Yandina

Pour une formidable expérience culinaire, rendez-vous chez **Spirit House** (07-5446 8994 ; www.spirithouse.com.au ; 20 Nindery Rd, Yandina ; plats 37-48 $, banquet 80-115 $/pers ; 12h-15h tlj, et 18h-21h mer-sam ; ). Depuis le parking, un sentier serpente dans un écrin de verdure fleuri, entre étangs et sanctuaires bouddhistes. Attendez-vous à pénétrer dans un Shangri-La asiatique, imprégné de paix et de raffinement minimaliste. Aménagé sur 2 ha de jardins luxuriants, l'ensemble comprend une **école de cuisine** et le chic **Hong Sa Bar**, qui concocte des cocktails exquis et de superbes assiettes à partager. La véritable vedette est le restaurant, ouvert sur le côté, dont les tables sont organisées autour d'un étang paisible.

**La route »** De retour s ur la Bruce Hwy, suivez les panneaux indiquant Gympie vers le nord, puis prenez à gauche sur la Wide Bay Hwy (Rte 49), en surplombant les collines verdoyantes de la Coast Range. Traversez Kilkivan, Nanango, Yarraman et Wutul jusqu'à Crows Nest.

## 6 Crows Nest

Village assoupi dans une large vallée verte, sur les pentes douces de la Cordillère australienne, Crows Nest (2 160 habitants) concentre autour de sa large pelouse un pub à portique, une boutique d'antiquités et un **village historique** (07-4698 1776 ; angle New England Hwy et Oxford St ; adulte/enfant 10/5 $ ; 10h-15h jeu-dim ; ). Chaque année, le village organise un festival farfelu, le **World Worm Races** (www.crowsnestfestival.com.au ; oct), une course de vers de terre ! Montez à cheval pour visiter une exploitation d'élevage ou suivre une ancienne route de bétail avec **Cowboy Up Trail Riding** (07-4698 4772 ; www.cowboyup.com.au ; 160 Rocky Gully Rd, Emu Creek ; balade 1/2/4 heures 70/100/200 $). Le premier dimanche du mois, déambulez parmi les étals des **Crows Nest Village Markets** (0429 678 120 ; Centenary Park ; 7h-12h 1er dim du mois), un grand marché artisanal.

**La route »** Revenez lentement à la civilisation au fil des 50 km qui mènent vers le sud à Toowoomba, via Highfields, sur la New England Hwy (A3).

TEMPS FORT

## 7 Toowoomba

Toowoomba (700 m), nichée en bordure de la Cordillère australienne, est un grand centre régional avec de larges rues arborées et de belles demeures. Ses hivers frais invitent à déguster du vin rouge au coin du feu. On y trouve notamment le plus grand **jardin japonais** (West St ; 6h-crépuscule ; ) traditionnel du pays, le **Cobb & Co Museum** (07-4659 4900 ; www.cobbandco.qm.qld.gov.au ; 27 Lindsay St ; adulte/enfant 12,50/6,50 $ ; 9h30-16h ; ), abritant une collection de calèches, ainsi qu'une petite **galerie d'art** (07-4688 6652 ; www.tr.qld.gov.au/facilities-recreation/theatres-galleries/galleries ; 531 Ruthven St ; 10h-16h mar-sam, 13h-16h dim). Mais le plus surprenant est peut-être l'allure branchée de Toowoomba, que l'on remarque dans un nombre croissant de cafés, de bars et de restaurants tendance, sans parler des œuvres de street art signées de talents nationaux et internationaux.

p. 225

# Se restaurer et se loger

## Brisbane 1

### Eat Street Northshore — Cuisine de rue $

(☎1300 328 787 ; www.eatstreetmarkets.com ; 99 MacArthur Ave, Hamilton ; adulte/enfant 3 $/gratuit, repas à partir de 10 $ ; ⏲16h-22h ven-sam, 12h-20h dim ; ⛴Bretts Wharf). Cet ancien quai est aujourd'hui un marché nocturne très prisé. Dans un dédale de conteneurs transformés en stands alimentaires, on trouve de tout : huîtres ultrafraîches, *okonomiyaki* japonais, *lángos* hongrois ou *gözleme* turc. Bières artisanales, éclairage festif et musique live en font l'un des lieux nocturnes les plus addictifs de Brisbane. Prenez le ferry CityCat jusqu'à Bretts Wharf.

### Next — Hôtel $$

(☎07-3222 3222 ; www.snhotels.com/next/brisbane ; 72 Queen St ; ch à partir de 189 $ ; ❄📶🏊 ; 🚆Central). Juste au-dessus du Queen St Mall, Next loue des chambres stylées à prix raisonnable. Classiques, épurées et contemporaines, elles sont équipées d'écrans tactiles et de lits corrects. Au bord de la piscine extérieure, un bar jouxte un espace voyageurs (avec fauteuils de massage et douches) pour les clients qui arrivent tôt ou souhaitent se détendre avant un vol tardif.

## Noosa 3

### Massimo's — Glaces $

(☎07-5474 8033 ; 75 Hastings St, Noosa Heads ; glaces à partir de 5,50 $ ; ⏲9h30-21h30, 9h30-22h ven-sam ; 👪). La maison refuse de faire goûter ses délicieuses glaces crémeuses, mais n'utilise que des ingrédients naturels. Glaces et sorbets se déclinent en parfums variés : cannelle, noix de macadamia, mangue, fruits de la passion, etc.

### Noosa Beach House — Australien moderne $$$

(☎07-5449 4754 ; www.noosabeachhousepk.com.au ; 16 Hastings St, Noosa Heads ; plats dîner 38-48 $, menu 3/6 plats 80/115 $ ; ⏲6h30-10h30 et 17h30-21h30 tlj, et 12h-14h30 sam-dim ; 🌶). Murs blancs, verre et bois forment le décor épuré de ce restaurant chic où œuvre le célèbre chef Peter Kuravita. Produits de saison et poisson et fruits de mer frais sont les points forts de la carte contemporaine. Dans le succulent curry de vivaneau au tamarin et à l'*aloo chop* (croquettes de pommes de terre), on retrouve les origines sri-lankaises de Kuravita. Menu dégustation végétarien de 7 plats (100 $).

## Toowoomba 7

### The Bakers Duck — Café-boulangerie $

(www.thebakersduck.com.au ; 124 Campbell St ; pâtisseries à partir de 4,50 $, en-cas déj 8-10 $ ; ⏲7h-13h mer-dim ; 👪). Café-boulangerie épuré et urbain, le Bakers Duck est une légende locale, réputée pour son pain au levain artisanal et ses pâtisseries – succulents croissants aux amandes et cheesecakes à la framboise. Tartes, roulés à la saucisse (*sausage rolls*) et quiches font un déjeuner bon marché, et le café est l'un des meilleurs de tout le Queensland.

### Ecoridge Hideaway — Chalet $$

(☎07-4630 9636 ; www.ecoridgehideaway.com.au ; 712 Rockmount Rd, Preston ; ch à partir de 145 $ ; P📶). Bonne solution pour éviter les hébergements souvent quelconques de Toowoomba. À 15 km environ de la ville sur une petite route menant à Gatton, ces 3 *cabins* tout équipées sont basiques mais bien conçues, avec excellents matelas, chauffage au bois, cuisine, barbecue et vue époustouflante sur la Cordillère australienne au lever du soleil. Réduction pour les séjours de plus de 3 nuits. Wi-Fi à la réception uniquement.

SE DÉGOURDIR LES JAMBES
# BRISBANE

**Départ/arrivée :** South Bank

**Distance :** 5 km

**Durée** : 3 à 4 heures

C'est son fleuve éponyme qui fait la singularité de Brisbane, dont la plupart des curiosités sont concentrées le long de ses berges ou à proximité : art avant-gardiste, parcs rafraîchis par la brise marine, restaurants tendance et bâtiments historiques.

**Compatible avec les itinéraires :**

16 17 18

## Gallery of Modern Art

La Gallery of Modern Art (p. 200) est le plus grand centre d'art contemporain du pays. Elle met à l'honneur l'art de Brisbane, de l'Asie et du Pacifique à travers peintures, sculptures, photographies, vidéos et diverses installations.

**La promenade »** Depuis la Gallery of Modern Art (GOMA), des parcours pédestres partent au sud vers la Queensland Art Gallery en passant par la State Library of Queensland voisine.

## Queensland Art Gallery

Si votre soif de culture n'est pas assouvie, direction la **Queensland Art Gallery** (QAG ; 07-3840 7303 ; www.qagoma.qld.gov.au ; Melbourne St ; 10h-17h ; ; South Bank 1 et 2, South Brisbane) pour admirer des maîtres australiens comme sir Sidney Nolan, William Dobell, Arthur Boyd et Charles Blackman. La collection recèle aussi des œuvres du grand peintre aborigène Albert Namatjira, et d'artistes de l'école de Hermannsburg, mouvement artistique qu'il a inspiré.

**La promenade »** En sortant de la Queensland Art Gallery, traversez Grey St pour emprunter Fish Lane, qui part de Grey St (près de l'intersection avec Melbourne St).

## Fish Lane

Sur le modèle des emblématiques rues du centre de Melbourne, Fish Lane combine street art et restaurants et bars tendance. Essayez les plats et cocktails d'inspiration vietnamienne dans le conteneur convertis **Hello Please** (www.helloplease.co ; 10 Fish Lane, South Brisbane ; plats 13-22 $ ; 12h-15h et 17h-21h30 mar-jeu, 17h-22h ven-sam, 17h-20h30 dim ; South Brisbane).

**La promenade »** Traversez Grey St et longez Melbourne St vers le nord-est en direction du fleuve. Empruntez Stanley St à droite juste avant Victoria Bridge, puis suivez le sentier jusqu'à South Bank Parklands.

## South Bank Parklands

South Bank Parklands (p. 220) allie parfaitement espaces verts et loisirs urbains. Les 17,5 ha du parc comptent, entre autres, des îlots de forêt humide, des espaces de performance artistique, une pagode népalaise, et **Streets Beach** (☎07-3156 6366 ; ⏲6h-minuit ; 👪 ; ⛴South Bank 1, 2 et 3, 🚉South Bank), une plage artificielle gratuite aux airs de lagon.

**La promenade »** Traversez le parc en vous dirigeant vers le sud et empruntez le Goodwill Bridge, interdit aux voitures, en profitant de la vue sur la ville et le fleuve. Suivez ensuite les panneaux indiquant les City Botanic Gardens.

## City Botanic Gardens

Avec ses nombreuses pelouses, ses grands figuiers de Moreton Bay, ses pins bunya et ses noyers du Queensland, le **jardin botanique de Brisbane** (www.brisbane.qld.gov.au ; Alice St ; ⏲24h/24 ; 👪 ; ⛴South Bank, 🚉Central) descend en pente douce depuis le campus de la Queensland University of Technology (QUT) jusqu'au fleuve. Cherchez la Flood Mark, qui indique le niveau des eaux lors des grandes inondations de l'histoire.

**La promenade »** Suivez les sentiers vers l'ouest dans les jardins attenant à la Queensland University of Technology. Le campus abrite la Old Government House, votre dernier arrêt.

## Old Government House

Le plus important **monument historique** (☎07-3138 8005 ; www.ogh.qut.edu.au ; 2 George St ; ⏲10h-16h dim-ven, visites sur rdv 10h30 mar-jeu ; ⛴QUT Gardens Point, 🚉Central) du Queensland a été conçu par l'éminent architecte Charles Tiffin pour servir de résidence au premier gouverneur du Queensland, sir George Bowen. Il accueille la William Robinson Gallery, qui renferme des œuvres de cet artiste australien primé.

**La promenade »** Pour revenir à votre voiture depuis le campus, prenez le ferry à l'arrêt QUT Gardens Point. Il vous ramènera directement à South Bank Parklands.

# Cairns et la Daintree

*De Cairns au cap Tribulation, cet itinéraire part de la Grande Barrière de corail et mène à la forêt humide en passant par une riche palette de couleurs qui reflète la singularité de l'extrême nord tropical du Queensland.*

## TEMPS FORTS

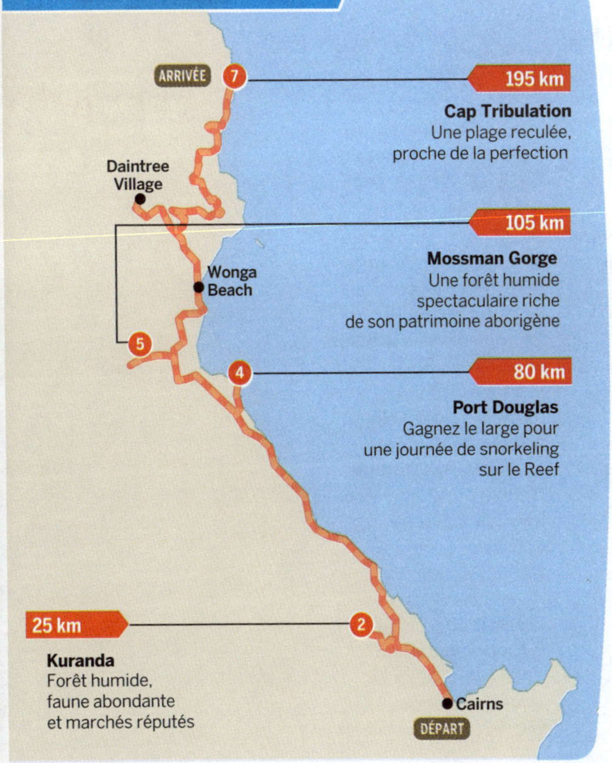


**7 JOURS**
**195 KM**

### PARFAIT POUR...

### LE MEILLEUR MOMENT

De mai à novembre ; l'été est humide et les cyclones sont un danger omniprésent.

### LA PHOTO SOUVENIR

Trinity Bay Lookout, Port Douglas

### UN PEU DE CULTURE

Balade en forêt humide dans la Mossman Gorge avec des guides aborigènes.

**Port Douglas** Trinity Bay

# 19 Cairns et la Daintree

Depuis la ville assoupie de Cairns, on accède aisément à l'extrémité nord du Queensland : Grande Barrière de corail (entre Cairns et Port Douglas) où pratiquer la plongée et le snorkeling ; épaisse forêt humide et crocodiles indolents le long du fleuve du Daintree National Park ; et plages paradisiaques entre Palm Cove et "Cape Trib". Les distances relativement courtes autorisent détours, activités culturelles et aventures. En outre, de nombreux groupes aborigènes, notamment les Yirrganydji, les Yidinji, les Djabugay et les Kuku Yalanji, vivent dans la région depuis des temps immémoriaux.

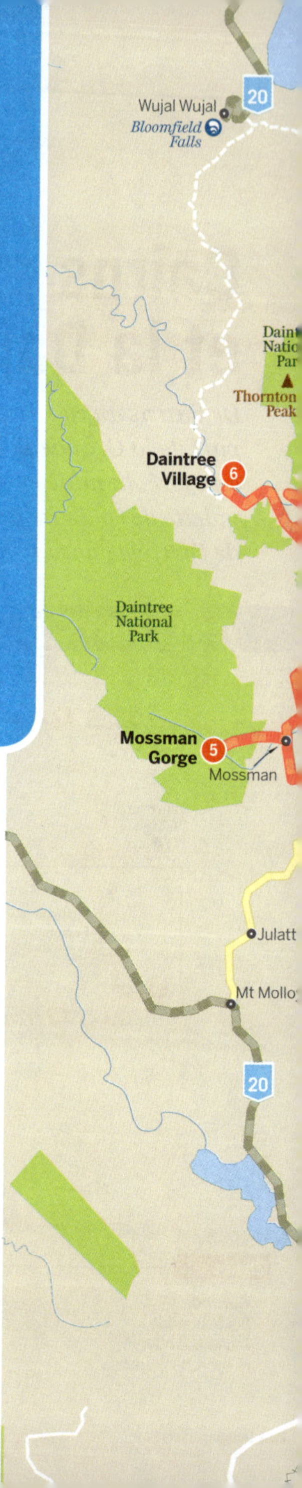


## 1 Cairns

Porte d'entrée de la Grande Barrière de corail (le Reef) et de la forêt humide de Daintree, inscrits tous deux au Patrimoine mondial, Cairns est un important centre régional. Le spectaculaire lagon de l'**Esplanade** (www.cairns.qld.gov.au/esplanade ; lagon 6h-21h jeu-mar, 12h-21h mer ; ), aménagé sur un estran artificiel, est recouvert de sable et surveillé par des sauveteurs. Les spécialistes de **Reef Teach** (07-4031 7794 ; www.reefteach.com.au ; 2e niv, Mainstreet Arcade, 85 Lake St ; adulte/enfant/famille 23/14/60 $ ; conférences 18h30-20h30 lun, mer et ven) vous apprendront à identifier les espèces de poissons et de coraux du Reef. D'innombrables bateaux et clubs de plongée vous y emmèneront pour une journée de snorkeling. À terre, ne manquez pas les **Cairns Botanic Gardens** (07-4032 6650 ; www.cairns.qld.gov.au/cbg ; 64 Collins Ave ; jardins 7h30-17h30, centre des visiteurs 9h-16h30 lun-ven, 10h-14h30 sam-dim ; ), le **Cairns Aquarium** (07-4044 7300 ; www.cairnsaquarium.com.au ; 5 Florence St ; adulte/enfant/

famille 42/28/126 $ ; 9h-17h30 ; ) et le **Tjapukai Aboriginal Cultural Park** (07-4042 9999 ; www.tjapukai.com.au ; Cairns Western Arterial Rd ; adulte/enfant/famille 62/42/166 $ ; 9h-16h30 et 19h-21h30 ; ), centre culturel multiprimé qui retrace la légende de la création au moyen d'hologrammes géants et d'acteurs.

p. 235

**La route »** Roulez 13 km au nord, dépassez la bifurcation vers l'aéroport, puis prenez à gauche à l'embranchement et suivez les panneaux jusqu'à Kuranda (14 km).

TEMPS FORT

## 2 Kuranda

Kuranda doit à sa forêt humide et à son ambiance artistique décalée sa popularité auprès des visiteurs.



## À COMBINER AVEC

### 16 Côte du Queensland

Après avoir suivi la côte au nord de Brisbane, c'est à Cairns que s'achève cette route mythique.

### 20 Vers le cap York : de Cairns à Cooktown

À l'extrême nord de l'État, cet itinéraire vers Cooktown via le cap York débute à Cairns.

Ses **marchés** (☎07-4093 9440 ; www.kurandaoriginalrainforestmarket.com.au ; 7-11 Therwine St ; ⌚9h30-15h) sont incontournables. Ne manquez pas le parc **Rainforestation** (☎07-4085 5008 ; www.rainforest.com.au ; Kennedy Hwy ; adulte/enfant/famille 50/25/125 $ ; ⌚9h-16h ; 👪), qui permet de participer à des circuits sur une rivière et dans la forêt humide, et qui accueille des koalas. Vous pourrez aussi y vivre une expérience interactive avec des Aborigènes. La faune sauvage est la vedette des **Kuranda Koala Gardens** (☎07-4093 9953 ; www.koalagardens.com ; Heritage Markets, Rob Veivers Dr ; adulte/enfant 19/9,50 $ ; ⌚9h-16h ; 👪), du **Birdworld** (☎07-4093 9188 ; www.birdworldkuranda.com ; Heritage Markets, Rob Veivers Dr ; adulte/enfant 18/9 $ ; ⌚9h-16h ; 👪) et de l'**Australian Butterfly Sanctuary** (☎07-4093 7575 ; www.australianbutterflies.com ; Heritage Markets, Rob Veivers Dr ; adulte/enfant/famille 20/10/50 $ ; ⌚9h45-16h ; 👪). Embarquez pour une croisière paisible sur la rivière Barron avec **Kuranda Riverboat** (☎07-4093 0082 ; www.kurandariverboat.com.au ; adulte/enfant/famille 20/10/50 $ ; ⌚toutes les heures 10h45-14h30 ; 👪), ou parcourez à pied ou en voiture les 3 km jusqu'aux impressionnantes Barron Falls.

🍴 p. 235

**La route »** Redescendez sur 14 km jusqu'à la Cook Hwy. Tournez à gauche puis suivez les panneaux ; Palm Cove est à 15 km.

## 3 Palm Cove

Cairns n'a pas de plage de sable ; vous en trouverez une à Palm Cove, à environ 15 minutes de voiture vers le nord. Plus discrète que Port Douglas et plus chic que ses voisines du sud, Palm Cove est équipée d'une belle promenade qui longe la Williams Esplanade, bordée d'eucalyptus, d'une magnifique plage de sable blanc et d'une profusion de restaurants haut de gamme. Faites du kayak ou du paddle le jour, et dégustez un dîner romantique le soir.

🛏 p. 235

**La route »** Revenez sur la Cook Hwy, et filez vers le nord en profitant des 44 km jusqu'à Port Douglas : de superbes points de vue s'ouvrent de temps à autre sur la côte. Sur ce tronçon, la forêt humide rejoint la mer. Port Douglas est bien indiqué, à 5 km au nord-est de la Cook Hwy.

TEMPS FORT

## 4 Port Douglas

Jadis territoire du peuple Yirrganydji, Port Douglas est passé de simple village de pêcheurs dans les années 1960 à une station balnéaire chic et branchée, contrastant

ARTIE PHOTOGRAPHY (ARTIE NG)/GETTY IMAGES ©

avec le tourisme frénétique qui règne à Cairns. Les récifs extérieurs de la Grande Barrière de corail sont à moins d'une heure du rivage, la Daintree Rainforest est à deux pas et la péninsule ne compte plus ses *resorts* 5 étoiles, ses restaurants et ses boutiques. Port Douglas est donc un bon camp de base pour visiter l'extrême nord de l'État. **Four Mile Beach** (👪), une belle plage sauvage de sable immaculé bordée de palmiers, commence à l'extrémité est de Macrossan St, principale artère des

**Daintree National Park** Mossman Gorge

boutiques, restaurants et bars. Grimpez à **Trinity Bay Lookout** (Island Point Rd) pour une superbe vue, puis direction la **Crystalbrook Superyacht Marina** (07-4099 5775 ; www.crystalbrookmarina.com ; 44 Wharf St), dans l'estuaire du Dickson Inlet, d'où partent de nombreux circuits vers le Reef et des balades en mer au coucher du soleil.

p. 235

**La route »** Rattrapez la Cook Hwy et suivez-la vers le nord-ouest sur 14 km jusqu'à Mossman.

TEMPS FORT

## 5 Mossman Gorge

Au sud-est du Daintree National Park, à 5 km à l'ouest de la ville de Mossman, la **gorge de Mossman** (www.mossmangorge.com.au ; 8h-18h ; ) fait partie des terres traditionnelles des Kuku Yalanji. C'est une vallée rocailleuse creusée par la Mossman River, où s'écoule une eau cristalline. Depuis l'excellent **centre d'accueil des visiteurs** (07-4099 7000 ; www.mossmangorge.com.au ; 8h-18h), qui abrite une galerie d'art et un restaurant servant de la cuisine de bush, des sentiers mènent à un trou d'eau (attention aux courants) et une navette vous emmène au cœur de la gorge. Mieux encore, réservez auprès du centre une inoubliable visite guidée (1 heure 30) **Kuku-Yalanji Dreamtime Walks** (adulte/enfant 75/37 $ ; 10h, 11h, 12h, 13h et 15h) : vous apprendrez à connaître la forêt et en saurez plus sur les relations complexes entre les Kuku Yalanji et leurs terres.

**La route »** Depuis Mossman, parcourez 26 km vers le nord à travers les champs de canne à sucre avant le croisement qui mène à Daintree Village ou au Daintree River Ferry. Sur 10 km, la route serpente à travers un paysage verdoyant jusqu'à Daintree Village, le dernier tronçon laissant entrevoir la forêt en surplomb.

## 6 Daintree Village

Daintree se résume à une rue flanquée de quelques monuments historiques, cafés et d'un pub, et à un singulier sentiment d'isolement. Mais c'est avant tout le meilleur endroit du nord de l'État pour observer les crocodiles marins sur la Daintree River. De nombreux tour-opérateurs proposent des circuits, parfois axés sur l'observation des oiseaux ou la photographie. Essayez **Crocodile Express** (☎07-4098 6120 ; www.crocodileexpress.com ; circuit 1 heure adulte/enfant/famille 28/14/65 $ ; ⌚départ 8h30 ; 👪), agence bien établie, ou **Daintree River Wild Watch** (☎0447 734 933 ; www.daintreeriverwildwatch.com.au ; circuit 2 heures adulte/enfant 60/35 $ ; 👪), pour contempler les oiseaux au lever du soleil.

**La route »** Redescendez la (seule) route et suivez la route principale vers le nord jusqu'au Daintree River Ferry (ferry à câble), seul moyen de traverser avec un véhicule. De l'autre côté, 40 km de forêt humide vous séparent de la plage du cap Tribulation, où la route goudronnée s'achève. Attention aux casoars en chemin.

TEMPS FORT

## 7 Cap Tribulation

Partie intégrante des "Tropiques humides du Queensland" (Wet Tropics World), protégés par l'Unesco, la région qui s'étend de la Daintree River au cap Tribulation, plus au nord, est composée d'une forêt humide ancienne, de plages de sable et de montagnes escarpées. Ce coin de paradis reste sauvage : des panneaux alertent de la présence de casoars et de crocodiles. La forêt humide encadre les magnifiques **plages de Myall** et de **Cap Tribulation**, séparées par un cap. Les moyens de visiter la région ne manquent pas : **Ocean Safari** (☎07-4098 0006 ; www.oceansafari.com.au ; Cape Tribulation Rd ; adulte/enfant/famille 149/97/447 $ ; ⌚8h et 12h) organise des sorties de snorkeling en petits groupes sur le Reef, à 30 minutes du rivage. En montant au "Cape Trib", ne ratez pas le **Daintree Discovery Centre** (☎07-4098 9171 ; www.discoverthedaintree.com ; Tulip Oak Rd ; adulte/enfant/famille 35/16/85 $ ; ⌚8h30-17h ; 👪), à Cow Bay, avec son sentier aérien dans la canopée et ses films éducatifs sur la faune.

🍴 🛏 p. 235

## ATTENTION AUX MÉDUSES !

La liste des créatures mortelles ou simplement dangereuses est longue en Australie. Si, dans la plupart des cas, les risques exagérés, se baigner dans l'océan dans cette partie du pays requiert une certaine vigilance. La méduse-boîte (*box jellyfish*) et l'irukandji, potentiellement mortelles, évoluent dans les eaux tropicales australiennes. Il est déconseillé de nager au nord d'Agnes Water (bien au sud de Cairns) entre novembre et mai, sauf si des filets antiméduses ont été installés. Les combinaisons de protection en Lycra (*Stinger suits*) protègent des piqûres, tout comme les combinaisons de plongée. Dans le Queensland, la plongée et le snorkeling sont généralement sans danger autour des îles du Reef ; toutefois, la rare (et minuscule) irukandji est parfois repérée sur le récif et les îles extérieures. En cas de piqûre, nettoyez la peau avec du vinaigre et filez à l'hôpital. N'essayez pas d'ôter les tentacules.

# Se restaurer et se loger

## Cairns 1

**Fusion Art Bar & Tapas** Tapas $$

(07-4051 3888 ; www.fusionartbar.com.au ; 12 Spence St ; tapas 9-20 $, plats 19-35 $ ; 15h-22h mar-jeu, 11h-23h ven-sam ; ). Dans ce café original se dégage un charme éclectique, des œuvres d'art au mur à la délicieuse carte des tapas, affichant tartare de kangourou fumé ou raviolis de potiron. Partagez une assiette de paëlla végane ou de ribs de porc à la purée et à l'ananas. Belle carte des vins et bon café.

**Prawn Star** Poisson, fruits de mer $$$

(0456 421 172 ; www.facebook.com/prawnstarcairns ; E-Finger, Berth 31, Marlin Marina ; produits de la mer 25-90 $ ; 10h-21h). Montez à bord de ce restaurant-chalutier pour un dîner tropical exécuté à la perfection : dégustez crevettes, crabes, huîtres et pêche du jour, en profitant d'une jolie vue sur le port. Un deuxième bateau, *Prawn Star Too*, a rejoint la flotte en 2017, mais les places sont limitées et il faut arriver tôt.

## Kuranda 2

**Kuranda Hotel** Cuisine de pub $$

(07-4093 7206 ; www.kurandahotel.com ; 16 Arara St ; plats 16-26 $ ; 10h30-15h30 ; P ). Récemment reconverti, ce gastropub prépare des plats de pub copieux d'un bon rapport qualité/prix. La large terrasse surplombant la gare ferroviaire est souvent pleine le midi, lorsque les touristes se régalent de barramundi local, de ragoût de kangourou, d'énormes burgers et de *chicken parma* (poulet à la parmesane).

## Palm Cove 3

**Sarayi** Boutique-hôtel $$

(07-4059 5600 ; www.sarayi.com.au ; 95 Williams Esplanade ; d 120-140 $, app 190-210 $ ; P ). Une chambre d'hôtel face à la plage pour 120 $ ? Entouré de Melaleuca, cet hôtel blanc et lumineux convient idéalement aux familles et aux couples. Ceux-ci sont d'ailleurs nombreux à choisir son toit terrasse pour leur cérémonie de mariage.

## Port Douglas 4

**Yachty** Australien moderne $$

(07-4099 4386 ; www.portdouglasyachtclub.com.au ; 1 Spinnaker Close ; plats 20-32 $ ; 12h-14h30 et 17h30-20h). Pour une soirée à prix raisonnable, rendez-vous au yacht-club. Dégustez des plats parfaitement maîtrisés (tourte aux poisson et fruits de mer, curry vert thaï) en admirant le soleil couchant sur l'estuaire du Dickson Inlet. Menu similaire et moins cher le midi.

## Cap Tribulation 7

**Mason's Store & Cafe** Café $

(07-4098 0016 ; 3781 Cape Tribulation Rd ; plats 9-18 $, assiette dégustation à partir de 29 $ ; 10h-16h). Tout le monde se rend à Mason's : pour des **renseignements touristiques** (07-4098 0070 ; Cape Tribulation Rd ; 8h-17h), la boutique de spiritueux (8h-17h30), ou goûter des viandes exotiques. Le menu de ce café décontracté en plein air fait la part belle au burger de crocodile ; sinon, tentez le chameau, l'émeu ou le kangourou, en burgers ou assiettes dégustation. Non loin, plongez dans un trou d'eau cristallin, sans crocodiles (1 $).

**Cape Trib Beach House** Auberge de jeunesse, resort $

(07-4098 0030 ; www.capetribbeach.com.au ; 152 Rykers Rd ; dort 31-41 $, cabins 160-275 $ ; @ ). Le Beach House concentre le meilleur de Cape Trib : parcelle de forêt humide face à une splendide plage et bonne ambiance pour accueillir globe-trotteurs, couples et familles. Dortoirs propres et *cabins* basiques à proximité de la plage. L'excellent **restaurant-bar** (07-4098 0030 ; www.capetribbeach.com.au ; 152 Rykers Rd ; plats 15-26 $ ; 7h-9h30, 12h-14h30 et 18h-20h ; ) est également apprécié des gens du coin.

# Vers le cap York : de Cairns à Cooktown

20

*Avec ses longs rubans de route sous un ciel à l'horizon infini, ce périple vers le nord via Laura et Cooktown offre un avant-goût de la captivante péninsule du cap York.*

## TEMPS FORTS

**5-7 JOURS**
**506 KM**

### PARFAIT POUR...

### LE MEILLEUR MOMENT

La Dry (saison sèche ; avril à octobre), sinon l'humidité et la pluie sont très pénibles.

### LA PHOTO SOUVENIR

Bloomfield Falls à Wujal Wujal.

### UN PEU DE CULTURE

Les sites d'art rupestre de Quinkan comptent parmi les plus remarquables du pays.

**Wujal Wujal** Bloomfield Falls

# 20 Vers le cap York : de Cairns à Cooktown

De Cairns à Cooktown, cet itinéraire vous amène aux portes du cap York, aussi loin ou presque qu'il soit possible d'accéder sans 4x4. Vous commencerez tout en douceur par Cairns et Mareeba, puis ferez quelques détours dans des villages reculés tels que Laura et Wujal Wujal, en passant par d'époustouflants sites d'art rupestre pour arriver, enfin, à Cooktown, petite ville côtière du bout du monde.

### 1 Cairns

C'est à Cairns – où les voyages débutent et finissent souvent dans cette partie du pays – que vous quittez la côte. Profitez des restaurants, piquez une tête dans le lagon de l'Esplanade (p. 230), arpentez la **promenade en planches** (3 km) et approfondissez vos connaissances à la **Cairns Art Gallery** (☎07-4046 4800 ; www.cairnsregionalgallery.com.au ; angle Abbott St et Shields St ; ⏲9h-17h lun-ven, 10h-17h sam, 10h-14h dim), au **Tanks**

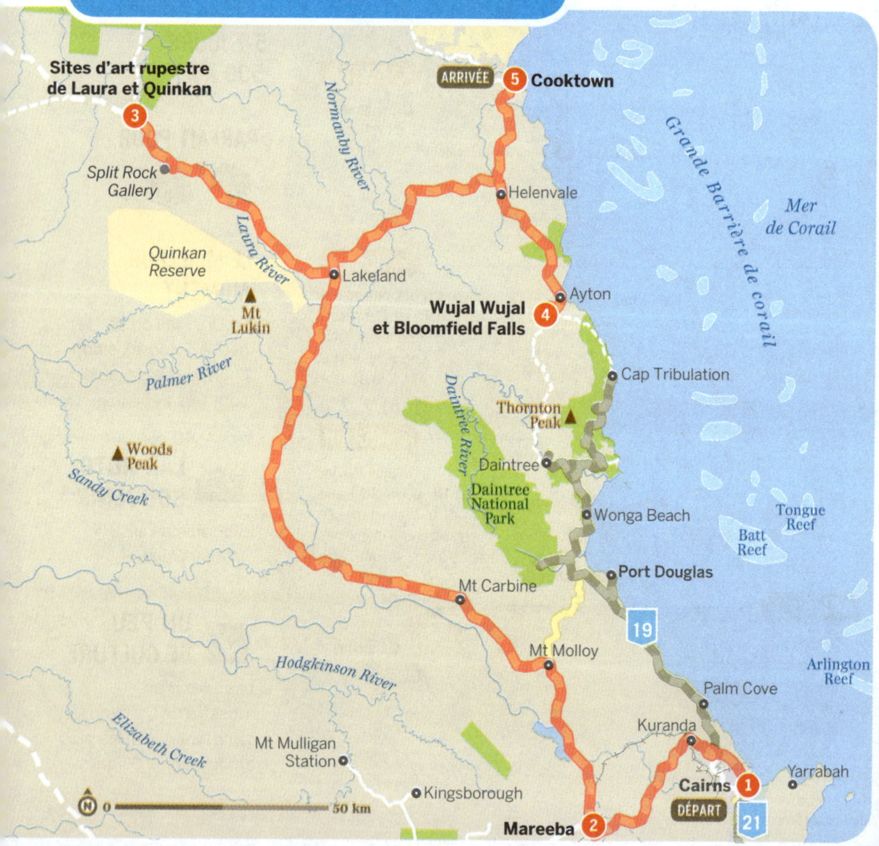

**Arts Centre** (07-4032 6600 ; www.tanksartscentre.com ; 46 Collins Ave ; 8h30-16h30 lun-ven) et au **Cairns Museum** (07-4051 5582 ; www.cairnsmuseum.org.au ; angle Lake St et Shields St ; adulte/enfant 10/5 $ ; 10h-16h lun-sam). Flânez sur les **marchés de nuit** (07-4051 7666 ; www.nightmarkets.com.au ; 71-75 Esplanade ; stands 17h-23h, espace de restauration 10h-23h) avant d'apprécier la légendaire vie nocturne de Cairns.

**La route »** Empruntez la Cook Hwy vers le nord sur 13 km, puis bifurquez à gauche vers Kuranda et suivez la Kennedy Hwy vers le sud-ouest jusqu'à Mareeba (total de 64 km). En chemin, contemplez les collines de forêt humide et la vue plongeante sur Cairns.

p. 235

**À COMBINER AVEC**

**19 Cairns et la Daintree**

Cairns marque le point de départ de nombreux itinéraires dans l'extrême Nord. Celui-ci part vers le nord et le long de la côte, à la découverte de la forêt humide et du Reef.

**21 Outback du Queensland**

Retournez à Cairns pour suivre cet itinéraire qui part de la côte tropicale pour s'enfoncer dans le Gulf Country et l'immensité de l'outback.

TEMPS FORT

## 2 Mareeba

Il règne une atmosphère de Far West à Mareeba, avec ses boutiques vendant selles en cuir, énormes boucles de ceinture de cow-boy et chapeaux du bush, tous les accessoires nécessaires pour le **rodéo** (www.mareebarodeo.com.au ; 20-50 $ ; juil) annuel. La ville est essentiellement entourée de terres agricoles, la plupart consacrées à la culture du café. Visitez la **plantation Jaques Coffee** (07-4093 3284 ; www.jaquescoffee.com.au ; 137 Leotta Rd ; visites adulte/enfant à partir de 15/8 $ ; 10h-16h) ou **Coffee Works** (07-4092 4101 ; www.coffeeworks.com.au ; musée adulte/enfant/famille 19/10/50 $ ; café 9h-16h, musée 9h-14h) pour en savoir plus sur ces petits grains. Goûtez également le vin de mangue de **Golden Drop Mango** (07-4093 2750 ; www.goldendrop.com.au ; 227 Bilwon Rd, Biboohra ; 8h-18h30) ou les alcools de **Mt Uncle Distillery** (07-4086 8008 ; www.mtuncle.com ; 1819 Chewko Rd, Walkamin ; 10h-16h). Au **Mareeba Heritage Museum** (07-4092 5674 ; www.mareebaheritagecentre.com.au ; Centenary Park, 345 Byrnes St ; 9h-17h ; ), gratuit, découvrez l'histoire locale.

p. 243

**La route »** Environ 42 km au nord de Mareeba, juste après le minuscule Mt Molloy, la Mulligan Hwy s'incurve vers le nord-ouest puis le nord, passe un relais routier au Mt Carbine et un pub à Palmer River, puis traverse la Bryerstown Range. Depuis l'intersection de Lakeland, la Peninsula Developmental Rd poursuit vers le nord-ouest sur 60 km jusqu'à Laura. Au total, comptez 250 km de routes peu fréquentées.

TEMPS FORT

## 3 Sites d'art rupestre de Laura et Quinkan

La route est goudronnée jusqu'à Laura. À partir d'ici, vous pénétrez dans le Quinkan Country, qui doit son nom aux esprits aborigènes peints sur les sites d'art rupestre qui émaillent la région, classée parmi les dix premiers sites mondiaux d'art rupestre par l'Unesco. La **Split Rock Gallery** (Peninsula Developmental Rd ; don apprécié ; P) est le seul site d'art pariétal accessible au public sans guide (l'entrée est sur le parking). Vous y verrez des escarpements de grès couverts de peintures vieilles de 14 000 ans. Cela dépend du moment de votre visite, mais l'expérience peut être saisissante : on gravit la colline silencieuse et isolée pour atteindre ces "galeries" d'un autre temps, dont se dégage une atmosphère sacrée

EWEN BELL/LONELY PLANET ©



très palpable. Le **Quinkan & Regional Cultural Centre** (☎07-4060 3457 ; www.quinkancc.com.au ; Lot 2, Peninsula Developmental Rd ; exposition adulte/enfant 6/3 $ ; ⏲8h30-15h ; P), à Laura, organise des visites guidées vers des sites d'art rupestre plus isolés.

Avec un pub, un magasin et un relais routier, Laura est le point de départ d'un voyage épique vers le cap York (p. 242). La Peninsula Developmental Rd est progressivement goudronnée au-delà de Laura, mais il vous faudra un 4x4, et le goût de l'aventure, pour poursuivre plus au nord.

p. 243

**La route »** La Split Rock Gallery n'est qu'à 12 km au sud de Laura. Comptez environ 140 km entre Laura et Cooktown. La Peninsula Developmental Rd qui mène à Lakeland est plate et droite pour l'essentiel, avant de rattraper la Mulligan Hwy.

## PEUPLE ABORIGÈNE

La région fait partie du territoire traditionnel de nombreux groupes aborigènes : Yirrganydji, Yidinji, Djabugay, Kuku Yalanji, Guugu Yimithirr et Ang Gnarra, entre autres.

**Cooktown** Willie Gordon (Guurrbi)

De là, la route ondule jusqu'à la bifurcation sur la Bloomfield Rd, environ 25 km avant Cooktown.

TEMPS FORT

## 4 Wujal Wujal et Bloomfield Falls

Depuis le légendaire Lion's Den Hotel, suivez la Bloomfield Rd sur 45 km jusqu'à la communauté aborigène de Wujal Wujal sur la Bloomfield River. La magnifique route (goudronnée) serpente à travers Rossville et le Cedar Range National Park. Faites une halte à la **Black Cockatoo Gallery** (☎07-4060 8153 ; www.blackcockatoogallery.com.au ; 2622 Bloomfield Rd ; 🕒9h30-16h30 mer-dim ; P), à la plage d'Ayton ou au **Bana Yirriji Art Centre** (☎07-4060 8333 ; www.wujalwujalartcentre.com.au ; Bloomfield Rd, Wujal Wujal ; 🕒9h-16h lun-jeu, 9h-14h ven ; P), à Wujal Wujal. Réservez une excursion vers les impressionnantes **Bloomfield Falls** avec la famille aborigène Walker pour une photo souvenir, mais ne songez pas à vous baigner dans la rivière, remplie de gros crocodiles. D'ici au cap Tribulation, seuls les 4x4 passent sur les routes.

p. 243

**La route »** Reprenez la Bloomfield Rd sur 70 km pour arriver à Cooktown. Arrêtez-vous au Lion's Den Hotel pour boire une bière sous la véranda et faire trempette dans la rivière (exempte de crocodiles).

## AU-DELÀ, JUSQU'AU CAP YORK

La péninsule du cap York est certainement l'un des lieux les plus isolés de la planète. L'épine dorsale de cette région tropicale est formée par la Cordillère australienne, tapissée sur son flanc oriental de forêts humides et de plages bordées de palmiers, tandis qu'à l'ouest dominent savane boisée, forêts d'eucalyptus et mangroves côtières. La péninsule se transforme de façon spectaculaire sous l'effet des pluies torrentielles de la Wet : le sol aride se couvre d'une boue rouge et fertile, les buissons desséchés reprennent leur feuillage vert vif et les cours d'eau asséchés se métamorphosent en rivières tumultueuses, où abondent les barramundis.

Uniquement possible pendant la Dry et en 4x4, le voyage jusqu'au Tip (la pointe extrême de l'Australie) est un fabuleux périple qui mène à l'une des dernières grandes contrées sauvages d'Australie, et exige une préparation minutieuse. Très accidentée, l'Old Telegraph Track traverse des rivières infestées de crocodiles, bien que des contournements rendent le trajet praticable avec un véhicule adapté. Pour vous aventurer au-delà de Laura, fin de la route goudronnée, n'oubliez pas d'emporter roues de secours, outils, matériel de treuillage, nourriture et beaucoup d'eau – les relais routiers, souvent espacés de plus de 100 km, ne disposent que de provisions de base. Consultez les **bulletins sur l'état des routes du RACQ** (☎13 19 40 ; www.racq.com.au) avant de partir. Seul le réseau mobile Telstra couvre (partiellement) la région ; emportez un téléphone satellite. Ne partez pas seul.

Des **permis** (☎13 74 68 ; www.parks.des.qld.gov.au ; adulte/famille 6,55/26,20 $) sont nécessaires pour camper en territoire aborigène, soit une grande partie des terres situées au nord de la Dulhunty River. Les Injinoo disposent d'un bac pour traverser la Jardine River (prix inclus dans le permis de camper). Ailleurs, vous pourriez avoir besoin d'un permis supplémentaire pour traverser les territoires aborigènes – à retirer auprès du conseil de la communauté concernée.

TEMPS FORT

### 5 Cooktown

Cooktown, ville la plus septentrionale de la côte du Queensland, à la pointe sud-est de la péninsule du cap York, est un lieu chargé d'histoire : pendant des milliers d'années, Waymbuurr (premier nom de cet ancien site aborigène) servait de lieu de rassemblement aux communautés locales. C'est ici que, le 17 juin 1770, James Cook fit escale avec l'*Endeavour*, son navire ayant heurté un récif au large du cap Tribulation. Cook et son équipage passèrent 48 jours sur place pour réparer les dégâts, faisant de cet endroit le premier (quoique provisoire) lieu de peuplement australien non aborigène. Sur les traces de Cook, grimpez la colline de 162 m jusqu'au **Grassy Hill Lookout** (P) pour une vue imprenable sur la ville, le fleuve et l'océan. Cooktown compte toujours quelques beaux édifices du XIXe siècle, dont l'excellent **James Cook Museum** (☎07-4069 6004 ; www.nationaltrust.org.au/places/james-cook-museum ; 50 Helen St ; adulte/enfant/famille 15/5/35 $ ; ⏲9h-16h mai-sept, 10h-13h mar-sam oct-avr ; réouverture prévue mi-2020), qui conserve des reliques bien préservées de l'*Endeavour*. Pour connaître le point de vue des Aborigènes, suivez Willie Gordon de **Cooktown Cultural Aboriginal Tours** (☎07-4069 6967 ; 113 Charlotte St ; circuits 120-160 $, avec votre véhicule 100-140 $ ; ⏲lun-ven) ou un autre guide de **Maaramaka Walkabout Tours** (☎07-4060 9389 ; 2 McIvor Rd, Hopevale ; circuits 1/2 heures à partir de 50/110 $; ⏲9h et 14h).

p. 243

# Se restaurer et se loger

## Mareeba 2

### Skybury Cafe — Café $

(☎07-4093 2190 ; www.skybury.com.au ; 136 Ivicevic Rd ; café à partir de 3,50 $, plats 10-15 $ ; 9h-16h lun-ven). La vue depuis la plateforme vaut largement le détour, à l'instar du café d'origine unique et des déjeuners légers. Jetez un coup d'œil sur les expositions mettant à l'honneur le café et les plantations de papaye en attendant votre expresso accompagné de *scones* à la confiture de papaye.

### Granite Gorge Caravan Park — Camping-caravaning $

(☎07-4093 2259 ; www.granitegorge.com.au ; 332 Paglietta Rd, Chewko ; empl sans/avec élec 16/18 $ par adulte, cabin/tente safari à partir de 95/65 $). Voici un camping en bordure de rivière idéal pour les familles : emplacements avec électricité, *cabins* et tentes safari, le tout à deux pas du superbe Granite Gorge Nature Park. À 12 km environ de Mareeba.

## Laura 3

### Peninsula Hotel & Campground — Hôtel $

(☎07-4060 3393 ; www.thepeninsulahotel.com.au ; Deighton Rd ; camping 10 $/pers, élec 4 $, s/d 79/99 $ ; 10h-minuit ; P). Le Quinkan Hotel d'origine a brûlé en 2002, et si l'établissement qui le remplace n'a plus le charme typique de l'outback, il est propre, fonctionnel et propose des chambres et des emplacements de tente. Plats de pub.

## Wujal Wujal et Bloomfield Falls 4

### Lion's Den Hotel — Hôtel $

(☎07-4060 3911 ; 398 Shiptons Flat Rd, Helenvale ; camping 12 $/pers, empl avec élec 30 $, dongas s/d 60/80 $, tente safari 110 $ ; ). Arrêt obligé dans ce pub légendaire riche d'une histoire qui remonte à 1875, aux murs couverts d'un charmant bric-à-brac. Vous y trouverez du carburant, de la bière fraîche, un café serré, d'excellentes pizzas, une cuisine de pub et des concerts fréquents. Passez une nuit au camping ou dans une tente safari surélevée. Ne manquez pas de plonger dans le cours d'eau – sans crocodiles.

## Cooktown 5

### Driftwood Cafe — Café $

(☎07-4069 5737 ; 160 Charlotte St ; repas 7-19 $ ; 6h-16h mar dim ; ). Le café certainement le plus cool de Cooktown donne sur le Bicentennial Park et le port. Bon café, smoothies, petit-déjeuner toute la journée et déjeuners légers. Salle à l'intérieur et petite terrasse.

### Balcony Restaurant — Australien moderne $$$

(☎07-4069 5400 ; 128 Charlotte St ; plats 28-45 $ ; 7h-10h et 17h30-22h ; ). Le restaurant chic du Sovereign Resort propose des spécialités modernes australiennes, notamment du filet de bœuf Atherton, de la truite de corail croustillante et des plateaux de fruits de mer ou de cuisine du bush. En bas, le Cafe Bar (10h-22h), moins formel, propose *fish and chips*, steaks et burgers à prix avantageux, avec tables de billard et Internet gratuit.

### Cooktown Motel — Motel $

(Pam's Place ; ☎07-4069 5166 ; www.cooktownmotel.com ; angle Charlotte St et Boundary St ; lits jum et d sans sdb 60 $, motel d 95 $, unit 110 $ ; @). Aussi appelé Pam's Place, Cooktown Motel n'est plus affilié YHA, mais reste l'un des meilleurs établissements petit budget de la ville. Il y a une grande cuisine commune, des casiers gratuits et un jardin tropical. Le motel, propre et confortable, loue aussi des *units* tout équipés.

21

# Outback du Queensland

*Depuis la lointaine côte tropicale du nord du Queensland jusqu'au fin fond de l'outback, voici une dépaysante odyssée réalisable en voiture classique.*

## TEMPS FORTS

**7-10 JOURS**
**1 219 KM**

### PARFAIT POUR...

### LE MEILLEUR MOMENT

D'avril à octobre – sinon, il fait très chaud et/ou très humide.

### LA PHOTO SOUVENIR

Les lumières de la mine au coucher du soleil depuis le City Lookout de Mt Isa.

### POUR LE PLEIN AIR

Karumba est le site le plus accessible du golfe de Carpentarie.

**Mt Isa** Vue depuis le City Lookout au crépuscule

# 21 Outback du Queensland

L'outback n'est pas réservé qu'aux aventuriers chevronnés roulant en 4x4. Cette traversée en voiture classique a tous les ingrédients d'une épopée sans quitter la route goudronnée. Elle commence dans la région tropicale de Cairns et le plateau des Atherton Tablelands, passe par l'Undara Volcanic National Park avant de s'enfoncer progressivement dans l'outback aride de Croydon, Normanton, Cloncurry et Mt Isa.

### 1 Cairns

Vous partirez de Cairns, improbable porte d'entrée de l'outback. Avant tout, baignez-vous dans l'océan (vous ne le reverrez pas de sitôt), faites le plein de vos en-cas préférés – la plupart des magasins de l'outback ne proposent que l'essentiel – et profitez des restaurants (jusqu'à Mt Isa, c'est la cuisine de pub qui domine).

**La route »** Longez la côte sur la Bruce Hwy pendant 24 km jusqu'à Gordonvale, puis partez

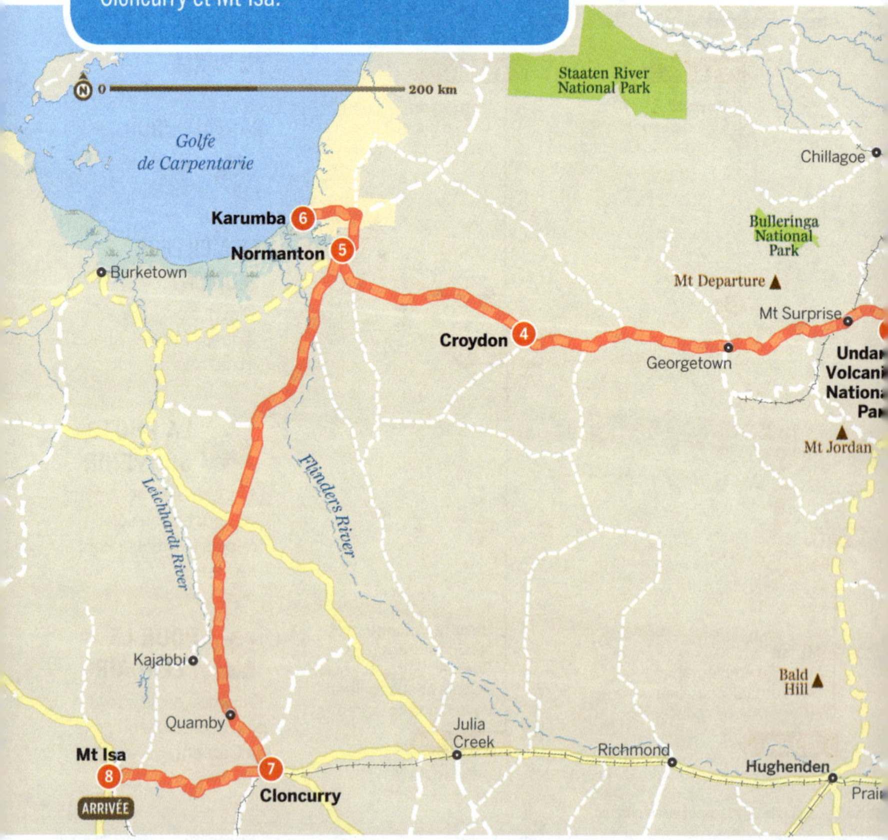

dans les terres sur la Gillies Hwy. La route se dirige vers le sud-ouest et traverse des collines couvertes de forêt humide et des affleurements rocheux jusqu'à Yungaburra, non loin du Lake Tinaroo, 12 km avant d'atteindre Atherton. Herberton est à 18 km au sud-ouest.

p. 235

TEMPS FORT

## 2 Herberton

Incontournable de tout circuit qui se respecte dans les Tablelands, le **village historique de Herberton** (07-4096 2002 ; www.herbertonhistoricvillage.com.au ; 6 Broadway ; adulte/enfant/famille 29/13/72 $ ; 9h-17h, dernière entrée 15h30 ; ), dans la petite ville assoupie de Herberton, comprend plus de 50 bâtiments historiques restaurés. Tout y est : école, scierie, banque, résidence de l'évêque, remise à calèches, boutique du photographe, etc. C'est un peu surfait, mais l'endroit n'a pas son pareil en Australie.

**La route »** Comptez 18 km pour revenir à la Kennedy Hwy, encore 19 km vers le sud jusqu'à Ravenshoe, puis 142 km jusqu'au Undara Volcanic National Park. Le paysage devient de plus en plus aride. Undara est à 15 km au sud en retrait de la Gulf Developmental Rd, sur une route goudronnée.

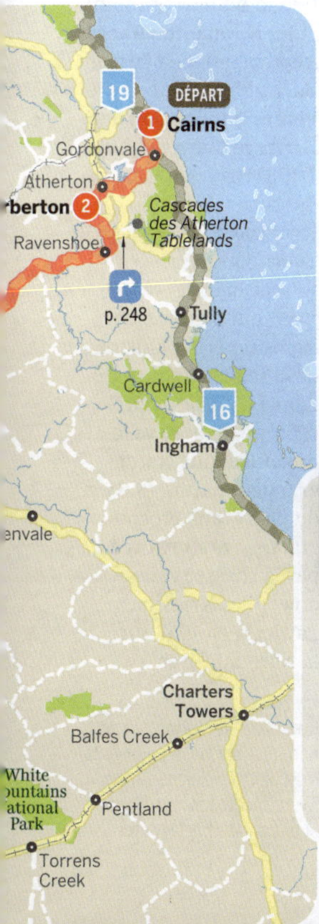


TEMPS FORT

## 3 Undara Volcanic National Park

Il y a 190 000 ans, le volcan bouclier Undara entra en éruption. Alors que les coulées de lave durcissaient en surface, la matière brûlante continua à s'écouler au centre pour éventuellement former les plus longs tunnels de lave continus au monde. **Undara Experience** (1800 990 992, 07-4097 1900 ; www.undara.com.au ; circuits adulte/enfant/famille à partir de 58/29/174 $), entre autres, propose d'admirer une fraction des 160 km de tunnels lors de circuits quotidiens de 2 heures, et même d'observer la faune au crépuscule – des nuées de minuscules chauve-souris et des petits serpents arboricoles, les *Boiga irregularis*, que vous pourrez nourrir. Accessible par une route bien indiquée, le **cratère de Kalkani** constitue un détour agréable à faire à votre rythme. Au départ du parking (ouvert en journée uniquement), un sentier de 2,5 km mène sur le pourtour du cratère.

p. 251

## À COMBINER AVEC

### 16 Côte du Queensland

L'itinéraire qui longe la côte du Queensland s'achève (ou commence) à Cairns, où débute votre périple dans l'outback.

### 19 Cairns et la Daintree

Grande Barrière de corail et forêt humide sont les vedettes de cet itinéraire menant de Cairns au cap Tribulation.

## VAUT LE DÉTOUR
## CASCADES DES ATHERTON TABLELANDS

**Point de départ : 2 Herberton**

En remontant depuis la côte, entre Innisfail et Cairns, les Atherton Tablelands forment un vaste plateau fertile. Petites villes de campagne, lodges écologiques en pleine nature et luxueux B&B émaillent le paysage composé de collines verdoyantes, d'un patchwork de champs, d'étendues de forêt humide, de lacs, de cascades et des plus hauts sommets de l'État – Bartle Frere (1 622 m) et Bellenden Ker (1 593 m).

À 39 km de Herberton, Millaa Millaa borde la Palmerston Hwy ; à 1 km à l'est de là, bifurquez vers le nord sur la Theresa Creek Rd. Entourées de fougères arborescentes et de fleurs, les cascades de Millaa Millaa s'étendent sur 1,5 km et se prêtent à la baignade et à un pique-nique. Haute de 12 m, sa chute d'eau presque trop parfaite serait la plus photographiée d'Australie. Les Zillie Falls, à 8 km de là, sont accessibles par un sentier menant à un point de vue vertigineux. À Ellinjaa Falls, un sentier de 200 m descend à un trou d'eau rocheux au pied de la cascade.



**La route »** Retournez à la Gulf Developmental Rd (Savannah Way) et dépassez les minuscules villages qui apparaissent çà et là tels des mirages dans cette étendue désertique (comme Georgetown après 127 km) avant d'arriver à Crodyon, 149 km plus loin.

## 4 Croydon

À Croydon, vous aurez tout à coup la sensation d'avoir vraiment atteint l'outback australien. On a peine à croire que ce lieu poussiéreux fut la plus grande ville du golfe de Carpentarie, grâce à une brève mais lucrative ruée vers l'or, découvert en 1885. À son apogée, la ville comptait 30 pubs ; seul le Club Hotel, construit en 1887, est toujours là. Le **Visitor Information Centre** (07-4748 7152 ; www.croydon.qld.gov.au/visitors ; 51-59 Samwell St ; 9h-16h30 tlj avr-sept, lun-ven oct-mars) renseigne sur le quartier historique et projette un film court (gratuit) sur la ruée vers l'or. Le **Croydon General Store** (07-4745 6163 ; 95 Sircom St ; 6h30-18h tlj avr-sept, lun-ven oct-mars), bâti en bois en 1894, serait le plus ancien magasin d'Australie.

p. 251

**La route »** La Savannah Way (qui s'enfonce après Normanton dans le Territoire du Nord, la plupart du temps non goudronnée) traverse 148 km de paysage ocre jusqu'à Normanton.

## 5 Normanton

Port de Croydon à l'époque de la ruée vers l'or, Normanton est constitué d'une longue rue bordée de vieux édifices pleins de cachet. C'est aujourd'hui un endroit paisible qui s'anime de temps à autre : la **Barra Bash** (à Pâques) attire les foules, tout comme le **Normanton Rodeo & Show** (mi-juin) et les **Normanton Races** (septembre). Le bâtiment Burns Philp renferme le **Visitor Information and Heritage Centre** (07-4745 8444 ; www.carpentaria.qld.gov.au ; angle Caroline St et Landsborough St ; 9h-16h30 lun-ven, 10h-15h sam-dim avr-sept, 9h-13h lun-ven oct-mars), qui présente des expositions sur l'histoire de la région. La vedette, dans Landsborough St, est cependant **Krys le crocodile**, une statue grandeur nature (8,64 m) du plus grand crocodile jamais répertorié, tué par la chasseuse de crocodiles Krystina Pawloski en 1958 sur la Norman River.

**La route »** À vol d'oiseau en traversant les Mutton Wetlands, Karumba, sur les rives du golfe, n'est pas très éloignée, mais il vous faudra environ 74 km pour y arriver par la route.

FIL_DIMAGE/SHUTTERSTOCK ©

**Herberton** Ancienne école dans un bâtiment historique

TEMPS FORT

## 6 Karumba

Lorsque le soleil s'enfonce dans les eaux du golfe de Carpentarie, Karumba se transforme en petit paradis. C'est la seule bourgade de la côte du golfe accessible par une route goudronnée. Karumba Town est située sur les rives de la Norman River, tandis que Karumba Point longe une plage du golfe, 6 km plus loin. Le **Visitor Information Centre** (07-4747 7522 ; www.carpentaria.qld.gov.au ; 149 Yappar St, Karumba Town ; 9h-16h30 lun-ven, 10h-15h sam-dim avr-sept, 9h-13h lun-ven oct-mars ; ) renseigne sur les locations de bateaux de pêche et les croisières ; **Ferryman** (07-4745 9155 ; www.ferryman.net.au ; Gilbert St, Karumba Town ; croisières au crépuscule adulte/enfant 60/30 $, observation de la faune 80/40 $) organise des sorties au coucher du soleil et loue des bateaux de pêche durant la Dry, alors que **Croc & Crab Tours** (0417 011 411 ; www.crocandcrab.com.au ; 40 Col Kitching Dr, Karumba Point ; circuits demi-journée adulte/enfant 120/60 $, croisières adulte/enfant 80/40 $) propose d'excellentes formules à la demi-journée – pêche au crabe, observation des crocodiles sur la Norman River, etc.

p. 251

**La route »** Lorsque vous serez prêt à quitter le golfe, retournez à Normanton. De là, la Burke Developmental Rd, paisible route d'outback, traverse l'arrière-pays aride. Après 192 km, appréciez un peu de compagnie au relais routier Burke & Wills puis continuez pendant 181 km vers le sud jusqu'à Cloncurry.

## 7 Cloncurry

Après une telle traversée, Cloncurry (2 719 habitants) vous semblera hautement civilisée. C'est à "Curry", l'un des endroits les plus chauds du pays, qu'est né le Royal Flying Doctor Service (RFDS), qui apporte une aide médicale aux populations isolées de l'outback. Ce précieux service d'ambulances aériennes est raconté au musée **John Flynn Place** (07-4742 2778 ; www.johnflynnplace.com.au ; angle Daintree St et King St ; adulte/enfant/famille 11,50/7,50/30 $ ; 9h-16h lun-ven toute l'année, 9h-15h sam-dim mai-sept). La ville est aujourd'hui un centre rural dynamique.

**La route »** Vous y êtes presque. Les 122 derniers kilomètres sur la Barkly Hwy, un tantinet plus fréquentée, seront vite avalés.

TEMPS FORT

## 8 Mt Isa

Impossible d'ignorer les cheminées d'usine en arrivant à Mt Isa, l'une des villes minières les plus anciennes de l'État. C'est aussi un carrefour pour les voyageurs et les habitants en plein cœur de l'outback. Du **City Lookout**, les cheminées au loin et les lumières de la mine qui scintillent composent un tableau poétique au coucher du soleil. De surprenantes formations rocheuses, parsemées de bouquets de spinifex vert olive, bordent la ville. Tâchez de venir à la mi-août pour assister au plus grand **rodéo** (07-4743 2706 ; www.isarodeo.com.au ; 2e week-end d'août) d'Australie. Ne manquez pas le musée (multiprimé) **Outback at Isa** (07-4749 1555 ; www.experiencemountisa.com.au ; 19 Marian St ; 8h30-17h), avec la **Hard Times Mine** (07-4749 1555 ; www.experiencemountisa.com.au ; 19 Marian St ; adulte/enfant/famille 79/35/199 $ ; circuits tlj), un parcours souterrain reconstituant une mine en activité ; l'**Isa Experience & Outback Park** (07-4749 1555 ; www.experiencemountisa.com.au ; 19 Marian St ; adulte/enfant/famille 20/10/50 $ ; 8h30-17h), musée interactif retraçant l'histoire de la région ; ainsi que le passionnant **Riversleigh Fossil Centre** (07-4749 1555 ; www.mietv.com.au/Outback-at-Isa.aspx ; 19 Marian St ; adulte/enfant/famille 15/6/33 $ ; 8h30-17h) et ses trouvailles paléontologiques.

p. 251

# Se restaurer et se loger

## Undara Volcanic National Park 3

**Undara Experience Resort** Resort **$$**
(1800 990 992 ; www.undara.com.au ; Undara Rd ; empl avec/sans élec 19/16 $ par adulte, tente d 78 $, wagon de train d 180 $ ; mi-mars à mi-nov ; ). Dans le bush, à l'extérieur du parc national, ce *resort* offre des hébergements variés : emplacements de camping à l'ombre, petites tentes montées sur des plateformes, chambres modernes avec sdb, et charmants wagons de train, certains même avec sdb. Nombreuses balades dans le bush et tunnels de lave à proximité.

## Croydon 4

**Croydon Caravan Park** Camping-caravaning **$**
(07-4745 6238 ; www.croydon.qld.gov.au/croydon-caravan-park ; angle Brown St et Alldridge St ; empl avec/sans élec 30/20 $, cabins d/f 100/120 $ ; ). En plein centre de Croydon, un petit caravaning accueillant pourvu des infrastructures habituelles, dont une piscine. Les pelouses sont appréciables lorsqu'on rentre du bush, et vous pourrez même avoir un peu d'ombre si vous arrivez tôt.

## Karumba 6

**Sunset Tavern** Cuisine de pub **$$**
(07-4745 9183 ; www.facebook.com/Karambasunsettavern ; Esplanade, Karumba Point ; plats 15-35 $, pizza 20-30 $ ; 12h-14h et 17h30-20h30). Le lieu de rendez-vous le plus prisé de Karumba Point au coucher du soleil, le temps d'un verre de vin et d'un plateau de fruits de mer. La cuisine est honnête, notamment le barramundi grillé, mais c'est la vue qui prime ; arrivez de bonne heure pour avoir une table dans l'espace en plein air.

**End of the Road Motel** Motel **$$**
(07-4745 9599 ; www.endoftheroadmotel.com.au ; 26 Palmer St, Karumba Point ; d 165-200 $, app 2 ch 210 $ ; ). Le meilleur motel de Karumba dispose de chambres, de studios, d'appartements tout équipés avec 1 ou 2 chambres – le tout avec vue sur le soleil couchant depuis le jardin. Les meilleures chambres donnent sur le golfe.

## Mt Isa 7

**Rodeo Bar & Grill** Steak **$$**
(07-4749 8888 ; angle Miles St et Rodeo Dr ; plats 16-40 $ ; 6h30-11h30, 12h-15h et 18h-21h). Les box apportent un peu d'intimité à ce vaste bar-restaurant avec cuisine ouverte installé à l'intérieur de l'Isa Hotel. La carte est variée : pizzas, en-cas de style tapas ou énormes steaks. Très bons petits-déjeuners.

**Travellers Haven** Auberge de jeunesse **$**
(07-4743 0313 ; www.travellershaven.com.au ; 75 Spence St ; dort/s/d 30/60/75 $ ; @). La seule véritable auberge de jeunesse d'Isa, et de cette région de l'outback, est modeste mais parfait pour faire connaissance. Il y a tout ce qu'il faut : piscine, cuisine et Wi-Fi gratuit. Les propriétaires organisent des visites guidées informelles.

**Red Earth Hotel** Boutique-hôtel **$$$**
(07-4749 8888, 1800 931 235 ; www.redearthhotel.com.au ; Rodeo Dr ; ch 166-249 $ ; @). La meilleure adresse de Mt Isa (à moins que vous ne vouliez une piscine). Mobilier à l'ancienne, baignoires sur pieds et personnel en livrée. Le supplément pour avoir un balcon privatif, une sdb balnéo et une grande TV vaut le coup. Bar à cocktails et excellent **restaurant** (07-4749 8888 ; www.redearthhotel.com.au/dining ; 20 West St ; plats 18 $ ; 18h-21h mar-sam) dans le hall. Réductions disponibles en ligne.

L'**Isa Hotel** (07-4749 8888, 1800 931 235 ; www.isahotel.com.au ; 11 Miles St ; s/d 129/139 $ ; ), dans le même complexe, loue des chambres meilleur marché.

# Australie-Méridionale

**UNE ESCAPADE EN AUSTRALIE-MÉRIDIONALE CHANGE AGRÉABLEMENT** de l'animation de la côte est. Dans cet État, le plus chaud et le plus sec du pays, on sait profiter du meilleur de l'existence : un beau paysage, un événement festif, une excellente table et un bon vin.

Maintes grandes caves – à Barossa Valley, Clare Valley, Coonawarra, Mc Laren Vale et Adelaide Hills – vous ouvriront leur porte. Mentionnons aussi la faune et les produits de la mer à Kangaroo Island, les paysages grandioses des péninsules de Yorke et d'Eyre, la beauté des Flinders Rangers, ainsi que la côte déchiquetée, les grottes et les plages de la Limestone Coast. Joyau urbain, Adélaïde, dynamique métropole de 1,34 million d'habitants, voit s'enchaîner les festivals.

**Barossa Valley** Coucher du soleil sur les vignes
HDDIGITAL/SHUTTERSTOCK ©

# Australie-Méridionale

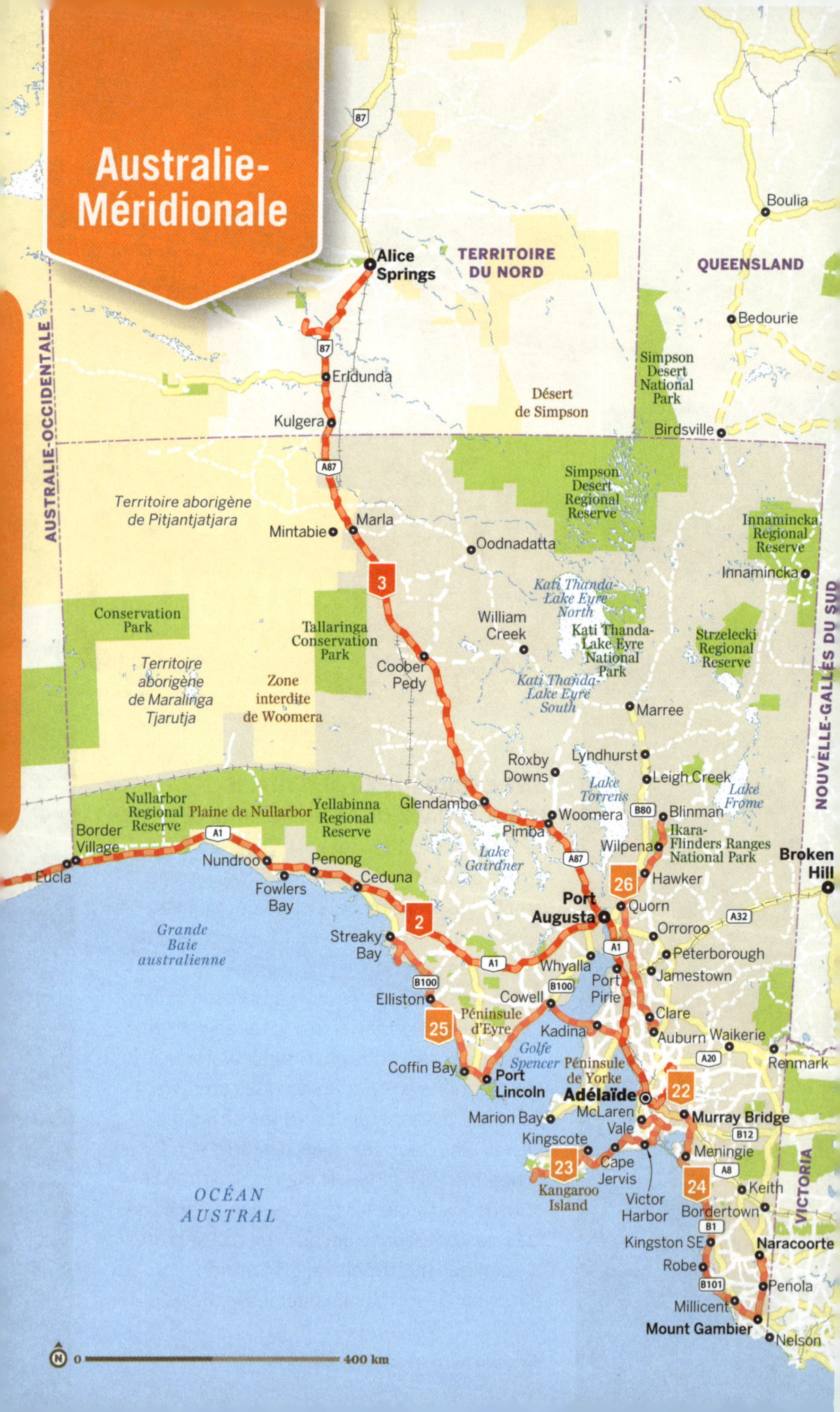

**Huîtres** Coffin Bay

Route Mythique

**2** **Plaine de Nullarbor** **5-7 jours**
Une traversée épique de la plaine avec un détour par la Grande Baie australienne (p. 47).

Route Mythique

**22** **Adelaide Hills et la Barossa Valley** **3-4 jours**
Une grande région viticole au parfum d'Allemagne du Sud.

**23** **McLaren Vale et Kangaroo Island** **7 jours**
Les vins de McLaren Vale accompagnent particulièrement bien le gibier de Kangaroo Island.

**24** **Limestone Coast et Coonawarra** **5-7 jours**
Non loin des vignobles et de jolies localités, et un site classé au Patrimoine mondial ; le Murray se jette dans la mer.

**25** **Péninsules de Yorke et d'Eyre** **5-7 jours**
Des péninsules embellies de *townships* historiques et une côte sauvage dentelée.

**26** **Clare Valley et les Flinders Ranges** **7-10 jours**
Des vins de renommée internationale et des bourgades historiques, pour cet avant-poste de l'outback.

## À NE PAS MANQUER

### Caves de dégustation à Barossa

D'une cave de dégustation à l'autre – une promenade œnologique dans un cadre charmant. 22

### L'esprit de Coorong

Apprivoiser les eaux du Murray jusqu'à l'océan. 23

### Huîtres de Coffin Bay

Déguster les meilleures huîtres d'Australie dans le parc national de Coffin Bay. 25

### Parc national des grottes de Naracoorte

À la recherche de fossiles géants. 24

### Wilpena Pound

Randonnée dans l'extraordinaire région des Flinders Ranges. 26

Route Mythique

# Adelaide Hills et la Barossa Valley

22

*Ces deux régions allient le meilleur de l'Australie-Méridionale : de belles terres cultivées, une récolte abondante, des villages aux maisons de pierre et d'excellents vins.*

## TEMPS FORTS

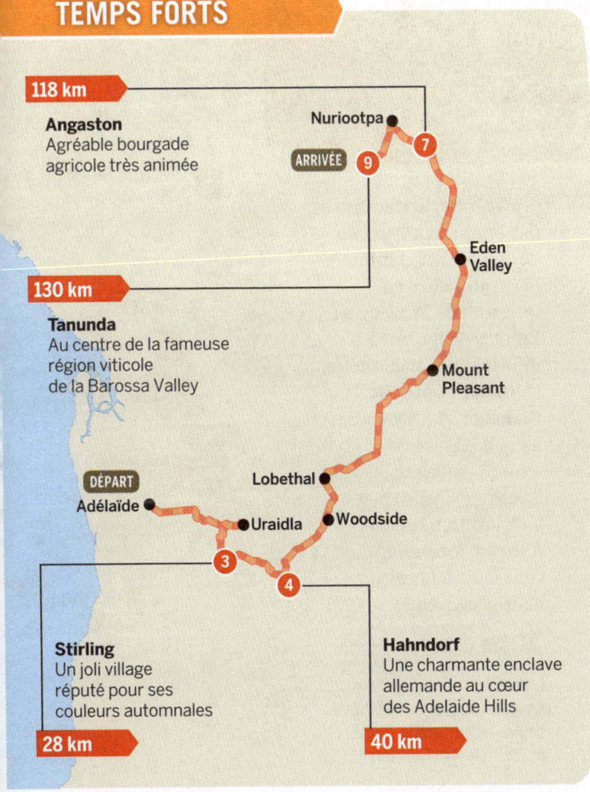


**3-4 JOURS**
**130 KM**

### PARFAIT POUR...

### LE MEILLEUR MOMENT

De mars à mai, à l'apogée automnal des vignes.

### LA PHOTO SOUVENIR

La vallée de Barossa depuis le point de vue de Mengler's Hill.

### LE MEILLEUR DES VINS

Les crus rouges de Tanunda et ceux, blancs, des Adelaide Hills.

**Vallée de la Barossa** Point de vue au sommet de Mengler's Hill

Route Mythique

# 22 Adelaide Hills et la Barossa Valley

Lorsque, l'été venu, les plaines d'Adélaïde se font torrides, un air plus frais règne sur les Adelaide Hills (ou Mt Lofty Ranges) – terres ancestrales des Peramangk. Les premiers colons bâtirent des demeures imposantes autour de Stirling et Aldgate. Puis des immigrants allemands, qui fuyaient les persécutions religieuses, marquèrent des bourgades comme Hahndorf et Lobethal de leur héritage germanique. Au nord, les domaines de la Barossa Valley produisent un vin de réputation mondiale.

## 1 Adélaïde

Adélaïde a troqué son statut suranné de "cité des églises" pour celui d'une ville aux bars tendance, riche en événements culturels. Le quartier de **Glenelg** se prête à la détente, entre l'ambiance balnéaire de "The Bay" – site de la première incursion coloniale en pays kaurna et les jolies plages ouvertes sur le couchant. Dans les restaurants de *fish and chips* se pressent surfeurs, routards et sexagénaires tannés par le soleil. Venu du centre-ville, le tram passe par la rue commerciale de Jetty Rd et continue jusqu'aux cafés en terrasses de Moseley Sq. En plus de fournir les informations habituelles, le **Visitor Center de Glenelg** (☎08-8294 5833 ; www.glenelgsa.com.au ; Glenelg Town Hall, Moseley Sq, Glenelg ; ⏲10h-16h) met à disposition la carte *Kaurna Yata-ana*, consacrée à la culture aborigène locale.

✕ 🛏 p. 266

**La route »** Pour rejoindre rapidement les Adelaide Hills depuis le centre-ville, prenez le Southeastern Fwy (M1)

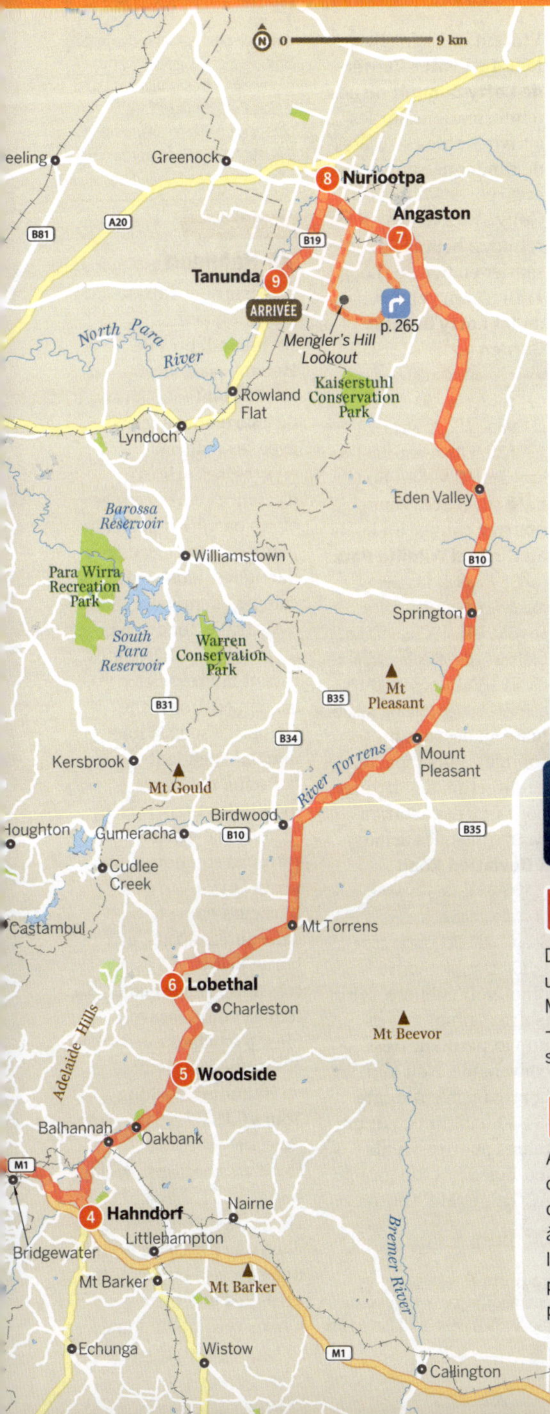


jusqu'à Stirling. Si vous vous engagez sur Greenhill Rd à partir du sud d'Adelaide Park Lands – une route de 17 km aussi droite, en ses débuts, que sinueuse ensuite – vous arriverez à la charmante Uraidla.

## 2 Uraidla

Très récemment encore, Uraidla (ainsi que sa voisine **Summertown**, 1 km plus près d'Adélaïde) étaient passablement délaissées. Puis son vieux pub s'est mis à brasser sa propre bière artisanale. Une pizzeria a ouvert dans l'ancienne église, en face, et un nouveau bistrot s'est retrouvé sur la liste des 100 meilleurs restaurants du pays. Aujourd'hui, c'est l'un des meilleurs endroits pour passer un

## À COMBINER AVEC

### 3 D'Alice Springs à Adélaïde

De l'outback à la capitale urbaine de l'Australie-Méridionale (1 500 km) – un voyage qui joue sur les contrastes.

### 25 Péninsules de Yorke et d'Eyre

Adélaïde est le point de départ d'un parcours de 701 km, avec arrivée à Streaky Bay, après la traversée de deux péninsules reliées par un ferry.

Route Mythique

après-midi dans les Hills. L'**Uraidla Hotel** (☎08-8390 0500 ; www.uraidlahotel.com.au ; 1198 Greenhill Rd, Uraidla ; 11h-tard) est l'épicentre des activités.

**La route »** D'Uraidla à Stirling, les panneaux sont rares et la route zigzague. Retournez sur 1 km environ vers Summertown, puis dirigez-vous vers le sud sur Piccadilly Rd, et prenez à gauche, sur Old Mt Barker Rd ; traversez la route principale, et tournez à droite sur Pomona Rd, vous voilà arrivé. Vous aurez parcouru 8 km à travers de beaux paysages.

TEMPS FORT

## 3 Stirling

Le joli village de **Stirling** (2 970 habitants) doit ses couleurs automnales aux arbres à feuilles caduques qu'y plantèrent les Européens – c'est assurément un des plus beaux spectacles du pays en saison. On y trouve des cafés formidables, ainsi que le fameux **Stirling Hotel** (☎08-8339 2345 ; www.stirlinghotel.com.au ; 52 Mt Barker Rd, Stirling ; d à partir de 230 $ ; P ❄ 📶). Depuis le sommet (727 m) du **Mt Lofty Summit** (☎08-8370 1054 ; www.parks.sa.gov.au ; Mt Lofty Summit Rd, Crafers ; 24h/24), on a une vue mémorable sur les plaines d'Adélaïde, jusqu'au golfe Saint-Vincent qui scintille au loin. Le **Visitor Center de Lofty Summit** dispose d'informations sur les activités et les sentiers de randonnée dont celui, escarpé, de Waterfall Gully Track (8 km aller-retour, 2 heures 30) et le sentier en boucle (Loop Trail ; 7 km, 2 heures) du **Mt Lofty Botanic Garden** (☎08-8222 9311 ; www.botanicgardens.sa.gov.au ; entrée sur Mawson Dr et Lampert Rd, Crafers ; 8h30-16h lun-ven, 10h-17h sam-dim). Il y a un bon **café** sur place. Vous pourrez câliner un koala au **Cleland Wildlife Park** (☎08-8339 2444 ; www.clelandwildlifepark.sa.gov.au ; 365 Mt Lofty Summit Rd, Crafers ; adulte/enfant/famille 25,50/12/61 $ ; 9h30-17h, dernière entrée 16h30), situé juste en dessous du sommet. Puis repartez en direction de Stirling pour une dégustation (voire quelques achats) à **Deviation Road** (☎08-8339 2633 ; www.deviationroad.com ; 207 Scott Creek Rd, Longwood ; 10h-17h ; 👪), entre pinot noir sublime, syrah (shiraz), pinot gris et un vin pétillant très convenable. Non loin, la provinciale **Aldgate** (3 350 habitants) eut un temps pour résidents feu Bon Scott (du groupe AC/DC) et Mel Gibson.

✕ 🛏 p. 266

**La route »** À Aldgate, pourquoi ne pas oublier la voie rapide (M1) pour la Mt Barker Rd qui, bien plus agréable, traverse Bridgewater ? Ce sont 8 km d'une route très sinueuse d'Aldgate à Hahndorf, le plus ancien village allemand d'Australie, via Germantown Hill.

TEMPS FORT

## 4 Hahndorf

À l'instar des Rocks, à Sydney, et de Richmond, près de Hobart, Hahndorf (2 670 habitants) a rang de charmante enclave, avec ses maisons en grès, ses arbres d'essences européennes et ses parterres de fleurs plantées dans des demi-barriques. Plus ancienne colonie allemande (1839) d'Australie, fondée par 50 familles luthériennes fuyant la Prusse et les persécutions, elle fut placée sous la loi martiale pendant la Première Guerre mondiale et rebaptisée "Ambleside" (mais retrouva son nom plus tard). On y trouve plusieurs bars et cafés intéressants, et la rue principale est très animée par beau temps. Pour en savoir plus, participez au circuit pédestre guidé de **Hahndorf Walking Tours** (☎0477 288 011 ; www.facebook.com/hahndorfwalkingtours ; adulte/enfant 35/15 $ ; circuits 14h tlj), ou installez-vous dans une brasserie pour une saucisse-choucroute arrosée d'une bière – nous recommandons le **Hahndorf Inn** (☎08-8388 7063 ; www.hahndorfinn.com.au ; 35 Main St, Hahndorf ; plats 23-46 $ ; ⏲10h30-tard ; 👪). L'art a également sa place, à la **Hahndorf Academy** (☎08-8388 7250 ; www.hahndorfacademy.org.au ; 68 Main St, Hahndorf ; ⏲10h-17h). Citons trois excellentes caves à vins qui jouxtent la localité : **Nepenthe Wines** (☎08-8398 8899 ; www.nepenthe.com.au ; 93 Jones Rd, Balhannah ; ⏲10h-16h), **Shaw & Smith** (☎08-8398 0500 ; www.shawandsmith.com ; 136 Jones Rd, Balhannah ; dégustation à partir de 20 $ ; ⏲11h-17h) et, enfin, **The Lane** (☎08-8388 1250 ; www.thelane.com.au ; 5 Ravenswood Lane, Hahndorf ; ⏲10h-16h) – cette dernière bénéficie d'une belle vue sur les coteaux. De l'autre côté de Hahndorf, vous pourrez cueillir des fraises, entre novembre et mai, à la **Beerenberg Strawberry Farm** (☎08-8388 7272 ; www.beerenberg.com.au ; 2106 Mount Barker Rd ; cueillette de fraises adulte/enfant 4 $/gratuit, 11 $/kg de fraises ; ⏲9h-17h).

✕ 🛏 p. 266

**La route »** À Hahndorf, reprenez la Mt Barker Rd direction nord-ouest, puis tournez à droite (vers le nord) pour vous engager sur Ambleside Rd. Au bout, empruntez Onkaparinga Valley Rd (B34) sur votre droite pour vous rendre à Woodside en passant par Balhannah et Oakbank – l'ensemble fait un joli périple de 12 km.

## VINS DE LA BAROSSA VALLEY

Avec des étés chauds et secs, et des hivers doux, la vallée de la Barossa figure parmi les régions viticoles les plus réputées au monde. Elle est longue d'à peine 25 km, mais il s'y produit 21% du vin australien. Les traditions allemandes, encore vivaces, y remontent à 1842. Fuyant les persécutions religieuses dont ils étaient victimes en Prusse et en Silésie, les immigrants fondèrent un îlot luthérien et importèrent la culture de la vigne. Leurs églises néogothiques et leurs maisons en pierre témoignent encore de leur présence. Leur héritage est aussi musical – avec force cuivres – et culinaire, entre saucisse, bretzel et choucroute.

La Barossa Valley, surtout connue pour sa syrah (*shiraz*), a le riesling pour principal cépage de blanc. Le visiteur trouvera ici plus de 80 domaines et quelque 60 caves, allant de la modeste botanique au vaste complexe. Les grands noms tiennent le haut du pavé tandis qu'il est plus difficile de dénicher les petites propriétés, plus confidentielles. Voici notre sélection :

**Rockford Wines** (☎08-8563 2720 ; www.rockfordwines.com.au ; 131 Krondorf Rd, Tanunda ; ⏲11h-17h). Fondée en 1850, cette cave affiche un choix restreint, dont des vins rouges pétillants.

**Henschke** (☎08-8564 8223 ; www.henschke.com.au ; 1428 Keyneton Rd, Keyneton ; ⏲9h-16h30 lun-ven, 9h-12h sam). Le domaine Henschke (1860) est renommé pour son vin rouge emblématique, le Hill of Grace.

**Peter Lehmann** (☎08-8565 9555 ; www.peterlehmannwines.com ; Para Rd, Tanunda ; ⏲9h30-17h lun-ven, 10h30-16h30 sam-dim). Sa syrah et son riesling figurent parmi les vins les plus abordables de la Barossa et bénéficient d'une large distribution.

**Seppeltsfield** (☎08-8568 6200 ; www.seppeltsfield.com.au ; 730 Seppeltsfield Rd, Maranaga ; ⏲10h30-17h). Ce domaine démarra son activité en 1851, quand Joe Seppelt créa l'une des marques les plus respectées d'Australie.

**Penfolds** (☎08-8568 8408 ; www.penfolds.com ; 30 Tanunda Rd, Nuriootpa ; ⏲9h-17h). Une légende de la vallée de la Barossa. Deux ateliers sont proposés sur réservation : Composez votre propre vin (65 $) et Dégustation de la cuvée Grange (150 $).

Route Mythique

AMOPHOTO_AU/SHUTTERSTOCK ©

MILLEFLORE IMAGES/SHUTTERSTOCK ©

## POURQUOI EST-CE UNE ROUTE MYTHIQUE

CHARLES RAWLINGS-WAY, AUTEUR

Tout œnophile de passage en Australie-Méridionale ne manquera pas de se rendre dans la vallée de la Barossa – une région symbole. Mais la route depuis Adélaïde est plutôt monotone, avec de longs trajets sur l'autoroute. Mieux vaut passer par les anciennes bourgades d'Adelaide Hills.
À peine plus long, mais ponctué de paysages superbes, ce parcours se prête à la découverte d'un pan de l'histoire de l'Australie-Méridionale, ainsi que d'une autre région viticole, non moins intéressante.

Ci-dessus : patrimoine germanique à Hahndorf
À gauche : domaine de Henschke, près d'Angaston
À droite : domaine de Yalumba, Angaston

LKONYA/SHUTTERSTOCK ©

## 5 Woodside

D'apparence banale, Woodside (2 610 habitants), fondée au début des années 1850, n'en est pas moins une bonne étape gastronomique. Occupant le bâtiment en briques d'une ancienne fabrique, dans la rue principale, **Woodside Cheese Wrights** (08-8389 7877 ; www.woodsidecheese.com.au ; Heritage Park, 22 Henry St ; dégustation gratuite, fromage à partir de 5 $ ; 11h-16h) est une fromagerie dont la production artisanale, à la fois classique et expérimentale (spécialité de pâte molle), repose sur le lait des brebis et des vaches qui broutent et paissent alentour. Notre préféré ? Le chèvre au myrte et au citron. Juste à côté, faites provision d'amandes grillées et de chocolats fantaisie (en forme de vache) à la vénérable **Melba's Chocolate & Confectionery Factory** (08-8389 7868 ; www.melbaschocolates.com ; Heritage Park, 22 Henry St ; dégustation gratuite, chocolat à partir de 2 $ ; 9h-16h30). Au nord de la bourgade, **Bird in Hand** (08-8389 9488 ; www.birdinhand.com.au ; angle Bird in Hand Rd et Pfeiffer Rd ; 10h-17h lun-ven, 11h-17h sam-dim) produit un excellent pinot rosé, mais également syrah, merlot et vins d'assemblage. Il s'y donne des concerts en été et l'on y trouve un restaurant chic, le Galley.

**La route »** Continuez pendant 3 km direction nord-est sur la B34. Prenez l'embranchement pour Lobethal sur votre gauche. Passez quelques enclos avant d'arriver à Lobethal, après seulement 3 km.

## 6 Lobethal

La petite ville de Lobethal (2 530 habitants) fut fondée dans la "Valley of Praise" (vallée des louanges) par le pasteur luthérien Fritzsche et ses fidèles en 1842. Elle fut un temps rebaptisée "Tweedale", pendant la Première Guerre mondiale. L'église joue encore un rôle important dans la vie quotidienne de la majorité des habitants, mais les collines comptent aussi leur lot de caves à vins. Si sa rue principale est jalonnée des habituels pubs et commerces, l'endroit se révèle véritablement à Noël lors du **Lights of Lobethal festival** (www.lightsoflobethal.com.au ; déc) – des illuminations spectaculaires qui attirent de nombreux visiteurs. Installez-vous en terrasse au **Lobethal Bierhaus** (08-8389 5570 ; www.bierhaus.com.au ; 3a Main St ; 12h-22h ven-sam, 12h-18h dim) pour une dégustation de bières artisanales (mention spéciale pour la Red Truck Porter). Dans les collines, en retrait de la bourgade, **Pike & Joyce** (08-8389 8102 ; www.pikeandjoyce.com.au ; 730 Mawson Rd, Lenswood ; 11h-16h lun-ven, 11h-17h sam-dim) est une cave alliant délicieux chardonnay et vue envoûtante.

**La route »** Après Lobethal, préparez-vous (physiquement et psychologiquement) à passer d'Adelaide Hills à Barossa Valley. Angaston se trouve à 60 km via la B34 puis la B10.

TEMPS FORT

## 7 Angaston

Demeurée très rurale, la jolie Angaston doit son nom à George Fife Angas, un des premiers éleveurs de bétail de la Barossa. Alentour, l'agriculture prédomine et les domaines viticoles sont relativement peu nombreux. La rue principale compte deux pubs, quelques bons restaurants, et de vieilles maisons en pierre, dont plusieurs ont été transformées en B&B. Vous trouverez des produits locaux et germaniques au **Barossa Farmers Market** (0402 026 882 ; www.barossafarmersmarket.com ; angle Stockwell Rd et Nuriootpa Rd, Angaston; 7h30-11h30 sam), un marché de producteurs hebdomadaire.
L'excellente fromagerie **Barossa Valley Cheese Company** (08-8564 3636 ; www.barossacheese.com.au ; 67b Murray St, Angaston ; 10h-17h lun-ven, à 16h sam, 11h-15h dim) donne sur la rue principale (nous recommandons le Washington Washed Rind, à croûte lavée).

Henschke (p. 261), à quelque 10 km au sud-est d'Angaston dans la vallée d'Eden, se distingue par son vin rouge, le Hill of Grace. Mais la plupart des crus ont ici rang de classiques. Si vous n'avez pas le temps de visiter Henschke, passez au **Taste Eden Valley** (08-8564 2435 ; www.tasteedenvalley.com.au ; 6 Washington St, Angaston ; 10h-17h), au centre d'Angaston, pour y déguster les produits de la vallée. Également à Angaston, **Yalumba** (08-8561 3200 ; www.yalumba.com ; 40 Eden Valley Rd, Angaston ; 10h-17h) fait partie des grands noms de Barossa (et d'Australie) avec une production abondante et un grand choix de bouteilles, dont certaines bon marché. Le superbe domaine date de 1850.

p. 267

**La route »** Nuriootpa se trouve à seulement 7 km au nord-est d'Angaston le long de la B10. Vous voici au cœur de la vallée de la Barossa.

## VAUT LE DÉTOUR
## MENGLER'S HILL LOOKOUT

**Point de départ : Angaston 7**

À Angaston, quittez la vallée pour rejoindre le **Mengler's Hill Lookout** (Menglers Hill Rd, Tanunda ; 24h/24) et profiter d'un panorama qui s'étend par-delà les coteaux (ignorez les sculptures au premier plan). Jalonnée d'immenses eucalyptus, Menglers Hill Rd parcourt un charmant paysage de campagne. Pour regagner la voie principale, redescendez de l'autre côté de la colline et prenez la direction de Nuriootpa en passant par Light Pass Rd, tournant à gauche sur Siegersdorf, puis à droite sur Murray St.

### 8 Nuriootpa

Se déployant le long d'une interminable route à l'extrémité nord de la vallée, Nuriootpa n'est peut-être pas aussi attrayante que Tanunda ou Angaston, mais a pour atouts ses nombreux commerces et son charme rural. Un nouvel hypermarché a ouvert récemment et la population de "Nuri" augmente, au contraire de celle d'autres bourgades de l'État. Ne manquez pas de descendre la **Seppeltsfield Rd** (1300 852 982 ; www.seppeltsfieldroad.com ; Seppeltsfield Rd, Marananga ; 24h/24), une avenue bordée d'immenses palmiers qui serpente à travers les vignobles. Passé Marananga, la rangée de palmiers quitte la route pour remonter une colline jusqu'au **mausolée de la famille Seppelt** (08-8568 6217 ; www.seppeltsfieldroad.com ; lot 2 Seppeltsfield Rd, Marananga ; 24h/24), de style grec, avec un fronton à colonnes doriques. Fondée en 1851, lorsque Joe Seppelt planta ses premiers pieds de vignes, Seppeltsfield (p. 261) est l'une des propriétés les plus estimées d'Australie. Son porto Tawny de 100 ans d'âge a acquis ses lettres de noblesse. Plus près de la ville, Penfolds (p. 261) est une institution à Barossa, et un domaine parmi les plus réputés d'Australie. Réservez votre circuit "Composez votre propre vin" (65 $) ou le circuit "Dégustation de la cuvée Grange" (150 $) qui vous permet de tremper vos lèvres dans un Grange Hermitage (le prix d'une bouteille démarre à quelque 900 $).

p. 267

**La route »** Prenez la B19 au sud-ouest de Nuriootpa et 7 km plus loin, arrivez à Tanunda.

TEMPS FORT

### 9 Tanunda

Au centre de la vallée, tant au plan géographique que social, Tanunda est la principale localité touristique de la Barossa. Malgré l'afflux constant de visiteurs, elle associe, à l'aspect pratique de Nuriootpa, le charme d'Angaston. Tanunda est jalonnée de bâtiments historiques, y compris de jolis cottages qui bordent **Goat Square** (angle John St et Maria St, Tanunda; 24h/24). En sortant de la ville, au sud, vous verrez des tonneliers à l'ouvrage à la **Keg Factory** (08-8563 3012 ; www.thekegfactory.com.au ; 25 St Hallett Rd, Tanunda ; 8h-16h lun-ven, 11h-16h sam), participant eux aussi à l'économie de la région viticole.

p. 267

Route Mythique

# Se restaurer et se loger



## Adélaïde 1

### Central Market — Marché $

(08-8203 7494 ; www.adelaidecentralmarket.com.au ; Gouger St, Adélaïde ; 7h-17h30 mar et jeu, 9h-17h30 mer, 7h-21h ven, 7h-15h sam). Sur cet incontournable marché, aux étals colorés et odorants, vous trouverez légumes, fruits, pains, fromages, produits gourmets et de la mer, mais aussi des cafés, des restaurants et un supermarché, le tout à proximité du Chinatown d'Adélaïde.

### Peel Street — Australien moderne, asiatique $$

(08-8231 8887 ; www.peelst.com.au ; 9 Peel St, Adélaïde ; plats 20-35 $ ; 7h30-22h30 lun et mer-ven, 7h30-16-30 mar, 6h-22h30 sam). Peel St – une rue jadis négligée du West End d'Adélaïde – est désormais l'épicentre de la vie nocturne, avec d'innombrables bars et restaurants tendance, dont voici le meilleur : un café/bistrot/bar à vins où l'on vient déguster chips de panais au parmesan et boulettes de dinde au citron confit. Excellente carte des vins.

### Soho Hotel — Hôtel $$

(08-8412 5600 ; www.thesohohotel.com.au ; 264 Flinders St, Adélaïde ; d à partir de 159 $ ; P). Ces chambres de l'East End (certaines avec sdb balnéo, beaucoup avec balcon) ont l'attrait d'un linge de lit somptueux, d'un service 24h/24 et de sdb en marbre italien. Leurs hôtes ont accès à une piscine à jets sur le toit et à un bon restaurant. Les prix chutent en milieu de semaine. Parking dès 20 $. Réductions sur les réservations en ligne.

## Stirling 3

### Fred Eatery — Café $$

(08-8339 1899 ; www.fredeatery.com.au ; 220 Mt Barker Rd, Aldgate ; plats 12-26 $ ; 7h30-16h mar-ven, 7h30-15h15 sam-dim et 18h-21h ven ; ). Cet établissement de qualité, alliant carrelage blanc et bois blond, joue sur un menu citadin gourmand, un café d'exception et une équipe formidable. Mention spéciale, au petit-déjeuner, au muesli Bircher et, à midi, au sandwich Reuben.

### Mt Lofty House — Hôtel historique $$$

(08-8339 6777 ; www.mtloftyhouse.com.au ; 74 Mt Lofty Summit Rd, Crafers ; d/ch avec sdb/cottage à partir de 299/399/499 $ ; P). Dominant le Mt Lofty Botanic Garden (vue extraordinaire), cette demeure en pierre de 1852 comprend de très belles chambres d'époque, certaines donnant sur le jardin, un restaurant de luxe (également avec vue ; menu 2/3 plats 79/95 $) et un bar lounge. Parfait pour un week-end en amoureux.

## Hahndorf 4

### Haus — Bistrot $$

(08-8388 7555 ; www.haushahndorf.com.au ; 38 Main St, Hahndorf ; petit-déj 7-23 $, plats midi et soir 20-42 $ ; 7h30-23h). Ici, les pizzas rustiques sont garnies de délices locaux et la carte des vins (qui fait la part belle aux domaines des Hills) est très longue. Au menu, plats de pâtes, burgers, steaks, salades et quiches. Terrasse du côté rue. Bon café et choix intéressant de bières artisanales.

### Hahndorf Resort — Camping-caravaning $

(1300 763 836, 08-8388 7921 ; www.hahndorfresort.com.au ; 145a Mount Barker Rd, Hahndorf ; empl avec élec à partir de 40 $, cabins et villas à partir de 140 $ ; P). Il peut sembler étrange de camper si près d'Adélaïde – ni vraiment dans la ville, ni en dehors –, mais les emplacements du Hahndorf Resort sont gazonnés et soignés, et la cuisine à disposition est impressionnante. Et c'est sans compter sur les restaurants de Hahndorf. *Cabins* et villas impeccables.

## Angaston 7

### Salters Kitchen — Australien moderne $$

(08-8561 0200 ; www.saltramwines.com.au/restaurant ; Saltram Wines, Murray St, Angaston ; pizzas 27 $, plats 25-40 $ ; 12h-14h lun-ven, 12h-15h sam-dim). **Faisant partie du domaine des vins Saltram (150 ans), à l'extérieur d'Angaston, le Salters sert des pizzas au feu de bois et des plats de viande. Attablé sous la treille de la terrasse, on se régale d'épaule d'agneau ou de pizza au romarin et olives.**

### Vintners Bar & Grill — Australien moderne $$$

(08-8564 2488 ; www.vintners.com.au ; angle Stockwell Rd et Nuriootpa Rd, Angaston ; plats 36-42 $ ; 12h-14h30 tlj, 18h30-21h lun-sam). **Restaurants phares de Barossa, Vintners promet simplicité et élégance, aussi bien en cuisine qu'en salle, avec cheminée, vue sur les coteaux, nappes immaculées et carte basée sur les produits locaux (le kangourou aux épices marocaines avec pois chiches et betteraves est une explosion de saveurs).**

## Nuriootpa 8

### Maggie Beer's Farm Shop & Eatery — Delicatessen $

(restaurant 08-8562 1902, boutique 08-8562 4477 ; www.maggiebeer.com.au ; 50 Pheasant Farm Rd, Nuriootpa ; à partir de 5-20 $ par pièce, panier à partir de 25 $, plats 34-38 $ ; boutique 10h30-17h, restaurant 12h-15h lun-ven, 11h-15h sam-dim). **La célèbre chef Maggie Beer connaît un vif succès avec ses condiments, conserves et pâtés (et émissions TV !). S'il n'est plus aussi décontracté qu'auparavant, l'endroit vaut pour une dégustation, une glace, un panier pique-nique ou une démonstration culinaire (14h, tlj). Il y a également une table raffinée sur place – le Farm Eatery (www.thefarmeatery.com).**

## Tanunda 9

### Red Door Espresso — Café $$

(08-8563 1181 ; www.reddoorespresso.com ; 79 Murray St, Tanunda ; plats 8-29 $ ; 7h30-17h mer-sam, 9h30-16h dim ; ). **Fort de son équipe, cet établissement allie avec virtuosité café, bonne cuisine, musique et ambiance. Les œufs Bénédicte infusés à l'avocat et au basilic sont un régal à déguster dans la cour ornée de fleurs en pot. Musique live en week-end à l'heure du brunch. Fromage et antipasti l'après-midi.**

### Fino Seppeltsfield — Australien moderne $$$

(08-8562 8528 ; www.fino.net.au ; 730 Seppeltsfield Rd, Seppeltsfield ; 3/4/5 plats 48/65/75 $, avec vin 83/115/135 $ ; 12h-15h tlj, 18h-20h30 ven-sam). **Autrefois simple cottage en pierre sur la péninsule de Fleurieu, Fino s'est mué en l'un des meilleurs restaurants d'Australie. Niché dans le superbe domaine Seppeltsfield (1851), à l'ouest de Tanunda, il sert des plats d'une simplicité trompeuse, qui mettent en valeur les produits locaux et visent à être partagés. Essayez le faux-filet vieilli à sec aux anchois, bettes et beurre.**

### Discover Holiday Parks Barossa Valley — Camping-caravaning $

(08-8563 2784 ; www.discoveryholidayparks.com.au ; Barossa Valley Way, Tanunda ; empl sans/avec élec à partir de 38/47 $, cabins avec/sans sdb à partir de 162/119 $, tentes safari 180 $, villas à partir de 266 $ ; ). **Ce terrain spacieux, au sud de la ville, est ombragé de grands arbres. Les équipements incluent un terrain de jeu, des barbecues et un lavomatique. Des vélos sont à louer (35 $/jour). Les villas à 2 ou 3 chambres ont jusqu'à 6 couchages. Notre choix se porte sur le "glamping", pour les nouvelles tentes safari avec sdb et jolie petite terrasse.**

# SE DÉGOURDIR LES JAMBES ADÉLAÏDE

**Départ/arrivée :** Central Market

**Distance :** 5 km

**Durée :** 3 heures

Adélaïde est une ville à la fois conservatrice et progressiste – une curieuse alliance de valeurs, entre hiérarchie sociale à l'ancienne et scène culturelle et nocturne trépidante. Ses lieux d'intérêt étant voisins les uns des autres, la cité se prête également à une découverte pédestre.

**Compatible avec les itinéraires :**

3 22 25

## Central Market

L'immense marché couvert d'Adélaïde, le **Central Market** (☎08-8203 7494 ; www.adelaidecentralmarket.com.au ; 44-60 Gouger St, Adélaïde; ⏰7h-17h30 mar et jeu, 9h-17h30 mer, 7h-21h ven, 7h-15h sam) est un bon début, avec quelque 250 stands. Le quartier de Chinatown se trouve juste à côté. **Adelaide's Top Food & Wine Tours** (☎08-8386 0888 ; www.topfoodandwinetours.com.au) propose des circuits guidés pour le petit-déjeuner.

**La promenade »** Prenez la direction de l'est, le long de Gouger St jusqu'à la place Tarndanyangga (aussi appelée Victoria Sq), puis remontez vers le nord par King William St. Après la zone commerciale de Rundle Mall et l'Adelaide Festival Centre, traversez le Torrens par le pont piétonnier pour arriver à l'Adelaide Oval.

## Adelaide Oval

L'**Adelaide Oval** (☎08-8205 4700 ; www.adelaideoval.com.au ; King William Rd, North Adelaide ; visite guidée adulte/enfant 25/15 $ ; ⏰visite guidée 10h, 11h et 14h tlj plus 13h sam-dim) accueille des matchs de cricket en été et de football australien en hiver. Des visites guidées de 1 heure 30 sont proposées les jours où aucun match ne se joue. Vous pourrez y visiter la **Bradman Collection** (☎08-8211 1100 ; www.adelaideoval.com.au/bradman-collection ; Adelaide Oval, War Memorial Dr, North Adelaide ; ⏰9h-16h jours sans matchs), un hommage à Donald Bradman (1908-2001), considéré comme le plus grand batteur de l'histoire du cricket.

**La promenade »** Retraversez le fleuve avant de suivre la rive sud jusqu'à Frome Rd ; remontez ensuite la belle avenue bordée de platanes. Tournez à gauche dans North Tce et dépassez les Adelaide Botanic Gardens pour arriver au National Wine Centre, un bâtiment qui évoque la forme d'une barrique.

## National Wine Centre of Australia

S'il accueille des étudiants de l'université d'Adélaïde, le **National Wine Centre of Australia** (☎08-8313 3355 ; www.wineaustralia.com.au ; angle

Botanic Rd et Hackney Rd, Adélaïde ; 9h-18h), un bâtiment à l'architecture tout en courbes, fait aussi office de centre de visiteurs, avec une exposition gratuite – Wine Discovery Journey – et une dégustation (à partir de 2,50 $). Visites guidées gratuites à 11h30 tous les jours.

**La promenade »** Revenez par North Tce (ou faites un détour par les Adelaide Botanic Gardens). Juste après Pulteney St, du côté gauche, vous allez découvrir les colonnes en grès qui soutiennent le fronton de l'Art Gallery of South Australia sur votre droite.

## Art Gallery of South Australia

Dans les salles voûtées et parquetées de l'**Art Gallery of South Australia** (08-8207 7000 ; www.artgallery.sa.gov.au ; North Tce, Adélaïde ; 10h-17h), sont exposés les grands noms de l'art australien. La collection permanente comprend des œuvres d'artistes australiens, aborigènes, des îles du détroit de Torrès, d'Asie, d'Europe (notamment 20 bronzes de Rodin) et d'Amérique du Nord. Visites guidées gratuites (11h et 14h tlj) et conférences à l'heure du déjeuner (12h30 mer-lun).

**La promenade »** Quittez le musée par North Tce et tournez en direction de l'ouest : le respectable South Australian Museum se trouve juste à côté.

## South Australian Museum

Plongez dans l'histoire naturelle de l'Australie au **South Australian Museum** (08-8207 7500 ; www.samuseum.sa.gov.au ; North Tce, Adélaïde ; 10h-17h), au fil d'expositions sur des thèmes variés : les cétacés, l'explorateur de l'Antarctique sir Douglas Mawson, etc. Sur 2 niveaux, la galerie des cultures aborigènes d'Australie présente la plus vaste collection d'artefacts aborigènes au monde. Visite guidée gratuite d'une heure à 11h. Café sur place.

**La promenade »** Prenez Nort Tce sur 200 m en direction de l'ouest, tournez à gauche sur King William St jusqu'à Tarndanyangga/Victoria Sq, puis à droite sur Gouger St pour revenir à Central Market. Si le marché est fermé, vous trouverez maints bars et restaurants sur Gouger St.

# McLaren Vale et Kangaroo Island

23

*Entre la région viticole de McLaren Vale et les merveilles naturelles de Kangaroo Island, cette route combine deux grandes passions australiennes : le vin et les vastes étendues sauvages.*

## TEMPS FORTS

**7 JOURS**
**381 KM**

**PARFAIT POUR...**

**LE MEILLEUR MOMENT**

Toute l'année.

**LA PHOTO SOUVENIR**

Les rochers sculptés par le vent sur Kangaroo Island.

**DOMAINES VITICOLES**

Visites des chais et dégustation dans la région viticole de McLaren Vale.

**Kangaroo Island** Remarkable Rocks

# 23 McLaren Vale et Kangaroo Island

Les coteaux de la péninsule de Fleurieu sont ceux de la fameuse région viticole de McLaren Vale, connue pour sa syrah (*shiraz*) au rouge profond. Plus à l'est, l'Encounter Coast de Fleurieu allie plage et discrètes bourgades historiques, tandis qu'au large croisent des baleines. Kangaroo Island, une grande île à 13 km de la côte, se distingue par sa faune sauvage. Relativement exempte de touristes, elle est l'endroit idéal pour une dernière halte.

TEMPS FORT

## 1 McLaren Vale

Flanquée du Willunga Scarp, un escarpement parcouru de vignes, McLaren Vale n'est qu'à 40 minutes au sud d'Adélaïde. Tournée vers le monde viticole, cette cité, quoique dynamique, n'est guère attrayante, mais l'on y trouve d'excellents restaurants et de bonnes caves de dégustation. Pour profiter à plein de votre séjour, réservez un circuit de dégustation parcourant quelques domaines.

La liste comprend, entre autres : **Cellar Door Tours** (☎0414 784 666 ; www.cellardoortours.com.au), **Chook's Little Winery Tours** (☎0414 922 200 ; www.chookslittlewinerytours.com.au ; avec déj 120-160 $/pers) et **Adelaide's Top Food & Wine Tours** (☎08-8386 0888 ; www.topfoodandwinetours.com.au). Ne manquez pas l'étonnant **d'Arenberg Cube** (☎08-8329 4888; www.darenberg.com.au/darenberg-cube-restaurant ; d'Arenberg, 58 Osborn Rd, McLaren Vale ; menu de dégustation à partir de 190 $, accord mets-vins à partir de 95 $, musée 10 $ ; ⏲12-15h jeu-dim, musée 10h-17h), sur le domaine d'Arenberg. Ce singulier restaurant/cave à vins/musée a gagné rang d'emblème régional. Poursuivez la dégustation à la **brasserie Goodieson** (☎0409 676 542 ; www.goodiesonbrewery.com.au ; 194 Sand Rd, McLaren Vale ; dégustation 6 $ ; ⏲11h-17h30), avec une pale ale, ou à la **distillerie McLaren Vale** (☎0429 912 398 ; www.themclarenvaledistillery.com.au ; 725 Chapel Hill Rd, Blewitt Springs ; ⏲12h30-16h30 sam-dim), qui produit du whisky.

✕ p. 279

**La route »** La charmante Willunga est à 6 km à peine au sud de McLaren Vale. Vous croiserez des vignobles soignés, dont de grands noms tels que Leconfield et Penny's Hill.

TEMPS FORT

## ❷ Willunga

Comptant tout juste trois pubs et deux brasseries artisanales, Willunga a pris son essor en 1840, avec la découverte de mines d'ardoise de grande qualité qui fut ensuite exportée dans toute l'Australie. Aujourd'hui, les bâtiments anciens qui bordent High St sont occupés par d'excellents restaurants, des B&B et des galeries d'art. Le samedi matin est jour de marché, avec les produits locaux et bio du **Willunga Farmers Market** (☎08-8556 4297 ; www.willungafarmersmarket.com ; Willunga Town Sq, Willunga ; ⏲8h-12h30). Consacré au passé minier de la ville (et à ses ouvriers venus de Cornouailles), le **Willunga Slate Museum** (☎08-8556 2195 ; www.nationaltrust.org.au/sa/willunga-slate-museum ; 61 High St, Willunga ; adulte/enfant 5/1 $ ; ⏲13h-16h dim et 1er mar du mois) donne en haut de la rue principale. La brochure *Willunga Slate Trail & Museum* détaille les principaux sites miniers.

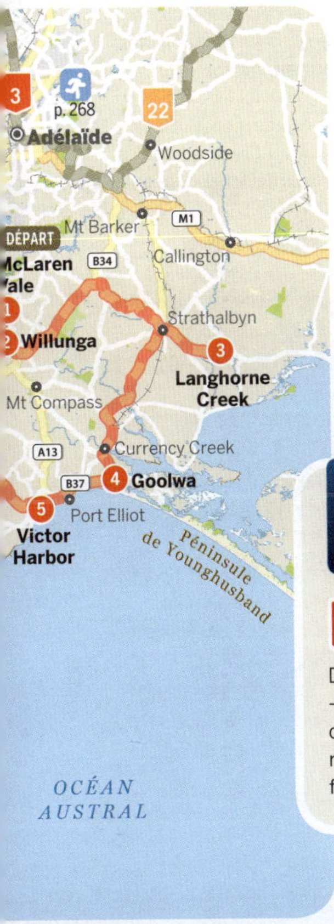


## À COMBINER AVEC

**3 D'Alice Springs à Adélaïde**

Direction le Red Centre – et si votre voyage commence à Alice Springs, rien ne vous interdit de le faire en sens inverse.

**22 Adelaide Hills et la Barossa Valley**

C'est à Adélaïde que débute l'itinéraire vers les Mt Lofty Ranges et la fameuse vallée de la Barossa.

**La route »** De Willunga à Langhorne Creek (59 km), la route gravit les Mt Lofty Ranges, une crête qui parcourt la péninsule de Fleurieu. Entre flancs boisés et paysage vallonné rural, ladite chaîne devient, plus au nord, les Adelaide Hills. En route, traversez Meadows et Strathalbyn.

## 3 Langhorne Creek

À environ 16 km à l'est de Strathalbyn, Langhorne Creek (www.langhornecreek.com) apparaît comme un ensemble de bâtiments disparates. Or c'est l'une des plus anciennes régions viticoles d'Australie. Il y a ici plus de 20 domaines qui produisent une syrah (shiraz), un cabernet sauvignon et un chardonnay de grande qualité. **Bleasdale Winery** (☎08-8537 4000 ; www.bleasdale.com.au ; 1640 Langhorne Creek Rd, Langhorne Creek ; ⏲10h-17h), le premier domaine du district, possède un vaste choix de caves historiques ainsi qu'un ancien pressoir à levier (attention à vos doigts). Dirigé par deux sœurs, **Bremerton Wines** (☎08-8537 3093 ; www.bremerton.com.au ; 14 Kent Town Rd, Langhorne Creek ; ⏲10h-17h) produit un chardonnay et une syrah de haut vol. Pour un aperçu plutôt complet des vins de

## DOMAINES VITICOLES MCLAREN VALE

Si la Barossa Valley travaille son vin dans la tradition, McLaren Vale fait figure de rebelle. Ces coteaux luxuriants ondulent en vagues régulières vers la côte. Voici le pays de la syrah (*shiraz*) – un cépage solide et puissant. Avec plus de 80 domaines, il est conseillé de prendre une carte au **McLaren Vale & Fleurieu Visitor Information Centre** (☎08-8323 9944 ; www.mclarenvale.info ; 796 Main Rd, McLaren Vale ; ⏲9h-17h lun-ven, 10h-16h sam-dim) pour les localiser et partir en exploration. Certaines dégustations sont gratuites, d'autres sont onéreuses, mais souvent remboursables moyennant l'achat d'une bouteille. Voici une sélection parmi les meilleurs domaines de Vale :

**Alpha Box & Dice** (☎08-8323 7750 ; www.alphaboxdice.com ; 8 Olivers Rd, McLaren Vale ; ⏲11h-17h lun-ven, 10h-18h sam-dim). Ce petit domaine affiche des assemblages intéressants, un mobilier rétro, des étiquettes originales et une équipe sympathique.

**Coriole** (☎08-8323 8305 ; www.coriole.com ; Chaffeys Rd, McLaren Vale ; ⏲10h-17h lun-ven, 11h-17h sam-dim). Dans la boutique de cette superbe cave à vins en pierre (1860) sont servies des assiettes de produits régionaux, à partager sur la pelouse accompagnées d'une syrah Redstone ou, produit phare de la maison, un chenin blanc.

**d'Arenberg** (☎08-8329 4888 ; www.darenberg.com.au ; 58 Osborn Rd, McLaren Vale ; ⏲10h-17h). Le domaine d'Arry s'étend au sommet d'une colline d'où la vue est splendide. La syrah Dead Arm et le sauvignon blanc Broken Fishplate sont nos préférés.

**Wirra Wirra** (☎08-8323 8414 ; www.wirrawirra.com ; angle McMurtrie Rd et Strout Rd, McLaren Vale ; ⏲10h-17h lun-sam, 11h-17h dim). Cette cave de dégustation (1894) ressemble à une grange. L'été, une pelouse se prête aux piques-niques. L'hiver, on se réchauffe au grand feu de cheminée. Parmi les blancs, citons un viognier au parfum citronné et un riesling chargé d'arômes. Dégustation payante.

**SC Pannell** (☎08-8323 8000 ; www.pannell.com.au ; 60 Olivers Rd, McLaren Vale ; ⏲11h-17h). SC Pannell produit des rouges excellents à déguster jeune et a l'attrait d'une vue sublime. Cuisine de 12h à 16h de jeudi à dimanche.

Langhorne Creek, essayez **Winehouse** (☎08-8537 3441 ; www.thewinehouse.com.au ; 1509 Langhorne Creek Rd, Langhorne Creek ; ⏲10h-17h), une cave associative qui réunit cinq domaines. L'ensemble du périple mérite bien un après-midi entier !

**La route »** Revenez sur vos pas jusqu'à Strathalbyn (16 km), puis prenez la direction sud par la B37 jusqu'à Currency Creek (28 km), une autre région viticole hors des sentiers battus (www.currencycreekwineregion.com.au). Notez que cette minuscule localité a failli devenir la capitale d'Australie-Méridionale. Il reste 8 km avant d'atteindre Goolwa et le Murray.

DIANA MAYFIELD/GETTY IMAGES ©

**Willunga** Marché de producteurs

TEMPS FORT

## 4 Goolwa

Ville portuaire historique, Goolwa donne là où le puissant fleuve Murray se jette dans la mer. En 1875, 127 bateaux faisaient la navette entre ce port et la Nouvelle-Galles du Sud. Passé la rue principale, on rejoint une plage fantastique avec d'interminables longs rouleaux arrivant de l'océan Austral. Pour les braver, prenez des cours de surf à l'**Ocean Living Surf School** (☎0487 921 232 ; www.olsurfschool.com.au ; cours 2 heures 35 $). Près du fleuve, des prestataires proposent des croisières en amont et au Coorong National Park. Avec **Canoe the Coorong** (☎0424 826 008 ; www.canoethecoorong.com ; adulte/enfant 135/85 $), découvrez le fleuve au plus près de l'eau et, avec **Spirit of the Coorong** (☎08-8555 2203 ; www.coorongcruises.com.au ; Goolwa Wharf, Goolwa), contemplez l'embouchure du Murray. **Fleurieu Distillery** (☎08-8555 3406 ; www.fleurieudistillery.com.au ; 1 Cutting Rd, Goolwa Wharf, Goolwa ; dégustation à partir de 15 $ ; ⏲11h30-17h mer-dim) est l'une des rares distilleries de whisky dans cet État plutôt porté sur le gin. À proximité, le **Wharf Barrel Shed** (☎0418 858 710 ; Signal Point Complex, 1 Laurie Lane, Goolwa ; ⏲10h-18h lun-jeu, 10h-tard ven-dim) propose de bons crus de la distillerie Fleurieu.

✕ p. 279

**La route »** Le trajet entre Goolva et Victor Harbor ne fait que 17 km en longeant la côte, avec vue sur Encounter Bay. En chemin, vous traverserez Port Elliot, dont la boulangerie est fameuse. Avis aux gourmands !

## 5 Victor Harbor

Plus grande agglomération d'Encounter Coast, Victor Harbor est une destination touristique forte de trois immenses pubs. Au large, au loin, se dessine Granite Island, une île rocailleuse reliée à la terre ferme par un sentier depuis 1875. Une balade sur l'île avec le **Horse-Drawn Tram** (☎08-8551 0720 ; www.horsedrawntram.com.au ; Esplanade, Victor Harbor ; aller/retour adulte/enfant/famille 10/7/25 $, aller simple 7/5/19 $ ; ⏲toutes les heures 10h-16h), un tram à impériale de 1894 tiré par un cheval de trait, pourrait bien constituer le point d'orgue de cette

## FLINDERS ET BAUDIN DANS LE NOUVEAU MONDE

À la fin des années 1700, les navigateurs britanniques et français parcouraient le monde pour découvrir de nouvelles terres. L'Anglais Matthew Flinders fit trois voyages dans un territoire qu'il nomma plus tard "Australia", entre 1791 et 1810. Une rencontre amicale eut lieu avec l'explorateur français Nicholas Baudin au large de Victor Harbor en 1802. Baudin, qui s'intéressait de près à la côte de Kangaroo Island, laissa dans son sillage de nombreux toponymes français. En 1803, après être descendu à terre à Penneshaw's Hog Bay, Baudin notifia son passage : sous un dôme en béton blanc se trouve la réplique du premier graffiti de Kangaroo Island – un rocher sur lequel il grava : "Expédition de découverte par le Commandant Baudin sur *Le Géographe* 1803." Le rocher original peut être admiré au **Gateway Visitor Information Centre** (08-8553 1185 ; www.tourkangarooisland.com.au ; 3 Howard Dr, Penneshaw ; 9h-17h lun-ven, 10h-16h sam-dim ; ). Pour en savoir plus sur Flinders, Baudin et l'histoire de Penneshaw, visitez le **Penneshaw Maritime & Folk Museum** (08-8553 1109 ; www.nationaltrustsa.org.au ; 52 Howard Dr, Penneshaw ; adulte/enfant/famille 3/2/7 $ ; 15h-17h mer-sam sept-mai), une école en pierre de 1922 qui conserve une collection d'objets issus de naufrages ou datant des premiers colons, ainsi que des modèles réduits de l'*Investigator* de Flinders et du *Géographe* de Baudin.



étape. Sur Granite Island, **Oceanic Victor** (08-8552 7137 ; www.oceanicvictor.com.au ; via Granite Island, Victor Harbor ; circuits adulte/enfant/famille 120/95/400 $ ; 9h-17h lun-ven, 10h-17h sam-dim), une ferme flottante de thons, vous proposera de nager parmi ces poissons ou de les nourrir depuis une plateforme. Il existe également des circuits d'observation des manchots. Par ailleurs, Victor Harbor est sur la route migratoire des baleines franches australes (de mai à octobre). Vraie mine de renseignements, le **South Australian Whale Centre** (08-8551 0750 ; www.sawhalecentre.com ; 2 Railway Tce, Victor Harbor ; adulte/enfant/famille 9/4,50/24 $ ; 10h30-17h) pourra vous indiquer les meilleurs endroits pour observer les grands cétacés. Pour en savoir plus, appelez le **Whale Information Hotline** (1900 942 537).

p. 279

**La route »** De Victor Harbor, traversez la pointe sud de la péninsule de Fleurieu en passant par Inman Valley et Yankalilla, avec pour direction Cape Jervis et le terminal du ferry de Kangaroo Island. C'est à 60 km de Victor Harbor, il reste ensuite 13 km de traversée (parfois houleuse) du passage de Backstairs jusqu'à Penneshaw.

### 6 Penneshaw

Faisant face à la péninsule de Fleurieu, de l'autre côté du Backstairs Passage, Penneshaw (300 habitants), sur la rive nord de la péninsule de Dudley, est le terminal des ferries et la deuxième localité de Kangaroo Island par la taille.

Le tourisme, avec des milliers de passagers en été, ne favorise pas la pérennité des commerces de l'île. Pour autant, le pub et les hébergements pour routards restent solidement implantés.

Si vous êtes à Penneshaw le premier dimanche du mois, ne manquez pas e marché de producteurs **Kangaroo Island Farmers Market** (08-8553 1237 ; www.facebook.com/pg/kangarooislandfarmersmarket ; Lloyd Collins Reserve, 99 Middle Tce, Penneshaw ; 9h-13h 1er dim du mois). Entre viennoiseries, chutneys, produits de la mer, huile d'olive, miel, œufs, fromage, yaourts, vin, on y trouve de tout – et tout est bon.

DAVID MOORE/SOUTH AUSTRALIA/ALAMY STOCK PHOTO ©

**Victor Harbor** Tram tiré par un cheval

**La route »** De Penneshaw en direction de l'ouest, la route grimpe abruptement puis redescend lentement au niveau de la mer à Kingscote (61 km). Le paysage révèle lagunes, dunes, plages et l'embranchement pour l'American Rive, nommé d'après un équipage de navire-phoquier qui fabriqua ici un schooner en 1803. En chemin, Pennington Bay est la meilleure plage de surf de Kangaroo Island.

## 7 Kingscote

Kingscote (1 830 habitants), également candidate jadis au titre de capitale d'Australie-Méridionale, est la principale agglomération de Kangaroo Island. Photogénique avec ses pins de Norfolk ondulant dans le vent, ses pubs et sa poignée de restaurants, cette station balnéaire est paisible, même en haute saison. Plusieurs étapes gastronomiques parsèment le parcours, dont **Island Beehive** (☎08-8553 0080 ; www.island-beehive.com.au ; 59 Playford Hwy, Kingscote ; circuit adulte/enfant/famille 6/5/18 $ ; 9h-17h, circuit toutes les 30 min 10h30-15h30). Parmi les produits en vente : miel bio et glace au miel. Mentionnons aussi les bières artisanales de la **Kangaroo Island Brewery** (☎0409 264 817 ; www.kangarooislandbrewery.com.au ; 61 North Coast Rd, Kingscote ; 11h-19h ven-dim) ainsi que la petite production de gin aux baies de genévrier du **Kangaroo Island Spirits** (KIS ; ☎08-8553 9211 ; www.kispirits.com.au ; 856 Playford Hwy, Cygnet River ; bouteille à partir de 47 $ ; 11h-17h30 mer-lun, tlj pendant les vacances scolaires) et le pinot gris et les planches de dégustation maison de **Bay of Shoals Wines** (☎08-8553 0289 ; www.bayofshoalswines.com.au ; 49 Cordes Rd, Kingscote ; 11h-17h). Ne manquez pas de dîner à l'**Ozone Hotel** (☎08-8553 2011 ; www.ozonehotelki.com.au ; 67 Chapman Tce, Kingscote ; d 195-245 $, app 1/2/3 ch à partir de 275/445/515 $ ; P), en front de mer, ou encore de déguster une pizza chez Amadio Wines (p. 279), dans la rue principale.

p. 279

**La route »** C'est tout droit pendant 115 km entre Kingscote et le Flinders Chase National Park, d'un bout à l'autre de l'île. Il vaut la peine de faire un détour pour voir les otaries à fourrure au parc de Seal Bay.

TEMPS FORT

## 8 Flinders Chase National Park

Engoncé au sud-ouest de Kangaroo Island, le **Flinders Chase National Park** (☎08-8553 4470 ; www.parks.sa.gov.au ; South Coast Rd, Flinders Chase National Park ; 1/2 jours 22/32 $ ; journée) est l'un des plus beaux parcs nationaux de l'État. Vous pourrez y voir des kangourous, wallabies, bandicoots, échidnés et opossums, en plus des koalas et des ornithorynques, introduits dans les années 1920 par crainte de leur extinction. Le parc se compose essentiellement de fourrées d'eucalyptus de Mallee ; on trouve de superbes forêts de gommes à sucre (*Eucalyptus cladocalyx*) dans la région de **Rocky River**, près du **Visitor Centre** (☎08-8553 4470, hébergements 08-8553 4410, camping 08-8553 4471 ; www.parks.sa.gov.au ; 442 Cape du Couedic Rd, Flinders Chase ; entrée 1/2 jours 22/32 $ ; 9h-17h), et de la **Ravine des Casoars**, à l'extrémité nord du parc. Depuis Rocky River, une route mène au sud jusqu'au **phare du cap du Couedic** (☎08-8553 4470 ; www.parks.sa.gov.au ; via cap du Couedic Rd, Flinders Chase National Park ; entrée 1/2 jours 22/32 $ ; journée), un phare (1906) qui se dresse au sommet du cap sauvage du même nom. Un sentier en bois descend sur **Admirals Arch**, une arche érodée par les vagues non loin d'une colonie d'otaries à fourrure de Nouvelle-Zélande. Quelques kilomètres à l'est du cap de Couedic, les **Remarkable Rocks**, de grands rochers en granit sculptés par le vent, surmontent un dôme rocheux à 75 m au-dessus de la mer. Un lieu remarquable – et très photographié – pour clore le voyage.

# Se restaurer et se loger

## McLaren Vale 1

### Blessed Cheese — Café, delicatessen $

(08-8323 7958 ; www.facebook.com/blessedcheese ; 150 Main Rd, McLaren Vale ; plats 11-18 $ ; 8h-16h lun-ven, 8h-17h sam, 9h-16h dim). On sert ici d'excellents cafés, croissants, wraps, salades, tartes, burgers, plateaux de fromages, gâteaux et feuilletés de saucisse. Le menu change tous les jours et l'accent est mis sur les produits locaux. La tarte au citron vert et les œufs à la tomate au four sont délicieux.

### Pizzateca — Pizza $$

(0431 700 183 ; www.pizza-teca.com ; 319 Chalk Hill Rd, McLaren Vale ; pizzas 20-28 $, menu 38-55 $ ; 12h-16h lun, 12h-21h ven-sam, 12h-17h dim ; ). Très populaire, Pizzateca occupe l'arrière d'un cottage et compte une grande terrasse à l'ombre d'immenses gommiers rouges. Les généreuses pizzas, à accompagner de *prosecco*, sortent en continu du four à bois. Goûtez la très pimentée "Diablo" (sauce, piment séché, fromage fontina, salami et miel pimenté maison).

## Goolwa 4

### Motherduck — Café $$

(08-8555 1462 ; www.motherduckcafe.com.au ; 1/13 Cadell St, Goolwa ; plats 12-20 $ ; 8h-16h mar-dim ; ). Entre brique et pierre apparentes, cet établissement animé sert du bon café, des œufs bénédicte, des vins Langhorne Creek, des curries et des pancakes. La musique est bonne, tout comme l'humeur de l'équipe.

## Victor Harbor 5

### The Original Victor Fish Shop — Fish & Chips $

(TOVFS ; 08-8552 1273 ; www.originalvictorfishshop.com.au ; 20 Ocean St, Victor Harbor ; plats 8-20 ; 11h-20). Friterie de tradition depuis 1920, "TOVS" sert les habituelles fritures de la mer (*flathead*, orphie, escolier, calamars et autres) tout en se diversifiant, entre burgers et sandwichs à la viande. Places assises à l'intérieur, mais nous recommandons les tables installées sur le trottoir. Apportez votre bouteille (BYO).

### Anchorage Hotel — Guesthouse $

(08-8552 5970 ; anchoragehotel.com.au ; 21 Flinders Pde, Victor Harbor ; s/d/app à partir de 85/100/265 $ ; P). Cette pension, impeccable, respire le charme d'autrefois. Les chambres, d'un très bon rapport qualité/prix, donnent sur un long couloir. La plupart ont vue sur la plage ; certaines ont un balcon. Il en existe un large choix, avec, pour les moins chères, une sdb partagée. Formidable **café-bar** (08-8552 5970 ; www.anchoragehotel.com.au ; 21 Flinders Pde, Victor Harbor ; assiettes de petit-déj 10-19 $, déj et dîner 24-35 $ ; 8h-tard), au rez-de-chaussée.

## Kingscote 7

### Amadio Wines — Italien $$

(08-8553 3235 ; www.amadiowines.com/ki-cellardoor ; 1 Commercial St, Kingscote ; pizzas 14-25 $ ; 16h-tard). Un bel endroit à l'angle d'une rue, avec un balcon d'où s'échappent du reggae et de la brit-pop rétro. Essentiellement installé sur le continent, le domaine d'Amadio cultive aussi des vignes sur Kangaroo Island (sauvignon blanc et syrah). Les authentiques pizzas sont cuites, dans un four à bois importé d'Italie par un chef italien. Assiettes à partager à la carte. Places assises en extérieur.

# Limestone Coast et Coonawarra

24

*Découvrez le fleuve le plus puissant d'Australie avant de rejoindre la Limestone Coast. Le périple enchaîne avec brio splendeurs naturelles, caves à vins de haut vol et jolies bourgades côtières.*

## TEMPS FORTS

**5-7 JOURS**
**493 KM**

**PARFAIT POUR...**

**LE MEILLEUR MOMENT**

Toute l'année... mais le sud-est de l'État peut être froid entre juin et août.

**LA PHOTO SOUVENIR**

Le Blue Lake iridescent de Mount Gambier.

**DOMAINES VITICOLES**

Dégustation des vins de la région viticole de Coonawarra.

**Mount Gambier** Blue Lake

# 24 Limestone Coast et Coonawarra

Comme toujours en Australie-Méridionale, il sera question de vin, avec la région de Coonawarra. Mais il y a, hormis cela, beaucoup à voir. Mentionnons le Coorong, là où le Murray rencontre la mer, ainsi que les villes côtières de Beachport et Robe, un lac d'un bleu intense et les grottes de Naracoorte, seul site de l'État inscrit au Patrimoine mondial.

## 1 Murray Bridge

Votre voyage débutera à Murray Bridge au bord du grand Murray. Si ce centre régional (14 560 habitants ; 5e ville de l'État par la taille) a son charme propre, il n'y a pas grand-chose à y voir hormis l'impressionnante **Murray Bridge Regional Gallery** (☎08-8539 1420 ; www.murraybridgegallery.com.au ; 27 Sixth St, Murray Bridge ; ⏲10h-16h mar-sam, 11h-16h dim). Une fois rejointes les berges boueuses du fleuve, la décontraction est de mise, surtout si vous croisez le **Bunyip** (☎08-8539 1100 ; www.murraybridge.sa.gov.au/thebunyip ; Sturt Reserve, Murray Bridge ; ⏲24h.24 ; 👪), une créature de la mythologie aborigène.

**La route »** Roulez 24 km en direction du sud de Murray Bridge ; à Tailem Bend, prenez l'embranchement sud pour Meningie. Vitres baissées, respirez l'air de la mer en approchant du Coorong National Park.

TEMPS FORT

## 2 Coorong National Park

Le **Coorong National Park** (☎08-8575 1200 ; www.parks.sa.gov.au ; via Princes Hwy ; ⏲24h/24), une étonnante lagune fertile qui serpente le long de la côte sur 145 km au sud-est de Lake Alexandrina, compose un réseau complexe de zones humides et de déserts de sel séparé de la mer par les dunes de la péninsule de

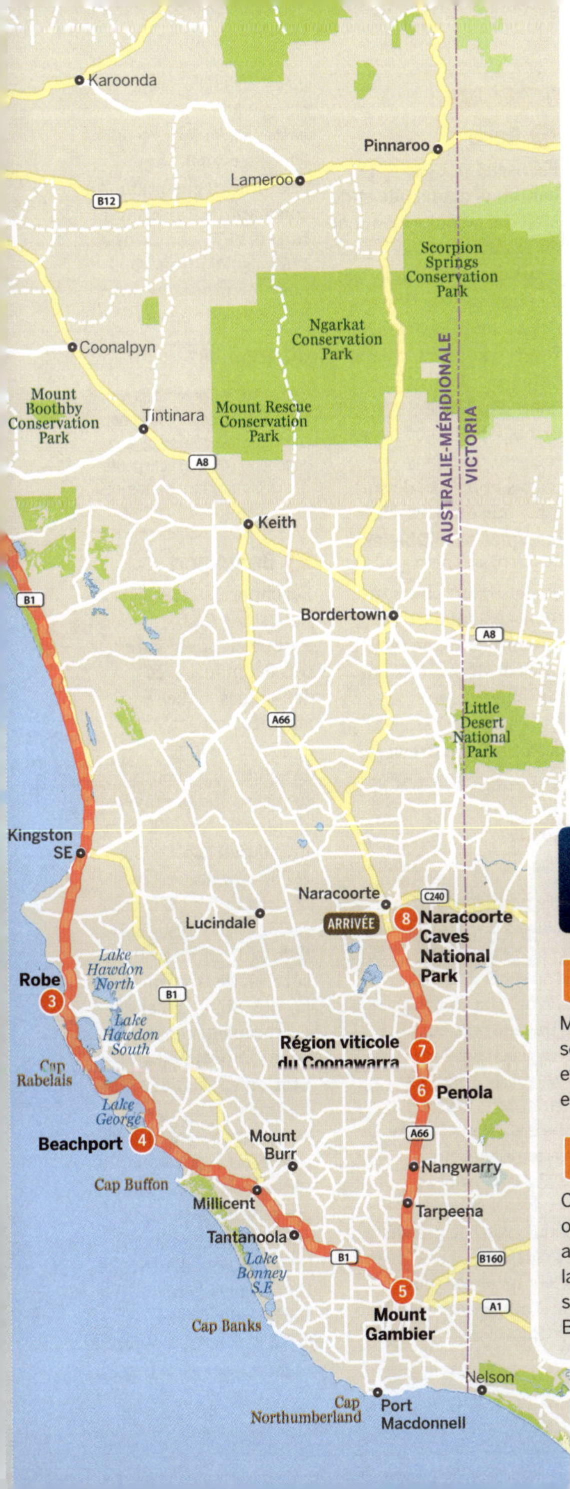


Younghusband. Plus de 200 espèces d'oiseaux d'eau vivent ici. Dans les années 1860, lors de l'arrivée des premiers colons, les abondantes ressources de Coorong faisaient vivre une importante population ngarrindjeri, qui vit toujours dans la région. En 1976, *Storm Boy*, un film sur l'amitié entre un jeune garçon et un pélican fut tourné ici (et a fait l'objet d'une nouvelle version en 2019). La Princes Hwy passe par Coorong, mais l'on ne voit pas grand-chose depuis la route. Mieux vaut emprunter les 13 km de la **Coorong Scenic Drive** (une route sans revêtement). Signalée sous le nom de Seven Mile Rd, elle débute à 10 km au

## À COMBINER AVEC

### 22 Adelaide Hills et la Barossa Valley

Murray Bridge se trouve à seulement 76 km d'Adélaïde et les Adelaide Hills sont encore plus proches.

### 23 McLaren Vale et Kangaroo Island

Ce voyage longe le côté ouest du Coorang ; pour aller à McLaren Vale, prenez la direction ouest puis sud-ouest depuis le Murray Bridge.

sud-ouest de Meningie près de Narrung Rd et vous amènera au cœur du territoire, avec ses lagunes, son brouillard, ses cabanons de pêche, ses pélicans, ses cygnes noirs et ses émeus sauvages. La route rejoint la Princes Hwy à 10 km au sud de Meningie.

🛏 p. 287

**La route »** À Kingston SE, derrière Coorong, quittez la Princes Hwy et suivez les indications pour Robe le long de la côte. Un détour par cap Jaffa vaut autant pour la vue sur l'océan Austral que pour un arrêt à Cape Jaffa Wines. Cap Jaffa (390 habitants) est dominé par un grand mouillage artificiel où les yachts ne se pressent guère.

TEMPS FORT

## 3 Robe

Plébiscité par les habitants d'Adélaïde et de Melbourne qui y viennent en vacances, ce petit port de pêche se distingue par de nombreux bâtiments des années 1840 à 1870. Des restaurants et de nombreux hébergements jalonnent la rue principale. Les environs recèlent quelques plages et breaks de surf, ainsi que des lacs. Ne manquez pas l'**Obelisk** (près d'Obelisk Rd, Robe ; ⏲24h/24), un phare du temps colonial dressé au sommet d'une falaise (près de 30 navires ont fait naufrage ici en 1835 !), et visitez la **Robe Town Brewery** (☎0415 993 693 ; www.robetownbrewery.com ; 97 Millicent Rd, Robe ; ⏲10h-17h lun-ven, 12h-17h sam) pour une dégustation. Au couchant, le Caledonian Inn (p. 287), construit en 1859, est l'endroit idéal pour terminer une autre belle journée à Robe.

🍴 🛏 p. 287

**La route »** Prenez la direction sud-ouest au départ de Robe en longeant la côte jusqu'à Beachport (46 km), une petite ville pourvue d'une grande jetée.

## 4 Beachport

Beachport, sur la Limestone Coast, est une cité balnéaire très détendue, avec des vagues aigues-marines, une jetée de 772 m de long, de solides bâtiments en pierre et des rangées de pins de Norfolk. Son grand **pub** (☎08-8735 8003 ; www.facebook.com/beachporthotel ; 17-21 Railway Tce, Beachport ; plats 16-33 $ ; ⏲11h-tard) est une valeur sûre sur ce tronçon de la côte. Sinon, réservez un succulent repas de viande à la **Mayura Station** (☎08-8733 4333 ; www.mayurastation.com/dining ; Canunda Frontage Rd, près de Lossie Rd, Millicent ; menu 3/4 plats 110/130 $ ; ⏲à partir de 19h jeu-sam), qui élève les meilleurs bœufs Wagyu d'Australie. Un peu plus loin, les **Tantanoola Caves** (☎08-8734 4153 ; www.parks.sa.gov.au ; via Princes Hwy,

### LA LONGUE MARCHE DE BALLARAT

Robe fit ses débuts comme ville portuaire en 1846 – c'est l'une des premières colonies d'Australie-Méridionale. Lors de la ruée vers l'or de 1850 dans le Victoria, Robe connut un essor grâce à la taxe que le gouvernement de cet État imposa aux mineurs chinois venus extraire le précieux minerai. Des milliers d'entre eux y échappèrent en débarquant à Robe, avant de rallier à pied les gisements de Bendigo et Ballarat, dans le Victoria, ce qui représentait une marche d'environ 400 km. Quelque 16 500 Chinois arrivèrent ainsi entre 1856 et 1858, et 10 000 en 1857. Mais ce flot se tarit aussi vite qu'il avait commencé, lorsque le gouvernement d'Australie-Méridionale eut institué sa propre taxe. Vous croiserez plusieurs de ces "puits des Chinois" qui ponctuaient leur traversée (dont l'un au Coorong), tout comme le mémorial de leur débarquement sur le rivage de Robe.

MARIANGELA CRUZ/SHUTTERSTOCK ©

**Robe** Cap de Dombey, Obelisk

Tantanoola ; adulte/enfant/famille 14/7/35,50 $ ; ⌚10h-15h tlj sept-avr, sam-lun mai-août) sont parsemées de stalactites, de stalagmites et de fossiles remontant à une époque où la plage était bien plus proche.

**La route »** De Beachport, prenez la direction de l'intérieur de l'île jusqu'à Mount Gambier par l'autoroute (85 km).

## 5 Mount Gambier

Se déployant le long de terres planes sous un volcan éteint, Mount Gambier (28 670 habitants ; 2e ville de l'État par la taille) est un centre administratif et commercial de la Limestone Coast. Ce qui rend Mount Gambier spécial, ce n'est pas tant ce que l'on y voit en surface que son sous-sol calcaire, avec ses grottes, ainsi que le Blue Lake.

Ainsi, **Cave Gardens** (☎1800 087 187 ; www.mountgambierpoint.com.au/attractions/cave-gardens ; angle Bay Rd et Watson Tce, Mount Gambier; ⌚24h/24), une doline de 50 m de profondeur, se trouve au beau milieu de la ville et l'accès y est très aisé. Impressionnant, le **Blue Lake** (☎1800 087 187 ; www.mountgambierpoint.com.au/attractions/blue-lake ; John Watson Dr, Mount Gambier ; ⌚24h/24), profond de 75 m et d'un bleu extraordinaire en été, a la faveur de tous. Des scientifiques pensent que la couleur est imputable aux cristaux de calcite en suspension qui se formeraient plus vite pendant les mois chauds de l'année. Par conséquent, si vous venez entre avril et novembre, le lac aura la même teinte grise que tant d'autres. **Aquifer Tours** (☎08-8723 1199 ; www.aquifertours.com ; angle Bay Rd et John Watson Dr, Mount Gambier ; adulte/enfant/famille 11/5/31 $ ; ⌚circuits guidés toutes les heures 9h-17h nov-jan, 9h-14h fév-mai et sept-oct, 9h-12h juin-août) vous emmènera sous la surface.

p. 287

**La route »** Penola se trouve à 51 km au nord de Mount Gambier le long de la Riddoch Hwy. Nul besoin de repasser par votre point de départ.

## 6 Penola

Bourgade rurale en plein développement, Penola (1 600 habitants) est une ville sympathique qui compte quelques sites patrimoniaux. Le **Petticoat Lane** (☎08-8737 2152 ; www.nationaltrust.org.au/places/petticoat-lane ; Petticoat Lane, Penola ; ⌚24h/24), l'une des premières rues de Penola, est émaillé de maisons en rondins, bordées de gommiers rouges et d'arbres noueux. Mais la plupart des bâtiments originaux ont été rasés. L'endroit est toutefois surtout connu pour deux motifs : la présence des sœurs de Saint-Joseph du Sacré-Cœur, une congrégation religieuse fondée ici par Mary MacKillop en 1867, et la position de la ville au cœur de la **région viticole de Coonawarra** (excellents cabernets). Si vous venez pour connaître la vie des religieuses, rendez-vous au **Mary MacKillop Interpretive Centre** (☎08-8737 2092 ; www.mackilloppenola.org.au ; angle Portland St & Petticoat Lane, Penola ; adulte/enfant 5 $/gratuit ; ⏲10h-16h).

🍴 🛏 p. 287

**La route »** La minuscule Coonawarra est à seulement 10 km au nord de Penola en empruntant Riddoch Hwy. Entre les deux localités, les domaines de la région viticole du Coonawarra produisent des crus parmi les plus fameux d'Australie.

TEMPS FORT

## 7 Région viticole du Coonawarra

Si les mérites de la région viticole du Coonawarra (www.coonawarra.org) sont incontestés quand on parle de cabernet sauvignon, on tire également sur sa terre rouge une syrah et un chardonnay irrésistibles. La dégustation vaut d'y consacrer plusieurs jours, en commençant, par exemple, par **Balnaves of Coonawarra** (☎08-8737 2946 ; www.balnaves.com.au ; 15517 Riddoch Hwy, Coonawarra ; ⏲9h-16h30 lun-ven, 11h30-16h30 sam-dim ; 👪), où les vins sont décrits selon leurs caractères fleuris ou fruités. Mais même si votre "nez" n'est pas aussi subtil, vous en apprécierez le cabernet sauvignon et le sauvignon. À proximité, **Zema Estate** (☎08-8736 3219 ; www.zema.com.au ; 14944 Riddoch Hwy, Coonawarra ; ⏲9h-17h lun-ven, 10h-16h sam-dim), domaine de tradition, produit d'excellents cabernets sauvignons et syrahs, tandis que **Rymill Coonawarra** (☎08-8736 5001 ; www.rymill.com.au ; 110 Clayfield Rd, Glenroy ; ⏲11h-17h) y ajoute l'un des meilleurs sauvignons blancs qui soient. Le **Wynns Coonawarra Estate** (☎08-8736 2225 ; www.wynns.com.au ; 77 Memorial Dr, Coonawarra ; ⏲10h-17h), plus ancien domaine de la région, est réputé dans le monde entier pour sa syrah, son riesling et son chardonnay. **Bellwether Wines** (☎0417 080 945 ; www.bellwetherwines.com.au ; 14183 Riddoch Hwy, Coonawarra ; ⏲11h-17h ven-lun) emprunte une voie moins commune, avec une cave aménagée dans un bâtiment de tonte de 1868, ainsi qu'une offre de "glamping" (camping de luxe).

**La route »** Prenez d'abord direction nord (50 km) puis nord-ouest en traversant les vignobles de Penoma, jusqu'à Naracoorte, où l'on s'intéressera davantage au sous-sol. Accès au parc national à 10 km au sud de la ville.

TEMPS FORT

## 8 Naracoorte Caves National Park

**Naracoorte Caves National Park** (☎08-8762 1210 ; www.naracoortecaves.sa.gov.au ; 89 Wonambi Rd, Naracoorte ; visites adulte/enfant/famille à partir de 10/6/27.50 $, visites guidées à partir de 22/13/61 $, Wonambi Fossil Centre 14/8,50/38,50 $ ; ⏲9h-17h) est le seul site de l'État inscrit au Patrimoine mondial. La découverte d'un marsupial fossile dans ces grottes karstiques intrigua les paléontologues du monde entier. Les 28 grottes, dont **Alexandra Cave**, curieusement appelée **Stick-Tomato Cave** et **Victoria Fossil Cave**, possèdent des stalactites et stalagmites aux formes étranges. Le centre des visiteurs du parc abrite également le **Wonambi Fossil Centre** – une réplique de la forêt pluviale (et de ses habitants) qui couvrait la région voici 200 000 ans.

# Se restaurer et se loger

## Coorong National Park 2

### Lake Albert Caravan Park — Camping-caravaning $

(☎08-8575 1411 ; www.lakealbertcaravanpark.com.au ; 25 Narrung Rd, Meningie ; empl sans/avec élec à partir de 15/30 $, cabins avec/sans sdb 110/76 $, villas pour 4 pers à partir de 155 $ ; P ❄ ᯤ). Une vaste aire étendue et aérée avec belle vue sur le lac Albert et ses pélicans (le bord du lac est le plus apprécié des emplacements). Les villas 2 chambres sont le choix le plus luxueux. Une balade de 1 km le long du lac vous mènera aux boutiques et au pub.

## Robe 3

### Union Cafe — Café $

(☎08-8768 2627 ; www.facebook.com/unioncafe.sa ; 4/17-19 Victoria St, Robe ; plats 9-22 $ ; ⏲8h-14h30 ; ᯤ 👪). Invariablement animé, ce café à l'angle d'une rue s'est agrandi. Le petit déjeuner assaisonné de sauce piquante est parfait pour les lendemains de fête. Le café, les pancakes, les curries, les salades et les wraps sont bons. Places assises en extérieur, et bonne musique.

### Caledonian Inn — Hôtel $$

(☎08-8768 2029 ; www.caledonianinnrobe.com.au ; 1 Victoria St, Robe ; ch sans sdb 70-130 $, cottages 200-250 $; P ❄ ᯤ). Cet hôtel historique (1859) loue une demi-douzaine de chambres claires et confortables au-dessus du pub. Les sdb sont partagées et il n'y a pas de climatisation dans les chambres, mais le rapport qualité/prix est excellent. À l'arrière, on trouve de charmants cottages, ainsi qu'une maison avec 3 chambres du nom de Splash (tous climatisés). Bonne cuisine servie au pub (plats 22 à 36 $, 12h-14h et 18h-20h).

## Mount Gambier 5

### Metro Bakery & Cafe — Café $$

(☎08-8723 3179 ; www.metrobakeryandcafe.com.au ; 13 Commercial St E, Mount Gambier ; petit-déj 6-20 $, déj et dîner 10-22 $ ; ⏲8h30-17h lun-mer, 8h30-tard jeu-sam, 9h-15h dim). En plein cœur de l'action, ce café animé au décor en blanc et noir sert omelettes, salades, sandwichs, pâtisseries et des plats plus consistants. Bar à vins sur place bien pourvu en cabernets de Coonawarra. Réservez pour le soir.

### BIG4 Blue Lake Holiday Park — Camping-caravaning $

(☎08-8725 9856 ; www.bluelakeholidaypark.com.au ; 100 Bay Rd, Mount Gambier ; empl sans/avec élec 35/39 $, cabins/units/villas à partir de 105/135/210 $ ; P ❄ ᯤ 🏊). À proximité du Blue Lake, d'un terrain de golf et de sentiers (mais trop loin pour marcher jusqu'en ville), ce camping agréable dispose de *cabins* chics et de pelouses bien tondues. Les villas sont équipées pour 4 personnes.

## Penola 6

### Pipers of Penola — Fusion $$$

(☎08-8737 3999 ; www.pipersofpenola.com.au ; 58 Riddoch St, Penola ; plats 38-42 $ ; ⏲18h-21h mar-sam). Restaurant élégant et intimiste logé dans une église méthodiste de 1908 avec une équipe aimable et une cuisine de saison. Des recettes gourmandes de haut vol comme le tobiko (œufs de poissons volants) et le sabayon composent le menu. Les prix sont élevés, mais la qualité est au rendez-vous. Superbe carte de vins avec plusieurs noms locaux (mais peu de bières artisanales).

### Cameron's Cottage — Cottage $$

(☎0419 373 450 ; www.coonawarradiscovery.com.au/camerons-cottage ; 1 Davis Cres, Penola ; d/qu 185/265 $ ; P ❄ ᯤ). Entouré de fleurs, ce cottage en rondins blanchis d'origine (1863) a vu défiler l'histoire. L'intérieur respecte l'esprit cottage, avec lits en fer forgé, cuisine équipée et poêle à bois pour les nuits fraîches. À quelques pas de la ville. Pour 4 personnes.

# Péninsules de Yorke et d'Eyre

25

*Entre anciennes villes cornouaillaises, falaises calcaires, plages de front de mer et huîtres délectables, on se laisse volontiers aller à l'attrait sauvage de ces péninsules de l'ouest de l'Australie-Méridionale.*

## TEMPS FORTS

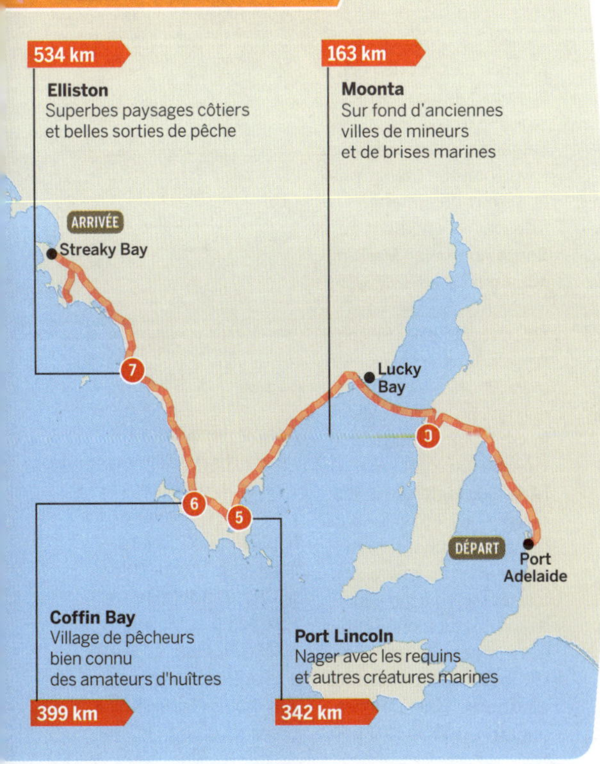


**5-7 JOURS**
**701 KM**

**PARFAIT POUR...**

**LE MEILLEUR MOMENT**
Toute l'année, mais de nombreux commerces et restaurants réduisent leurs activités en hiver.

**LA PHOTO SOUVENIR**
Coucher du soleil aux Murphy's Haystacks.

**DÉLICES**
Un plateau d'huîtres à Coffin Bay ou à Ceduna.

**Point Labatt** Murphy's Haystacks

# 25 Péninsules de Yorke et d'Eyre

À l'extrémité nord-ouest de la péninsule de Yorke, trois villes minières forment ce que l'on appelle le Copper Triangle (triangle de cuivre) : Moonta (la mine), Wallaroo (la fonderie) et Kadina (commerces et services). L'Innes National Park, reculé, mérite d'être exploré avant d'aborder la péninsule d'Eyre. Entre Port Lincoln et Streaky Bay, la route s'étend le long d'un spectaculaire paysage côtier.

## 1 Port Adelaide

Embourbée dans la récession économique pendant des décennies, Port Adelaide – à 15 km au nord-ouest du centre-ville – est en cours de gentrification ; ses anciens entrepôts sont reconvertis en espaces culturels et ses pubs rustiques en temples de la bière artisanale. Le très utile **Port Adelaide Visitor Information Centre** (☎08-8405 6560 ; www.cityofpae.sa.gov.au/tourism ; 66 Commercial Rd ; ⏲9h-17h ; 📶) fournit des brochures et des guides pour qui souhaite suivre des parcours historiques, des circuits d'observation, ou profiter, non loin, des charmes de la plage de **Semaphore**. Passez une journée au port de pêche en vous joignant à une croisière d'observation des dauphins, une excursion en kayak dans les mangroves et autour du cimetière d'épaves, et en allant au **South Australian Maritime Museum** (☎08-8207 6255 ; maritime.history.sa.gov.au/ ; 126 Lipson St ; adulte/enfant/famille 15/6/34,50 $ ; ⏲10h-17h, phare 10h-14h dim-ven) pour découvrir l'histoire de la ville d'un point de vue maritime. Citons l'**Adelaide Lighthouse** (1 $ entrée seule, ou inclus dans l'entrée du musée) peint en blanc et en rouge, des figures de proue provenant de navires du monde entier, des panneaux informatifs sur les explorations et les naufrages, ainsi que des registres informatisés des premiers migrants. Pour prolonger le thème nautique, descendez la Divett St pour voir de près le plus vieux clipper à voiles du monde (1864) : le **City of Adelaide** (☎08-8337 5645 ; www.cityofadelaide.org.au ; Dock 1, près de Todd St ; visites guidées adulte/famille 20/30 $ ; ⏲visites 10h, 12h et 14h), qui

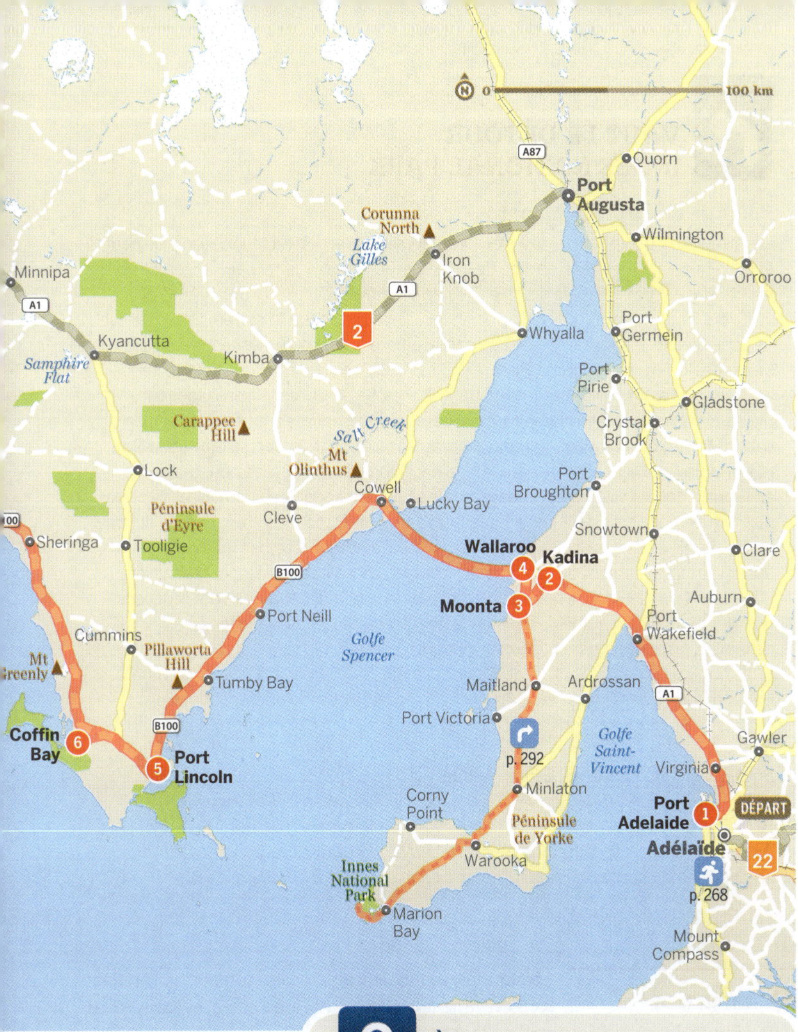


a été transporté jusqu'ici depuis l'Écosse en 2013.

**La route »** Un long trajet vous attend ! Prenez l'A1 (Port Wakefield Hwy) au nord-ouest de la ville pour bien avancer. Après Port Wakefield, au début du golfe St Vincent, la circulation devient plus fluide en quittant l'A1 pour continuer vers le nord-ouest sur la B85 (Copper Coast Hwy) jusqu'à Kadina (51 km).

## À COMBINER AVEC

### 2 Plaine de Nullarbor

Le voyage prend fin à Streaky Bay, mais Ceduna n'est qu'à 110 km – une halte bienvenue dans la traversée de Nullarbor (2 493 km).

### 22 Adelaide Hills et la Barossa Valley

Avant de prendre la route pour l'ouest, attardez-vous dans les caves de dégustation et les restaurants des Adelaide Hills et de la Barossa Valley.

## VAUT LE DÉTOUR
## INNES NATIONAL PARK

**Point de départ : 3 Moonta**

La forme de la péninsule de Yorke évoque vaguement la botte italienne (en plus petit et sans talon aiguille). Bien abritée de la fureur de l'océan Austral par Kangaroo Island, la côte sud est ponctuée de belles plages de **baignade**. On trouve des vagues de surf vers Troubridge Point et le cap Spencer. Ce dernier, situé à l'extrémité sud-ouest de la péninsule, fait partie de l'un des parcs nationaux les moins visités d'Australie-Méridionale, l'**Innes National Park** (☎08-8854 3200 ; www.environment.sa.gov.au/parks ; via Stenhouse Bay Rd, Stenhouse Bay ; 10 $/véhicule ; ⌚24h/24) où les falaises plongent à pic dans des eaux indigo et les îles rocheuses abritent petites criques et plages de sable. **Marion Bay** (www.marionbay.com.au), à l'extérieur du parc, **Stenhouse Bay** et **Pondalowie Bay**, tous deux au sein du parc, sont les principales bourgades des environs. Pondalowie Bay se démarque par sa flotte de pêche au homard et sa plage aux vagues puissantes. Les restes rouillés d'*Ethel*, un 711 tonnes en acier qui s'échoua en 1904 émergent des sables au sud de Pondalowie Bay. Suivez les panneaux après l'embranchement de cap Spencer pour rejoindre **Inneston**, une ville minière abandonnée en 1930. Des hébergements originaux et indépendants sont proposés aux alentours du site minier ainsi que de nombreux campements le long de la côte, où abondent balbuzards, pygargues et émeus.

Le bureau du parc, à l'entrée de Stenhouse Bay, a des heures d'ouverture variables : il vaut mieux régler l'entrée et l'hébergement en ligne avant d'arriver sur place.

Pour vous rendre à l'Inneston National Park à partir de Moonta, prenez la direction sud jusqu'à Minlaton via Maitland. Pour un rafraîchissement, faites un arrêt à Maitland au **Barley Stacks Wines** (☎08-8834 1258 ; www.barleystackswines.com ; 159 Lizard Park Dr, Maitland ; ⌚10h-17h), puis à Minlaton à la **Watsacowie Brewing Company** (☎08-8822 7117 ; www.watsacowie.com.au ; 9 Depot Rd, Minlaton ; ⌚11h-18h mer-dim ; 🐾) pour une bière artisanale. Après Minlaton, il reste 89 km en direction du sud-ouest pour atteindre l'entrée du parc à Stenhouse Bay.

### 2 Kadina

Plus grande des trois villes à former le “triangle de cuivre” de la péninsule de Yorke, Kadina est située trop loin à l'intérieur des terres pour bénéficier de la brise marine, et tient d'une fournaise en été. Si vous supportez bien la chaleur, la ville vaut d'être explorée à pied. Ses bâtiments remontent à l'époque des mines, et plusieurs ont été aménagés en pubs. Pour vous aider à vous y retrouver dans les différents parcours, prenez un plan – le *Kadina Historical Walking Trail* – au **Copper Coast Visitor Information Centre** (☎08-8821 2333, 1800 654 991 ; www.yorkepeninsula.com.au ; 50 Mines Rd, Kadina ; ⌚9h-17h lun-ven, 10h-16h sam-dim) – le principal centre des visiteurs de la péninsule. À l'arrière du centre, le **Farm Shed Museum** (☎08-8821 2333 ; www.farmshed.net.au ; Copper Coast Visitor Information Centre, 50 Mines Rd, Kadina ; adule/enfant/famille 10/5/23 $, train 2 $ ; ⌚9h-17h lun-ven, 10h-16h sam-dim, train 1er et 3e dim du mois) expose une collection d'anciens outils agricoles, miniers et domestiques, et l'on y accède également à un train miniature.

**La route ››** Moonta se trouve à 17 km au sud-ouest de Kadina – une route facile et plate qui traverse des champs de blé et un chapelet de villes peu éloignées les unes des autres. Profitez-en car cet itinéraire promet d'autres parcours très différents !

TEMPS FORT

## 3 Moonta

À la fin du XIXe siècle, la mine de cuivre de Moonta était la plus riche du pays et attirait les coureurs de fortune du monde entier. Ces années d'expansion ont valu à Moonta ses belles rues et ses maisons de mineurs. De sa gloire passée, la bourgade, connue sous le surnom de "petite Cornouailles d'Australie" maintient quelques pubs et restaurants corrects où se dégustent les pâtés (*pasties*) cornouaillais ; goûtez-en un au fameux **Cornish Kitchen** (☎08-8825 3030; 10-12 Ellen St, Moonta ; par pièce 4-12 $ ; ⌚9h-15h lun-ven, 9h-14h sam). Le **Moonta Visitor Information Centre** (☎08-8825 1891 ; www.moontatourism.org.au ; Old Railway Station, Blanche Tce, Moonta ; ⌚9h-17h) dispose d'informations relatives au **Moonta Heritage Site**, à 1,5 km à l'est de la ville. Le lieu inclut le **Moonta Mines Museum** (☎08-8825 1891 ; www.moontatourism.org.au ; Verran Tce, adulte/enfant 8/4 $ ; ⌚13h-16h, à partir de 11h pendant les vacances scolaires), un beau bâtiment en pierre de 1878 qui accueillit jadis la Moonta Mines Model School et ses 1 100 étudiants. Le musée présente, avec un grand soin du détail, la vie des mineurs au travail et à la maison. À l'occasion, un petit **train touristique** part du parking du musée – le centre d'accueil des visiteurs pourra vous dire s'il est en fonctionnement. En face du musée, l'**Old Sweet Shop** (☎08-8825 1891 ; www.moontatourism.org.au ; Verran Tce ; ⌚10h-16h), datant de 1846, vend toujours des bonbons et sert également de bureau de poste. Joliment restauré, le **Miner's Cottage** (☎08-8825 1891 ; www.moontatourism.org.au ; Verco St ; adulte/enfant 4/2 $ ; ⌚13h30-16h mer, sam-dim, tlj pendant les vacances scolaires) est une ancienne maison de mineur exiguë, en brique et torchis, avec jardin typique de l'époque (1870). La ville de Moonta est désormais un lieu paisible, où la pêche tient une place centrale. Moonta Bay, une baie peu profonde, est située à 3 km à l'ouest du centre-ville. On y trouve une jetée ainsi qu'une zone de baignade protégée par des filets.

✕ 🛏 p. 297

**La route ››** Il y a seulement 18 km de champs de blé et d'orge entre Moonta et Wallaroo. Une jolie vue sur Wallaroo Bay se dévoile sur le dernier tronçon en même temps que les immenses silos en béton près de l'embarcadère de la ville.

## 4 Wallaroo

Important port de pêche et céréalier, Wallaroo poursuit son essor avec, au nord, de nouveaux lotissements dédiés à la construction et un nouveau complexe commercial, tandis que la **Copper Cove Marina** se remplit de luxueux bateaux. Les pubs abondent et la clientèle est nombreuse. Le ferry, qui traverse le golfe Spencer et débarque piétons et véhicules sur la péninsule d'Eyre, part également d'ici – un raccourci de 350 km d'une longue route qui longe le golfe en passant par des villes industrielles peu attrayantes comme Port Pirie, Port Augusta et Whyalla. Le bureau de poste de 1865 abrite aujourd'hui l'**Heritage & Nautical Museum** (☎08-8823 3015 ; www.nationaltrust.org.au ; angle Jetty Rd et Emu St ; adulte/enfant 6/3 $ ; ⌚10h-16h). Il existe plusieurs de ces petits musées du National Trust sur la péninsule de York : Port Victoria, Ardrossan, Milaton, Edithburgh... mais celui-ci est le meilleur avec des expositions sur les navires anglais gréés en carré, le Tipara Reef Lighthouse et George, le calamar géant. À l'ombre des silos, la **vieille ville** dégage un charme désuet, avec ses allées étroites et ses cottages vieillots. Pour en savoir plus sur l'histoire locale, consultez la brochure *Wallaroo Historical Walking Trail*, disponible au Copper Coast Visitor Information Centre (p. 292). Terminez la journée avec une bière fraîche et un plat de poisson au **Coopers Alehouse** (08-8823 2488 ; www.coopersalehouse.com.au ; 11 Heritage Dr ; plats 13-39 $ ; 12h-14h30 et 18h-20h30), sur la marina.

**La route »** SeaSA propose un service de ferry pour véhicules entre Wallaroo (péninsule de York) et Lucky Bay (péninsule d'Eyre). Le trajet dure 2 heures. La liaison connaît des interruptions depuis 2017 en raison de travaux de construction à Lucky Bay. Il vaut mieux réserver ou se renseigner au préalable. Il y a 162 km entre Lucky Bay et Port Lincoln : arrêtez-vous à Tumby Bay Mural sur le chemin.

TEMPS FORT

## 5 Port Lincoln

Port Lincoln, la "capitale mondiale du thon" surplombe Boston Bay du côté sud de la péninsule d'Eyre. Ville portuaire isolée au caractère rude, elle est aussi progressiste et dynamique, et est presque devenue la capitale de l'Australie-Méridionale dans les années 1830, un projet compromis par le manque d'eau. Aujourd'hui, c'est la mer (et les thons qu'elle abrite) qui signe la prospérité de la ville – il y aurait ici plus de millionnaires qu'ailleurs en Australie. Le front de mer est bordé d'une promenade verdoyante et la cité ne manque pas de bons pubs, de restaurants et d'activités aquatiques. Inscrivez-vous au **Port Lincoln Walk & Talk History Tour** (0474 222 020 ; www.facebook.com/portlincolnwalkandtalktours ; Tasman Tce ; estran adulte/enfant 15/12 $, cimetière 25/20 $ ; 10h tlj), une promenade à pied de 1 heure 30 dirigée par un résident de la cinquième génération qui connaît la ville comme sa poche. Ne manquez pas une visite au Fresh Fish Place (p. 297) pour déguster les produits locaux. Si vous souhaitez avoir un aperçu de la côte voisine, battue par les vagues, rendez-vous au **Lincoln National Park** (08-8688 3111 ; www.parks.sa.gov.au ; via Proper Bay Rd ; par véhicule 11 $ ; 24h/24), à 13 km au sud de la ville. Vous y découvrirez des émeus, des kangourous, des bettongies, ainsi que des criques protégées, de vastes dunes et des plages ouvertes sur l'océan. **Whalers Way** (1300 788 378 ; www.visitportlincoln.net ; Whalers Way Rd ; 24 heures permis par véhicule plus 1 nuit de camping 30 $, caution clé 10 $ ; 24h/24), qui débute à 32 km au sud-ouest de Port Lincoln, est une splendide route panoramique privée qui se déploie sur 14 km le long d'une côte sauvage avec puits artésiens, falaises et crevasses. Contactez le **Port Lincoln Visitor Information Centre** (08-8683 3544, 1300 788 378 ; www.visitportlincoln.net ; 3 Adelaide Pl ; 9h-17h lun-ven, 10h-16h sam-dim) pour obtenir un permis permettant de circuler sur ce tronçon de route.

p. 297

**La route »** Prochain arrêt : la capitale de l'huître, Coffin Bay, qui se trouve à 50 km de Port Lincoln. Le trajet dure moins d'une heure. La route continue au-delà de la ville de Coffin Bay jusqu'à Point Avoid, un point de vue sauvage, battu par les vents, qui donne sur la fureur glaciale de l'océan Austral.

TEMPS FORT

## 6 Coffin Bay

Coffin Bay, baptisé par l'explorateur anglais Matthew Flinders du nom de son compagnon de route sir Isaac Coffin, est un village de pêcheurs qui somnole jusqu'à l'arrivée, en janvier, de quelque 4 000 vacanciers. L'endroit est également la capitale australienne de l'huître et ses

## PAROLE D'EXPERT
## LES CHAMPIONS DE PORT LINCOLN

Pour se faire des amis à Port Lincoln, il suffit de glisser le nom de Dean Lukin dans la conversation. L'ancien pêcheur de thons devenu haltérophile remporta la médaille d'or catégorie poids lourd aux jeux Olympiques de Los Angeles en 1984. Si vous enchaînez avec le nom de Kyle Chalmers, qui remporta la médaille d'or en nage libre à Rio en 2016, vous aurez plus de succès encore ! La ville a connu une autre championne : Makybe Diva, cheval de course qui remporta trois fois la Melbourne Cup entre 2003 et 2005. Appartenant à un pêcheur local, elle était en fait née en Grande-Bretagne, mais fut entraînée à Port Lincoln. Une statue de la jument trône sur le front de mer.

coquillages sont exportés dans le monde entier. À Coffin Bay, vous ne devriez pas dépenser plus de un ou deux dollars par huître. Pour en savoir plus sur cette industrie, embarquez pour un circuit guidé avec **Oyster Farm Tours** (☎0488 139 032 ; www.oysterfarmtours.com.au ; départ 113 Esplanade, Coffin Bay ; à partir de 40 $/pers) ou **Pure Coffin Bay Oysters** (☎0428 261 805 ; www.coffinbayoysters.com.au ; 9 Martindale St, Coffin Bay ; ⏲9h-17h lun-ven, 9h30-12h30 sam-dim), dégustation comprise. Au-delà de la ville, la côte révèle des espaces sauvages, faisant tous pour la plupart partie du **Coffin Bay National Park** (☎08-8688 3111 ; www.parks.sa.gov.au ; via Coffin Bay Rd, Coffin Bay ; par véhicule 10 $ ; ⏲24h/24), peuplé de kangourous, d'émeus et de goannas grassouillets. Avec une voiture ordinaire, vous pourrez vous rendre au pittoresque **Point Avoid** (points de vue côtiers, falaises rocheuses, bonnes vagues et passages des baleines entre mai et octobre) et **Yangie Bay** (paysages rocheux arides et sentiers de randonnée). En 4x4, découvrez les campements les plus reculés du parc.

✕ 🛏 p. 297

**La route »** La Flinders Hwy (A1) joue à cache-cache avec cette fabuleuse côte sauvage le long des 135 km entre Coffin Bay et Elliston. Quittez la route et suivez les pistes pour les falaises calcaires déchiquetées et les plages reculées, réputées pour le surf (Greenly Beach au sud de Coulta, à 40 km au nord de Coffin Bay) et la pêche (certains saumons d'ici ont battu des records par leur taille).

TEMPS FORT

### 7 Elliston

Elliston (380 habitants), un minuscule village de pêche posé au bord d'une baie tranquille, Waterloo Bay, a tout ce dont vous aurez besoin : une belle plage de baignade, des espaces pour barbecue en bord de mer, une jetée pour la pêche, une boulangerie, un pub et un camping-caravaning. L'**Elliston Visitor Information Centre** (☎08-8687 9200 ; www.elliston.com.au ; 6 Memorial Dr, Elliston ; ⏲9h-17h lun-ven, 9h30-13h30 sam-dim) vous indiquera la direction du **Great Ocean Tourist Drive**, au nord de la ville – un détour de 10 km qui vous mènera à **Anxious Bay**, face au littoral océanique. En route, vous verrez **Blackfellows**, qui possède les meilleures vagues de la côte ouest. Plus au nord, à **Venus Bay** (140 habitants), repaire d'un groupe de pélicans, on trouve un camping-caravaning, l'inévitable jetée et des plages abritées (sauf la **Mt Camel Beach**). **Locks Well** promet une belle pêche aux amateurs de saumon. Les 283 marches abruptes, baptisées **Staircase to Heaven**, mènent du parking à une superbe plage.

**La route »** Prenez l'A1 direction nord-ouest en suivant les limites orientales de la Grande Baie australienne. À 25 km derrière Port Kenny, une suite de petites routes quittent la route principale pour rejoindre Baird Bay et Point Labatt. Le territoire est peu fréquenté.

## 8 Point Labatt et Baird Bay

Ces terres sauvages sont moins peuplées que d'autres parties de l'État, mais les activités n'y manquent pas. À Baird Bay, minuscule bourgade à 30 km à l'ouest de Flinders Hwy, **Baird Bay Ocean Eco Experience** (08-8626 5017 ; www.bairdbay.com ; Baird Bay Rd, Baird Bay ; circuit 2-4 heures adulte/enfant 180/90 $, non-nageurs 150/90 $ ; sept-mai) organise des sorties en mer pour nager avec les lions de mer et les dauphins. L'approche est non intrusive, mais des recherches ont révélé que les interactions avec les humains influençaient le comportement et la reproduction des mammifères marins. Il existe un hébergement sur place. La route pour Point Labatt, à 43 km au sud de Streaky Bay, vous mène à l'une des rares **colonies de lions de mer** établies en continu ; à observer depuis les falaises (avec une paire de jumelles). Quelques kilomètres le long de la route de Point Labatt, découvrez les **Murphy's Haystacks** (www.nullarbornet.com.au/themes/murphyshaystacks.html ; près de Flinders Hwy, Point Labbatt ; par pers/famille 2/5 $ ; journée), une improbable congrégation d'inselbergs – des blocs de granit colorés, sculptés par le vent il y a 1 500 millions d'années.

**La route »** Prenez le temps d'emprunter les petites routes au nord de Streaky Bay – aucun risque de vous perdre – jusqu'à tomber sur l'A1 tout à l'est ; prenez la direction de l'ouest et vous voici devant l'océan. En restant sur l'A1, il reste 39 km entre l'embranchement de Point Labatt et Streaky Bay.

## 9 Streaky Bay

Protégée de l'océan Austral par un promontoire, cette charmante bourgade doit son nom aux algues (streaky pour "strié") découvertes par Matt Flinders lors de son arrivée dans la baie en 1802. Visibles à marée basse, ces algues attirent une abondante faune marine : une aubaine pour les pêcheurs. Le petit **Streaky Bay Museum** (08-8626 1443 ; www.nationaltrust.org.au/places/streaky-bay-museum ; 42 Montgomery Tce, Streaky Bay ; adulte/enfant 6,50/1 $ ; 1h30-16h mar et ven jan-déc, plus 9h-12h sam oct-mar), aménagé dans une école de 1901, présente l'histoire des pionniers. Sont exposés sur le site : une cabane entièrement meublée, une collection d'œufs d'oiseaux et de coquillages, et un poumon artificiel en acier, fabriqué par Edward Thomas Both en 1837. Plus récemment (1990), un **grand requin blanc** de 5 m de long et pesant 1,5 tonne fut pêché au large : admirez-en la reproduction dans l'arrière-salle du **Streaky Bay Roadhouse** (08-8626 1823 ; www.streakybay.com.au/categories/fuel ; 15 Alfred Tce, Streaky Bay ; 7h-21h). En quittant la ville, remontez vers le nord, dépassez les champs de blé et découvrez un paysage désolé de dunes autour du **cap Bauer** (08-8626 1108 ; www.streakybay.com.au/explore/scenic-drives-trails ; Cape Bauer Rd, Streaky Bay ; 24h/24) – une boucle de 38 km de piste dans un paysage sauvage et enchanteur, entre îles, plages, récifs, puits artésiens, falaises calcaires érodées et océan déferlant sur la côte. Guettez les balbuzards, les kangourous et les pygargues. De retour en ville, la large terrasse du **Streaky Bay Hotel** (08-8626 1008 ; www.streakybayhotel.com.au ; 33 Alfred Tce ; hôtel s/d/ste 105/120/240 $, motel d 165 $ ; P) invite à un moment de repos mérité.

p. 297

# Se restaurer et se loger

## Moonta 3

### Taste the Yorke — Café $

(08-8825 3121 ; www.facebook.com/tastetheyorke ; 52b George St, Moonta ; plats 8-23 $ ; 8h-17h). Ce café à l'angle d'une rue est aménagé dans un bâtiment historique avec canapés sous poutres à l'extérieur et tables en bois rétro à l'intérieur. Le plat du jour est affiché au mur et la carte comprend plats aux œufs, soupes, salades, muffins, gaufres, milk-shakes et un excellent *carrot cake*.

### Moonta Bay Caravan Park — Camping-caravaning $

(08-8825 2406 ; www.moontabaycaravanpark.com.au ; 5 Tossell St, Moonta Bay ; empl sans/avec élec 37/40 $, cabins à partir de 120 $ ; P). À proximité de la plage et de la jetée, un terrain avec un lot de *cabins* correctes au-dessus de la plage avec sdb balnéo et petite terrasse. Les emplacements de camping gazonnés sont quasi sur le sable (réseau Wi-Fi aléatoire, mais coucher du soleil sublime !).

## Port Lincoln 5

### Fresh Fish Place — Poisson, fruits de mer $$

(08-8682 2166 ; www.portlincolnseafood.com.au ; 20 Proper Bay Rd, Port Lincoln ; plats 17-29 $ ; 8h30-18h lun-ven, à 14h sam). Dans cette boutique, vous pourrez acheter la pêche du jour (merlan, thon, kingfish, poissons-crocodiles, calamars, etc.), ou vous régaler d'huîtres de Coffin Bay (17 $ la douzaine) et d'un excellent *fish and chips*. À ne pas manquer. Séances de dégustation et ateliers cuisine.

### Port Lincoln YHA — Auberge de jeunesse $

(08-8682 3605 ; www.yha.com.au ; 26 London St, Port Lincoln ; dort 27-35 $, lits jum/d/qua/f à partir de 75/85/130/185 $ ; P @). Dirigée par un couple dynamique qui a beaucoup investi dans sa rénovation, cette impeccable auberge (84 lits) occupe un ancien terrain de squash. Parmi les petits plus : matelas confortable, lampe de lecture, café/bar et prise dans les casiers. Il y a quelque 300 films à disposition pour les jours de pluie. On peut vous aider pour réserver vos activités.

## Coffin Bay 6

### 1802 Oyster Bar — Bistrot $$

(08-8685 4626 ; www.1802oysterbar.com.au ; 61 Esplanade, Coffin Bay ; plats 24-42 $ ; 12-tard mer-ven, 11h-tard sam-dim). Ce bistrot chic avec terrasse et murs en adobe, situé à l'entrée de la ville, donne le port. À la carte, crevettes du golfe Spencer, curry à la mangue, risotto végétarien et poisson-crocodile enrobé de pâte à frite à la bière. Pour accompagnement ? Une Long Beach Lager à la pression. Douze versions d'huîtres différentes – froides ou chaudes.

### Coffin Bay Caravan Park — Camping-caravaning $

(08-8685 4170 ; coffinbaycaravanpark.com.au ; 91 Esplanade, Coffin Bay ; empl sans/avec élec à partir de 24/33 $, cabins avec/sans sdb à partir de 115/80 $, villas à partir de 135 $ ; P). Cacatoès et perroquets sont perchés dans les filaos qui ombragent les emplacements en pente douce, les *cabins* sont à prix raisonnable (le linge de lit n'est pas fourni), et les villas familiales à 2 chambres sont tout aussi charmantes. Le camping manque d'intimité (le site donne sur la rue), mais si vous êtes en caravane ce ne sera pas un problème.

## Streaky Bay 9

### Bay Funktion — Café $$

(0428 861 242 ; www.bayfunktion.com.au ; angle Wells St et Bay Rd, Streaky Bay ; plat 14-27 $ ; 8h-17h lun-ven, 8h-14h sam ; ). Dans un joli bâtiment en brique de la rue principale, le Bay Funktion a rang de café, de fleuriste et d'organisateur de mariage. Le café est formidable ! Croissants, pizzas, tacos de petit-déjeuner, gâteaux, jus et café délicieux. Une cour ornée de plantes vous attend à l'arrière si le café est plein (c'est souvent le cas).

26

# Clare Valley et les Flinders Ranges

*Il est rare de trouver un contraste aussi saisissant entre le début et la fin d'un itinéraire – de la dégustation de grands vins dans la verdoyante Clare Valley aux escarpements ocre foncé de l'outback.*

## TEMPS FORTS

**7-10 JOURS**
**420 KM**

### PARFAIT POUR...

### LE MEILLEUR MOMENT

De septembre à novembre, pour les fleurs sauvages.

### LA PHOTO SOUVENIR

Flinders Ranges au lever (ou au coucher) du soleil.

### DES SITES EN PLEIN AIR

Mt Remarkable est à la hauteur de sa réputation... ne ratez pas Melrose !

# 26 Clare Valley et les Flinders Ranges

Clare Valley s'enorgueillit depuis longtemps d'être l'une des plus grandes régions viticoles d'Australie-Méridionale, avec ses jolis coteaux tapissés de vignes ponctués de petites bourgades, telles Mintaro et Sevenhill. Avant de vous enfoncer dans l'outback, admirez le Mt Remarkable, au nom bien mérité, et les paysages arides qui s'étirent jusqu'aux Flinders Ranges.

TEMPS FORT

## ❶ Clare Valley

Au cœur du district agricole de Mid North, à 2 heures au nord d'Adélaïde, la région de la Clare Valley produit des rieslings de réputation mondiale et des vins rouges aux notes minérales. Le paysage – territoire ancestral des Ngadjuris – est superbe, avec son ciel infini, ses collines arrondies, ses taillis d'eucalyptus et ses champs de blé caressés par le vent. La fondation des villes remonte aux années 1840 ; beaucoup ont été créées au moment de l'ouverture des mines de cuivre de Burra, plus au nord. Si Clare marque l'extrémité nord de la vallée, **Auburn** (fondée en 1849), une bourgade paisible au charme du passé à 25 km de là, en ponctue l'extrémité sud. Ses rues sont bordées de bâtiments historiques très bien préservés et de jolis cottages délicieusement fleuris. Un guide pour découvrir la ville – *Walk with History at Auburn* – est à disposition dans les boutiques de la ville.

p. 305

**La route »** La minuscule Mintaro se trouve à 18 km au nord-est d'Auburn via Horrocks Hwy avec un embranchement vers la droite à 7 km au nord d'Auburn. Suivez les panneaux.

TEMPS FORT

## ❷ Mintaro

Un peu à l'écart de la principale route des vins de la Clare Valley, Mintaro (fondé en 1849) est un village classé qui pourrait avoir sa place dans les collines des Cotswolds (Angleterre) – ici, la différence avec le style germanique de Barossa et des Adelaide Hills est frappante. L'architecture n'a guère changé depuis les années 1900 ; à voir avec la brochure *Historic Mintaro* (disponible en plusieurs lieux de la vallée). Ne manquez pas **Martindale Hall** (☎08-8843 9088 ; www.martindalehall-mintaro.com.au ; 1 Manoora Rd, Mintaro ; adulte/enfant 15/8 $ ; ⌚11h-16h lun-sam, tlj pendant les vacances scolaires), un manoir de 1880 à 3 km au sud de Mintaro. Bâti pour l'éleveur de bétail Edmund Bowman junior qui dilapida la fortune familiale, le manoir recèle des meubles d'origine, un superbe escalier en bois sombre, une table de billard en ardoise de Mintaro (cette ardoise est utilisée dans le monde entier à cet effet) et un fumoir aux allures de musée. Le hall servit de cadre au film *Pique-nique à Hanging Rock* (1975) de Peter Weir. La visite peut être suivie d'une excursion entre les haies de **Mintaro Maze**

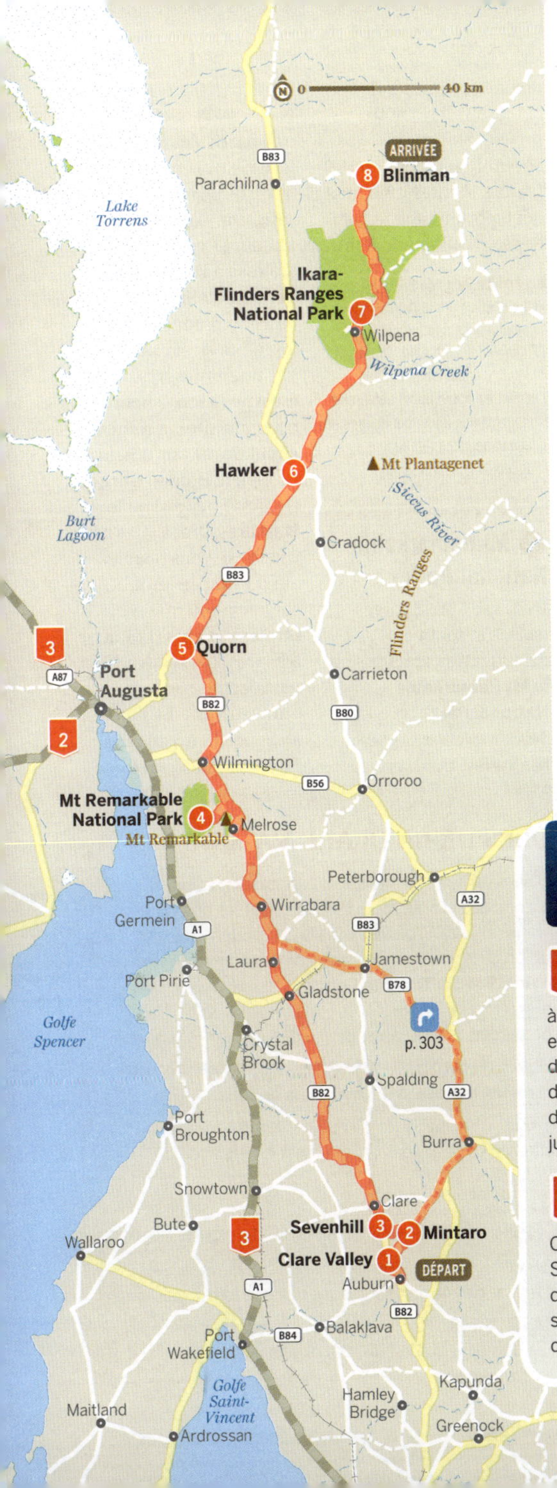


(☎08-8843 9012 ; www.mintaromaze.com.au ; angle Jacka Rd et Wakefield St, Mintaro ; adulte/enfant 15/8 $ ; ⏲10h-14h sam-dim, tlj vacances scolaires ; 👪). Pour se sustenter et se désaltérer, rendez vous au pub country de Mintaro, le **Magpie & Stump** (☎08-8843 9185 ; www.facebook.com/magpieandstumphotel ; angle Burra St et Wakefield St, Mintaro ; ⏲11h-tard mar-dim) ; et à l'excellent **Reilly's** (☎08-8843 9013 ; www.reillyswines.com.au ; angle Hill St et Leasingham Rd, Mintaro ; plats 22-31 $ ; ⏲10h-16h), une ancienne cordonnerie de 1856. Le restaurant, orné d'œuvres d'artistes locaux, sert une cuisine créative et de saison (antipasto, terrine de lapin) et les vins du domaine.



## À COMBINER AVEC

### 2 Plaine de Nullarbor

Port Augusta, à proximité de Quorn, est le point de départ de nombreux itinéraires, dont la traversée épique de la plaine de Nullarbor jusqu'à Perth.

### 3 D'Alice Springs à Adélaïde

Ce voyage au départ d'Alice Springs prend la direction du sud – les routes se croisent à proximité de Port Augusta.

**La route »** Prenez la direction du nord-ouest pour rejoindre Sevenhill à 15 km, via Jolly Way. Vous passerez Polish Hill River – une petite région de la région viticole de la Clare Valley.

## 3 Sevenhill

Le long de la route principale, entre Auburn et Clare, se succèdent de minuscules bourgades : Leasingham, Watervale, Pentwortham et Sevenhill – vous les éviterez en passant par Mintaro. Mais la route de Mintaro vous ramènera invariablement à Sevenhill, qui abrite une bonne boulangerie, un pub, l'excellente **Clare Valley Brewing Co** (CVBC ; 08-8843 4308 ; www.cvbc.beer ; 22 Jeanneret Rd, Sevenhill ; 10h-17h lun-sam, 12h-17h dim) et certains des meilleurs domaines viticoles de la Clare Valley ; notre préféré, Skillogalee. Sevenhill fut fondé en 1850 par des jésuites itinérants qui empruntèrent le nom des sept collines de Rome.

**La route »** Poursuivant votre route vers le nord depuis Sevenhill, vous arriverez à Clare (7 km) – le centre administratif et commercial de la vallée. continuez votre trajet : Melrose se trouve à 132 km via Bungaree, Gladstone, Laura et Stone Hut par la Horrocks Hwy.

## 4 Mt Remarkable National Park

Paysages âpres, gorges isolées et sommets déchiquetés caractérisent le **Mt Remarkable National Park** (08-8841 3400 ; www.parks.sa.gov.au ; National Hwy 1, via Mambray Creek ; par véhicule 10 $ ; 24h/24), lequel couvre une partie des Southern Ranges trois points d'entrée principaux : Alligator Gorge au nord, Mambra Creek à l'ouest et Melrose à l'est. Depuis le parking d'**Alligator Gorge,** descendez dans la gorge (exempte de sauriens) par un sentier très escarpé (2 km, 2 heures) ou empruntez la route circulaire (9 km, 4 heures) ou bien le **Hidden Gorge** (18 km, 7 heures) ou le **Mambray Creek** (13 km, 7 heures). Vous pourrez aussi grimper jusqu'au sommet (960 m) du **Mt Remarkable** (12 km, 5 heures) ; le sentier part derrière le Melrose Caravan Park. La plus ancienne bourgade des Flinders (1853), **Melrose**

### DOMAINES VITICOLES DE LA CLARE VALLEY

Le microclimat tempéré de la Clare Valley est bénéfique aux vins de la région, dont les blancs se gardent longtemps. La vallée produit de formidables rieslings et d'excellents sémillons et syrahs (*shiraz*). Procurez-vous la carte interactive des nombreuses caves de dégustation de la vallée sur www.clarevalley.com.au/wine/cellar-doors. Le **Clare Valley Wine, Food & Tourism Centre** (08-8842 2131 ; www.clarevalley.com.au ; angle Horrocks Hwy et Spring Gully Rd, Clare ; 9h-17h sam-jeu, 9h-19h ven ; ) fournit des informations et des cartes avec, en plus, une dégustation le vendredi.

**Skillogalee** (08-8843 4311 ; www.skillogalee.com.au ; 23 Trevarrick Rd, Sevenhill ; 7h30-17h). Un petit domaine familial réputé pour sa syrah aux notes épicées.

**Sevenhill Cellars** (08-8843 4222 ; www.sevenhill.com.au ; 111c College Rd, Sevenhill ; 10h-17h). Établi par des jésuites en 1851, Sevenhill Cellars est le plus ancien producteur de la Clare Valley.

**Pikes** (08-8843 4370 ; www.pikeswines.com.au ; Polish Hill River Rd, Sevenhill ; 10h-16h). La famille Pike s'est installée à Polish Hill River, une région de la Clare Valley en 1984.

**Mr Mick** (08-8842 2555 ; www.mrmick.com.au ; 7 Dominic St, Clare ; 10h-17h sam-jeu, 10h-21h ven). Dans les locaux d'une ancienne distillerie dans une rue calme de Clare.

**Jeanneret Wines** (08-8843 4308 ; www.jeanneretwines.com ; 22 Jeanneret Rd, Sevenhill ; 10h-17h lun-sam, 12h-17h dim). Le domaine produit un rosé exquis.

## VAUT LE DÉTOUR
## BURRA

**Point de départ : Sevenhill**

Située à 47 km au nord-est de Clare, Burra abritait une exploitation minière de cuivre en plein boom entre 1847 et 1877, et une communauté cornouaillaise. Mintaro et Auburn fournissaient les mineurs circulant entre Burra et Port Wakefield, d'où le cuivre était expédié par bateau. La vie des mineurs qui devaient creuser des galeries pour y vivre avec leurs familles était rude. **Burra Visitor Information Centre** (☎08-8892 2154 ; www.visitburra.com ; 2 Market Sq, Burra ; ⌚9h-17h lun-ven, 10h-16 sam-dim) vend le **Burra Heritage Passport** (pass adulte/enfant 30 $/gratuit), qui donne accès à neuf sites et deux musées le long d'un circuit de 11 km. De nombreux sites miniers sont abandonnés. Les musées, mieux entretenus, n'en ont pas moins un côté suranné. Pour une visite commentée, consultez www.daytrippa.com.au/burra.

Les amateurs de musique rock iront voir la **Midnight Oil House** (☎08-8892 2154 ; www.visitburra.com/see-do/arts-cultural-hub/midnight-oil-house ; angle Barrier Hwy et West Tce, Burra ; ⌚journée). Groupe australien de légende, Midnight Oil vendit des millions d'albums à la fin des années 1980 et plusieurs couvertures d'album ornaient cette maison décatie située à 3 km au nord du centre de Burra. *Diesel and Dust*, sorti en 1987, devint numéro 1 en Australie. La **Burra Scrumpy Cumpany** (☎08-8892 3090 ; www.facebook.com/burrascrumpy ; 1 John Barker St, Burra ; ⌚14h-17h ven, 12h-17h sam, 10h-15h dim), au sud de la ville, vaut une petite visite, pour ses cidres de fabrication traditionnelle.

Afin de rejoindre la route principale, roulez vers le nord sur Barrier Hwy jusqu'à Hallett, virez à gauche sur Wilkins Hwy et, après 69 km, retrouvez la route au nord de Stone Hut.

se niche sur le flanc du Mt Remarkable. Elle allie une architecture préservée, un excellent pub, de bons hébergements et des espaces verdoyants (ces derniers se feront rares au fil de l'itinéraire). Melrose attire aussi les amateurs de **VTT** (*mountain bike*), avec un tronçon du Mawson Trail (900 km) qui passe par la ville, plus un réseau de sentiers (réservé aux plus sportifs) parcourant les forêts voisines. Renseignements auprès de www.bikesa.asn.au/ridemapslist et location de vélo à **Over the Edge** (☎08-8666 2222 ; www.otesports.com.au ; 4 Stuart St, Melrose ; ⌚9h-17h mer-lun). Ne manquez pas ensuite de vous restaurer à l'excellent **North Star Hotel** (☎08-8666 2110 ; www.northstarhotel.com.au ; 43 Nott St, Melrose ; d/trucks (nuitée originale dans un camion) à partir de 110/160 $ ; P ❄ 📶), un pub de 1854, tout en haut de la rue principale de Melrose.

**La route »** Depuis Melrose, prenez la Horrocks Hwy direction nord pour Quorn via Wilmington (52 km). Vous traverserez la Goyder's Line, une frontière est-ouest invisible établie en 1865 entre les terres arables du sud et sèches du Nord, où une pluviométrie inférieure à 250 mm n'aurait pas suffi pour l'agriculture céréalière.

TEMPS FORT

### 5 Quorn

À Quorn, il semblerait que les corneilles soient plus nombreuses que les habitants... La rue principale est bordée de pubs. La culture du blé prit son essor ici en 1872, dynamisée par l'arrivée du Great Northern Railway depuis Port Augusta. Quorn demeura un important nœud ferroviaire jusqu'à ce que les trains cessent de circuler jusqu'aux Flinders (1970). Les rues de la ville ont servi de décor à plusieurs films australiens, dont

*Gallipoli* – un parcours pédestre est disponible au centre des visiteurs. À l'extérieur de la ville, des ruines parsèment le bord de la route entre Quorn et Hawker, dont la plus impressionnante, **Kanyaka** (près de Quorn–Hawker Rd, Kanyaka ; ⌚journée) est une ancienne exploitation d'élevage ovin (*sheep station*) fondée en 1851 et jadis prospère. Depuis Kanyaka (à 41 km de Quorn), une promenade de 20 minutes mène à un trou d'eau dominé par l'imposant **Death Rock** (près de Quorn-Hawker Rd, via Kanyaka ; ⌚journée). Les Aborigènes amenaient en ce lieu les membres de leurs familles peu avant leur mort (soyez respectueux).

🛏 p. 305

**La route »** À partir de Quorn, prenez la route principale direction nord-est – 66 km de routes droites vous attendent jusqu'à Hawker, la prochaine ville de l'itinéraire.

## 6 Hawker

Hawker est le dernier avant-poste de la civilisation avant Ikara (Wilpena Pound), à 59 km, au nord. Tout comme Quorn, la localité a vu des jours meilleurs, surtout quand le *Ghan*, en direction d'Alice Springs, y faisait halte. Aujourd'hui, c'est une simple étape avec distributeur de billets, épicerie, pub, station-service et le Flinders Food Co (p. 305).

🍴 🛏 p. 305

**La route »** Quittez Hawker par le côté est de la ville pour rejoindre Wilpena – 55 km direction nord – une étape sur la route des Flinders Range.

TEMPS FORT

## 7 Ikara-Flinders Ranges National Park

Parc parmi les plus populaires de l'État, **Ikara-Flinders Ranges National Park** (Ikara ; ☎08-8648 0048 ;www.parks.sa.gov.au ; via Wilpena Rd, Wilpena ; par véhicule 10 $ ; ⌚24h/24) est un vaste ensemble de gorges escarpées, de montagnes en dent de scie, de propriétés abandonnées et de sites aborigènes (Adnyamathanha), peuplé d'espèces endémiques et, après la pluie, couvert de fleurs sauvages de toutes les couleurs. Ne manquez pas le bassin naturel de 80 km² d'**Ikara (Wilpena Pound)** – une dépression bordée d'une lisière irrégulière (il ne s'agit pas d'un cratère de météorite !). Seule la navette du Wilpena Pound Resort permet d'y accéder, avec un arrêt à environ 1 km de l'ancienne **Hills Homestead**. De là, on peut grimper (500 m) au **Wangarra Lookout**. Pour entreprendre d'autres excursions, procurez-vous la brochure *Bushwalking in Flinders Ranges National Park*, au centre des visiteurs. Le **Wilpena Pound Resort** (☎08-8648 0004 ; www.wilpenapound.com.au ; Wilpena Rd, Wilpena ; empl sans/avec élec à partir de 14/35 $, permanent/tentes safari 90/320 $, motel d/qua 193/223 $ ; P ❄ 📶 🏊) et le Rawnsley Park Station (p. 305) organisent des vols panoramiques.

🍴 🛏 p. 305

**La route »** À Wilpena, roulez vers le nord sur une route goudronnée jusqu'à Blinman. La route est tortueuse sur 59 km, avec de beaux points de vue (attention à l'état de la route après de grosses pluies).

## 8 Blinman

À une heure environ au nord de Wilpena, Blinman (30 habitants) doit son existence à la découverte d'un filon de cuivre en 1859, suivie de la construction d'une fonderie en 1903. Lorsque le boom prit fin, 1 500 habitants quittèrent la ville. Blinman est la plus haute localité de l'État (à 610 m d'altitude). L'**Heritage Blinman Mine** (☎08-8648 4782 ; www.heritageblinmanmine.com.au ; Mine Rd, Blinman ; visites guidées adulte/enfant/famille 28/11/65 $ ; ⌚9h-16h30, ouverture réduite nov-mar), propose des visites guidées intéressantes et le **North Blinman Hotel** (☎08-8648 4867 ; www.blinmanhotel.com ; 1 Mine Rd, Blinman ; plats 20-28 $ ; ⌚12h-14h et 18h-20h) est parfait pour fêter la fin du voyage.

# Se restaurer et se loger

## Clare Valley 1

### Umbria — Italien $$

(☎08-8812 1718 ; www.facebook.com/umbriarestaurant ; 308b Main North Rd, Clare ; plats 19-29 $ ; ⏲12h-14h et 18h-22h mar-sam). Umbria ressemble à un restaurant italien chic de Melbourne, mais ne vous fiez pas aux pierres apparentes et à l'éclairage d'ambiance – ici, le repas ne vous ruinera pas. À la carte : des pâtes maison aux œufs de poules élevées en plein air de la Clare Valley et quelques plats de viande en saison.

### William Hunt's Retreat — B&B $$$

(☎0498 998 778 ; www.williamhuntsretreat.com.au ; 32 Leasingham St, Mintaro ; d/qua à partir de 225/395 $ ; P ❄). Aménagé dans un ancien atelier en pierre construit par William Hunt en 1856, ce B&B situé au bout de la rue principale de Mintaro, direction Auburn, dispose de 2 logements indépendants. Parterres de fleurs, baignoire sur pieds individuelle à l'extérieur, chauffage au bois, table avec plateau en ardoise de Mintaro dans la cour.

## Quorn 5

### Quorn Caravan Park — Caravaning $

(☎08-8648 6206 ; www.quorncaravanpark.com.au ; 8 Silo Rd, Quorn ; empl sans/avec élec 28/35 $, dort 40 $, van s/d 65/75 $, cabins 100-140 $, adulte/enfant suppl 20/15 $ ; P ❄). Ce park situé sur Pinkerton Creek met l'accent sur la réduction d'émissions de gaz à effet de serre et la restauration d'habitats traditionnels. Avec ses *cabins* impeccables, *cabins* pour routards (6 personnes), cuisine de campement, emplacements ombragés, réservoirs d'eau de pluie et... kangourous se délassant sous les eucalyptus. Réduction pour randonneurs et cyclistes.

## Hawker 6

### Flinders Food Co — Café $

(☎08-8648 4380 ; www.facebook.com/flindersfoodco ; 66 Elder Tce, Hawker ; plats 12-19 $ ; ⏲7h30-16h30 mar-sam, 7h30-15h dim). Installé dans un ancien salon de thé réhabilité, le Flinders sert burgers au kangourou, selles d'agneau grillées au *saltbush* (herbe aromatique locale), bagel au saumon fumé et pancakes aux graines d'acacia. Bons café, smoothies et milkshakes. Admirez les tortues de mer nageant dans leur bassin en sortant.

### Hawker Caravan Park — Camping-caravaning $

(☎08-8648 4006 ; www.hawkercaravanpark.com.au ; 44 Chace View Tce, Hawker ; empl sans/avec élec 30 $, empl avec sdb 45 $, cabins à partir de 105 $ ; P ❄ 📶 🏊). Au bout de la ville côté Wilpena, un superbe terrain de camping bien entretenu avec des emplacements gravillonnés et des *cabins* pour 6 personnes. Plus une piscine ! Un autre terrain au 12 Carpenter Rd est en activité entre avril et octobre (sans piscine). Très animé en hiver.

## Ikara-Flinders Ranges National Park 7

### Rawnsley Park Station — Resort, caravaning $$

(☎08-8648 0700 ; www.rawnsleypark.com.au ; Wilpena Rd, via Hawker ; empl sans/avec élec 27/38 $, auberge de jeunesse adulte/enfant 40/30 $, cabins/units/villas/maison à partir de 108/175/430/570 $ ; P ❄ 📶 🏊). Cette propriété située à 35 km de Hawker, au sud de l'Ikara-Flinders Ranges National Park, dispose d'hébergements variés – emplacement pour tente, éco-villa de luxe, maison indépendante, *cabins* ou dortoirs. Sur place : location de VTT (mountain bike ; demi-journée/journée 30/60 $), randonnées dans le bush, vols panoramiques et circuits en 4x4, plus l'excellent **Woolshed Restaurant** (plats 34-42 $ ; ⏲12h-14h mer-dim mars-nov, 18h-20h30 tlj).

# Territoire du Nord

**LE "TOP END", LE "RED CENTRE" OU TOUT SIMPLEMENT "LE TERRITOIRE" : QUEL QUE** soit le nom qu'on lui donne, le Territoire du Nord résonne comme un retour aux sources. De grands sites et emblèmes de l'Australie mythique sont présents ici : Uluru, Kata Tjuta, Kings Canyon, Katherine, Kakadu ou Litchfield... Et ce n'est qu'un début.

Comme on peut s'y attendre dans une région dominée par l'outback, les routes sont parfois totalement désertes. Elles s'étendent à perte de vue et certaines pistes du Nord sont impraticables durant la "Wet" (saison humide, de novembre à mars). Mais la récompense n'est jamais bien loin. Faites le plein de provisions et prenez la route pour découvrir cet extraordinaire territoire aux côtés de ceux qui l'habitent depuis des temps immémoriaux.

**Kings Canyon** Watarrka National Park
STANISLAV FOSENBAUER/SHUTTERSTOCK ©

# Territoire du Nord

**Devil's Marbles** Formations rocheuses au cœur du désert

Route Mythique 3 **D'Alice Springs à Adélaïde 7 jours**
Coupez par l'intérieur du pays en direction du sud, via Coober Pedy. (Voir p. 61)

Route Mythique 27 **Uluru et le Red Centre 10-14 jours**
Uluru, les monts Olgas, Kings Canyon et les MacDonnell Ranges. Tout est dit.

28 **D'Alice Springs à Darwin 5-7 jours**
Grand road trip, du désert aux tropiques.

29 **Darwin et le Kakadu 5-7 jours**
Cap sur le Kakadu, contrée sauvage comme nulle autre du nord de l'Australie.

30 **De Darwin à Daly River 5 jours**
Foulez l'autre parc national du Territoire : le merveilleux Litchfield.

## À NE PAS MANQUER

### Kings Canyon
Canyon géant qu'on aime tant admirer, arrêt incontournable de tout séjour dans le Red Centre. 27

### Devil's Marbles
Étranges et fascinantes, les "Billes du Diable" sont en bordure de la route au sud de Tennant Creek. 27

### Henbury Meteorite Craters
Splendeur de l'outback et impressionnants cratères, les cars de touristes en moins. 3

### Arnhemlander Cultural & Heritage Tour
Découvrez le nord du Kakadu et la Terre d'Arnhem à travers le regard d'un guide indigène. 28

### Tolmer Falls
L'une des cascades du Litchfield National Park les moins connues. 28

Route Mythique

27

# Uluru et le Red Centre

*Bienvenue dans le Centre Rouge de l'Australie. C'est ici qu'opère la magie de l'outback, avec des sites dont la majesté nous touche et nous dépasse : Uluru, Kata Tjuta (monts Olgas), Kings Canyon et les MacDonnell Ranges.*

## TEMPS FORTS

**10-14 JOURS**
**1 180 KM**

**PARFAIT POUR...**

**LE MEILLEUR MOMENT**

Températures plus douces d'avril à octobre. Très chaud de novembre et mars.

**LA PHOTO SOUVENIR**

Le coucher du soleil sur Uluru.

**AVENTURES AU GRAND AIR**

La Valley of the Winds : pour vous imprégner de l'âme de l'outback.

**Uluru** Roi incontesté du Red Centre

Route Mythique

# 27 Uluru et le Red Centre

Si vous ne devez faire qu'une seule incursion dans l'outback australien, c'est bien celle-ci. Uluru est un site merveilleux qui restera longtemps gravé dans votre mémoire. Non loin de là, les Kata Tjuta (monts Olgas) et Kings Canyon envoûtent littéralement le voyageur. La partie occidentale des MacDonnell Ranges renferme quant à elle l'essence même du "Centre Rouge" – terre rouge, roches ocres et vision spectrale des eucalyptus dans un paysage à haute charge spirituelle.

TEMPS FORT

## 1 Uluru (Ayers Rock)

Rien ne prépare réellement à la vue de ce titan de pierre, majestueux, immuable, à la couleur changeante. Faites d'abord halte au **Uluru-Kata Tjuta Cultural Centre** (☎08-8956 1128 ; www.parksaustralia.gov.au/uluru ; ⏲7h-18h), à 1 km en amont du site. Le rocher fait 3,6 km de long et atteint 348 m de haut (à 867 m d'altitude) dans un paysage de brousse sablonneuse. De plus près, on voit que la surface est couverte de nombreux sites sacrés chers aux Anangu, les gardiens traditionnels, et que le rocher est tout sauf lisse. Dans l'après-midi, Uluru se pare d'un manteau d'ocre creusé d'ombres par endroits. Le soleil couchant lui donne la couleur du feu, jusqu'à ce qu'il devienne progressivement noir. Le chemin chromatique se fait en sens inverse à l'aube, devant un peu moins de spectateurs. À faire sur place : balades à pied, vélo, circuits commentés ou contemplation d'un Uluru qui paraît bien vivant pour un "simple" monolithe. L'ascension du rocher est interdite depuis octobre 2019.

p. 320

**La route »** La route entre Uluru et les Kata Tjuta (40 km) est bitumée, tout comme les 20 km qui séparent Uluru et Yulara (qui regroupe les hébergements pour ces deux sites). Il n'y a pas d'autres routes : impossible de se perdre.

TEMPS FORT

## 2 Kata Tjuta (monts Olgas)

Les Kata Tjuta, un extraordinaire groupe de rochers arrondis, à 35 km à l'ouest d'Uluru, font partie de l'**Uluru-Kata Tjuta National Park** (www.parksaustralia.gov.au/uluru ; pass 3 jours adulte/enfant/famille 25/12,50/65 $ ; ⏲lever-coucher du soleil). Pour nombre de visiteurs, ces 36 rochers dressés côte à côte, formant des vallées profondes et des gorges abruptes, sont encore plus fascinants que leur imposant voisin. Le plus haut d'entre eux, le **Mt Olga** (546 m, à 1 066 m d'altitude), dépasse Uluru d'environ 200 m. Les Kata Tjuta ("nombreuses têtes") revêtent une importance majeure dans le tjukurpa (ensemble des droits et coutumes aborigènes), notamment pour les hommes : veillez à ne pas vous écarter des sentiers. La boucle de la **Valley**

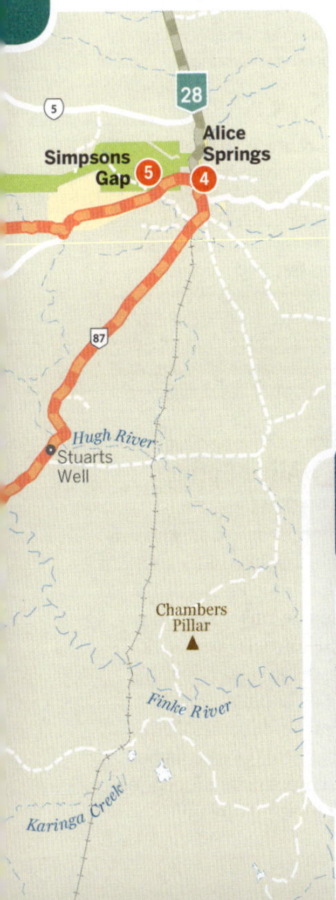


### À COMBINER AVEC

**28 D'Alice Springs à Darwin**

Alice Springs est la 4e halte sur l'itinéraire "Uluru et le Red Centre", mais aussi le point de départ du road trip jusqu'à Darwin (1 493 km).

**3 D'Alice Springs à Adélaïde**

À Alice Springs, il est également possible de partir vers le sud direction Adélaïde (1 500 km).

**of the Winds** (7,4 km, 2 à 4 heures) serpente au pied de ces dômes fériques. Le sentier, balisé, offre une belle vue et mène à l'impressionnante **Walpa Gorge** (2,6 km aller-retour, 45 min) – à voir notamment l'après-midi. Les Kata Tjuta sont à admirer à l'heure du coucher du soleil.

**La route »** Depuis les Kata Tjuta, revenez à Uluru (40 km) puis allez jusqu'à Yulara (20 km). Le vrai road trip commence ici. La Lasseter Hwy part vers l'est : guettez le Mt Conner (350 m), la grande *mesa* (montagne en plateau), vers le sud. À 137 km de Yulara, prenez la direction du Kings Canyon, à 169 km de l'intersection.

TEMPS FORT

## ③ Kings Canyon

Le gouffre béant de Kings Canyon, dans le Watarrka National Park, fait partie des temps forts d'un voyage dans le Red Centre. N'hésitez pas à marcher un peu pour admirer la vue depuis la **Kings Canyon Rim Walk** (boucle de 6 km, 4 heures ; démarrer avant 9h les jours de forte chaleur). Après une montée rapide mais raide (l'unique section ardue du sentier), le chemin longe le bord du canyon avant de descendre par un escalier en bois au **Garden of Eden** (jardin d'Éden), une poche luxuriante de fougères et de cycadales préhistoriques autour d'un paisible bassin. Il serpente ensuite entre des dômes gigantesques : des affleurements en grès travaillés par l'érosion qui, selon la légende du Temps du Rêve des Luritja, représentent les hommes Kuniya. Il est aussi possible de survoler le canyon en hélicoptère avec **Professional Helicopter Services** (PHS ; ☎08-8956 2003 ; www.phs.com.au ; vol 8/15/30 min 95/150/285 $/pers) ou **Kings Creek Helicopters** (☎08-8956 7474 ; northernterritory.com/tours/kings-creek-helicopters ; vol 60-460 $/pers).

p. 320

**La route »** En 4x4, on accède rapidement à Hermannsburg. Il faut sinon rebrousser chemin sur 169 km jusqu'à la Lasseter Hwy, rouler sur 108 km vers l'est, en direction de la Stuart Hwy, puis 200 km vers le nord et, enfin, vers le nord-est jusqu'à Alice Springs – une longue journée de voyage, mais avec de très beaux paysages.

## ④ Alice Springs

Alice Springs, à mi-chemin de l'itinéraire, est à la fois une ville-frontière chaotique et un haut lieu de l'art aborigène. Elle offre l'occasion de se débarrasser du sable et de la poussière, de dormir dans des draps bien frais et d'échapper à l'immensité désertique le temps d'une nuit.

### LA ROUTE DU CENTRE ROUGE

La Red Centre Way est un itinéraire alternatif entre Alice Springs et Uluru. La route fait une "boucle intérieure" qui passe par la Namatjira Dr et la Larapinta Dr, ainsi que par la cahoteuse Mereenie Loop Rd, le raccourci jusqu'à Kings Canyon. Cette route poussiéreuse et en mauvais état ne s'emprunte pas à la légère ; les agences de location de voitures en interdisent l'accès à leurs véhicules ordinaires. Préférez un véhicule à garde haute (4x4).

Pour cet itinéraire, qui traverse des terres aborigènes, vous aurez besoin d'un pass (5 $), valable une journée. Celui-ci pourra vous être délivré sur-le-champ (habituellement le jour du voyage) au centre d'accueil des visiteurs d'Alice Springs, au Glen Helen Resort, au Kings Canyon Resort ou encore à la station-service de Hermannsburg. On vous remettra également une brochure sur la culture aborigène locale ainsi qu'un plan.

## VAUT LE DÉTOUR
## FINKE GORGE NATIONAL PARK

**Point de départ : ⑩ Hermannsburg**

On se croirait au commencement du monde dans ce parc national au sud de Hermannsburg. Il ne se parcourt qu'en 4x4 : rien d'étonnant pour une réserve comptant parmi les plus reculées du centre du pays. Si le Finke Gorge National Park est un écrin, **Palm Valley** est son diamant – se distinguant par des palmiers-choux rouges uniques au monde. Parmi les chemins de randonnée figurent l'**Arankaia Walk** (boucle de 2 km, 1 heure), qui traverse la vallée et revient sur le plateau de grès, la **Mpulungkinya Track** (boucle de 5 km, 2 heures), qui descend dans la gorge avant de rejoindre l'Arankaia Walk et la **Mpaara Track** (boucle de 5 km, 2 heures), qui vous conduit à la Finke River, à Palm Bend et à un amphithéâtre naturel.

On accède au parc par le lit sablonneux de la Finke River et des pistes rocailleuses : un 4x4 à garde au sol élevée est indispensable.

Pour optimiser votre visite, passez à l'**Araluen Cultural Precinct** (☎08-8951 1122 ; www.dtc.nt.gov.au/arts-and-museums ; angle Larapinta Drive et Memorial Avenue), cœur culturel d'Alice Springs.

✕ 🛏 p. 321

**La route »** Le Simpsons Gap est indiqué sur votre droite (nord) à 22 km d'Alice Springs.

### ⑤ Simpsons Gap

À 8 km en retrait de Larapinta Dr, le long d'une route bitumée, se cache l'un des plus jolis sites des MacDonnell Ranges occidentales. On peut y observer la faune sauvage au milieu des falaises rouges surplombant la rivière, aux rives plantées d'eucalyptus. Des bassins naturels se sont formés aux endroits où le canyon rétrécit. Le wallaby des rochers (ou pétrogale) est l'hôte des lieux.

**La route »** Revenez sur la route principale et poursuivez jusqu'à la fourche : prenez Namatjira Dr à droite. L'Ellery Creek Big Hole est à 51 km de là (91 km d'Alice Springs).

### ⑥ Ellery Creek Big Hole

L'Ellery Creek Big Hole, à 91 km d'Alice Springs, est un grand trou d'eau, le charme en plus. On se félicite de sa présence les jours de forte chaleur (son eau est généralement très froide), mais la prudence reste de mise – une noyade y est survenue en décembre 2016. Avec un peu de chance, vous verrez un dingo venir s'y abreuver.

**La route »** Environ 11 km plus loin, une piste de graviers mène à l'étroite Serpentine Gorge, avec sa roche ocre, son trou d'eau, son point de vue et ses anciennes cycadales. La terre des Ochre Pits, qui bordent un cours d'eau asséché à 11 km à l'ouest de la Serpentine, était jadis utilisée comme pigment pour les Aborigènes. Ormiston Gorge, indiquée non loin de la route goudronnée, est à 25 km.

TEMPS FORT

### ⑦ Ormiston Gorge

Faille la plus impressionnante des MacDonnell Ranges occidentales, Ormiston Gorge encadre un trou d'eau bordé d'eucalyptus, l'Ormiston Pound. C'est un paradis pour la faune, entre pentes couvertes de spinifex et bosquets de mulgas. Plusieurs sentiers, dont l'un mène au **Ghost Gum Lookout** (20 min), permet d'admirer le site en contrebas, incluant la très agréable **Pound Walk** (3 heures, 7,5 km). Centre d'accueil des visiteurs et café sur place... et une vraie sérénité une fois les bus touristiques repartis.

# Route Mythique

TOURISM NT/JASON VAN MIERT ©

MMARTIN/SHUTTERSTOCK ©

## POURQUOI EST-CE UNE ROUTE MYTHIQUE ?

PAR ANTHONY HAM, AUTEUR

**Suivre cet itinéraire, c'est ne faire qu'un avec la fascination de l'outback et ses immuables symboles : Uluru, Kata Tjuta, Kings Canyon, les "West Macs" (MacDonnell Ranges occidentales)... et une ville portant le nom d'Alice. Un itinéraire classique, inévitable presque, mais avec lequel il est impossible de ne pas tomber amoureux lorsque, comme moi, on adore se laisser bercer par le chant silencieux du désert et l'appel des routes solitaires sans fin.**

Ci-dessus : Kata Tjuta
À gauche : Kings Canyon
À droite : Ormiston Gorge

SHU BA/SHUTTERSTOCK ©

**La route »** L'intersection pour la Glen Helen Gorge est 2 km après Ormiston Gorge.

## 8 Glen Helen Gorge

**Glen Helen Gorge**, où la Finke River traverse les MacDonnell Ranges, est l'un des rares endroits de la région disposant d'un autre type d'hébergement que le camping : le Glen Helen Resort (p. 321), avec restaurant sur place. Baladez-vous dans la gorge, moins belle que celle d'Ormiston, mais assez spectaculaire. À 1 km de là, contemplez le **Mt Sonder** (1 380 m) depuis un beau **point de vue**. Le Sonder, l'un des points culminants de la chaîne des MacDonnell, retient particulièrement le regard au lever et au coucher du soleil.

p. 321

**La route »** Si vous continuez sur 25 km après Glen Helen, vous atteindrez l'intersection (en 4x4 uniquement) menant à Redbank Gorge, véritable explosion de couleurs aux allures de cathédrale. Le Tyler Pass Lookout est clairement indiqué avant que la route ne descende vers le sud-ouest.

## 9 Tyler Pass Lookout

Quoi de plus romantique qu'un belvédère d'où contempler l'infini ? Savoir qu'au-delà de ce lieu le désert s'étend sur des milliers de kilomètres a de quoi produire un délicieux vertige. Le Tyler Pass Lookout offre une vue sans égale sur Tnorala (Gosses Bluff), souvenir d'une comète géante. Mais c'est surtout ce sentiment d'être arrivé au bout du chemin, au bout du monde même, qui marque le voyageur.

**La route »** La route qui longe les MacDonnell Ranges occidentales est désormais bitumée : les voitures peuvent suivre la boucle revenant à Alice Springs via Hermannsburg.

## 10 Hermannsburg

La communauté aborigène de Hermannsburg (Ntaria), à environ 125 km d'Alice Springs, fut le berceau de l'artiste Albert Namatjira et le site de la **mission de Hermannsburg** (☎08-8956 7402 ; www.hermannsburg.com.au ; adulte/enfant 12 $/gratuit ; 9h-17h), dont les murs blanchis à la chaux bénéficient de l'ombre des eucalyptus et dattiers. Ce site remarquable à la mémoire des premiers missionnaires luthériens du Territoire regroupe une école, une église et plusieurs bâtiments. L'ancienne “Manse” (presbytère) abrite une galerie d'art, une exposition sur la vie et l'époque d'Albert Namatjira, ainsi que les œuvres de 39 artistes du cru. La **maison de Namatjira** est à la sortie ouest du village.

KEITMA/SHUTTERSTOCK ©

**Hermannsburg** Ancienne mission

# Se restaurer et se loger

## Uluru (Ayers Rock) 1

**Tali Wiru** Australien $$$
(☎02-8296 8010 ; www.ayersrockresort.com.au/tali-wiru ; 360 $/pers ; ⊙avr à mi-oct). Raffinement dans un paysage à l'état brut avec Tali Wiru, où on dîne en extérieur. D'avril à mi-octobre, les convives dégustent un repas (4 plats et boissons) au sommet d'une dune face à la beauté intemporelle d'Uluru. Un conteur indigène fait vivre l'esprit des lieux. Réservez en ligne ou auprès du **Tour & Information Centre** (☎08-8957 7324 ; Resort Shopping Centre ; ⊙8h-19h) à Yulara.

**Outback Pioneer Barbecue** Gril $$
(Outback Pioneer Hotel & Lodge ; burgers 20 $, viandes 35 $, bar à salades 20 $ ; ⊙18h-21h). Pour une soirée animée et en toute décontraction, les jeunes globe-trotters comme les voyageurs seniors viennent ici. Brochettes de kangourou, crevettes, burgers végétariens, saucisses d'émeu : faites votre choix et cuisinez-les vous-mêmes sur le barbecue partagé. Également, un bar à salades.

**Ayers Rock Resort Campground** Camping $
(☎08-8957 7001 ; www.ayersrockresort.com.au/arrcamp ; sur Yulara Dr ; empl avec/sans élec 53/43 $, cabins 184 $ ; ❄@≋). Imbattable sur le prix, ce grand camping aménagé dans un emplacement planté de chênes du désert comporte des restaurants, un supermarché, un point info touristique, une piscine... Il y a foule en haute saison et le départ des bus pour Uluru pourrait vous réveiller avant l'heure.

**Desert Gardens Hotel** Hôtel $$$
(☎1300 134 044 ; www.ayersrockresort.com.au ; Yulara Dr ; ch à partir de 360 $ ; ❄wifi≋). Ce 4-étoiles est l'un des établissements établis de longue date à Yulara. Grand confort, déco minimaliste à la scandinave. Certaines chambres ont une vue partielle, ou lointaine, sur Uluru (supplément à débourser). Tarifs fortement dégressifs en fonction du nombre de nuitées.

## Kings Canyon 3

**Under the Desert Moon** Australien $$$
(☎08-8956 7442 ; www.kingscanyonresort.com.au ; sur Luritja Rd, Kings Canyon Resort ; 159 $/pers ; ⊙18h lun, mer, ven et sam avr-oct). Dînez à la belle étoile autour d'un feu de camp, façon grand luxe. Formule complète (5 plats) pour prolonger l'instant sur 3 à 4 heures. Un peu moins magique que son équivalent à Yulara près d'Uluru, mais on y passe une excellente soirée.

**Kings Creek Station** Camping $$
(☎08-8956 7474 ; www.kingscreekstation.com.au ; Luritja Rd ; empl avec/sans élec 2 pers 50/40 $, cabin safari s/d avec petit-déj 125/202 $, tente safari luxe tout compris 1 100 $ ; @≋). Situé 36 km avant le canyon, ce camping tenu par une famille permet de passer la nuit dans le bush parmi les chênes du désert. *Cabins* confortables esprit safari (toile de tente et sol en dur) avec espaces communs et barbecue partagé. La version "glamping" (camping de luxe) est la meilleure de la région dans sa catégorie.

### Kings Canyon Resort — Resort $$$

(1800 837 168, 08-8956 7442 ; www.kingscanyonresort.com.au ; Luritja Rd ; empl avec/sans élec 54/44 $, dort 47 $, d 310-500 $ ; ). À seulement 10 km du canyon, ce *resort* bien conçu propose divers types d'hébergements, du camping sur l'herbe avec piscine aux chambres deluxe donnant sur le bush. Diverses possibilités de restauration, avec un bistrot, un bar (le Thirsty Dingo) et un espace barbecue en plein air pour les amateurs de viande et de musique live.

## Alice Springs 4

### Kungkas Cafe — Café $

(08-8952 3102 ; boutique 17, Diarama Village, Larapinta Dr ; en-cas et repas sur le pouce à partir de 10 $ ; 7h30-15h lun-ven). Un petit vent de nouveauté souffle ici : ce café aborigène propose de bons plats, mais surtout des en-cas issus de cueillettes dans le bush (tomate, myrte citronnée...). Petits plaisirs à rapporter à la maison : mélange de graines (atriplex ou acacia), chutney de tomates du bush ou de quandong (pêche du désert).

### Montes — Australien $$

(08-8952 4336 ; www.montes.net.au ; angle Stott Tce et Todd St ; plats 13-28 $ ; 14h-2h mer-dim ; ). À mi-chemin entre le cabaret du désert et la chambre chez l'habitant, le Montes propose des soirées musique, quiz et animations. Côté carte : burgers gourmets, pizzas, tapas, curries ou fruits de mer. Installez-vous dans le beer garden (chauffé lorsque la nuit du désert se fait frisquette) ou à l'intérieur.

### Desert Rose Inn — Auberge de jeunesse $

(08-8952 1411 ; www.desertroseinn.com.au ; 15 Railway Tce ; ch 55-95 $ ; ). Cette rose du désert jouit d'un emplacement central dans la ville. Impeccablement tenu et bonne solution si on veut éviter les auberges habituelles. Les chambres d'entrée de gamme sont pour 2 personnes, avec des lits (non superposés) et une douche. Chambres avec lits doubles également, frigo, TV, et chambres de motel avec vraie sdb.

## Glen Helen Gorge 8

### Glen Helen Resort — Hôtel $

(1300 269 822, 08-8956 7489 ; www.glenhelenlodge.com.au ; Namatjira Dr ; empl avec/sans élec 30/24 $, d avec/sans petit-déj 240/195 $ ; ). Tout à l'ouest du West MacDonnell Ranges National Park, un *resort* très apprécié, notamment pour sa terrasse face aux falaises rougeoyantes de la gorge en soirée. Restaurant-pub animé aux assiettes généreuses (plats 25-35 $) de viande ou *parma* (poulet pané, fromage et sauce tomate) avec musique live certains week-ends.

### Redbank Woodland Bush Camping Area — Camping $

(Redbank Gorge Rd ; adulte/enfant/famille 5/2,50/12,50 $). Petite quinzaine d'emplacements (et trois pour les bus), ce camping de bush dispose de beaucoup d'espace mais de peu d'ombre. Les caravanes s'installent le plus souvent sur le promontoire près de la gorge, ce qui obstrue la vue pour les autres – dommage.

# D'Alice Springs à Darwin

*Partez pour une grande aventure au cœur de l'Australie, d'Alice Springs à Darwin, en reliant l'emblématique Red Centre au Territoire du Nord.*

## TEMPS FORTS

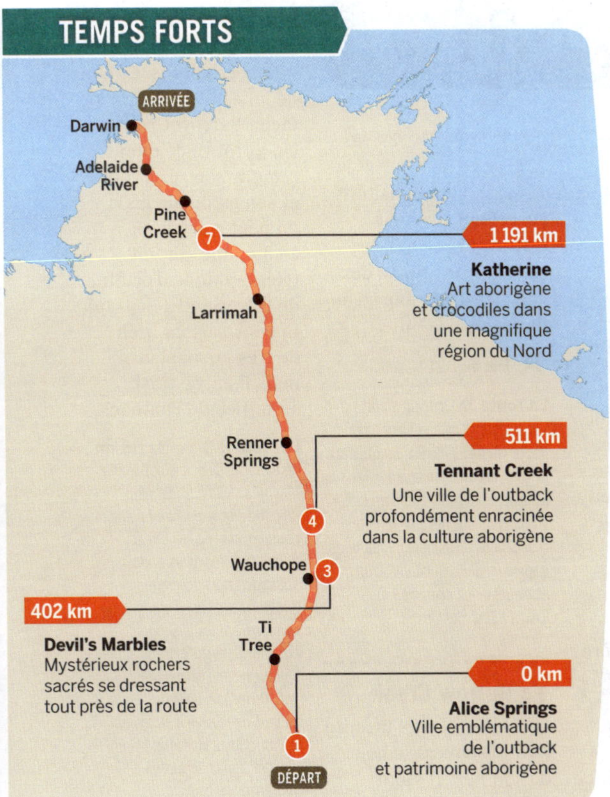


**5-7 JOURS**
**1 493 KM**

### PARFAIT POUR...

### LE MEILLEUR MOMENT

D'avril à octobre – le reste de l'année, il est difficile de voyager durant la saison des pluies dans le Nord.

### LA PHOTO SOUVENIR

Les Devil's Marbles au lever du soleil, la beauté à l'état pur.

### AVENTURES AU GRAND AIR

Au cœur des gorges de Nitmiluk, près de Katherine, en bateau.

**Devil's Marbles** Blocs de granit bordant la Stuart Hwy

# 28 D'Alice Springs à Darwin

La majesté de l'outback transcende la monotonie de cette longue traversée du désert. Au départ d'Alice Springs, l'air est sec et les jeux de lumière font chatoyer les jaunes et les rouges, puis laissent place au vert à mesure que l'on progresse vers le nord. Arrivé à Katherine, changement de décor : l'outback se met à l'heure des tropiques. Puis la nature se fait plus luxuriante encore. Pas de doute, vous êtes arrivé à Darwin.

TEMPS FORT

## 1 Alice Springs

Alice Springs est une ville singulière qui semble abandonnée en plein cœur de l'outback. Les impressionnantes MacDonnell Ranges s'étendent à l'est et à l'ouest du centre-ville, et il ne faut pas rouler longtemps avant de se trouver au beau milieu de gorges rougeoyantes, de collines aux tons pastel et d'eucalyptus aux airs fantomatiques. Mais Alice Springs doit aussi son caractère à sa population aborigène. Partez à sa découverte grâce aux excursions menées par **Emu Run Experience** (☎1800 687 220, 08-8953 7057 ; www.emurun.com.au ; 72 Todd St) et en visitant l'excellent Araluen Cultural Precinct (p. 315). On trouve des galeries d'art aborigène dans toute la ville.

p. 321

**La route »** Un long trajet vous attend, mieux vaut donc partir au petit matin. En quittant la ville, admirez la vue sur les MacDonnell puis faites chauffer vos pneus sur les 135 km d'asphalte poussiéreux qui vous séparent de la petite Aileron et poursuivez sur 149 km jusqu'à Barrow Creek.

## 2 Barrow Creek

Dans l'outback, l'insolite pointe souvent le bout de son nez. Il s'agit parfois de personnes, parfois de lieux. La plupart du temps, c'est plutôt la somme des deux, et aussi des voyageurs qui passent par là. Ainsi se présente le **Barrow Creek Hotel** (☎08-8956 9753 ; Stuart Hwy ; empl avec élec 26 $, s/d 70/90 $), pub et relais routier. À l'instar des tondeurs de mouton d'autrefois qui y épinglaient un billet aux murs afin d'être sûrs de pouvoir se payer un verre durant leur prochain passage, les visiteurs d'aujourd'hui continuent d'y laisser billets et photos. Ce sont de jolies tranches de vie façon Barrow Creek ! On y trouve de quoi remplir son réservoir et son estomac, mais on peut voir aussi, à côté, une station télégraphique d'origine de l'Overland Telegraph Line. À part ça, rien de très mirobolant, mais il en va ainsi au milieu de l'outback.

**La route »** Comptez 118 km de Barrow Creek aux Devil's Marbles. Au Wycliffe Well Roadhouse & Holiday Park, vous trouverez essence et nourriture, mais aussi quelques doux dingues guettant les OVNI qui passeraient ici avec une étonnante régularité. À Wauchope (prononez "war-kup"), à 10 km au sud des Devil's Marbles, le Wauchope Hotel est bien tenu et son restaurant ne démérite pas.

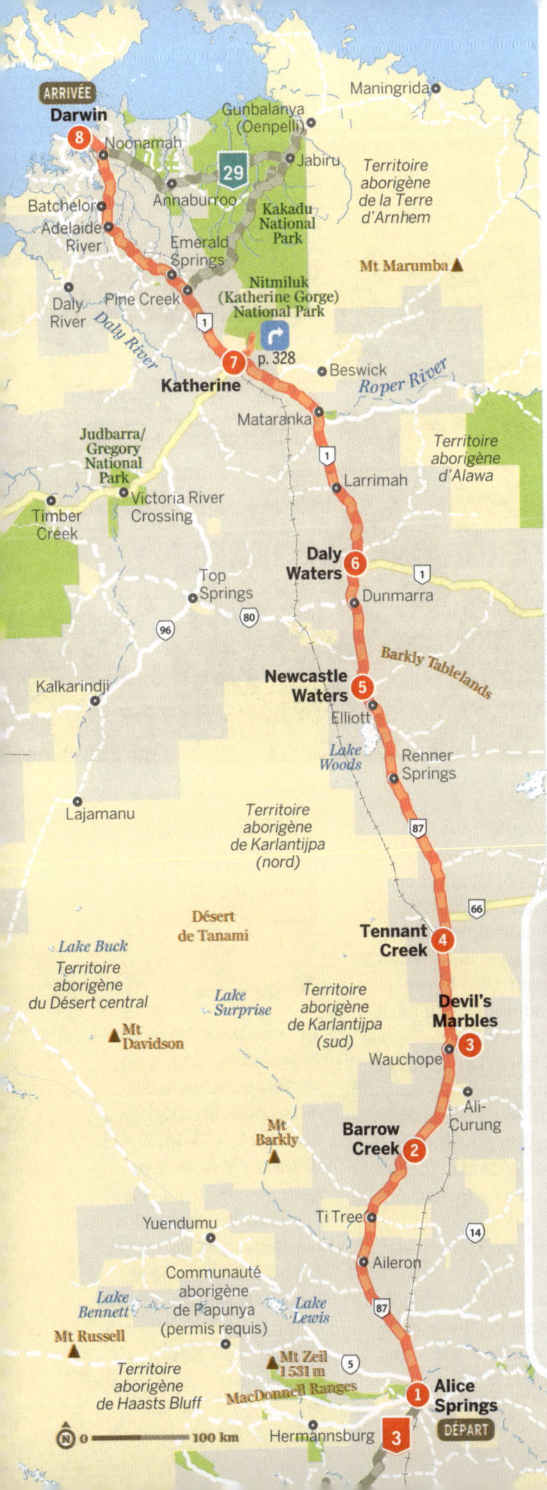


TEMPS FORT

### 3 Devil's Marbles

Ces gigantesques blocs de granit qui semblent tenir en équilibre précaire se trouvent au bord de la Stuart Hwy, à 105 km au sud de Tennant Creek. Celles qu'on appelle les "Billes du Diable" (Karlu Karlu en warumungu) offrent un spectacle assez inusité. Les Marbles sont un site sacré pour les gardiens traditionnels de la région. D'après la légende du Temps du Rêve, il s'agirait des œufs du Serpent arc-en-ciel. De fait, les grandes variations de température font subir à la roche un cycle de dilatation et de rétractation constant sur une même journée, d'où les larges fissures apparentes. Cinq sentiers

## À COMBINER AVEC

### 3 D'Alice Springs à Adélaïde

Plutôt que d'aller vers le nord, prenez la direction du sud. Possible uniquement si vous partez de Darwin.

### 29 Darwin et le Kakadu

Après quelques jours de repos à Darwin, reprenez le fil de votre périple jusqu'au fascinant Kakadu.

balisés permettent d'arpenter le site, de la Karlu Karlu Walk (400 m, 20 min) au départ de l'aire d'accueil à la Nurrku Walk (4 km, 1 heure 30), pour échapper à la foule. Si vous n'avez le temps d'en faire qu'une, choisissez la Mayijangu Walk (800 m, 30 min), qui part de l'aire d'accueil au camping, avec un détour de 350 m possible, pour rejoindre le point de vue de Nyanjiki. Suivez scrupuleusement le balisage et ne grimpez surtout pas sur les rochers, par respect pour les traditions locales.

ALEX CIMBAL/SHUTTERSTOCK ©

**La route »** À moins d'avoir fait halte pour la nuit, les 105 km restants pour rejoindre Tennant Creek, à 511 km au nord d'Alice Springs, peuvent paraître interminables. L'arrivée à Tennant Creek tombe à point.

TEMPS FORT

## 4 Tennant Creek

Tennant Creek est l'unique bourgade sur la route entre Katherine, à 680 km au nord, et Alice Springs, à 511 km au sud. Il n'y avait que 2 991 habitants lors du dernier recensement. Par bonheur, on y trouve un peu plus que du carburant, qu'une bonne table et que des draps propres. L'innovant **Nyinkka Nyunyu** (www.nyinkkanyunyu.com.au ; Paterson St) a réouvert et vous en apprendra davantage sur l'art et la culture des Warumungu, qui représentent la moitié des habitants de Jurnkurakurr (le nom aborigène de Tennant Creek). Découvrez la nourriture du bush et les mythes du Temps du Rêve (Dreaming) en compagnie de votre guide individuel. Ne manquez pas non plus **Battery Hill Mining Centre** (☎08-8962 1281 ; www.barklytourism.com.au ; Peko Rd ; adulte/enfant 30/16 $, pass avec musées 36/21 $ ; 🕘9h-17h). Pour vous imprégner de l'esprit des lieux, rien ne vaut une balade à cheval de 2 heures avec Jerry Kelly, d'origine aborigène, au **Kelly's Ranch** (☎08-8962 2045 ; 5 Fazaldeen Rd ; rando/cours 150/50 $/pers).

✕ 🛏 p. 329

**La route »** À 26 km au nord de Tennant Creek, vous trouverez les Three Ways, intersection de Stuart Hwy et Barkly Hwy. Banka Banka, à 100 km au nord de Tennant Creek, abrite un bar aux briques d'argile tandis que Renner Springs constitue la frontière informelle entre le Top End humide et le Red Centre aride. On y trouve un relais routier correct. Newcastle Waters est à quelques kilomètres en retrait de la route.

**Alice Springs** Dans l'écrin montagneux des MacDonnell Ranges

### 5 Newcastle Waters

Certaines petites villes de l'outback ont une existence précaire, et le fil peut être ténu entre survie et abandon. La plupart finissent par s'en sortir, mais **Newcastle Waters** (en retrait de Stuart Hwy) n'a pas eu cette chance. Cette ville fantôme accueillait autrefois les exploitants et leurs bêtes durant la transhumance (et elle reste encore aujourd'hui un important centre d'élevage de bétail), un rôle dont l'arrivée de la route et du chemin de fer eut raison au cours des années 1960. Ses vieux bâtiments en bois et en tôle témoignent d'une époque révolue, à l'image du Junction Hotel, bâti avec les pierres de moulins abandonnés en 1932.

**La route »** Les 132 km qui séparent Newcastle Waters et Daly Waters sont désertiques. Juste avant Daly Waters, la Carpentaria Hwy (bitumée) bifurque vers l'est, à destination du golfe de Carpentarie, à Eadangula, 376 km plus loin. Daly Waters est située quelques kilomètres en retrait de la Stuart Hwy.

### 6 Daly Waters

Si la plupart des bourgades de l'outback ont connu jadis leur heure de gloire, Daly Waters, à 3 km de la sortie d'autoroute, n'échappe pas à la règle. Haut lieu des débuts de l'aviation, c'est ici que se posa Amy Johnson après son vol épique entre l'Angleterre et l'Australie en 1930. Le célèbre Daly Waters Pub (p. 329), orné de cartes de visite, billets et autres souvenirs des voyageurs, agit comme un aimant. Il serait le plus vieux pub du Territoire (depuis 1893).

p. 329

## VAUT LE DÉTOUR
## NITMILUK (KATHERINE GORGE) NATIONAL PARK

**Point de départ : 7 Katherine**

La spectaculaire **Nitmiluk (Katherine) Gorge** est l'épine dorsale du **Nitmiluk (Katherine Gorge) National Park** (Katherine Gorge National Park ; ☎08-8972 1253, 08-8972 1886 ; www.nt.gov.au/leisure/parks-reserves), quelque 2 920 km² de nature à environ 30 km de Katherine. Une série de 13 **gorges**, creusées dans le grès par la **Katherine River**, coule de la Terre d'Arnhem à la mer de Timor. C'est un paysage splendide – malgré l'affluence en haute saison – à ne pas manquer. Durant la Dry (saison sèche), la rivière, calme, est idéale pour le canotage. Pendant la Wet (saison humide), le débit de l'eau et des rapides augmente de façon considérable. Prévoyez au moins une journée en canoë ou en bateau sur la rivière, avec une randonnée dans le bush. Ce territoire est celui des Jawoyn, qui gèrent le Nitmiluk en association avec Parks & Wildlife. **Nitmiluk Tours** (☎1300 146 743, 08-8972 1253 ; www.nitmiluktours.com.au ; centre d'accueil des visiteurs de Nitmiluk) s'occupe des hébergements, croisières et activités au sein du parc.

**La route »** Direction le nord sur la Stuart Hwy pour arriver, 160 km plus loin, à Mataranka. En cours de route, ne manquez pas la modeste Larrimah où on peut boire le thé du Devonshire avec une part de tourte au dromadaire ou au buffle au Pink Panther (Larrimah) Hotel. Au bout du chemin, les tropiques !

TEMPS FORT

### 7 Katherine

Katherine doit sa réputation, pour une bonne part, au Nitmiluk (Katherine Gorge) National Park, à l'est. Les hébergements y sont nombreux, tout comme les occasions de vous frotter à la nature et à la culture aborigène de la région. En journée, allez à la rencontre de l'art indigène florissant au **Top Didj Cultural Experience & Art Gallery** (☎08-8971 2751 ; www.topdidj.com ; angle Gorge Rd et Jaensch Rd ; expérience culturelle adulte/enfant 75/47 $ ; ⏲9h30 et 14h30 mai-oct) et observez des artistes au travail à l'épatant **Godinymayin Yijard Rivers Arts & Culture Centre** (☎08-8972 3751 ; www.gyracc.org.au ; Stuart Hwy, Katherine East ; ⏲10h-17h mar-ven, 10h-15h sam), mais aussi au **Mimi Aboriginal Art & Craft** (☎08-8971 0036 ; www.facebook.com/mimiaboriginalart ; 6 Pearce St ; ⏲8h30-16h30 lun-ven), tenu par des Aborigènes. Au coucher du soleil, place aux légendes du Temps du Rêve et à la cuisine du bush au Marksie's Camp Tucker (p. 329).

p. 329

**La route »** La route n'est plus très longue à ce stade, du moins pas à l'échelle de l'outback. Sur les 314 km (très humides) qui mènent à Darwin, repérez les noms de Pine Creek et Adelaide River. Bientôt, Darwin la citadine vous fera rêver d'horizon sans fin au cœur de l'outback.

### 8 Darwin

Unique capitale tropicale d'Australie, Darwin fait face à la mer de Timor. Elle est plus proche de Bali que de Bondi Beach, d'où cette impression d'être très loin du reste du pays. Centres d'art aborigène, intéressants musées, marchés et bonnes tables n'y manquent cependant pas.

p. 329, p. 337

# Se restaurer et se loger

## Tennant Creek 4

### Tennant Creek Memorial Club — Australien $$

(☎08-8962 2688 ; www.tennantcreekmemorialclub.com/dining ; 48 Schmidt St ; plats 16-32 $ ; 12h-14h et 18h-21h). Dans une ville où la cuisine laisse à désirer, le Memorial a le mérite d'être fiable (à défaut d'être réellement original). Meilleure adresse pour le déjeuner, avec du poisson (barramundi), des burgers et autres plats de viande, des pâtes, du *chicken parma* (poulet à la parmesane)... L'accueil est très sympa et une navette vous reconduit à votre hôtel.

### Outback Caravan Park — Camping $

(☎08-8962 2459 ; www.outbacktennantcreek.com.au ; 71 Peko Rd ; empl avec/sans élec 39/32 $, cabins 109-169 $ ; P ❄ wifi). Ce camping-caravaning arboré apporte une ombre bienvenue sous le soleil de plomb. Situé à environ 1 km à l'est du centre, il dispose d'une supérette, d'une cuisine de camping et d'essence. Le conteur Jimmy Hooker pourra même vous faire l'honneur d'un peu de poésie et de nourriture du bush à 19h30 (10 $).

## Daly Waters 6

### Daly Waters Pub — Caravaning $

(☎08-8975 9927 ; www.dalywaterspub.com ; empl avec/sans élec 32/20 $, d 75-129 $, cabins 135-175 $ ; ❄). Près du pub, un camping poussiéreux avec un peu d'ombre. Réservez ou arrivez assez tôt si vous souhaitez un emplacement avec électricité.

## Katherine 7

### Marksie's Camp Tucker — Australien $$$

(☎0427 112 806 ; www.marksiescamptucker.com.au ; 363 Gorge Rd ; adulte/enfant 80/40 $, Stockman's Camp 50/25 $ ; 19h avr-sept). Geoff Mark (Marksie) reproduit un campement d'éleveurs bovin, à 7 km de la ville. C'est l'occasion de passer une bonne soirée en compagnie d'un excellent cuisinier et conteur hors pair. Au menu 3 plats, vous aurez le choix notamment entre crocodile, barramundi sauvage, dromadaire, buffle ou kangourou, cuits dans des fours en plein air avec des épices du bush. Réservation nécessaire.

### Knott's Crossing Resort — Motel $$

(☎08-8972 2511 ; www.knottscrossing.com.au ; angle Cameron St et Giles St ; empl avec/sans élec 48/30 $, ch 130-180 $ ; ❄ @ wifi). Le meilleur choix pour un séjour en ville. Emplacements et chambres pour tous les budgets et bon **restaurant** (plats 25-42 $ ; 18h-21h) ; service professionnel. Le jardin tropical n'est pas très grand, mais vous trouverez bien un petit coin où vous installer.

## Darwin 8

### Aboriginal Bush Traders Cafe — Café, australien $

(☎09-8942 4023 ; www.aboriginalbushtraders.com ; angle Esplanade et Knuckey St ; plats et repas sur le pouce 9-17,50 $ ; 7h30-15h lun-ven). Au sein de l'historique **Lyons Cottage** (☎0488 329 933 ; angle Esplanade et Knuckey St), ce sympathique café sert de délicieux plats inspirés de la cuisine du bush venue du désert. En complément de plats plus classiques tels que les *toasted rolls* (sandwichs toastés), goûtez aux *dampers* (scones australiens) à la confiture de prune du Kakadu ou d'hibiscus, ou encore à la féta au myrte anisé et à la kutjera (tomate sauvage).

### Darwin City Edge — Motel $$

(☎08-8981 1544 ; www.darwincityedge.com.au ; 38 Gardens Rd ; d/ste à partir de 89/99 $ ; P ❄ @ wifi). Ce motel séduit par son rapport qualité/prix, son accueil sympathique et efficace, et son emplacement très pratique aux abords de la ville. Bien situé pour se rendre au golf de Gardens Park, au **jardin botanique** (www.nt.gov.au/leisure ; Geranium St ; 7h-19h) ou à la plage de **Mindil**. Chambres contemporaines de type motel et studios avec kitchenette.

29

# Darwin et le Kakadu

*Le Kakadu est l'un des parcs nationaux les plus extraordinaires au monde – c'est aussi simple que cela. Il représente, à ce titre, la partie la plus remarquable de cet itinéraire.*

## TEMPS FORTS

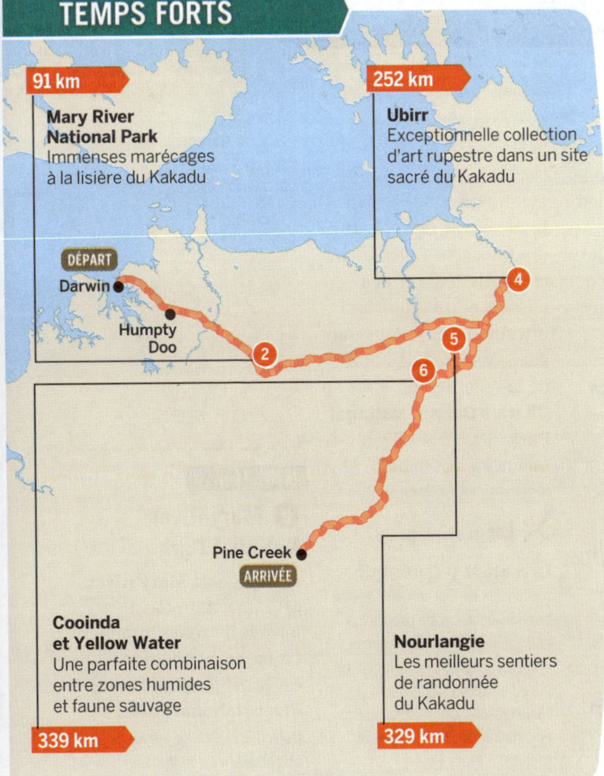


**5-7 JOURS**
**459 KM**

### PARFAIT POUR...

### LE MEILLEUR MOMENT

D'avril à octobre ; la majeure partie du parc est impraticable le reste de l'année.

### LA PHOTO SOUVENIR

Le coucher du soleil sur l'intemporel site d'Ubirr.

### AVEC DES ENFANTS

Crocodiles et kangourous peuplent le Kakadu.

**Ubirr** Coucher du soleil sur la plaine inondable de Nadab

# 29 Darwin et le Kakadu

Difficile pour les amoureux de la nature de trouver itinéraire plus enchanteur que cette boucle passant par le Kakadu. La chaleur tropicale de Darwin et l'univers aquatique qui compose la majeure partie du Mary River National Park ne sont que des préludes à la splendeur du Kakadu, à sa riche faune sauvage, ses chefs-d'œuvre d'art rupestre et ses paysages à la nature indomptée.

## 1 Darwin

Cet itinéraire est une ode à un territoire australien empreint de mystère, à son règne animal et aux habitants qui le peuplent depuis la nuit des temps. À Darwin, commencez par le **Museum & Art Gallery of the Northern Territory** (MAGNT ; ☎08-8999 8264 ; www.magnt.net.au ; 19 Conacher St, Fannie Bay ; ⏲10h-17h), qui rassemble une collection exceptionnelle de gravures des îles Tiwi, des peintures sur écorce créées en Terre d'Arnhem et d'œuvres pointillistes du désert. Au milieu de Mitchell St, la **Crocosaurus Cove** (☎08-8981 7522 ; www.crocosauruscove.com ; 58 Mitchell St ; adulte/enfant/famille 35/23/110,20 $ ; ⏲9h-18h, dernière entrée 17h) vous invite à voir de près six des plus gros crocodiles en captivité dans des bassins et un aquarium ultramodernes. Pour une pause nature aux abords de la ville, rendez-vous au **Charles Darwin National Park** (☎08-8946 5126 ; www.nt.gov.au/leisure/parks-reserves ; ⏲8h-19h).

✕ 🛏 p. 329, p. 337

**La route »** Une seule grand-route part de Darwin. Suivez-la sur 35 km avant de prendre à gauche (vers l'est) l'Arnhem Hwy, en ignorant les panneaux pour Humpty Doo. À partir de l'Arnhem Hwy, comptez 80 km pour rejoindre l'intersection menant à Mary River.

TEMPS FORT

## 2 Mary River National Park

La région de Mary River est majoritairement formée de zones humides. La faune, abondante, est protégée par le **Mary River National Park** (☎08-8978 8986 ; www.nt.gov.au/leisure/parks-

reserves), qui s'étend vers le nord le long de l'Arnhem Hwy. Pour comprendre ce qui vous attend, faites un tour au **Bird Billabong**, en marge de l'autoroute quelques kilomètres avant **Mary River Crossing**. Ce billabong à contre-courant, alimenté par les cours

## À COMBINER AVEC

### 28 D'Alice Springs à Darwin

Cette odyssée qui mène du Red Centre aux tropiques s'achève à Darwin, mais peut également débuter ici, pour faire le voyage en sens inverse.

### 30 De Darwin à Daly River

Cet itinéraire au cœur du Litchfield National Park commence à Darwin. Depuis Pine Creek, roulez jusqu'à Adelaide Hills (112 km) pour rejoindre le parc.

d'eau du Mt Bundy Hill durant la Wet, est à 4 km de l'autoroute et accessible en voiture de tourisme toute l'année. La jolie **balade** (boucle de 4,5 km, 2 heures) coupe à travers la **forêt tropicale**, avec en arrière-plan les rochers de granit du Mt Bundy. 2 km plus loin sur la même route se déploie le **Mary River Billabong**, aux eaux émeraude (espace barbecue). De là, vous pouvez vous enfoncer un peu plus dans le parc national (en 4x4 uniquement) via la Hardies Track et rejoindre le **Corroboree Billabong** (à 25 km) puis le **Couzens Lookout** (à 37 km).

p. 337

**La route »** De retour sur l'Arnhem Hwy, vous pénétrerez dans le Kakadu National Park. Le trajet se déroule en grande partie au cœur d'une forêt s'étendant sur de basses collines de sable rouge ponctuées de rochers. Un arrêt photo s'impose en traversant la South Alligator River.

## 3 Jabiru

Au cœur d'un paradis naturel, Jabiru (1 081 habitants) a été créée au moment de l'ouverture de la mine d'uranium de Ranger. La ville est par ailleurs une excellente base pour rayonner dans le parc, avec plus de services qu'ailleurs dans le Kakadu : une banque, un centre médical, un supermarché, une boulangerie et une station-service. Vous pouvez même aller taper la balle dans son golf. Pour survoler le parc, nous recommandons un vol (en petit avion ou en hélicoptère) avec **Kakadu Air** (☎1800 089 113, 08-8941 9611 ; www.kakaduair.com.au ; vol 30 min adulte/enfant 150/120 $, vol 60 min 250/200 $, vol hélico 20/30 min adulte 245/345 $) ; les vols au-dessus des Jim Jim Falls ne sont pas autorisés durant la Dry, leurs gardiens traditionnels souhaitant qu'à cette période le ciel "soit en paix".

p. 337

**La route »** Au nord de Jabiru, le chemin bitumé avance sur 39 km à destination de la Terre d'Arnhem avant de disparaître progressivement au niveau de l'Alligator River. C'est ici que se trouve Ubirr, et, sur l'autre rive, la Terre d'Arnhem – accessible en 4x4 – dans toute sa splendeur.

TEMPS FORT

## 4 Ubirr

Si les cars de touristes se succèdent durant la Dry, ils ne parviennent pas à troubler la majesté d'Ubirr. Les **peintures rupestres**, réalisées à différents époques, sont impressionnantes. La galerie principale recèle de nombreuses représentations de kangourous, tortues, poissons et même d'un tigre de Tasmanie, peints dans le style dit "des rayons X", prédominant il y a quelque 8 000 ans. Des peintures antérieures sont attribuées aux esprits mimi (des personnages facétieux qui seraient les premiers des Ancêtres de la Création à peindre sur la pierre) et au Serpent arc-en-ciel. Splendide, le **Nardab Lookout**, auquel on accède en gravissant 250 m depuis la galerie principale, donne à voir la plaine inondée. Ce paysage d'un vert intense devient magique lorsque le soleil se couche. Le prestataire aborigène **Arnhemlander Cultural & Heritage Tour** (☎08-8979 2548 ; www.kakaduculturaltours.com.au ; adulte/enfant 273/218 $ ; ⊙mai-nov) vous emmène à Gunbalanya (Oenpelli), plus loin dans le nord du Kakadu, à la rencontre des artistes d'**Injalak Arts** (☎08-8979 0190 ; www.injalak.com ; ⊙8h-17h lun-ven, 9h-14h sam). **Guluyambi Cultural Cruise** (☎1800 525 238 ; www.kakaduculturaltours.com.au ; adulte/enfant 79/52 $ ; ⊙9h, 11h, 13h et 15h mai-nov) propose une sortie en bateau commentée, au départ de l'embarcadère de l'East Alligator River, près du **Cahill's Crossing**, un repaire de crocodiles.

**La route »** Posez un dernier regard sur la Terre d'Arnhem et rebroussez chemin jusqu'à Jabiru. Traversez le village

PARKS AUSTRALIA ©

**Kakadu National Park** *Ranger* veillant sur le parc

et suivez la Kakadu Hwy en direction du sud-ouest jusqu'à la sortie indiquant Nourlangie Rock. La route bitumée devrait être praticable en voiture classique, mais renseignez-vous à Jabiru avant de vous lancer.

TEMPS FORT

## 5 Nourlangie

Nourlangie est un petit secteur du Kakadu facilement accessible. La **Barrk Walk** (à 12 km) est considérée comme la meilleure balade. Elle commence à l'Anbangbang Gallery, à Nourlangie, et permet d'apprécier l'extraordinaire diversité du parc. Une boucle plus courte de 2 km vous conduit à l'**Anbangbang Shelter**, refuge abritant des œuvres d'art rupestre datant de 20 000 ans, puis à l'**Anbangbang Gallery**. On y voit des personnages du Temps du Rêve, peintures restaurées dans les années 1960. Repérez le Nabulwinjbulwinj, esprit malfaisant qui dévore les femmes après les avoir assommées avec un igname. De là, une marche raide, mais rapide, permet de rejoindre le **Gunwarddehwarde Lookout** pour une belle vue sur l'escarpement de la Terre d'Arnhem.

Vous pouvez sinon suivre la **Nawurlandja Lookout Walk**, qui commence à 1 km au nord du parking de Nourlangie - cette balade de 600 m (30 min) vous conduit à un point de vue au-dessus de la forêt. Autre possibilité, l'**Anbangbang Billabong Walk**, boucle de 2,5 km autour d'un *billabong* rempli de nénuphars et d'un marécage bordé de *Melaleucas*. Enfin, ne ratez pas la **Nanguluwur Gallery**, superbe galerie rocheuse moins fréquentée que celle de Nourlangie car plus éloignée (3,5 km aller-retour, 1 heure 30, facile).

**La route »** Retournez sur la Kakadu Hwy puis continuez vers le sud-ouest jusqu'à Cooinda (10 km). Si vous venez de Jabiru, la sortie pour le lodge de Cooinda et les zones humides de Yellow Water est à 47 km, sur la Kakadu Hwy après l'intersection avec l'Arnhem Hwy.

TEMPS FORT

## 6 Cooinda et Yellow Water

La minuscule Cooinda est la porte d'entrée vers

## KAKADU NATIONAL PARK

Bien plus qu'un parc national, le Kakadu illustre le lien essentiel entre les Aborigènes et le pays qu'ils ont apprivoisé et respecté durant des milliers de générations. D'une superficie de 20 000 km² (environ 200 km du nord au sud et 100 km d'est en ouest), il protège un écosystème spectaculaire ainsi qu'une fabuleuse densité d'**art rupestre**. Le paysage est sans cesse changeant, tour à tour brûlé puis inondé, désolé ou fourmillant de vie selon la saison. En quelques jours seulement, découvrez des *billabongs* attirant une abondante **faune sauvage**, admirez des peintures rupestres vieilles de 25 000 ans en compagnie d'un guide aborigène, baignez-vous dans des bassins naturels au pied de **cascades** et randonnez dans un paysage émaillé d'escarpements rocheux.

Des cours d'eau traversent le plateau formé par le tortueux escarpement de la Terre d'Arnhem, une impressionnante crête de grès de 30 à 200 m de haut. Ils filent ensuite vers les basses terres et transforment en autant de marécages les plaines inondables au nord du Kakadu. La grande mangrove longeant la côte constitue à la fois un rempart contre l'érosion et une zone de reproduction pour les oiseaux et la faune marine. Le Kakadu est composé à 80% de savane boisée. On y recense plus de 1 000 espèces végétales, dont une grande partie est encore exploitée par les Aborigènes à des fins alimentaires et médicinales.

Le Kakadu abrite plus de 60 espèces de mammifères, 280 espèces d'oiseaux, 120 espèces de reptiles, 25 espèces de grenouilles, 55 espèces de poissons et au bas mot 10 000 espèces d'insectes différents. La plupart des visiteurs n'en voient bien sûr qu'une faible portion (à l'exception des insectes) : elles sont pour la plupart nocturnes, craintives ou rares.



toutes les splendeurs de la partie centrale du Kakadu. Avant de partir en excursion, arrêtez-vous au **Warradjan Aboriginal Cultural Centre** (www.kakadutourism.com ; Yellow Water Area ; ⌚9h-17h), à 1 km du *resort*. Ce centre relate les mythes de la Création et présente une excellente exposition permanente (bâtons de percussion, sacs à sucre et art rupestre) ; un petit cinéma propose un bon choix de films. Dès que vous le pouvez, partez pour une fabuleuse croisière sur la South Alligator River et le Yellow Water Billabong avec **Yellow Water Cruises** (☎1800 500 401 ; www.kakadutourism.com ; 72-99 $/pers) afin d'observer la faune sauvage.

Pour une expérience différente, un guide aborigène de **Kakadu Animal Tracks** (☎0429 676 194 ; www.animaltracks.com.au ; adulte/enfant 220/55 $ ; ⌚13h mai-sept) vous emmène 7 heures durant à la découverte de sa culture et de la faune locale. Vous observerez des oiseaux, cueillerez, préparerez et dégusterez de la nourriture du bush.

✕ 🛏 p. 337

**La route »** La Kakadu Hwy offre un paysage de sable rouge et de broussailles tandis qu'elle serpente dans le parc en direction du sud-ouest. La circulation se densifie aux abords de Pine Creek (à 158 km de Cooinda) et sur l'axe principal qu'est la Stuart Hwy.

### 7 Pine Creek

Pine Creek, point de rencontre entre le Kakadu et la Stuart Hwy est une petite localité poussiéreuse, un peu décevante après le Kakadu. Elle fut pourtant un haut lieu de la ruée vers l'or. C'est ici que l'on retrouve la route principale. Mais ce n'est pas fini, d'autres aventures vous attendent encore.

# Se restaurer et se loger

## Darwin 1

### Darwin Ski Club — Australien $$

(08-8981 6630 ; www.darwinskiclub.com.au ; Conacher St, Fannie Bay ; plats 22-32 $ ; 12h-22h). Non content d'être le plus bel endroit de Darwin pour boire une **bière au coucher du soleil** (08-8981 6630 ; www.darwinskiclub.com.au ; Conacher St, Fannie Bay ; 12h-tard), Darwin Ski Club mitonne désormais des plats bien préparés (la carte est alléchante). Le curry rouge ne vous décevra pas. Vivement recommandé par les habitants.

### Vibe Hotel — Hôtel $$

(08-8982 9998 ; www.vibehotels.com ; 7 Kitchener Dr ; ch 159-275 $ ; P ❄ @ wifi piscine). Avec un personnel professionnel et sympathique, et un excellent emplacement dans le Darwin Waterfront Precinct, ce complexe promet un séjour haut de gamme. Pour de plus grands lits et une vue sur la mer, le prix des chambres grimpe. Si la piscine ombragée vous semble trop calme, le **Wave Lagoon** (08-8985 6588 ; www.waterfront.nt.gov.au ; Wave Lagoon adulte/enfant 7/5 $ ; 10h-18h) est juste à côté.

## Mary River National Park 2

### Mary River Wilderness Retreat — Resort $$

(08-8978 8877 ; www.maryriverretreat.com.au ; Mary River Crossing, Arnhem Hwy ; empl avec/sans élec 45/30 $, dort 45 $, cabin et tente safari 153-240 $ ; ❄ wifi piscine). Au cœur du bush et longeant la Mary River sur 3 km, ce *resort* propose des cabins spacieuses en pleine nature au bord de la piscine (notre préférence, avec leurs hauts plafonds et douches à l'italienne), ainsi que quelques belles tentes façon safari. Hébergements jusqu'à 3 personnes. Terrasses ombragées et agréables emplacements de camping sur les pelouses en pente douce.

## Jabiru 3

### Anbinik Kakadu Resort — Cabins $$

(08-8979 3144 ; www.anbinik.com.au ; 27 Lakeside Dr ; empl avec élec et sdb 38-42 $, bungalows 105-140 $, d avr-nov/déc-mar 150/110 $, cabin avr-nov/déc-mar 260/210 $, ste avr-nov/déc-mars 250/180 ; ❄ piscine). Ce *resort* qui appartient à des Aborigènes est l'un des plus plaisants du Kakadu, avec des bungalows posés dans un jardin verdoyant. Les chambres doubles (équipées de TV et de réfrigérateur) partagent une cuisine, une sdb et un salon. Les élégants "Bungalows du bush" surélevés (sans clim) disposent d'une terrasse couverte, les suites recouvertes de tôle ondulée ont du style. Le meilleur rapport qualité/prix de Jabiru.

## Cooinda et Yellow Water 6

### Barra Bar & Bistro — Australien $$

(1800 500 401 ; www.kakadutourism.com ; Cooinda ; plats 24-38 $ ; 11h-15h et 17h-21h). Au sein du Cooinda Lodge, une salle de restaurant ouverte sur l'extérieur où commander des plats classiques. Portions généreuses. On y sert des filets de kangourou et du crocodile fumé et mariné, ainsi qu'une assiette du Kakadu, avec du barramundi, du crocodile, de la saucisse de buffle et du filet de kangourou et, en accompagnement, des frites de patates douces (on en rêvait) et de la salade.

### Cooinda Lodge & Campground — Resort $$

(1800 500 401 ; www.kakadutourism.com ; Cooinda ; empl avec/sans élec 50/38 $, ch budget/lodge à partir de 175/200 $ ; ❄ wifi piscine). L'hébergement le plus prisé du parc est une oasis moderne parfois surpeuplée, malgré ses 380 emplacements. Les *units* climatisés pour petits budgets, compacts et assez confortables, partagent les équipements du camping. Les chambres du lodge, spacieuses et plus douillettes, peuvent accueillir 4 personnes. Grande piscine très agréable.

30

# De Darwin à Daly River

*Si la plupart des voyageurs filent tout droit au parc du Kakadu, les plus curieux passeront d'abord par le Litchfield, plus facile d'accès et non moins splendide.*

## TEMPS FORTS

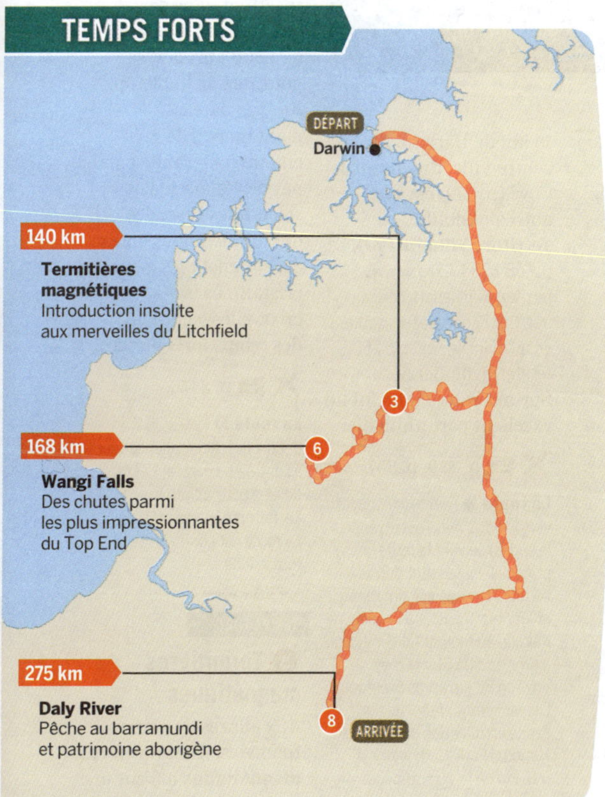


**5 JOURS**
**275 KM**

**PARFAIT POUR...**

**LE MEILLEUR MOMENT**

D'avril à octobre (saison sèche).

**LA PHOTO SOUVENIR**

Les termitières magnétiques, comme des mirages dans l'outback.

**AVENTURES AU GRAND AIR**

Se baigner, sans crocos, aux impressionnantes Wangi Falls.

**Litchfield National Park** Termitières magnétiques

# 30 De Darwin à Daly River

Si le Litchfield attire de plus en plus de visiteurs venus de Darwin, son succès est amplement justifié. Comme au Kakadu, on y admire des cascades et d'autres formations géologiques, et il y règne une atmosphère de bout du monde lorsqu'on foule son sable rouge dans la moiteur tropicale. Venez tôt pour éviter la foule, apportez votre maillot de bain et préparez-vous à une expérience inoubliable au cœur du Top End.

## 1 Darwin

À Darwin, vous pourrez jouir de tous les services et conforts de la vie urbaine, avant de faire le plein de provisions et de filer vers le sud. Pour en savoir plus sur les mythiques crocodiles, faites un tour au **Crocodylus Park** (☎08-8922 4500 ; www.crocodyluspark.com.au ; 815 McMillans Rd, Berrimah ; adulte/enfant 40/20 $ ; ⏲9h-17h) : ils y vivent par centaines, non loin du tout petit zoo abritant des lions, tigres et d'autres félins, mais aussi des atèles, des ouistitis, des casoars et d'autres grands oiseaux. Il est situé à environ 15 km de Darwin. En centre-ville, Crocosaurus Cove (p. 332) est une autre possibilité. Le **Territory Wildlife Park** (☎08-8988 7200 ; www.territorywildlifepark.com.au ; 960 Cox Peninsula Rd ; adulte/enfant/famille 32/16/54,50 $ ; ⏲9h-17h) de Berry Springs est quant à lui un excellent parc animalier.

p. 329, p. 337

**La route »** Faites une boucle vers le nord, puis l'est et, enfin, le sud en suivant la route principale et laissant derrière vous les panneaux Palmerston et Virginia. Résister à l'appel du Kakadu au moment de prendre à droite sur la Stuart Hwy. Environ 86 km après avoir quitté Darwin, prenez la sortie de droite en direction du Litchfield National Park. Batchelor est à 12 km de là, au sud-ouest.

## 2 Batchelor et Litchfield National Park

La ravissante Batchelor est la porte d'entrée du Litchfield. On y trouve de nombreux hébergements et quelques restaurants. Le **Litchfield** (☎08-8976 0282 ; www.nt.gov.au/leisure/parks-reserves) est un parc dont les possibilités de randonnée dans le bush (mais aussi de camping et notamment de baignade) sont parmi les meilleures du Top End. Des cascades se jettent dans des bassins sûrs. Ce parc de 1 500 km² doit sa notoriété au Tabletop Range, plateau montagneux de grès entouré en grande partie par des falaises. Les splendides cascades qui dévalent les pentes et rejoignent les eaux cristallines (sans crocodiles) sont l'un des temps forts du parc.

p. 345

**La route »** Faites 25 km depuis Batchelor pour arriver à l'entrée du parc, et 17 km de plus pour admirer les termitières magnétiques. La route est goudronnée tout le long.

TEMPS FORT

## 3 Termitières magnétiques

Aux allures de pierres tombales, les **termitières magnétiques** offrent une

vision peu commune, presque irréelle. Seule la pointe de ces termitières est utilisée pour enterrer les termites morts ; au fond se cachent le roi et la reine ; les ouvrières vivent au milieu. Les termitières sont parfaitement alignées afin de permettre la régulation de la température : elles captent le soleil du matin et échappent à la chaleur de l'après-midi. Non loin se dressent des termitières-cathédrales, des termitières géantes.

**La route »** La route en dur se poursuit à travers le parc. Après avoir quitté les termitières magnétiques, comptez 6 km jusqu'à la bifurcation pour les Buley Rockholes (2 km) et Florence Falls (5 km).

## À COMBINER AVEC

### 28 D'Alice Springs à Darwin

Cet itinéraire suit la Stuart Hwy ; si vous arrivez du sud, sautez l'étape Darwin dans un premier temps et rejoignez Batchelor.

### 29 Darwin et le Kakadu

Ces deux parcours ont pour point de départ Darwin. Pour ne pas rebrousser chemin, roulez vers le nord de Pine Creek à Batchelor, et démarrez à cet endroit.

TOURISM NT/DAN MOORE ©



### 4 Buley Rockhole et Florence Falls

Le torrent du **Buley Rockhole** dévale au milieu d'une série de bassins rocheux, assez grands pour qu'on puisse s'y baigner. Partout ailleurs en Australie, il faudrait se méfier des crocodiles, mais ici les eaux cristallines du Rockhole se contente de traverser la forêt verdoyante. En cherchant un peu (idéalement avant l'arrivée de la foule), vous trouverez l'endroit idéal pour vous faire masser doucement par le courant. Depuis le Rockhole, un sentier de marche (1,7 km, 45 min) suit Florence Creek (le cours d'eau) jusqu'à **Florence Falls**. Là, 135 marches (15 min) descendent jusqu'à un bassin profond, splendide, entouré de la forêt humide. On peut

## EXPLORER LE LITCHFIELD À PIED

Si vous êtes séduit par le Litchfield et avez le temps (et l'équipement) pour randonner dans le bush, suivez la **Tabletop Track** (39 km) pour vous en imprégner davantage. Ce circuit demande de 3 à 5 jours de marche, en fonction de l'itinéraire choisi. On y accède en partant de Florence Falls, Wangi Falls et Walker Creek. Une carte topographique de la zone, vendue aux points touristiques et dans les magasins de Batchelor, est nécessaire. Vous ne serez pas déçu ! À noter que le sentier est fermé de fin septembre à mars.

**Buley Rockhole** Bassins creusés dans la roche

aussi admirer ces chutes depuis un point de vue à une centaine de mètres du parking.

**La route »** Retournez sur la route principale du parc et tournez à droite. Après 18 km, dirigez-vous vers Tolmer Falls.

## 5 Tolmer Falls

S'il n'est pas possible de s'y baigner, **Tolmer Falls** n'en est pas moins un vrai plaisir pour les yeux. Le mince cours d'eau qui rejoint la cascade depuis le plateau est à peine visible au milieu de la végétation et des rochers. Le voici qui apparaît et plonge du haut de la falaise avant de se jeter dans un bassin. Tout en bas, on devine des grottes partiellement englouties. Très impressionnantes, les Tolmer Falls n'ont rien à envier aux chutes du Kimberley ou du Kakadu.

**La route »** De retour sur la route principale du Litchfield (et largement bitumée), roulez sur 7 km jusqu'au virage pour les Wangi Falls. La cascade est à 1,6 km de là.

TEMPS FORT

## 6 Wangi Falls

**Wangi Falls** attire les foules. La cascade de Wangi (prononcer wong-gui), jamais à sec, jaillit de part et d'autre d'un affleurement rocheux aux reflets orangés et se jette dans un vaste bassin entouré de palmiers et de végétation tropicale. Elle est particulièrement spectaculaire durant la Wet : les eaux grondent et montent, mais peuvent être dangereuses. Vers la fin de la saison sèche, elle perd nettement de son panache – mais la foule est toujours présente. (Il y a même un petit kiosque à boissons et le Wi-Fi sur place… qui l'eût cru ?).

p. 345

## LITCHFIELD, PARADIS AQUATIQUE

De manière générale, les profondes piscines naturelles du Litchfield sont sans danger (car sans crocodiles) durant la saison sèche. Veillez cependant à toujours vous renseigner avant de faire trempette. L'accès y est interdit durant la Wet. Les bassins ci-après sont tous accessibles en véhicule de tourisme.

**Buley Rockhole** Belle série de bassins, mais à deux pas du parking, et très fréquenté.

**Florence Falls** Il faut descendre pour y aller, il y a en conséquence un peu moins de monde qu'aux bassins de Buley ou de Wangi. Bordée de falaises sur trois côtés, Florence Falls est spectaculaire.

**Wangi Falls** Les plus faciles d'accès, ces bassins de baignade sont tout naturellement pris d'assaut par les circuits organisés. Le site est splendide.

**Walker Creek** Petit joyau assez méconnu et donc moins fréquenté, un Buley plus tranquille que la version originale.

**Cascade Pools** Autres séries de bassins moins fréquentés, dans un écrin boisé.

**La route »** La route bitumée s'achevant ici (une piste chaotique de 59 km part vers le nord à destination de Darwin et Mandorah), demi-tour toute ! Comptez 87 km pour rejoindre la Stuart Hwy, puis 28 autres kilomètres en direction du sud jusqu'à Adelaide River.

## 7 Adelaide River

Avec ses larges rues ombragées et sa rivière, Adelaide River ressemblerait à n'importe quelle autre ville australienne si ce n'était la présence de crocodiles dans ses cours d'eau et sa position sur la longue route solitaire menant à Katherine et au-delà. On y trouve un relais routier et une très utile station-service, mais aussi l'**Adelaide River War Cemetery** (☎08-8976 7053 ; Memorial Tce), cimetière jalonné de plaque en laiton en hommage aux victimes des raids aériens sur le nord du pays en 1942 et 1943.

p. 345

**La route »** Quittez la Stuart Hwy et partez vers le sud le long de la Rte 23 sur 32 km. Virez à droite (direction ouest) pour rejoindre l'étroite Rte 28, à la lisière sud du Litchfield National Park. Puis bifurquez vers le sud pour rejoindre Daly River, à 77 km.

TEMPS FORT

## 8 Daly River

Daly River, bien que reculée, est accessible par une route goudronnée. Ce petit hameau de 127 habitants surplombe la rivière éponyme. On s'y adonne notamment à la **pêche au barramundi** (aucune autorisation nécessaire). Si Daly charme pour son côté "bout du monde", c'est avant tout la rivière qui séduit, que l'on soit adepte de parties de pêche ou pas. On ne s'y baigne pas, mais un tour en bateau vous permettra d'en repérer les plus beaux emplacements. Vous trouverez épicerie et essence sur place, mais attention : l'alcool est prohibé. La galerie **Merrepen Arts** (☎08-8978 2533 ; ⌚8h-17h lun-ven, fermé jan) expose les créations d'artisans locaux (eaux-fortes, sérigraphies, sculptures, tissages). La qualité est variable. Durant la Dry, le **Merrepen Arts Festival** (☎0458 287 204 ; www.merrepenfestival.com.au ; adulte/enfant 20/10 $) célèbre les traditions musicales et artistiques des communautés aborigènes, avec des expositions, des ventes aux enchères, des ateliers et de la danse. Il se tient à Nauiyu, à 5 km au nord-ouest de Daly River.

p. 345

# Se restaurer et se loger

## Batchelor 2

**Rum Jungle Tavern** Cuisine de pub $$
(08-8976 0811 ; www.rumjungletavern.com.au ; 5 Nurndina St ; plats 18-35 $ ; 12h-14h30 et 18h-20h30). Voici la promesse de plats variés et succulents, avec des burgers, du barramundi sauvage, des pizzas, des côtes d'agneau et des escalopes panées. L'exécution est cependant variable et l'ambiance est souvent terne en semaine, mais tout s'anime le week-end. Difficile de trouver mieux à Batchelor.

**Rum Jungle Bungalows** Bungalow $$
(08-8976 0555 ; www.rumjunglebungalows.com.au ; 10 Meneling Rd ; ch 180 $ ; ). Un excellent choix pour ceux qui cherchent un hébergement possédant plus de caractère que ceux de Batchelor. Ouvert toute l'année, le Rum Jungle dispose de chambres à la décoration chaleureuse et d'un jardin apaisant.

## Wangi Falls 6

**Litchfield Safari Camp** Camping $
(08-8978 2185 ; www.litchfieldsafaricamp.com.au ; Litchfield Park Rd ; empl avec/sans élec 38/28 $, dort 35 $, tente safari d 150 $ ; ). Des emplacements herbeux (et ombragés) en font une bonne alternative aux campings du Litchfield, surtout si vous souhaitez avoir l'électricité et rester dans l'enceinte du parc. Les tentes safari (4 pers) sont d'un excellent rapport qualité/prix. Cuisine un peu délabrée, kiosque et petite piscine à disposition.

**Wangi Falls Cafe** Café $
(08-8978 2077 ; www.wangifallscafe.com.au ; plats à partir de 9,50 $ ; 10h-15h mai-sept, 11h-14h oct-avr ; ). Ce café animé situé aux Wangi Falls est sans doute la meilleure adresse du coin pour un repas léger. Burgers et autres en-cas (*hot rolls*) y sont servis, mais aussi des smoothies à la mangue (locale) et cafés glacés. Petite boutique de souvenirs. La cuisine ferme à 14h30.

## Adelaide River 7

**Mt Bundy Station** Camping $
(08-8976 7009 ; www.mtbundy.com.au ; 315 Haynes Rd ; empl avec/sans élec 34/24 $, s/d 70/100 $, cottage d à partir de 165 $ ; ). Si vous aimez les balades à cheval, la pêche et l'hospitalité sans chichis, ne cherchez plus. À 3 km de la grand-route au sud d'Adelaide River, ces bâtiments consacrés à l'élevage de bétail ont été transformés en hébergements impeccables, avec des tentes safari également. Excursions en 4x4, nombreux animaux dans la propriété et promenades à poney pour les enfants.

## Daly River 8

**Woolianna on the Daly** Camping $
(08-8978-2478 ; www.woolianna.com.au ; Woolianna Rd ; empl avec/sans élec 38/28 $, unit à partir de 120 $). Charmant camping au bord de l'eau, isolé, mais bien tenu et excellent dans l'ensemble. Ses *units* comptent parmi les meilleurs de la région de Daly River.

# Australie-Occidentale

**SON TERRITOIRE EST PLUS ÉTENDU (ET RECÈLE PLUS DE CURIOSITÉS)** que bon nombre de pays dans le monde. Le désert de l'outback, omniprésent dans le sud du Kimberley et la plaine de Nullabor, trouve sa place également le long du littoral, où les dunes balayées par le vent et le Pinnacles Desert ne sont jamais bien loin de l'océan. Plus au nord, Ningalo Reef, Monkey Mia, la péninsule de Dampier et les Bungle Bungles impressionnent tout autant.

Les vignobles de Margaret River tapissent le sud-ouest de l'État, mais, de juillet à la mi-octobre, la région d'Albany est également un haut lieu d'observation des baleines. Et, pour admirer de splendides plages, poursuivez votre exploration jusqu'aux parcs nationaux de Cape Le Grand et de Fitzgerald River.

**Côte sud-ouest** Observation des baleines
DAVID ASHLEY/SHUTTERSTOCK ©

# Australie-Occidentale

**Monkey Mia** Dauphins sauvages

Route Mythique 4 **Traversée du Kimberley 14 jours**
Une escapade dans l'outback et les Kimberley sans quitter la route. (voir p. 71)

31 **Côte sud-ouest de l'Australie-Occidentale 7 jours**
Le littoral le plus énigmatique du pays – forêts côté terre, cétacés côté mer.

32 **Région viticole de Margaret River 3-4 jours**
De prestigieux vignobles au parfum de Toscane.

33 **De la Coral Coast à Broome 10-14 jours**
Un périple entre Perth et Broome qui sonne comme une récompense.

## À NE PAS MANQUER

### Valley of the Giants
Une promenade dans la canopée d'une forêt en bordure d'océan. 31

### Vasse Felix
La région de Margaret River sous le signe de l'art, de la gastronomie et du bon vin. 32

### Le repas des dauphins
Nourrissage des dauphins à Monkey Mia, snorkeling et circuits sur la culture aborigène. 33

### Mimbi Caves
Une visite souterraine en compagnie d'un guide aborigène à la croisée du désert et du Kimberley. 4

31

# Côte sud-ouest de l'Australie-Occidentale

*Les caves de dégustation, les superbes parcs nationaux et les plages de carte postale de la côte sud-ouest de l'Australie-Occidentale subliment un road trip parmi les plus spectaculaires du pays.*

## TEMPS FORTS

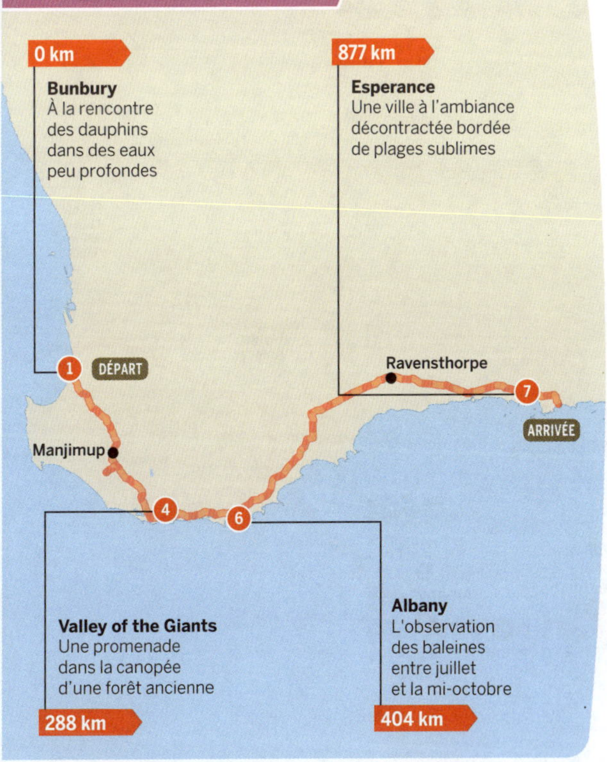


**7 JOURS**
**877 KM**

**PARFAIT POUR...**

**LE MEILLEUR MOMENT**

Décembre à février ; juillet à septembre pour observer les baleines.

**LA PHOTO SOUVENIR**

Au sommet des grands arbres de la Valley of the Giants.

**POUR LES FAMILLES**

Les dauphins au Dolphin Discovery Centre à Bunbury.

**Valley of the Giants** Promenade dans la canopée

# 31 Côte sud-ouest de l'Australie-Occidentale

Si la plupart des visiteurs de cette partie de l'Australie-Occidentale filent directement à Margaret River, la région recèle de nombreux autres sites d'intérêt. L'observation des baleines constitue une des activités phares de cette côte sauvage où les plages semblent s'étendre à l'infini. En outre, d'importantes sections du littoral ont été préservées, laissant libre cours à une faune sauvage et à une nature foisonnante.

TEMPS FORT

## 1 Bunbury

Ancien port industriel, Bunbury est devenue une vraie station balnéaire. Le front de mer, réaménagé, accueille des hôtels et des restaurants, tandis que le centre-ville possède son lot de cafés et de bars à cocktails. On y trouve aussi une salle de spectacle et des rues ornées de street art. Les vedettes ici sont cependant la soixantaine de dauphins souffleurs

qui fréquentent la Koombana Bay ; leur population passe à 250 en été. Le **Dolphin Discovery Centre** (☎08-9791 3088 ; www.dolphindiscovery.com.au ; Koombana Beach ; adulte/enfant 18/10 $ ; ⌚9h-14h mai-sept, 8h-16h oct-avr ; P 👪) comprend un centre éducatif et une plage où les visiteurs peuvent interagir avec les mammifères marins dans des eaux peu profondes. Venez de préférence tôt le matin, entre novembre et avril.

✕ p. 357

**La route »** De Bunbury, la route principale sud se divise entre Bussel Hwy (pour Margaret River) et South Western Hwy (vers les forêts et la côte sud). Prenez cette dernière, elle passe par Donnybrook et Greenbushes en direction de Bridgetown (96 km).

## 2 Bridgetown

La charmante Bridgetown représente la bourgade australienne typique avec ses forêts de karris, ses terres agricoles vallonnées et sa rivière (la Blackwood River) bordée d'arbres. Destination de week-end, la ville s'anime du vendredi soir au dimanche midi. Découvrez les cafés, boutiques et collectifs d'artistes le long de l'historique rue principale. Certains édifices comportent des éléments Art déco. La **Cidery** (☎08-9761 2204 ; www.thecidery.com.au ; 43 Gifford Rd ; plats 10-25 $ ; ⌚11h-16h, 11h-20h ven) vous accueille pour un repas, un verre de cidre ou de bière, ou une session de musique live le vendredi soir.

**La route »** Des forêts profondes bordent la route au sud de Bridgetown, en particulier aux abords de Manjimup (36 km). À 15 km au sud de Manjimup, tournez à droite (sud-ouest) pour les derniers 19 km jusqu'à Pemberton.

## 3 Pemberton

Il est difficile de ne pas succomber au charme de Pemberton, cachée au cœur d'une forêt de karris, si caractéristique de la région. Pour une promenade en forêt, suivez en voiture les **Karri Forest Explorer Tracks** (bien balisés) et empruntez les sentiers de randonnée ou piquez une tête dans un trou d'eau. Renseignements et cartes au **Visitor Centre** (☎08-9776 1133 ; www.pembertonvisitor.com.au ; Brockman St ; ⌚9h-16h). Les caves à vins contribuent à la renommée de Pemberton. Si Margaret River est le Bordeaux de l'Australie-Occidentale, Pemberton est son

## À COMBINER AVEC

### 2 Plaine de Nullarbor

Un itinéraire que vous pouvez entamer à Perth ou en parcourant les 202 km qui séparent Norseman d'Esperance.

### 32 Région viticole de Margaret River

Les deux itinéraires s'arrêtent à Bunbury, mais il serait dommage de ne pas passer par Margaret River en partant vers la côte sud-ouest.

Bourgogne, produisant un excellent chardonnay et pinot noir, parmi d'autres cépages. Visitez par exemple **Mountford** (☎08-9776 1345 ; www.mountfordwines.com.au ; Bamess Rd ; ⏲10h-16h), où les vins et les cidres sont tous certifiés bio ; escaladez le **Gloucester Tree** (P), si vous en avez le courage, ou découvrez l'artisanat local à la **Pemberton Fine Woodcraft Gallery** (☎08-9776 1741 ; www.pembertonfwg.com.au ; Dickinson St ; ⏲9h-17h) : vous y trouverez un excellent café, **Holy Smoke** (pembertonfwg.com.au/cafe ; 6 Dickinson Street ; plats 8-25 $ ; ⏲9h30-15h30 ; 👪).

p. 357

**La route »** Revenez sur 19 km en direction nord-est par la forêt jusqu'à la South Western Hwy, où vous tournez à droite. De là, la route se dirige vers le sud-est et s'enfonce dans des forêts de plus en plus denses. À l'embranchement, il reste 103 km jusqu'au hameau de Walpole ; une vue sur l'océan s'offre à vous à la fin du parcours.

TEMPS FORT

## 4 Valley of the Giants

Vous ne pourrez résister à une promenade dans la canopée organisée par **Valley of the Giants** (☎08-9840 8263 ; www.valleyofthegiants.com.au ; Valley of the Giants Rd ; balade dans la canopée adulte/enfant 21/10,50 $ ; ⏲9h-17h). Une passerelle de 600 m permet aux visiteurs de grimper jusqu'aux sommets d'immenses tingles (eucalyptus). Le **Bibbulmun Track** – qui mène à Coalmine Beach en passant par Walpole – fait partie des sentiers de randonnée (gratuits et bien entretenus )du Walpole Wilderness Area, aux forêts de jarrahs, tingles et karris. Parmi les routes pittoresques, citons **Knoll Drive**, à 3 km à l'est de Walpole.

**La route »** À Walpole, la South Western Hwy (Rte 1) devient la South Coast Hwy. Elle émerge régulièrement de la forêt après avoir passé l'embranchement vers Peaceful Bay. Superbe vue sur l'océan à l'approche de Denmark, à 66 km de Walpole.

## 5 Denmark

Première ville de taille raisonnable de la côte sud d'Australie-Occidentale depuis le début du voyage,

## VAUT LE DÉTOUR
## BREMER BAY ET FITZGERALD RIVER NATIONAL PARK

**Point de départ : 6 Albany**

Suffisamment loin de la route principale pour rester secrète, la paisible **Bremer Bay** arbore une plage de sable immaculé baignée par des eaux émeraude. De juillet à novembre, la baie est un important lieu de mise bas pour les baleines franches australes. Albany fait aussi office de porte d'entrée pour le **Fitzgerald River National Park**. Les promeneurs découvriront une ligne côtière bordée de collines connues sous le nom de "Barrens" ; des plaines de sable et de profondes vallées fluviales. En saison, il est fréquent d'apercevoir des baleines et leurs baleineaux depuis le point de vue de Point Ann, d'où part un sentier historique qui suit un court tronçon de la fameuse "barrière de protection contre les lapins n°2" (rabbit-proof fence), longue de 1 164 km. À Bremer Bay, on entre dans le parc en empruntant la Swamp Rd et la Murray Rd ; toutes les routes sont gravillonnées et praticables en voiture classique, sauf après les pluies. Renseignez-vous avant de partir.

Pour vous y rendre, prenez la Rte 1 entre Albany et Boxwood Hill, direction nord-ouest pendant 117 km. Bremer Bay est à 62 km à l'est de Boxwood Hill.

STONEOGRAPHY/GETTY IMAGES ©

**Cape Le Grand National Park** Hellfire Bay

Denmark se distingue par ses longues plages de sable, ses criques abritées (au sud-ouest de la ville) et ses forêts de l'intérieur des terres. Un détour vous permet de découvrir les Elephant Rocks et de vous baigner dans les eaux peu profondes de Greens Pool. Denmark est une ville soucieuse d'écologie accueillant une importante communauté de surfers. C'est une excellente base pour se loger et faire des achats.

**La route »** Seuls 50 km séparent Denmark et Albany. Et toujours la forêt à gauche, l'océan à droite, pour un ensemble, disons, plutôt réussi.

TEMPS FORT

## 6 Albany

Albany, la ville la plus ancienne d'Australie-Occidentale, est un pôle commercial composé d'un quartier colonial sur le déclin et d'un front de mer en cours de réhabilitation. Un hommage est rendu à l'Anzac (corps d'armée australien et néo-zélandais) parmi les anciennes fortifications. Des baleines franches australes et des baleines à bosse se rassemblent dans les baies et les anses de King George Sound de juillet à mi-octobre. Il est parfois possible de les voir depuis la plage, mais être sur l'eau augmente vos chances. Vous pourrez également faire de la plongée et du snorkeling. Le récif artificiel créé par le sabordage du croiseur HMAS *Perth* fait le bonheur des plongeurs ; contactez **Southcoast Diving Supplies** (☎08-9841 7176 ; www.divealbany.com.au ; 84b Serpentine Rd ; 4 jours en mer 595 $ ; ⏰9h-17h lun-ven, 8h30-13h sam). Pour une vue sur l'océan, rendez-vous à The Gap au Torndirrup National Park.

✕ 🛏 p. 357

**La route »** L'itinéraire suit la côte vers le nord-est, contournant la Grande Baie australienne. Il y a 292 km jusqu'à l'embranchement de Hopetoun, et encore 49 km jusqu'à la côte.

TEMPS FORT

## 7 Esperance

Encadrée par des eaux turquoise et des plages de sable immaculé, Esperance repose dans la splendide Bay of Isles. Les visiteurs viennent en famille depuis Perth ou Kalgoorlie pour profiter de la plage et de l'ambiance décontractée. On trouve des plages idylliques dans les parcs nationaux encore plus reculés au sud-est de la ville. Quant aux 105 îles de l'archipel de la Recherche (Recherche Archipelago), elles abritent otaries à fourrure, manchots et oiseaux marins. La visite de Woody Island est vivement conseillée ; renseignez-vous au centre d'accueil des visiteurs à Esperance. Pour de la plongée sur épave, contactez **Esperance Diving & Fishing** (☎08-9071 5111 ; www.esperancedivingandfishing.com.au ; 72 The Esplanade).

✕ 🛏 p. 357

**La route »** Prenez la route Condingup direction nord-est, suivez ensuite les panneaux le long des routes goudronnées, d'abord vers Gerbryn, puis vers Cape Le Grand National Park.

## 8 Cape Le Grand National Park

Situé à 60 km à l'est d'Esperance, ce parc national se distingue par un paysage côtier spectaculaire, de splendides plages et d'excellents sentiers de randonnée. Vous pourrez pêcher, nager, camper à Lucky Bay et à Le Grand Beach, et pique-niquer (Day-Use Area) près de la superbe Hellfire Bay. La marche escarpée jusqu'au Frenchman Peak demande un petit effort (3 km aller-retour, 2 heures environ), mais une belle vue vous attend depuis le sommet, surtout en fin d'après-midi. Pour prolonger le plaisir, participez à un circuit en 4x4 sur le sable et à une visite guidée de 2 heures du Great Ocean Dr organisés par **Eco-Discovery Tours** (☎0407 737 261; www.esperancetours.com.au).

# Se restaurer et se loger

## Bunbury 1

**Happy Wife** Café $$
(08-9721 7706 ; www.thehappywife.com.au ; 98 Stirling St ; plats 11-24 $ ; 6h30-15h30 lun-ven, 7h30-14h30 sam). Prenez place dans le jardin de ce ravissant cottage à quelques minutes du centre-ville. Les gâteaux "comme à la maison" et les plats du jour valent le déplacement.

## Pemberton 3

**Treehouse Tapas & Wine** Tapas $$
(www.treehousewinebar.com.au ; 50b Brockman St ; 17h-22h mer-jeu, 16h-22h ven-sam, 16h-21h dim ; ). Un restaurant servant d'excellentes tapas, des vins corrects et des boissons sans alcool – dont un jus de pomme pétillant. Goûtez le chou-fleur frit, le poulpe mariné, les écrevisses ou les spécialités à partir d'avocat local (dont des desserts). Chaises en Formica, fauteuils confortables, jeux de plateau et livres pour enfant constituent de bons points.

**Pemberton Lodge Resort** Lodge $$
(08-9776 1113 ; www.forestlodgeresort.com.au ; Vasse Hwy ; ch à partir de 135 $). Un hébergement bien géré avec des chambres dans le bâtiment principal et des *cabins* indépendantes. Des terrasses permettent de dîner avec une vue sur le lac. Jeux de plateau et DVD. La ville est à quelques minutes de marche (pour aller boire un verre), mais prenez une lampe de poche. Il fait sombre dans la forêt.

## Albany 6

**Emu Point Cafe** Café $
(08-9844 7207 ; emupointcafe.com.au ; 1 Mermaid Ave ; plats 8-23 $ ; 7h30-16h lun-ven, 7h30-17h sam-dim ; ). Ce café concocte de très bons petits-déjeuners. Il doit son succès à son café (le meilleur d'Albany), ses jus de fruits pressés, ses œufs pochés au chimichurri, son yaourt délicatement aillé, ses muffins sortis du four et ses beignets de maïs au jalapeño. Installez-vous à l'intérieur ou en terrasse face à la mer.

**1849 Backpackers** Auberge de jeunesse $
(08-9842 1554 ; www.albanybackpackersaccommodation.com.au ; 45 Peels Pl ; dort/s/d 33/77/99 $ ; ). Des drapeaux du monde entier annoncent l'entrée de cette auberge bien tenue composée de chambres lumineuses et d'une vaste cuisine moderne. Des informations locales sont affichées au mur et il y règne une ambiance décontractée. C'est le meilleur endroit pour loger pour pas cher en Australie-Occidentale. Pancakes maison le matin au petit-déjeuner.

## Esperance 7

**FishFace** Poisson, fruits de mer $$$
(08-9071 1601 ; www.facebook.com/FishFaceEsperance ; 1 James St ; plats 15-20 $ ; 16h30-20h30 jeu-mar ; ). Les produits de la mer tiennent le haut de l'affiche du FishFace. D'un côté, une boutique pour emporter vend de délicieux *fish and chips* – avec merlan et cabillaud. De l'autre, le restaurant, qui emploie un personnel charmant et alerte, sert des risottos aux fruits de mer, des huîtres et du poisson frit au milieu des conversations animées des clients.

**Esperance B&B by the Sea** B&B $$
(08-9071 5640 ; www.esperancebb.com ; 34 Stewart St ; ch 130-190 $, f 360 $ ; P). Cette *beachhouse* de très bon rapport qualité/prix dispose d'une aile privée pour les hôtes et la vue sur Blue Haven Beach depuis sa terrasse est spectaculaire, notamment au coucher du soleil. À quelques encablures de l'océan et à 5 minutes en voiture du centre d'Esperance.

DAVID STEELE/SHUTTERSTOCK ©

32

# Région viticole de Margaret River

*Le bon vin et les vastes étendues sauvages se combinent merveilleusement bien à Margaret River, l'une des plus prestigieuses régions viticoles du pays, à la pointe sud-ouest du continent australien.*

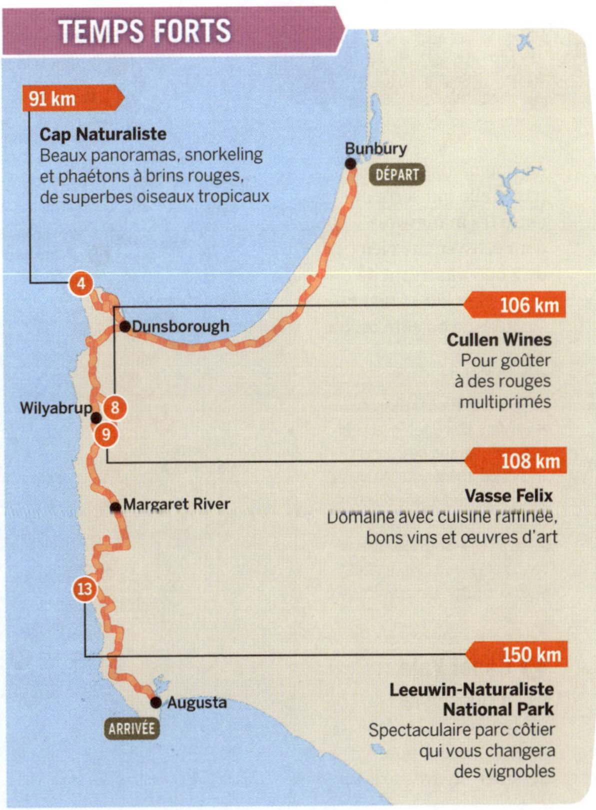


**3-4 JOURS**
**195 KM**

**PARFAIT POUR...**

**LE MEILLEUR MOMENT**

Début de l'été pour profiter des plages, des forêts, du vin et des bières artisanales.

**LA PHOTO SOUVENIR**

Une plage déserte du Leeuwin-Naturaliste National Park.

**SCÈNE CULINAIRE**

Produits cultivés en biodynamie de Cullen Wines et visite guidée des jardins.

**Leeuwin-Naturaliste National Park** Phare du cap Leeuwin

# 32 Région viticole de Margaret River

À la pointe sud-ouest du pays, terres agricoles, forêts, rivières et littoral luxuriant offrent un contraste saisissant avec le paysage brûlé par le soleil de la majeure partie de l'Australie-Occidentale. Sur la terre ferme, les caves viticoles et les brasseries artisanales invitent à la dégustation. En mer, les surfeurs guettent la vague parfaite tandis que les grands dauphins et les baleines s'ébattent dans les flots. La région est idéale pour des séjours de courte durée en raison des distances raisonnables qui séparent les divers sites d'intérêt.

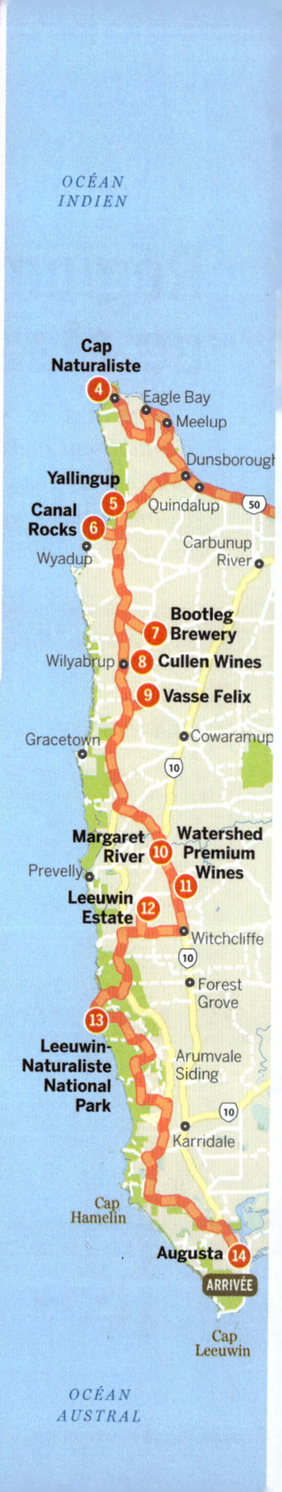


## 1 Bunbury

Immenses plages, street art, petit musée intéressant et bonnes tables valent la peine de faire étape à Bunbury, ancien port industriel. Pour nager avec les grands dauphins, rendez-vous à Koombana Bay et au Dolphin Discovery Centre (p. 353). Prenez ensuite une brochure à la découverte des œuvres de street art au **Visitor Centre** (☎08-9792 7205 ; www.visitbunburygeographe.com.au ; Carmody Pl ; 🕘9h-17h lun-sam, 10h-14h dim). Parmi les autres activités, citons une balade sur la **Mangrove Boardwalk** (entrée près de Koombana Dr), une passerelle qui serpente entre les mangroves d'un écosystème vieux de 2 500 ans avant de déboucher sur la plage – côté baie ou côté océan.

🍴 p. 357

**La route »** Prenez Bussell Hwy (pour Margaret River) qui longe la côte sud de Bunbury. Très rapidement, vous arriverez à une petite bourgade du nom de Capel. Poursuivez votre route jusqu'à la cave de dégustation de Capel Vale en empruntant Mallokup Rd près du centre-ville.

## 2 Capel Vale

Là où Geographe Bay et l'océan Indien se rencontrent pour dessiner un arc parfait,

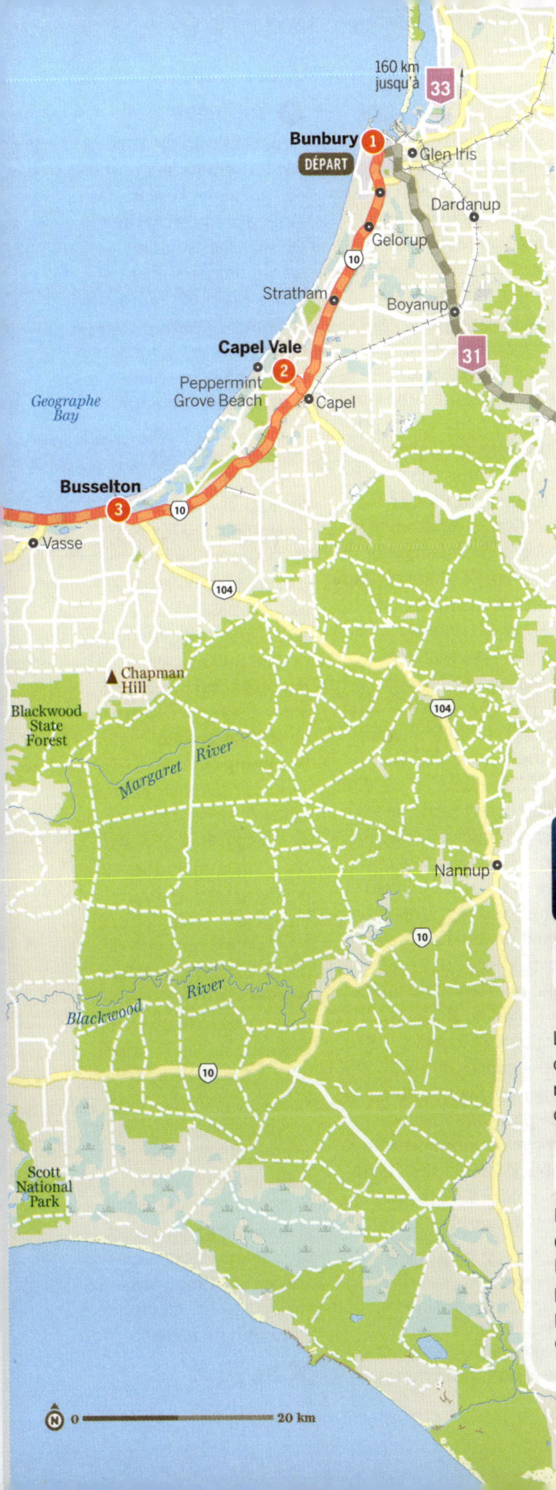


**Capel Vale** (☎08-9727 1986 ; www.capelvale.com.au ; Mallokup Rd ; ⌚cave de dégustation 10h-16h30, restaurant 11h30-15h jeu-lun) tapisse l'arrière-pays de vignobles qui produisent des vins parmi les plus réputés de l'État. Dégustation gratuite de cabernet sauvignon, merlot, riesling et sauvignon blanc. L'excellent restaurant du domaine offre une vue sur les vignes.

**La route »** Reprenez la route principale à Capel avant d'aller à Busselton, non loin. Un détour par Tuart Drive traverse les forêts du littoral.

## 3 Busselton

Busselton, ville où perdure un fort esprit communautaire, offre

### À COMBINER AVEC

**31 Côte sud-ouest de l'Australie-Occidentale**

Les deux voyages commencent à Bunbury ; rien de plus simple que de les combiner.

**33 De la Coral Coast à Broome**

Il faut 2 heures de route (175 km) pour rejoindre Perth depuis Bunbury et partir pour un époustouflant périple entre Perth et Broome.

de nombreuses activités adaptées aux familles. Ses eaux calmes et ses plages de sable blanc entourent la principale curiosité, la longue (1,84 km) **Busselton Jetty** (08-9754 0900 ; www.busseltonjetty.com.au ; adulte/enfant 4 $ / gratuit ; oct-avril 8h30-18h, mai-sept 9h-17h ; ), une jetée sur pilotis de 1865. Un train touristique dessert l'**Underwater Observatory** (adulte/enfant train inclus 34/20 $ ; 9h-16h25 ; ) pour une visite guidée à 8 m sous la surface ; il est impératif de réserver. Un bon site de baignade, protégé, est situé à proximité de la digue et un terrain de jeu à thème aventure est aménagé sur la côte. Une poignée de sympathiques **bars** (43 Prince St ; 12h-minuit mer-sam, 12h-20h dim) servent des bières à la pression.

p. 366

**La route »** Vous aurez vue sur l'océan la majorité du temps entre Busselton, Dunsborough et Cape Naturaliste, un bel itinéraire facile. Vous rejoindrez le cap en moins d'une heure, sauf si vous décidez de faire une halte pour piquer une tête !

TEMPS FORT

## 4 Cape Naturaliste

Au nord-ouest de Dunsborough – un village de vacances avec de très bons restaurants et un grand choix de boutiques –, Cape Naturaliste Rd conduit au cap et aux plages de **Meelup**, d'**Eagle Bay** et de **Bunker Bay**. Ce dernier dispose d'un **café** (08-9756 8284 ; www.bunkersbeachcafe.com.au ; Farm Break Lane ; petit-déj14-25 $, déj 18-38 $ ; 8h30-11h et 12h-15h jeu-lun ; ) ouvert en journée avec une vue à tomber, mais un service aléatoire. Les baleines et les requins-marteaux fréquentent Bunker Bay en hiver, à l'endroit où la plaque continentale chute de 75 m. Le **phare de Cape Naturaliste** (08-9780 5911 ; www.margaretriver.com/members/cape-naturaliste-lighthouse ; adulte/enfant 14/7 $ ; 9h30-16h ; ), construit en 1903, se dresse sur le cap. Les enfants adoret ce site doté d'un beau terrain de jeu. Le point de vue donnant sur l'océan, battu par les vents, vous donnera l'impression d'être au bout du monde ! Prenez la passerelle (3,5 km) qui relie le sud du phare à Sugarloaf Rock. De septembre à mai, il y a des chances que vous aperceviez une colonie de phaétons à brins rouges (communément appelés pailles-en-queue) qui niche à son point le plus méridional.

**La route »** Revenez à Dunsborough, prenez la route qui descend la côte jusqu'à Yallingup avec une pause-déjeuner ou une halte de dégustation en chemin.

## 5 Yallingup

Depuis la côte fouettée par les vagues aux portes de Yallingup, l'océan s'étend jusqu'en Afrique. De superbes sentiers de randonnée suivent le littoral entre Yallingup et **Smiths Beach**, où des bassins entre les rochers invitent à la baignade. Entre Dunsborough et Yallingup, vous pourrez visiter les impressionnantes formations rocheuses de **Ngilgi Cave** (08-9755 2152 ; www.margaretriver.com ; Yallingup Caves Rd ; adulte/enfant 22,50/12 $ ; 9h-17h ; ), vieilles de 500 000 ans, en participant par exemple à une visite avec l'agence aborigène **Koomal Dreaming** (0413 843 426 ; www.koomaldreaming.com.au ; adulte/enfant à partir de 78/44 $). Bien que ces sites soient magnifiques, la plupart des visiteurs viennent ici pour le surf. Vous pouvez prendre des cours à la **Yallingup Surf School** (08-9755 2755 ; www.yallingupsurfschool.com) le matin, passer l'après-midi à **Caves House** (Hotel Yallingup ; 08-9750 1888; www.caveshousehotelyallingup.com.au ; 18 Yallingup Beach Rd ; ) pour regarder le sport sur grand écran ou assister à un concert de musique locale au *beer garden*. Yallingup signifie “lieu d'amour” en langue wardandi noongar.

p. 366

**La route »** De Yallingup, remontez sur la colline et empruntez Caves Rd, une route qui serpente à travers le bush et permet de nombreuses haltes pour se dégourdir les jambes, prendre un café ou se procurer l'œuvre d'un artiste local.

## 6 Canal Rocks

En direction du sud, le Leeuwin-Naturaliste National Park s'étend sur votre droite jusqu'à l'océan. N'hésitez pas à faire un détour pour admirer les nombreuses criques de sable et les points de vue sur le couchant. **Canal Rocks** (parks.dpaw.wa.gov.au/site/canal-rocks ; Canal Rocks Rd ; P), agrémentés d'un pont reliant les rochers entre eux, est une formation naturelle très photogénique.

**La route »** De Canal Rocks, il y a environ 4 km jusqu'à Yallingup en direction de l'est par Caves Rd et 11 km vers le sud jusqu'à Bootleg Brewery (15 min en voiture).

## 7 Bootleg Brewery

**Bootleg Brewery** (08-9755 6300 ; www.bootlegbrewery.com.au ; Puzey Rd, près de Yelverton Rd, Wilyabrup ; 11h-17h), une excellente brasserie artisanale, offre un contraste délibérément rustique à la prospère **Caves Road Collective** (08-9755 6500 ; cavesroadcollective.com.au ; 3517 Caves Rd, Wilyabrup ; plateau de dégustation à partir de 20 $ ; 11h-17h ; P). On y mange bien et on profite du soleil en écoutant des concerts occasionnels.

**La route »** Retournez sur la route principale nord-sud (2 km) et tournez à gauche (direction sud). Ne ratez pas Wilyabrup, un hameau minuscule. Quelques minutes plus tard, vous arrivez à Cullen Wines.

TEMPS FORT

## 8 Cullen Wines

C'est autour de Wilyabrup que naquit l'industrie vinicole de Margaret River dans les années 1960. Domaine pionnier, **Cullen Wines** (08-9755 5656 ; www.cullenwines.com.au ; 4323 Caves Rd, Cowaramup ; plats 25-38 $ ; 10h-16h ven-mar), n'a rien perdu de son savoir-faire. Les premiers pieds furent plantés en 1966 et Cullen met aujourd'hui l'accent sur le bio et la biodynamie. Dans une ambiance décontractée, vous dégusterez une cuisine provenant du potager. Mais le nom de Cullen reste principalement rattaché à son vin.

**La route »** À environ 2 km au sud de Cullen Wines, guettez le nom de Vasse Felix sur la gauche.

TEMPS FORT

## 9 Vasse Felix

Si visiter les chais de dégustation est une activité très plaisante, certains de ces établissements s'assurent que vous ne le fassiez pas l'estomac vide. Prônant justement cette approche holistique, **Vasse Felix** (08-9756 5050 ; www.vassefelix.com.au ; angle Caves Rd & Tom Cullity Dr, Cowaramup ; plats 37-39 $ ; 10h-15h, cave de dégustation jusqu'à 17h ; P), un des domaines les plus anciens de Margaret River, propose une merveilleuse sélection de vins alors qu'une épatante collection d'art (dont des sculptures) parsème la propriété. La grande salle à manger a des allures de grange chic tandis que les saveurs raffinées des plats sont parfaitement assorties aux vins Vasse Felix, tels que le cabernet et le chardonnay Heytesbury.

### ESCAPADE GOURMANDE À MARGARET RIVER

De Nigella Lawson à George Calombaris (MasterChef Australia), le festival **Gourmet Escape** (www.gourmetescape.com.au ; fin nov) attire les toques de renom. Réjouissez-vous avec 3 jours d'ateliers, de dégustation de vin, de présentations gourmandes, sur place et dans la Swan Valley.

**La route »** De Vasse Felix, prenez la direction sud jusqu'à l'embranchement pour Margaret River ("Margs"). La Busselton Hwy traverse l'arrière-pays, la circulation peut être intense, et il y a des camions.

## 10 Margaret River

Bien que les touristes soient souvent plus nombreux que les habitants, Margaret River (la ville) possède une atmosphère rurale authentique. C'est un bon point de chute et l'un des rares endroits où il existe des activités le soir : restaurants, bars, pubs, cinéma en plein air et marchés. En plus, la ville est à proximité des fabuleuses vagues de l'embouchure de la **Margaret River – Southside**, ainsi que des plages de baignade **Prevelly** et **Gracetown**. "Margs" est une destination très prisée le week-end, à Pâques et à Noël. Au-delà de la ville, les domaines produisent d'excellents chardonnays et des rouges de style bordelais dans un arrière-pays jalonné de brasseries artisanales, de fromageries, de chocolateries, d'épiceries haut de gamme et de galeries d'art.

✕ 🛏 p. 367

**La route »** Prenez Bussel Hwy au sud de Margaret River et à 5 km au sud de la ville, vous verrez le panneau pour Watershed sur votre gauche.

## 11 Watershed Premium Wines

Après une nuit reposante, un petit-déjeuner léger et une bouffée d'air marin, prévoyez d'arriver à **Watershed Premium Wines** (☎08-9758 8633 ; www.watershedwines.com.au ; angle Bussell Hwy et Darch Rd ; plats 34-42 $ ; ⏲10h-17h) autour de l'heure du déjeuner. Quel plaisir de déguster des vins fins et de s'attabler à une table tout aussi raffinée ! Watershed est un restaurant de domaine qui compte parmi les plus réputés d'Australie et sa cave recèle un prestigieux cabernet sauvignon Awakening.

**La route »** Restez sur Bussel Hwy pendant encore 3 km, direction sud. À Witchcliffe, tournez à droite (ouest), puis prenez la première à droite direction Leeuwin Estate.

## 12 Leeuwin Estate

Domaine parmi les plus célébrés de Margaret River, **Leeuwin Estate** (☎08-9759 0000 ; www.leeuwinestate.com.au ; Stevens Rd ; plats 32-45 $ ; ⏲10h-17h et 18h-21h sam) est entouré de pelouses ondulantes ponctuées de grands arbres. Quoi de plus exquis que le raffinement de ses chardonnays et cabernets merlots (Art Series), multiprimés, assorti aux concerts mensuels du Perth Symphony Orchestra ? Des visites guidées sont proposées pour découvrir l'envers du décor ainsi que des dégustations gastronomiques. Pensez à réserver.

**La route »** Retournez à Caves Rd, visitez Mammoth Cave, puis reprenez la route direction sud en traversant une forêt de karris. N'hésitez pas à faire un autre détour vers Hamelin Bay pour une baignade ou une balade sur les rochers.

TEMPS FORT

## 13 Leeuwin-Naturaliste National Park

Se déployant depuis Gracetown jusqu'au cap Leeuwin, le **Leeuwin-Naturaliste National Park** (Caves Rd) est d'une beauté intemporelle. Il réunit des forêts, des dunes de sable et une grande variété de fleurs sauvages endémiques.

### DÉGUSTATION DE VIN ET VISITES DE DOMAINE

Les dégustations ont habituellement lieu chaque jour entre 10h et 17h. Il vaut mieux réserver si vous souhaitez déjeuner, en particulier le week-end.

NICKCHEN/SHUTTERSTOCK ©

**Yallingup** Ngilgi Cave

Une explosion de couleurs revêt les 155 km² du parc au printemps. Des vents turbulents et un sol de nature complexe empêchent la prédominance d'une seule espèce, permettant ainsi aux orchidées, aux droséras, aux anigozanthos... de se développer dans leur milieu spécifique. Une promenade dans le parc au printemps (septembre à novembre) permet d'admirer orchidées, banksias, clématites, primevères, misères, et plus encore. Quand le soleil brille et que les fleurs s'épanouissent sur fond de ciel bleu et de mer azur, on se dit que le plus beau coin d'Australie est peut-être ici.

**La route »** Toutes les routes mènent à Augusta (à l'extrémité sud de la région) depuis la bordure orientale du parc national.

## 14 Augusta

À l'embouchure de la Blackwood River et à 5 km au nord du cap Leeuwin – le cap du bout du monde –, Augusta se distingue du reste de la région viticole. L'ambiance est plus à la langueur qu'aux plaisirs épicuriens, et un après-midi de pêche sur le fleuve fera une excellente entrée en la matière. Commencez par le **phare de Cape Leeuwin** (08-9780 5911 ; www.margaretriver.com ; visite guidée adulte/enfant 20/14 $ ; 8h45-16h30), point de rencontre venté et tumultueux des océans Indien et Austral, à la pointe sud-ouest de l'Australie. Le phare, bâti en 1896, est le plus haut du pays et la vue au sommet embrasse un littoral grandiose. Si vous séjournez entre mai et octobre, allez observer les baleines avec **Naturaliste Charters** (08-9750 5500 ; www.whales-australia.com.au ; à partir de 90 $ ; mi-mai à août). Entre janvier et mars, les centres d'intérêt se déplacent vers les plages, les grottes de calcaire et la faune sauvage (dauphins, otaries à fourrure de Nouvelle-Zélande...). Et puis, il y a **Jewel Cave** (08-9780 5911 ; www.margaretriver.com ; Caves Rd ; adulte/enfant 22,50/12 $ ; 9h30-15h30), à 8 km au nord-ouest d'Augusta à l'extrémité sud de Caves Rd. La grotte la plus spectaculaire abrite la plus grande stalactite (5,9 m) jamais découverte dans une grotte ouverte aux visiteurs. Les restes fossilisés d'un tigre de Tasmanie (thylacine) vieux de 3 500 ans ont été mis au jour ici. Un lieu mystérieux et envoûtant, idéal pour clore le voyage.

p. 367

# Se restaurer et se loger

## Busselton 1

**Goose** Café $$

(08-9754 7700 ; www.thegoose.com.au ; Geographe Bay Rd ; petit-déj 13-22 $, assiettes partagées et plats 11-35 $ ; 7h-22h ; ). Près de la jetée, ce café, bar et bistrot chic et cool propose une carte de vins et de bières artisanales made in WA et des plats servis matin, midi et soir à base de produits locaux. Parmi les spécialités : *pulled-pork sliders* vietnamiens (petits pains à la viande de porc effilochée) et *chowder* (soupe) aux fruits de mer.

**Coco's Thai** Thaïlandais $$

(08-9754 7222 ; 55 Queen St ; plats 16-23 $ ; 17h-tard ; ). Un petit restaurant servant une cuisine thaïlandaise traditionnelle et des plats plus inhabituels comme le curry au poisson et à la pomme. La salade de crevettes aux herbes fraîches est également délicieuse. Apportez votre bouteille (BYO). Le service est particulièrement accueillant.

**Big 4 Beachlands Holiday Park** Camping-caravaning $

(08-9752 2107 ; www.beachlands.com.au ; 10 Earnshaw Rd, West Busselton ; empl 2 pers 53 $, chalets 145-215 $ ; ). Les familles sont les bienvenues au Big 4 Beachlands, qui propose un large choix d'hébergements aménagés sur un grand terrain arboré – de l'emplacement gazonné à la villa deluxe. Les enfants adorent le terrain de jeu, la piscine, les vélos, le paddle et les karts à pédales.

## Yallingup 5

**Yallingup Woodfired Bread** Boulangerie $

(189 Biddle Rd ; pain à partir de 4 $ ; 7h-18h lun-sam). Les bons pains au levain naturel, au seigle et aux fruits sont vendus dans les boutiques des environs, ainsi qu'au Margaret River Farmers Market (p. 367), et, tout juste sortis du four, à la boulangerie proche de Yallingup.

**Wills Domain** Bistrot $$$

(08-9755 2327 ; www.willsdomain.com.au ; angle Brash Rd et Abbey Farm Rd ; plats 29-40 $, menu 7 plats 110 $ ; dégustation 10h-17h, déj 12h-15h). Un restaurant et une galerie bénéficiant d'une jolie vue sur les coteaux. L'innovant menu de 7 plats est également proposé en version accord vins-mets.

**Yallingup Beach Holiday Park** Camping-caravaning $

(08-9755 2164 ; www.yallingupbeach.com.au ; Valley Rd ; empl 2 pers 32-54 $, cabins 90-285 $ ; ). Pour s'endormir au son des vagues car la plage se trouve juste de l'autre côté de la rue. Les prix varient selon la saison.

**Yallingup Lodge & Spa** Lodge $$$

(08-9755 2411 ; yallinguplodge.com.au ; 40 Hemsley Rd ; glamping 170 $, ch 200-550 $ ; @). Une propriété isolée entre Dunsborough et Yallingup dotée de tout le confort d'un lodge – espace lounge cosy, grande terrasse donnant sur les arbres, feu de camp, piscine et soins de spa en journée. Hébergement dans le bâtiment principal, sauf pour le glamping (entre confort et camping, avec douche extérieure et chant des oiseaux au réveil).

## Margaret River 10

**Temper Temper** Confiserie $

(08-9757 3763 ; www.tempertemper.com.au ; 2 Rosa Brook Rd ; chocolats 4-18 $ ; 9h-17h ; ). Cet élégant temple dédié au chocolat dispose d'un salle de dégustation où vous goûterez du chocolat de Cuba, du Venezuela, de Sumatra ou de Madagascar, et de nouveaux parfums comme le poivre rose ou la réglisse. Une bonne idée de cadeaux-souvenirs pour les amis et la famille. Le Temper propose aussi du chocolat végan.

**Margaret River Farmers Market** — Marché $
(☎0438 905 985 ; www.margaretriverfarmersmarket.com.au ; Lot 272 Bussell Hwy, Margaret River Education Campus ; 8h-12h sam ; ). Les producteurs bio et durables viennent en ville chaque samedi. Ce marché est épatant pour prendre le petit-déjeuner. Le site Internet vous donne la liste des marchands.

**Morries Anytime** — Café $$
(☎08-9758 8280 ; www.morries.com.au ; 2/149 Bussell Hwy ; tapas 11-14 $, plats 21-34 $ ; 12h-tard). Prenez un repas dans l'atmosphère club très cosy à l'heure du déjeuner ou choisissez l'un des cocktails raffinés avec tapas asiatiques au dîner. Les bières locales Colonial Brewing sont servies à la pression et le service est impeccable.

**Miki's Open Kitchen** — Japonais $$$
(☎08-9758 7673 ; www.facebook.com/mikisopenkitchen ; 131 Bussell Hwy ; petites assiettes 12-17 $, grandes assiettes 31-36 $ ; 18h-tard mar-sam). Prenez place autour de la cuisine ouverte du Miki's et admirez la réalisation en direct de plats japonais novateurs concoctés avec les meilleurs produits d'Australie-Occidentale, y compris le poisson et les fruits de mer. Associez le menu de dégustation (60 $) avec un vin de Margaret River pour varier les plaisirs. Réservation conseillée.

**Prevally Caravan Park** — Camping-caravaning $
(☎08-9757 2374 ; prevellycaravanpark.com.au ; empl à partir de 30 $ ; P). Un terrain familial bien géré avec des emplacements pour tentes ombragés et à proximité de la plage. Vous trouverez une épicerie bien approvisionnée sur place ainsi qu'un café, le **Sea Garden**, idéal pour boire un verre au coucher du soleil.

**Forest Rise** — Chalet $$$
(www.forestrise.com.au ; Yelverton Rd ; cabins à partir de 260 $ ; ). De luxueuses *cabins* indépendantes sont disséminées sur une grande propriété arborée. Un lieu si ravissant et relaxant qu'il est difficile de le quitter.

**Burnside Organic Farm** — Bungalows $$$
(☎08-9757 2139 ; www.burnsideorganicfarm.com.au ; 287 Burnside Rd ; d à partir de 300 $ ; ). Bienvenue dans un lieu magique pour se ressourcer après une journée à visiter caves, brasseries et espaces gourmands. Les bungalows, en adobe et pierre calcaire, sont dotés d'une terrasse spacieuse et d'une cuisine design. Non loin se trouve une ferme avec animaux et vergers en culture bio. Les clients sont invités à cueillir les légumes du jardin. Séjour de 2 nuits minimum.

## Augusta 14

**Blue Ocean Fish & Chips** — Fish & Chips $
(73 Blackwood Ave ; 11h30-14h et 17h-20h ; P ). Avec son *fish and chips* encensé dans toute la région, ce fast-food aux chaises en plastique bleu fait bonne figure et propose un excellent poisson pêché localement et doré à point, ainsi que du poulet frit et des frites. Peu d'autres endroits sont ouverts à Augusta le soir.

**Deckchair Gourmet** — Café $
(☎08-9758 0700 ; Blackwood Ave ; plats 10-22 $ ; 8h-15h lun-sam, 8h-12h dim ; ). Très bon café et cuisine très correcte. Goûtez au wrap bacon et œufs le matin en profitant d'un soleil radieux baignant la salle.

**Hamelin Bay Holiday Park** — Camping-caravaning $
(☎08-9758 5540 ; www.hamelinbayholidaypark.com.au ; Hamelin Bay West Rd ; empl 2 pers 26-49 $, cabins et cottages 90-300 $). Situé au nord-ouest d'Augusta (il faut s'y rendre en voiture), mais avec accès direct à la plage. Un terrain isolé avec des emplacements ombragés et une petite épicerie.

# De la Coral Coast à Broome

33

*La lointaine côte ouest et les paysages désertiques du Pilbara sont dignes des plus belles routes d'Australie – entre océan Indien, colonnes calcaires des Pinnacles, patrimoine aborigène et villes minières hors du temps.*

## TEMPS FORTS

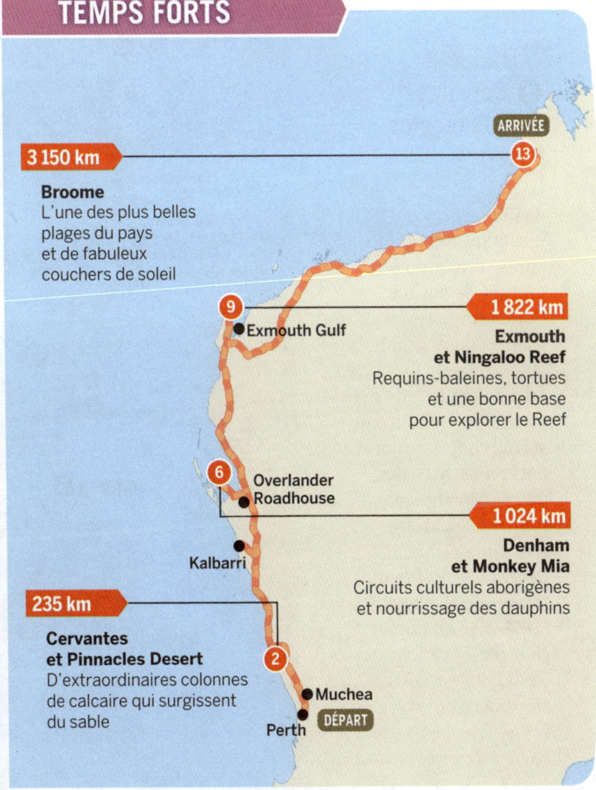


**10-14 JOURS**
**3 150 KM**

### PARFAIT POUR...

### LE MEILLEUR MOMENT

D'avril en octobre. Il fait très humide à partir de novembre ; il y a parfois des cyclones entre janvier et mars.

### LA PHOTO SOUVENIR

Les fonds marins de Ningaloo Reef.

### LES SITES DE PLEIN AIR

Les gorges du Karijini National Park.

**Ningaloo Reef** Les tortues abondent dans ce parc marin

# 33 De la Coral Coast à Broome

La route entre Perth et Broome rallie deux mondes, le premier urbain et le second tropical, adossé à un outback ourlé par l'océan Indien. Des lieux hors des sentiers battus qui invitent à faire de multiples haltes en cours de voyage et qui soulignent la ligne de rencontre entre désert et littoral, omniprésente du désert des Pinnacles au Ningaloo Reef.

## 1 Perth

Perth serait l'une des villes les plus isolées de la planète, mais ce n'est rien par rapport à ce qui vous attend plus loin. Profitez donc du grand choix de restaurants, de la brise du sud et des multiples services de la métropole. Vous trouverez de quoi vous réconforter tout au long du voyage, mais pas de la même façon. (p. 26)

**La route »** Quittez Perth par le nord-est comme pour aller à Nullabor, mais après 18 km, prenez la direction nord en suivant les panneaux pour Geraldton. À Muchea, prenez la route de gauche pour rejoindre Brand Hwy. À 206 km de Perth, à Badgingarra, prenez l'embranchement pour Cervantes (49 km).

TEMPS FORT

## 2 Cervantes et le Pinnacles Desert

Le petit port langoustier de Cervantes constitue une étape agréable après cette première journée de voyage. Comptant parmi les sites les plus photographiés d'Australie, le Pinnacles Desert – une vaste plaine désertique émaillée de surprenantes sculptures naturelles, avec des piliers calcaires par milliers – se trouve à 19 km au sud de Cervantes au sein du **Nambung National Park** (☎08-9652 7913 ; www.parks.dpaw.wa.gov.au/park/nambung ; Pinnacles Dr, près d'Indian Ocean Dr ; 13 $/véhicule ; ⏲journée, centre d'accueil des visiteurs

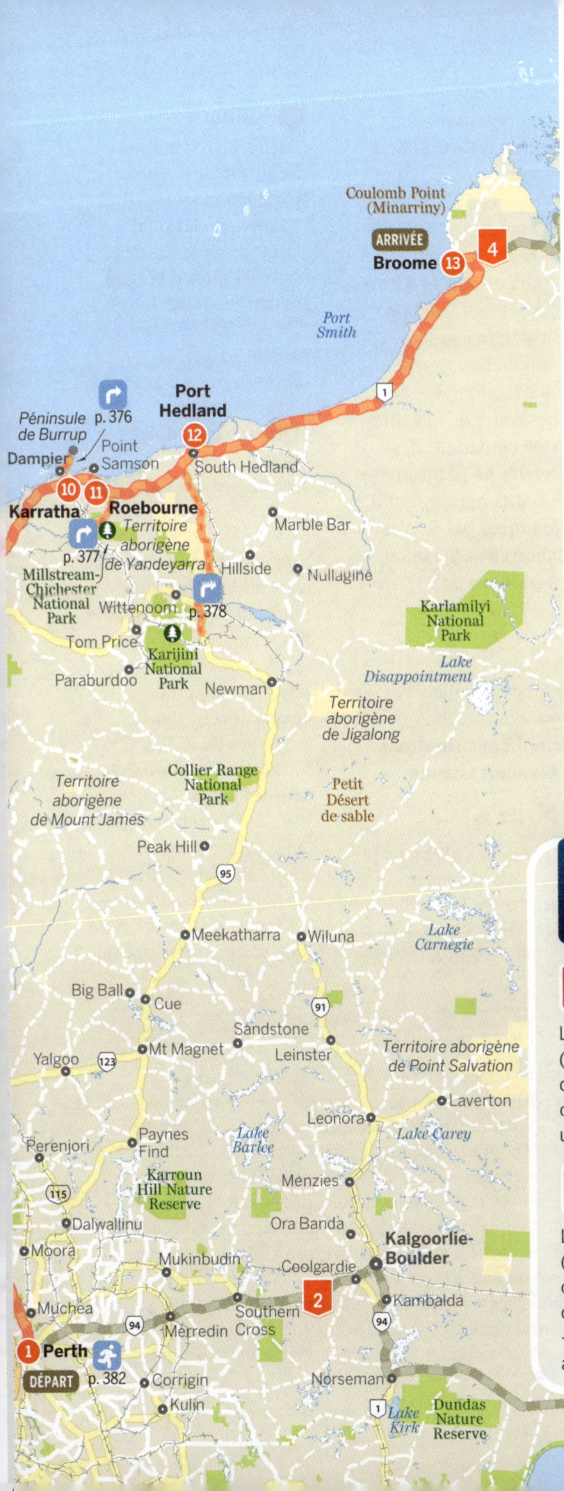


9h30-16h30). Ces colonnes de calcaire sont formées de coquillages qui recouvraient jadis la plaine et se sont érodées au fil du temps. Une route y dessine une boucle, mais une promenade à pied est plus plaisante. À Cervantes, des passerelles longent la côte et donnent accès à de jolies plages. Lobster Shack est idéal pour déguster une assiette de crevettes accompagnée d'une bière fraîche.

p. 380

**La route »** Au lieu de retrouver Brand Hwy, prenez la direction nord pour quitter Cervantes par Indian Ocean Dr. La circulation est moins dense et vous aurez des vues panoramiques sur l'océan. À 124 km de Cervantes, la route rejoint Brand Hwy. Il reste 94 km jusqu'à Geraldton.



## À COMBINER AVEC

### 2 Plaine de Nullarbor

Là où se termine le voyage (la traversée de la plaine de Nullarbor débute ou se termine à Perth), un autre commence.

### 4 Traversée du Kimberley

La route pour Kununurra (1 045 km) débute là où cette escapade le long de la Coral Coast se termine – relier les deux ne présente aucune difficulté.

## 3 Geraldton

Capitale du centre-ouest et plus grande localité entre Perth et Darwin, “Gero” est entourée de belles plages. Elle mêle sophistication urbaine et vie rurale, et se distingue par une scène artistique dynamique et de bons restaurants. **Mantra Geraldton** (08-9956 1300 ; www.mantra.com.au ; 221 Foreshore Dr ; app à partir de 219 $ ; ) est l’un des meilleurs hébergements de la ville. Pour bien manger, rendez-vous au **Beached Barrel** (www.facebook.com/BeachedBarrel ; 26 Foreshore Dr ; doughie 6-19 $ ; 7h30-15h mar-dim), au **Saltdish** (08-9964 6030 ; www.facebook.com/saltdishcafe ; 35 Marine Tce ; petit-déj 8-25 $, déj 22-30 $ ; 7h-16h lun-ven, plus 18h-23h ven-sam ; ) et au **Piper Lane Cafe** (08-9921 5525 ; 166 Marine Tce ; plats 18-28 $ ; 7h30-15h mer-sam, 7h30-13h dim ; ). Ici, la plupart des activités sont aquatiques : **Midwest Surf School** (0419 988 756 ; www.surf2skool.com ; cours/location de planche à partir de 60/20 $) propose des cours de surf et **KiteWest** (0449 021 784 ; www.kitewest.com.au ; Coronation Beach ; cours à partir de 70 $/heure ; 9h-17h) des cours de kitesurf, surf ou paddle, des sorties de pêche ou des circuits nature. Enfin, ne manquez pas le **Western Australian Museum – Geraldton** (08-9431 8393 ; www.museum.wa.gov.au ; 2 Museum Pl ; don apprécié ; 9h-15h), l’un des meilleurs musées de l’État, et un circuit aux **Houtman Abrolhos Islands**.

p. 380

**La route »** À 100 km au nord de la ville, prenez l’embranchement pour Kalbarri. Il y a 54 km de route, avec un tronçon qui longe l’océan.

## 4 Kalbarri

Cette ville balnéaire décontractée est une base idéale pour visiter le Kalbarri National Park. Des prestataires comme **Kalbarri Wagoe Beach Quadbike Tours** (08-9936 6060 ; www.kalbarriquad.com ; 4043 George Grey Dr ; conducteur/passager à partir de 90/45 $) et **Kalbarri Quadbike Safaris** (08-9937 1011 ; www.kalbarriquadsafaris.com.au ; près d’Ajana-Kalbarri Rd ; conducteur/passager à partir de 80/40 $) organisent des sorties dans les dunes tandis que **Kalbarri Abseil** (08-9937 1618 ; www.kalbarriabseil.com ; adulte/enfant 90/80 $) propose des excursions dans les gorges du Kalbarri National Park. **Kalbarri Scenic Flights** (08-9937 1130 ; www.kalbarriaircharter.com.au ; aéroport de Kalbarri, près d’Ajana-Kalbarri Rd ; vol de 5 heures Abrolhos Islands 299 $) part de l’aéroport de Kalbarri pour des circuits

### SHARK BAY

Classée au Patrimoine mondial de l’Unesco, Shark Bay, qui s’étire de Kalbarri à Carnarvon, englobe plus de 1 500 km de côte spectaculaire jalonnée de lagons aux eaux turquoise, de péninsules arides, de baies reculées, de plages de sable blanc, de hautes falaises calcaires et de nombreuses îles. Ce territoire, le plus occidental d’Australie, abrite un écosystème particulièrement riche, avec des plantes et des espèces animales uniques au monde. Des baies abritées et de luxuriants herbiers marins attirent dugongs, tortues de mer, baleines à bosse, dauphins, raies, requins et autres créatures aquatiques. Shark Bay a bénéficié du Project Eden, un ambitieux programme qui a pour but d’éradiquer les espèces invasives afin de réintroduire celles endémiques. On trouvent également des stromatolithes à Hamelin Pool. Les Malgana, Nhanda et Inggarda sont les gardiens traditionnels de ce territoire ; les visiteurs peuvent se joindre à des circuits culturels aborigènes pour en savoir plus.

AGENT WOLF/SHUTTERSTOCK ©

**Nambung National Park** Pinnacles Desert

à la journée aux Houton Abrolhos Islands. À Kalbarri, logez au Gecko Lodge (p. 380), si votre bourse le permet. De délicieux repas sont servis au Finlay's Fresh Fish BBQ (p. 380) et au **Restaurant Upstairs** (☎0408 001 084 ; www.facebook.com/Upstairs.Kalbarri ; 2 Porter St ; plats 33-42 $ ; ⏲11h-15h et 17h-22h jeu-lun ; ❄).

✕ 🛏 p. 380

**La route »** 8 km au sud de la ville, la route passe devant le départ des sentiers longeant les falaises du Kalbarri National Park. Direction nord, une route au milieu des broussailles mène à l'entrée principale du parc.

## 5 Kalbarri National Park

Le Kalbarri National Park, ce sont 2 000 m² de bush ponctué d'eucalyptus rouges, de grès de Tumblagooda, de gorges et de falaises érodées. Le parc abrite une faune abondante, dont 200 espèces d'oiseaux, et des fleurs sauvages, dont l'éclosion entre juillet et novembre est spectaculaire. Une série de points de vue longent le littoral au sud de la ville. **Bigurda Trail**, un sentier facile (8 km aller), suit le sommet de la falaise entre **Natural Bridge** et **Eagle Gorge** ; entre juillet et novembre, on voit parfois migrer les baleines. Les gorges se trouvent à l'est de Kalbarri ; descendez Ajana Rd sur 11 km jusqu'à l'embranchement, puis faites 20 km de piste jusqu'au carrefour. Tournez à gauche pour les points de vue du **Loop** et le superbe **Nature's Window** (1 km aller-retour). Si vous tournez à droite au carrefour, vous joindrez le **Z-Bend**, qui offre une vue saisissante (1,2 km aller-retour), sinon redescendez au fond de la gorge (2,6 km aller-retour).

**La route »** De Kalbarri, revenez sur la route principale (54 km) et tournez à gauche (direction nord). Sur 158 km, vous traversez un environnement de broussailles et de terre rouge jusqu'à l'embranchement pour Shark Bay. Faites une halte à Overlander Roadhouse, puis prenez à gauche. Il reste 128 km jusqu'à Denham.

TEMPS FORT

## 6 Denham et Monkey Mia

Denham, ville la plus occidentale d'Australie, avec sa plage frangée de palmiers et baignée d'une mer turquoise, est un point de chute parfait pour visiter les parcs nationaux et les parcs marins des environs. **Shark Bay Scenic Flights** (☎08-9948 1773 ; www.sharkbayaviation.com ; 2 Denham Rd ; vols adulte/enfant à partir de 120/60 $) survole cette magnifique région. Le nourrissage des dauphins sauvages dans les eaux peu profondes de Monkey Mia, à 26 km de Denham, est très prisé. La jetée constitue un bon poste d'observation ; le premier repas a lieu vers 7h45, même si les dauphins arrivent plus tôt. Pour un bon aperçu de la faune marine, participez à une croisière de 2 heures 30 avec **Wildsights** (☎1800 241 481 ; www.monkeymiawildsights.com.au ; Monkey Mia ; croisière adulte/enfant 99/50 $), au départ de Monkey Mia. De retour sur la terre ferme, participez aux bushwalks organisés par **Wula Gurda Nyinda Aboriginal Cultural Tours** (☎0429 708 847, 0432 029 436 ; www.wulagura.com.au ; circuits 2 heures au coucher du soleil adulte/enfant 70/35 $). Profitez du merveilleux accueil de On The Deck @ Shark Bay (p. 380) et dînez au Denham's Oceans Restaurant (p. 380) ou au **Boughshed** (☎08-9948 1171 ; www.facebook.com/boughshed ; Monkey Mia Resort, Monkey Mia Rd ; déj 15-24 $, plats le soir 26-42 $ ; ⏰7h-20h) à Monkey Mia.

🍴 🛏 p. 380

**La route »** Retournez sur la route principale à 128 km de Denham. Au Overlander Roadhouse, prenez la direction du nord. Il reste 193 km jusqu'à Carnarvon – attention, belle vue sur Shark Bay et présence de kangourous sur la route.

## 7 Carnarvon

Sur les terres yinggarda, à l'embouchure de Gascoyne River, la fertile Carnarvon, aux exploitations de fruits et de légumes et à la florissante industrie de la pêche, constitue une étape plaisante entre Denham et Exmouth. Des plantations luxuriantes longent la North River Rd et la South River Rd ; procurez-vous la

### VAUT LE DÉTOUR FRANCOIS PERON NATIONAL PARK

**Point de départ : 6 Denham**

S'étirant sur une magnifique péninsule au nord de Denham, le Francois Peron National Park est un bijou au paysage de broussailles, de lagunes salées et de dunes qui abrite le rare bilby, le léipoa ocellé et le python de Ramsey. Ses falaises couleur rouille, ses plages de sable blanc et ses eaux bleues, délicieusement isolées, sont idéals pour découvrir la vie marine. Au **cap Peron**, les grands dauphins ont développé une technique de pêche unique et, au **Skipjack Point Lookout**, vous pourrez observer des raies mantas, des raies aigles et des dugongs. Comme le parc est peu accessible sans 4x4, il est conseillé de participer à un circuit guidé avec **Shark Bay 4WD** (☎08-9948 1765 ; www.sharkbay4wd.com.au ; 1 Ocean Park Rd ; ⏰à partir de 205 $), **Shark Bay Coastal Tours** (☎0407 890 409 ; www.sharkbaycoastaltours.com.au ; Post Office, Knight Tce, Denham ; demi-journée/journée 150/195 $) ou **Ocean Park Tours** (☎08-9948 1765 ; www.oceanpark.com.au ; Ocean Park Rd).

## VAUT LE DÉTOUR
## QUOBBA COAST

**Point de départ : 7 Carnarvon**

La côte nord de Carnarvon, sauvage et désolée, est le repaire des surfeurs et des pêcheurs. Si vous venez jusqu'ici, vous serez récompensé par des rouleaux gigantesques, des vents incessants, une vie marine fascinante et d'éblouissants couchers de soleil. À 24 km au nord de Carnarvon, quittez North West Coastal Hwy par la gauche et continuez sur 49 km jusqu'aux **Blowholes** (Beach Rd), où l'eau est projetée à travers des cavités rocheuses. Empruntez la piste en direction du nord sur 75 km jusqu'à **Gnaraloo Station** (08-9942 5927 ; www.gnaraloo.com ; près de Quobba-Gnaraloo Rd ; camping adulte/enfant à partir de 25/12,50 $, cabins 150-330 $ ; ), qui loue des chambres dans l'exploitation. Ne manquez pas Gnaraloo Bay, un croissant de sable immaculé à 7 km au nord. Les vagues légendaires de **Tombstones** enthousiasment les surfeurs. Un camping est situé au **3-Mile Camp** (08-9942 5927 ; www.gnaraloo.com ; camping adulte/enfant 25/12,50 $, ch 90 $ ; ).

brochure *Gascoyne Food Trail* (www.gascoynefood.com.au) au **Visitor Centre** (08-9941 1146 ; www.carnarvon.org.au ; Civic Centre, 21 Robinson St ; 9h-17h lun-ven, 9h-12h sam). Très arboré, le Central Business District (centre-ville) garde son charme tropical et le front de mer invite à la promenade à l'ombre des palmiers. Vérifiez si **One Mile Jetty** (Babbage Island Rd ; adulte/enfant 5 $/gratuit), dans le Heritage Precinct sur Babbage Island (www.carnarvonheritage.com.au), jadis le port de la ville, est de nouveau ouvert. Si vous voyagez avec des enfants, rendez-vous au **Carnarvon Space & Technology Museum** (www.carnarvonmuseum.org.au ; Mahony Ave ; adulte/enfant/famille 10/6/25 $ ; 10h-15h avr-sept, 10h-14h oct-mars ; ). En quête d'un repas mémorable ? **Sails Restaurant** (08-9941 1600 ; www.hospitalityincarnarvon.com.au /sailsresraurant ; 6 West St ; plats 24-45 $ ; 18h-21h ; ) sert la cuisine la plus créative de Carnarvon.

**La route »** Il y a 140 km entre le nord de Carnarvon et Minilya Roadhouse. Là, la North West Coastal Hwy dévie vers le nord-est. Prenez plutôt Minilya Exmouth Rd vers Exmouth (85 km) et ensuite la direction de Coral Bay. La route est étroite sur les derniers 13 km.

### 8 Coral Bay

Cette minuscule bourgade en bord de mer est une bonne base pour accéder au Ningaloo Marine Park. Limitée à une rue unique et à une grande plage de sable blanc, elle se visite à pied. À l'entrée sud du **Ningaloo Marine Park**, Coral Bay est un endroit idéal pour nager avec les raies mantas tout au long de l'année. **Ningaloo Marine Interactions** (08-9948 5190 ; www.mantaraycoralbay.com.au ; Shopping Centre, Robinson St ; observation des baleines 75 $, interagir avec les raies mantas 170 $, observation de la faune 210 $) et **Ningaloo Reef Dive & Snorkel** (08-9942 5824 ; www.ningalooreefdive.com ; Shopping Centre, Robinson St ; plongée à partir de 300 $), parmi d'autres, organisent des excursions en mer. Vous pouvez aussi nager en compagnie des requins-baleines (avril-juin) et des baleines (juin-novembre).

**La route »** Revenez sur Minilya-Exmouth Rd et ralliez Exmouth à 140 km. Des termitières géantes ponctuent le paysage de broussailles, mais le plus joli tronçon longe Exmouth Gulf peu avant d'arriver à la ville.

## VAUT LE DÉTOUR
## PÉNINSULE DE BURRUP

**Point de départ : 10 Karratha**

C'est un site incontournable pour découvrir la culture aborigène. Rendez-vous à Dampier, à 20 km environ de Karratha, en empruntant la Dampier Hwy direction ouest qui longe l'aéroport de Karratha ; prenez ensuite Burrup Rd direction nord après être passé devant les dépressions salées. Au bout de plusieurs kilomètres, tournez à droite sur Hearson Rd direction Hearson's Cove et cherchez un panneau sur votre droite indiquant **Deep Gorge**. Des collines rocheuses abritent la plus grande concentration d'art rupestre au monde, datant parfois de 30 000 ans. Vous y admirerez des pétroglyphes de poissons, de goannas (lézards), de tortues, de balbuzards, de kangourous et même d'un tigre de Tasmanie. Réservez un circuit auprès de **Ngurrangga Tours** (08-9182 1777 ; www.ngurrangga.com.au ; 42 Roe St, Roeborne ; circuit art rupestre demi-journée adulte/enfant 160/80 $ ; fév-nov).

TEMPS FORT

### 9 Exmouth et Ningaloo Reef

Ancienne base sous-marine pendant la Seconde Guerre mondiale, Exmouth possède de bons restaurants et des sentiers où vous pourrez voir des émeus. C'est un excellent point de chute pour visiter le Ningaloo Reef, un site inscrit au Patrimoine mondial.

Le **Ningaloo Marine Park** abrite une grande variété d'espèces marines – requins, raies mantas, baleines à bosse, tortues, dugongs, dauphins et plus de 500 poissons. Le plus grand récif (*reef*) frangeant d'Australie se trouve parfois à seulement 100 m du bord. Nagez avec les requins-baleines (avril-juillet), observez la faune marine, plongez, pratiquez le snorkeling (essayez **Bay Snorkel Area**), le kayak, le surf et pêchez tout votre content – le **Visitor Centre** (08-9949 1176 ; www.visitningaloo.com.au ; Ningaloo Centre, Murat Rd ; 9h-17h avr-oct, 9h-17h lun-ven, à 13h sam-dim oct-mars ; ) fournit la liste des prestataires. Nos préférés : **Three Islands** (1800 138 501 ; www.whalesharkdive.com ; 1 Kennedy St ; nager avec les requins-baleines adulte/enfant 395/285 $ ; mars-oct) et **Kings Ningaloo Reef Tours** (08-9949 1764 ; www.kingsningalooreeftours.com.au ; Exmouth Ningaloo Caravan & Holiday Resort, Murat Rd ; adulte/2-16 ans nager avec les requins-baleines 399/280 $). En dehors de la saison des baleines et des requins, les organisateurs mettent l'accent sur les raies mantas. **DPaW Turtle Interaction Tour** (JTC ; www.ningalooturtles.org.au/jurabi.html ; Yardie Creek Rd) vous emmène observer la nidification des tortues (novembre-mars).

p. 381

**La route »** La route sera longue après le Ningaloo Marine Park... Dirigez-vous vers le sud d'Exmouth (86 km) et tournez à gauche sur Burkett Rd, il reste 79 km pour rejoindre la route principale. Encore 383 km et vous arrivez à Karratha. Nanutarra Roadhouse est la seule station-service en chemin.

### 10 Karratha

En arrivant à Karratha, centre minier et industriel, vous serez agréablement surpris par les bons restaurants et cafés (**Empire 6714** (0427 654 045 ; www.empire6714.com.au ; Warambie Rd ; plats 13-28 $ ; 5h30-15h ; ) et **Lo's Cafe Fusion Bistro** (0438 186 688 ; www.facebook.com/losbistro ; 20 Sharpe Ave, The Quarter ; plats

RON YYBAS/ALAMY STOCK PHOTO ©

**Karijini National Park** Hamersley Gorge

18-24 $ ; ⏲7h30-17h ; ❄✍) sortent du lot). Il y a aussi un centre culturel à l'architecture étonnante – le **Red Earth Arts Precinct** (☎08-9186 8600 ; www.redearthartsprecinct.com.au ; 27 Welcome Rd ; ⏲9h-17h lun, jeu et ven, 9h-18h mar, 9h-19h jeu, 9h-14h sam ; 📶) – et plusieurs curiosités naturelles dans les environs.

**La route »** Entre Karratha et Roebourne, il y a 39 km par la North West Coastal Hwy.

## 11 Roebourne

Plus ancienne ville du Pilbara (1866) encore active, Roebourne vaut bien une halte avec ses beaux édifices anciens qui longent la rue principale et sa vue sur les environs arides depuis le sommet du **Mt Welcome** (Fisher Dr). La scène artistique aborigène y est dynamique et les amateurs d'art ne manqueront pas la galerie **Yinjaa-Barndi Gallery** (☎08-9182 1959 ; www.yinjaa-barni.com.au ; Lot 3 Roe St ; ⏲9h-14h lun-ven ou sur rdv).

## VAUT LE DÉTOUR
## MILLSTREAM CHICHESTER NATIONAL PARK

**Point de départ : 11 Roebourne**

Les plateaux recouverts de spinifex, les paisibles oasis et les mesas érodées de Chichester Range se prêtent parfaitement à une excursion d'une journée.

Le parc national est partagé en deux sections. La moitié Chichester est formée d'une piste pittoresque de 90 km au sud-est de Roebourne qui convient aux voitures classiques la plupart du temps. La moitié Millstream se trouve à environ 130 km de Karratha. Les sites d'intérêt incluent **Python Pool** (Chichester) et **Deep Reach Pool** (Millstream). Les sentiers de randonnée (courts) se trouvent essentiellement à Millstream. On peut également accéder au parc à partir de Karratha.

## VAUT LE DÉTOUR
## KARIJINI NATIONAL PARK

**Point de départ : 12 Port Hedland**

Les étroits défilés, les impressionnantes cascades et les bassins paisibles de Karijini valent bien un long détour de 666 km pour y accéder ! Terrain de jeu idéal pour les amateurs de randonnée, un large choix de sentiers émaille le lieu, dont le chemin bordant **Dales Gorge** (Dales Rd ; 👪) (4 km aller-retour) qui offre des vues superbes, ou l'inoubliable traversée d'une rivière glacée à gué sur le sentier plus exigeant de **Hancock Gorge** (Weano Rd) (800 m, aller-retour). Dormez sous les étoiles à l'un des deux campings ou choisissez un hébergement plus chic à la **Karijini Eco Retreat** (☎08-9425 5591 ; www.karijiniecoretreat.com.au ; Weano Rd ; camping 20 $/pers, eco cabin 199 $, tente deluxe ch 349 $ ; P ❄), dont le restaurant gastronomique est ouvert en haute saison.

**La route »** Prenez North West Coastal Hwy en direction de l'est pendant 203 km jusqu'à Port Hedland. Sur la route, vous croiserez quelques *road trains*, mais aucune station-service.

## 12 Port Hedland

Gares de triage, montagnes de minerais ou de sel, hauts-fourneaux, vaste port et street art expressif accueillent le visiteur à Port Hedland. Cependant, une histoire de 130 ans composée de boom miniers, de faillites, de cyclones, d'industrie perlière et d'actions héroïques pendant la Seconde Guerre mondiale se cachent sous la poussière rouge. Découvrez les galeries et les cafés – **Hai's Coffee Van** (www.facebook.com/haicoffeevan/ ; 181 Wilson St ; 🕒5h-9h lun-ven, 5h-10h30 sam) sert le meilleur café de la ville – et baladez-vous dans le centre historique (CBD) et le pittoresque front de mer. Partez du **Visitor Centre** (☎08-9173 1711 ; www.visitporthedland.com ; 13 Wedge St ; 🕒9h-17h lun-ven, 9h-14h sam ; 📶) pour les visites de fonderies organisées par **BHP Billiton** (13 Wedge St ; adulte/enfant 45/30 $ ; 🕒12h-13h lun, mar, jeu avr-oct ; sur demande nov-mars). **Courthouse Gallery** (☎08-9173 1064 ; 16 Edgar St ; 🕒9h-16h30 lun-ven, 9h-15h sam) abrite des collections d'art contemporain et aborigène, et les **Spinifex Hill Studios** (☎08-9172 1699 ; www.spinifexhillstudio.com.au ; 18 Hedditch St, South Hedland ; 🕒10h-16h mar-ven, 10h-14h dim), à South Hedland, se spécialise dans l'art aborigène. Entre novembre et février, des **tortues à dos plat** nichent sur les plages avoisinantes.

✕ 🛏 p. 381

### UN ESCALIER VERS LA LUNE

Les habitants vous parleront volontiers du curieux spectacle connu sous le nom de Staircase to the Moon (escalier vers la Lune). Cet "escalier doré" est un phénomène naturel que l'on peut observer entre mars et octobre depuis une plage donnant vers l'est, lorsque la lune pleine monte au-dessus de la mer ou des vasières en créant une illusion optique. À voir à Port Hedland, Broome et Dampier.

**La route »** The Big Empty (le grand vide) s'étend entre Port Hedland et Broome tandis que la Great Northern Hwy longe le Grand Désert de sable sur 609 km. On n'y trouve que deux roadhouses – à Pardoo (148 km) et à Sandfire (288 km) – alors, faites le plein d'essence ! La côte sauvage n'est jamais bien loin.

ALYBABA/SHUTTERSTOCK ©

**Broome** Roebuck Bay

TEMPS FORT

## 13 Broome

Broome s'accroche à une étroite bande de pindan rouge à l'ouest du Kimberley, au pied de la péninsule de Dampier. Entourée des eaux aigues-marines de l'océan Indien, de criques, de mangroves et des vasières de Roebuck Bay, cette bourgade rurale en terre yawuru se trouve à 2 000 km de la plus proche capitale régionale. Elle pourrait ressembler au paradis après le long trajet que vous venez de parcourir. Cable Beach et ses luxueux complexes hôteliers attirent les touristes pendant la haute saison (la Dry, avril-octobre), avec ses balades à dos de dromadaire et ses plages de surf. Le soir, faites une pause pour vous retrouver autour d'un verre en regardant le flamboyant coucher du soleil sur la mer.

p. 381

# Se restaurer et se loger

## Cervantes 2

### Lobster Shack — Poisson, fruits de mer $$

(☎08-9652 7010 ; www.lobstershack.com.au ; 37 Catalonia St ; plats 17-43 $ ; ⏰boutique 8h-17h, café 11h-15h, circuits guidés 12h-15h). Difficile de trouver plus frais qu'au Lobster Shack, une usine de transformation de poisson-restaurant sur le front de mer, où la demi-langouste grillée avec frites et salade vous coûtera environ 38 $. *Fish burgers*, assiettes de crevettes, ormeaux, huîtres, vins et bières complètent le tableau. Plats à emporter.

## Geraldton 3

### Burnt Barrel — Barbecue $$

(☎08-9920 5552 ; www.burntbarrel.com ; 305 Nanson-Howatharra Rd, Nanson ; plats 28-40 $ ; ⏰11h-16h ven-dim, 18h-21h30 sam – sur réservation) ; P ❄). Si votre route vous mène au nord de Geraldton, à Chapman Valley, les délicieux effluves du *pulled pork* (viande de porc effilochée) et des *ribs*, la promesse de bières glacées d'une microbrasserie locale pourrait bien vous attirer dans ce restaurant-barbecue de l'outback. Réservez.

### Sunset Beach Holiday Park — Camping-caravaning $

(☎1800 353 389 ; www.sunsetbeachpark.com.au ; 4 Bosley St ; empl camping 41 $, cabins 96-186 $ ; P ❄ 📶). À 6 km au nord de CBD, Sunset Beach dispose d'emplacements spacieux et ombragés à quelques pas d'une jolie plage. La cuisine de camp, avec grande TV, est ultramoderne. Les *cabins* sont soit en version basique avec équipements partagés ou en version chalet de plage avec 2 chambres.

## Kalbarri 4

### Finlay's Fresh Fish BBQ — Poisson, fruits de mer $$

(☎0438 708 429 ; 24 Magee Cres ; plats 15-45 $ ; ⏰17h30-22h mar-dim). Produits de la mer de première fraîcheur (moules au piment, calmar au sel et poivre, prise du jour) superbement préparés dans cette institution de Kalbarri au décor inhabituel – un terrain couvert de machines agricoles, de bouées et de sculptures de requins. Pour accompagner votre repas, commandez une bière de la microbrasserie propriété du restaurant.

### Gecko Lodge — B&B $$$

(☎08-9937 1900 ; www.geckolodgekalbarri.com.au ; 9 Glass St ; ste à partir de 215 $ ; P ❄ 📶). Pour conter fleurette à votre moitié, vous ne trouverez pas mieux que ce B&B luxueux et cosy. Suite avec sdb balnéo, penthouse avec balcon et cuisine. Les propriétaires, Paul et Lindley, qui connaissent la région sur le bout des doigts, vous proposent des muffins sortis du four au petit-déjeuner.

## Denham et Monkey Mia 6

### Oceans Restaurant — Café $$

(Ocean Park Rd ; plats 14-34 $ ; ⏰9h-15h). Vue sur les eaux aigues-marines d'**Ocean Park** (☎08-9948 1765 ; www.oceanpark.com.au ; Shark Bay Rd ; adulte/enfant 25/18 $ ; ⏰9h-17h ; 👪), petit-déjeuner servi jusqu'à 11h, possibilité d'associer bières artisanales et vins primés avec les produits de la mer les plus frais de Shark Bay (calamar au citron grillé et barramundi frit doré à point). Envie d'un dîner romantique ? Commandez le superbe plateau de fruits de mer Ocean Park (60 €).

### On The Deck @ Shark Bay — B&B $$

(☎0409 481 957 ; www.onthedeckatsharkbay.com ; 6 Oxenham Chase ; ch 169-186 $ ; ❄ 📶). Ce B&B en bordure de ville, le plus raffiné de Denham, est décoré avec goût. Il surplombe un paysage de broussailles et reçoit la visite quotidienne de la faune locale. Que vous choisissiez une des 2 chambres spacieuses à l'étage ou la chambre sur jardin, vous aurez accès au spa chauffé, à l'espace repas extérieur, au petit-déjeuner continental. Précieux conseils des propriétaires Phil et Kerrie.

## Exmouth 9

### The Social Society — Végétarien $

(08-9949 2261 ; 2/5 Thew St ; plats 11-21 $ ; 7h-15h lun-ven, 7h-14h sam-dim ; ). Le petit-déjeuner, un repas ennuyeux ? Ce café va faire voler en éclats vos préjugés. Ici, les produits, végans ou végétariens, sont tous issus de l'agriculture bio locale : œufs pochés à la harissa verte, halloumi et pancakes à la banane. Café gourmet. Une boutique vend des articles d'artistes locaux et de l'écran solaire écoresponsable.

### Exmouth Cape Holiday Park — Camping-caravaning $

(1800 871 570 ; www.parksandresorts.rac.com.au/park/exmouth ; 3 Truscott Cres ; empl sans/avec élec 37/43 $, dort/d 33/110 $, cabins 120-250 $ ; ). Ce grand terrain dispose de bons équipements pour campeurs, routards ou familles. Différents modèles de *cabins*, de la toute simple (petite cuisine, sans sdb) à la deluxe, convenant à une famille. Location de vélo sur place.

## Port Hedland 12

### Hedland Harbour Cafe — Café $

(08-9173 2630 ; www.facebook.com/hedlandharbourcafe ; 5 Wedge St ; plats 10-20 $ ; 4h-16h lun-mar, 4h30-20h mer-dim ; ). Lieu de prédilection des lève-tôt et des dockers, ce café sympathique sert un écrasé d'avocats aux œufs pochés, des burritos "brekkie", des kebabs, de l'empereur rouge grillé avec des frites et d'autres plats savoureux. Le café et les smoothies sont également à recommander.

### Discovery Holiday Caravan Park — Camping-caravaning $

(08-9173 1271 ; www.discoveryholidayparks.com.au ; angle Athol St et Taylor St ; camping empl 38 $, backpacker ch 59-89 $, ch dans unit 119-169 $ ; ). À l'extrémité est de la ville, ce camping-caravaning propose différentes *cabins*, des chambres *backpackers* (routards) avec cuisine et sdb partagées et des équipements bien entretenus. Jolie vue sur les mangroves.

## Broome 13

### Good Cartel — Café $$

(0499 335 949 ; 3 Weld St ; petit-déj 7-25 $, burgers 12,50-20 $ ; 5h-14h ; ). Le café hype de Broome. Bon café, jus santé et petits-déjeuners mexicains. Les habitants font la queue pour les burgers. Suivez la file de voitures derrière le **Twin Cinema** (08-9192 3199 ; www.broomemovies.com.au ; 3 Weld St ; adulte/enfant/famille 17,50/12,50/55 $ ; 10h-minuit ou fin de la dernière séance ; ), au parc commercial. Chiens bien accueillis puisque le café milite pour la réinsertion des chiens errants. Adresse sur Facebook (cherchez Good Cartel Broome).

### Aarli — Tapas $$

(08-9192 5529 ; www.theaarli.com.au ; 6 Hamersley St, entrée via Frederick St ; assiettes partagées 14-22 $, plats 20-38 $, petit-déj 13-21 $ ; 8h-tard ; ). Les gens du cru vous diront venir volontiers chez Aarli pour ses agréables tables en extérieur et ses délicieuses assiettes à partager. Dégustez les tapas (fusion méditerranéo-asiatique) ou un repas complet. Excellente carte des vins. Ouvert pour le petit-déjeuner (8h-12h).

### Tarangau Caravan Park — Camping-caravaning $

(08-9193 5084 ; www.tarangaucaravanpark.com ; 16 Millington Rd, Cable Beach ; empl sans/avec élec 40/50 $ ; bureau 8h30-17h ; ). Plus calme que le Cable Beach Caravane Park, souvent bruyant, Tarangau est pourvu d'agréables emplacements gazonnés à 1 km de la plage.

### Beaches of Broome — Auberge de jeunesse $

(1300 881 031 ; www.beachesofbroome.com.au ; 4 Sanctuary Rd, Cable Beach ; dort 32-45 $, motel d sans/avec sdb 145/185 $ ; ). Une auberge aux airs de complexe hôtelier avec des chambres climatisées impeccables, des espaces communs arborés, un bar en bord de piscine et une cuisine commune moderne. Dortoirs de toute taille (dont certains réservés aux femmes) et chambres de type motel bien équipées. Petit-déjeuner et Wi-Fi gratuits. Location de vélos et de scooters sur place.

# SE DÉGOURDIR LES JAMBES PERTH

**Départ/arrivée :** Art Gallery of Western Australia

**Distance :** 4,5 km

**Durée :** 3 heures

Capitale régionale de l'ouest de l'Australie, Perth s'étire entre la Swan River et l'océan Indien sur les terres wadjuk. Cette ville ensoleillée associe un héritage culturel distinct et de beaux édifices anciens à de formidables restaurants, bars et cafés, en multipliant les chassés-croisés avec la mer.

**Compatible avec les itinéraires :**

2 33

## Art Gallery of Western Australia

Rendez-vous à l'**Art Gallery of Western Australia** (☎08-9492 6622 ; www.artgallery.wa.gov.au ; Perth Cultural Centre ; ⏰10h-17h mer-lun), au Perth Cultural Centre à Northbridge. Inauguré en 1895, ce musée présente une superbe collection d'art, dont des œuvres majeures réalisées après la Seconde Guerre mondiale par des artistes australiens comme Arthur Boyd, Albert Tucker, Grace Cossington Smith, Russell Drysdale, Arthur Streeton ou Sidney Nolan. Les galeries d'art aborigène impressionnent tout autant. Visites guidées gratuites (habituellement à 11h et 13h) ; consultez le site Internet.

**La promenade »** Il ne vous faudra que quelques minutes pour rejoindre la prochaine étape : le Perth Institute of Contemporary Arts se trouve dans le même bâtiment que le Perth Cultural Centre, à une centaine de mètres au nord-ouest.

## Perth Institute of Contemporary Arts

Le **Perth Institute of Contemporary Arts** (PICA ; ☎08-9228 6300 ; www.pica.org.au ; Perth Cultural Centre ; ⏰10h-17h mar-dim), appelé PICA, est aménagé dans une ancienne école de 1896 en brique rouge, il s'agit de la principale plateforme d'art contemporain du pays, avec des installations, des performances, des sculptures et des vidéos. PICA promeut l'art expérimental et expose le travail d'étudiants une fois l'an. De mardi à dimanche, dès 10h, le bar du PICA permet de boire un café ou un cocktail en écoutant éventuellement un concert.

**La promenade »** Marchez vers le sud-est, le long de James St : le prochain arrêt se trouve à proximité, sur votre gauche au coin de Beaufort St.

## New Museum for Western Australia

La réouverture de ce superbe **musée** (☎08-6552 7800 ; www.museum.wa.gov.au ; Perth Cultural Centre ; ⏰9h30-17h), prévue en 2020, aura été un tour de force

culturel, scientifique et architectural. Nul doute que le megamouth (requin grande-gueule), un curieux requin à la tête de forme arrondie, fera partie de la collection. Le spécimen exposé au musée s'est échoué près de Mandurah, au sud de Perth, en 1988.

**La promenade »** Si le New Museum est ouvert, bonne visite ! Sinon, prenez Beaufort St, tournez à gauche sur Wellington St avant de prendre Hill St sur la droite. Le Perth Mint est sur votre gauche.

## Perth Mint

Inauguré en 1899, **Perth Mint** (☎08-9421 7222 ; www.perthmint.com.au ; 310 Hay St ; adulte/enfant 19/8 $ ; ⌚9h-17h) réunit pièces de monnaie, pépites et lingots d'or. On peut toucher un lingot d'une valeur supérieure à 700 000 $, frapper ses propres pièces et voir l'or couler à flots (toutes les 30 min, de 9h30 à 15h30). La Gold Exhibition comprend une énorme pièce d'or d'une tonne, inscrite au livre *Guinness des records*, d'une valeur de 60 millions de dollars (et non, vous ne pouvez pas la toucher).

**La promenade »** De Perth Mint, prenez Hill St direction sud, puis St Georges Tce, la seconde à droite. Après Government House, traversez les Stirling Gardens, longez la Supreme Court et rejoignez Bell Tower, au sud de Riverside Dr.

## Bell Tower

Cette flèche en verre connue sous le nom de **Bell Tower** (☎08-6210 0444 ; www.thebelltower.com.au ; Barrack Sq ; adulte/enfant 18/9 $ avec sonnerie des cloches ; ⌚10h-16h, sonnerie 12h-13h lun, jeudi et dim), flanquée d'une voilure en bronze, abrite les cloches royales de l'église londonienne St Martin-in-the-Fields, dont la plus ancienne remonte à 1550. Ces cloches, qui furent offertes par la Grande-Bretagne en 1988, sont les seules à avoir quitté l'Angleterre. Grimpez tout en haut pour une vue à 360° !

**La promenade »** Pour revenir à votre point de départ, remontez Barrack St, tournez à gauche dans Georges Tce, puis à droite dans droite, James St. Il y a des cafés sur William St, si vous avez envie de faire une pause.

# Tasmanie

**AU PREMIER COUP D'ŒIL, ON POURRAIT CROIRE QUE LE RÉSEAU ROUTIER DE** la Tasmanie se résume à une route circulaire divisée en deux par un large axe central. Or, à y regarder de plus près, on constate qu'un maillage étendu s'étend à toute l'île.

Hobart est le point de départ de plusieurs beaux périples, notamment vers les falaises côtières et la colonie pénitentiaire de Port Arthur (sur la péninsule de Tasman), sans oublier le Circuit historique, lequel associe plusieurs bourgades coloniales du centre rural. Les autres itinéraires parcourent l'île, de la côte est bordée de plages à la côte ouest sauvage, en passant par Cradle Mountain et la Tamar Valley. Pas surprenant que la Tasmanie soit la région d'Australie favorite d'un nombre toujours croissant de visiteurs !

**Evandale** Manoir de Clarendon
ZAMBEZISHARK/GETTY IMAGES ©

# Tasmanie

King Island
Yambacoona
King Island
Naracoopa
Currie
Grassy
0 20 km
King Island
(35 km, voir encadré)
Détroit de Bass
Stanley Point
Cap Frankland
Sellars Point
Emita
Flinders Island
Whitemark
Lackrana
Strzelecki National Park
Lady Barron
Cape Barren Island
Clarke Island
Cap Portland
Three Hummock Island
Hunter Island
Robbins Island
The Nut
Stanley
Rocky Cape National Park
Marrawah
A2
Smithton
Wynyard
Burnie
Somerset
Arthur River
Savage River National Park
Ulverstone
Devonport
Narawntapu National Park
Port Sorell
Beaconsfield
George Town
Bridport
B82
Gladstone
Mt William National Park
Bay of Fires
Derby
Scottsdale
A3
Binalong Bay
St Helens
Lilydale
Exeter
37
38
Arthur Pieman Conservation Area
C249
Waratah
A10
Sheffield
1
Launceston
Ben Lomond National Park
Deloraine
Westbury
Perth
St Marys
Mole Creek Karst National Park
Fingal
A4
A3
Corinna
Cradle Mtn
Rosebery
B51
1
Douglas-Apsley National Park
Cradle Mountain-Lake St Clair National Park
Walls of Jerusalem National Park
Campbell Town
Bicheno
Zeehan
Arthurs Lake
Miena
Ross
Queenstown
B27
Lake Sorell
Swansea
Coles Bay
Derwent Bridge
Bradys Lake
35
34
Strahan
Franklin River
A10
Freycinet National Park
Macquarie Harbour
A5
Tooms Lake
Tarraleah
1
Bothwell
Lake Tiberias
Franklin-Gordon Wild Rivers National Park
A10
Triabunna
Mt Field National Park
Hamilton
Orford
Point Hibbs
Lake Gordon
A3
Maria Island
Maria Island National Park
Southwest Conservation Area
Gordon River
Strathgordon
Bridgewater
Richmond
Sorell
Maydena
New Norfolk
A9
Lake Pedder
Hobart
36
Huonville
Péninsule de Tasman
Hartz Mountains National Park
OCÉAN AUSTRAL
Southwest National Park
Geeveston
Storm Bay
Tasman National Park
A6
Cape Pillar
Dover
Alonnah
Port Davey
Bruny Island
Southport
South Bruny National Park
Tasman Head
MER DE TASMAN
South West Cape
South Cape
South East Cape
D'Entrecasteaux Channel
0 100 km

HOUSHMAND RABBANI/SHUTTERSTOCK ©

**Forêt humide de Tarkine** Pieman River

Route Mythique

**34** **Côte est de la Tasmanie 3-5 jours**
Nature sauvage et magnifique paysage côtier sont les deux principaux atouts de ce circuit sur la côte est.

**35** **Circuit historique 3 jours**
Ce court itinéraire est ponctué de villes magnifiquement préservées.

**36** **Péninsule de Tasman 3-4 jours**
Les spectaculaires falaises côtières du sud-est et le passé pénitentiaire de Port Arthur.

**37** **Circuit gourmet dans la Tamar Valley 4-5 jours**
Vin, exploitations de fruits rouges et manchots sont autant d'attraits de cette escapade au départ de Launceston.

**38** **L'Ouest sauvage 14 jours**
Les pistes de forêt humide, dans l'extrême ouest, ont rang de belle aventure, avec Cradle Mountain en toile de fond.

## À NE PAS MANQUER

### Wineglass Bay
La nature se contemple en majesté depuis le Wineglass Bay Lookout. 34

### Evandale
Classée au Patrimoine mondial, Evandale est l'archétype de la ville australienne du XIXe siècle. 35

### Port Arthur
Le pénitencier de Port Arthur est le principal site historique de Tasmanie. 36

### Pipers River
Quoique réputée, cette région viticole, éloignée de la Tamar Valley, est trop souvent boudée des visiteurs. 37

### Corinna
Une formidable immersion dans cette forêt humide méconnue des Tasmaniens eux-mêmes. 38

Route Mythique

34

# Côte est de la Tasmanie

*Fleuron d'une île qui ne compte plus ses joyaux, la côte orientale tient d'un séduisant mélange de paysages de carte postale, de stations balnéaires et d'une faune sauvage unique en Australie.*

## TEMPS FORTS

**3-5 JOURS**
**226 KM**

### PARFAIT POUR...

### LE MEILLEUR MOMENT

D'octobre à avril ; la mer est plus chaude à partir de février.

### LA PHOTO SOUVENIR

Wineglass Bay depuis le point de vue, ou du sommet du Mt Amos.

### POUR LE GRAND AIR

Les étranges falaises et pics de Maria Island.

**Wineglass Bay** Plages de sable et flots bleus

Route Mythique

# 34 Côte est de la Tasmanie

Ce trajet côtier sur la Tasman Hwy passe par deux des principales curiosités naturelles de l'île : les courbes parfaites de la Wineglass Bay (souvent photographiée) et la nature foisonnante de Maria Island. Un détour par la Bay of fires, la petite communauté française de Bicheno, ainsi que quelques vignobles à l'approche de Swansea, achèveront de vous présenter la Tasmanie sous son meilleur jour.

## 1 St Helens

S'étendant autour de Georges Bay, vaste et bien abritée, St Helens a toujours su tirer parti de ses ressources. Fondé dans les années 1830, et baptisé d'après un navire, ce port a exploité tour à tour la baleine, le phoque, et le duvet des cygnes noirs de la baie. Il est aujourd'hui la capitale tasmanienne de la pêche en mer, où affluent aussi bien amateurs que professionnels. Des capitaines de bateaux vous emmèneront là où ça mord – essayez **Gone Fishing Charters** (☎03-6376 1553 ; www.breamfishing.com.au ; 1/2/3/4 pers 200/125/100/85 $ par pers). Pour les autres, direction les plages de la Bay of Fires ou les pistes de VTT de Derby.

**La route »** La Tasman Hwy quitte les rives de Georges Bay, puis rentre brièvement dans les terres. Avant même d'atteindre Scamander (à 22 km de St Helens), vous serez revenu sur la côte. Au sud de Scamander, prenez l'A4 et grimpez au col de St Marys. St Marys est à 17 km de Scamander.

## 2 St Marys

Localité paisible en retrait de la côte, St Marys (altitude 300 m) est entourée de forêts et de champs. Lorsqu'on grimpe sur les hauteurs escarpées autour du village, la vue sur la région est fantastique. Le sommet de **South Sister** (832 m), qui domine German Town Rd, à 6 km au nord du village, est à 10 minutes à pied du parking. Pour rejoindre **St Patricks Head** (683 m), descendez Irishtown Rd, à l'est de St Marys. La montée de 1 heure 30 (aller), équipée de câbles et d'une échelle, est raide et difficile, mais la vue sur la côte est incomparable.

**La route »** L'A4 repart vers l'est et l'océan sur 17 km, en traversant l'Elephant Pass (vous croiserez en chemin un café servant des pancakes). Rattrapez la Tasman Hwy à Chain of Lagoons. La route joue à cache-cache avec la mer sur 27 km jusqu'à Bicheno, qui apparaîtra une fois la côte en vue.

TEMPS FORT

## 3 Bicheno

Bicheno est un port de pêche toujours en activité. Et si les lieux ont la faveur des vacanciers, séduits par les plages et la vue sur l'océan, ils n'en restent pas moins authentiques. Au nord de Redbill Beach, **Diamond Island** est composé d'un affleurement de granit relié à l'île principale par un petit isthme sablonneux semi-submergé, franchissable à gué. La "foreshore walkway" (balade en bord de mer) suit la côte aux abords du port jusqu'à un **blowhole** (trou du souffleur ; en retrait de l'Esplanade). Vous pourrez aussi embarquer sur un bateau à fond de verre

## À COMBINER AVEC

### 36 Péninsule de Tasman

Depuis Orford, point d'arrivée de cet itinéraire classique sur la côte est, rejoignez le circuit de la péninsule de Tasman à Sorell, à seulement 55 km au sud-ouest.

### 38 L'Ouest sauvage

Cet itinéraire totalise 620 km entre Strahan et Launceston, qui se trouve sur la Tasman Hwy à 160 km de St Helens, départ du circuit de la côte est.

*Route Mythique*

avec **Bicheno's Glass Bottom Boat** (☎0407 812 217, 03-6375 1294 ; www.bichenoglassbottomboat.com ; The Gulch, Esplanade ; adulte/enfant 25/10 $ ; ⏲10h, 12h et 14h fin sept à début mai). L'endroit est un des meilleurs points d'observation des manchots de Tasmanie – inscrivez-vous à un circuit au crépuscule avec **Bicheno Penguin Tours** (☎03-6375 1333 ; www.bichenopenguintours.com.au ; 70 Burgess St ; adulte/enfant 40/20 $ ; ⏲bureau de réservation 9h-17h).

p. 397

**La route »** La côte se fait rare sur les 12 premiers kilomètres, puis l'on bifurque sur la C302, qui s'engage vers le sud sur la péninsule de Freycinet. À votre droite, les eaux de Moulting Lagoon sont souvent couvertes de cygnes noirs. Lorsque les Hazards Mountains se dessinent au loin, Coles Bay n'est plus bien loin.

TEMPS FORT

## 4 Coles Bay

Une poignée de boutiques, un restaurant, un camping-caravaning, une taverne : voisine du Freycinet National Park, Coles Bay est une minuscule station balnéaire qui n'a rien perdu de son atmosphère détendue. Elle compte pourtant l'un des plus beaux joyaux naturels de la Tasmanie : Wineglass Bay. **Freycinet Adventures** (☎03-6257 0500 ; www.freycinetadventures.com.au ; 2 Freycinet Dr, Coles Bay ; adulte/enfant 105/95 $ ; 👪) propose des sorties en kayak de 3 heures sur les eaux paisibles de Coles Bay, tandis que **Wineglass Bay Cruises** (☎03-6257 0355 ; www.wineglassbaycruises.com ; Esplanade, Coles Bay ; adulte/enfant 150/95 $ ; ⏲10h sept-mai, 10h mar, jeu et sam juin-juil, 10h mar et jeu août) organise des croisières de 4 heures entre Coles Bay et Wineglass Bay. Le bateau contourne la pointe sud de la péninsule, en passant devant Hazards Beach et Schouten Island. Vous apercevrez des

### VAUT LE DÉTOUR
### BAY OF FIRES

**Point de départ : 1 St Helens**

La Bay of Fires est une bande de sable d'un blanc immaculé de 29 km de long bordée d'eaux cristallines, qui figure parmi les plus belles plages du monde. C'est en fait une succession de plages superbes, ponctuées de lagunes et de gros rochers, sur fond de lande côtière et de bush.

Niché dans un recoin abrité de la baie à 11 km au nord de St Helens, le splendide Binalong Bay (accessible par la C850, goudronnée) est le seul village permanent de la Bay of Fires et le point de départ d'un circuit de 10 km dans la région de The Gardens sur la C848. Celle-ci traverse le bush mais croise des routes qui descendent à plusieurs petites plages – Jeanerette Beach, Swimcart Beach, Cosy Corner – et à de jolis campings. Après Sloop Reef, on ne quitte pas l'océan des yeux jusqu'à The Gardens, qui compte d'extraordinaires plages et promontoires à explorer.

La pointe nord de la baie est desservie par la route de gravier C843, qui mène à **Ansons Bay** puis au **Mt William National Park** (☎03-6387 5510 ; www.parks.tas.gov.au ; pass journée 24/12 $ par véhicule/pers, camping à partir de 13 $). Avec son phare, **Eddystone Point**, au nord d'Ansons Bay dans le Mt William National Park, marque l'extrémité nord de la Bay of Fires. Comptez environ une heure de route depuis St Helens.

dauphins, des pygargues blagres, des phoques, voire des baleines en migration (mai à novembre environ).

p. 397

**La route »** Rebroussez chemin sur 27 km jusqu'à l'A3, puis prenez à gauche. Notez la vue dégagée sur la péninsule de Freycinet lorsque vous passerez le domaine viticole de Devil's Corner ; de là, la route traverse quelques vignes aux alentours de Cranbrook.

## VAUT LE DÉTOUR FREYCINET NATIONAL PARK

**Point de départ : 4 Coles Bay**

Le **Freycinet National Park** (03-6256 7000 ; www.parks.tas.gov.au ; via Coles Bay ; pass journée 24/12 $ par véhicule/pers), vaste espace de plages de sable blanc aux eaux limpides, est le principal site touristique de la région. La vedette est sans conteste la splendide **Wineglass Bay**, et l'ascension jusqu'au point de vue surplombant la plage (1 heure à 1 heure 30 aller-retour) est l'une des promenades les plus populaires de Tasmanie. Vous pourrez aller un peu plus loin et pousser jusqu'à la plage. La descente (raide) du point de vue jusqu'à la baie prend 30 minutes ; comptez 2 heures 30 à 3 heures en tout depuis le parking. Sinon, la promenade en planches (500 m) de **Cape Tourville**, accessible aux fauteuils roulants, affiche un panorama grandiose sur la côte et Wineglass Bay.

## 5 Swansea

Fondé en 1820, le paisible village de Swansea (qui s'appelait alors Great Swanport) contemple les sommets de la péninsule de Freycinet depuis la rive ouest de la Great Oyster Bay. On y trouve d'intéressants édifices patrimoniaux, ainsi qu'un petit **musée** (03-6256 5066 ; www.eastcoastheritage.org.au ; 22 Franklin St ; don d'une pièce de 1 ou 2 $ ; 10h-16h) consacré notamment au sort tragique du tigre de Tasmanie ; on peut y voir un piège de la fin du XIX^e siècle et des œufs de l'émeu de Tasmanie, lui aussi désormais disparu. Au sud de la ville, le **Spiky Bridge** (Tasman Hwy) fut construit par des convicts (prisonniers), au début des années 1840, avec des milliers de pierres retirées des champs. Non loin, **Kelvedon Beach** et **Cressy Beach**, au sable doré, sont souvent désertes. Le **Loon.tite.ter.mair.re.le.hoin.er** est un sentier qui longe le promontoire séparant Waterloo Beach de l'Esplanade et croise une colonie de puffins à bec grêle. En période de reproduction (septembre à avril), les adultes ne rentrent qu'au crépuscule après s'être nourris en mer.

p. 397

**La route »** Voici les plus belles vues de la Tasman Hwy. Après Spiky Bridge, à 7 km de Swansea, la côte est à couper le souffle tandis que la route passe Kelvedon Beach (sa vieille cabane de plage en pierre est très photogénique) pour monter à l'assaut des Rocky Hills avant de s'éloigner de la côte. Triabunna est à 50 km de Swansea.

## 6 Triabunna

Installée dans une petite crique de Spring Bay, Triabunna compte quelques pêcheurs de langoustes et de pétoncles. Hormis son vieux pub, la ville a pour seul attrait d'être le point d'accès à la sublime Maria Island. **East Coast Cruises** (03-6257 1300 ; www.eastcoastcruises.com.au ; adulte/enfant/famille 225/90/545 $ ; oct-mai, ven-dim seulement oct et mai) organise des éco-visites d'une journée sur l'île, en passant par les Painted Cliffs et les Fossil Cliffs de Maria, l'ancienne colonie de convicts de Darlington, avant de se rendre à l'île des Phoques ou de faire le tour de Maria. Sinon, prenez le ferry d'**Encounter Maria**

KEVIN WELLS PHOTOGRAPHY/SHUTTERSTOCK ©

POSNOV/GETTY IMAGESK ©

## POURQUOI EST-CE UNE ROUTE MYTHIQUE ?

ANDREW BAIN, AUTEUR

**Si le climat et la température de l'eau en étaient plus cléments, la côte est de la Tasmanie surpasserait bien des paradis tropicaux sur Terre. Ainsi, Wineglass Bay affiche des formes parfaites et la Bay of Fires étourdit par ses couleurs. Quant à Maria Island, elle allie, à son histoire inscrite au Patrimoine mondial, des falaises aux contrastes saisissants, quantité de wombats… et quelques diables de Tasmanie.**

Ci-dessus : Bay of Fires National Park
À gauche: wombat, Maria Island
À droite : Blowhole (trou du souffleur), Bicheno

ATOSAN/SHUTTERSTOCK ©

**Island** (☎03-6256 4772 ; www.encountermaria.com.au ; Charles St, Triabunna ; aller-retour, entrée au parc national incluse adulte/enfant 50/33 $, 10/20 $ par vélo/kayak ; ⌚9h, 10h30, 12h, 14h45 et 16h15 sept-avr, 10h30, 12h et 14h45 mer et ven-lun mai-août).

**La route »** Le seul trajet consistera ici à se rendre sur les quais de Triabunna. Le ferry se chargera ensuite de vous amener à Maria Island via le Mercury Passage.



TEMPS FORT

## 7 Maria Island

Avec ses pics escarpés et son isthme étroit, Maria Island est un paradis exempt de voitures, aux paysages spectaculaires, entre falaises, forêts envahies de fougères et minces rubans de sable baignés d'eau turquoise. L'ancienne colonie de convicts de **Darlington** (☎03-6257 1420 ; www.parks.tas.gov.au ; pass journée 12 $/pers) classée au Patrimoine mondial est peuplée de kangourous géants, de wombats, de céréopses cendrés et de wallabies. Des diables de Tasmanie ont été réintroduits, et leur population croît (plus de 100 au dernier recensement). Les routes de terre de l'île sont le domaine des promeneurs et des cyclistes (emportez votre vélo ou louez-en auprès de la compagnie des ferries). Les eaux limpides et peu profondes de la réserve marine se prêtent à la plongée et au snorkeling. C'est l'un de nos endroits favoris en Tasmanie. Il n'y a aucun commerce sur l'île : emportez votre équipement et votre nourriture.

p. 397

**La route »** 7 km à peine séparent Triabunna d'Orford, où la Tasman Hwy quitte la côte. Tandis que l'on arrive au village par Sheas Creek, on a une superbe vue sur Maria Island.

## 8 Orford

Ancien port baleinier de la côte est et porte d'accès vers la colonie de convicts de Maria Island, Orford est aujourd'hui un village où les citadins de Hobart viennent passer leurs vacances. La Prosser River descend la **Paradise Gorge** avant d'arriver sur Orford – les beaux paysages se reflètent dans les eaux, généralement très calmes, de la rivière. Sur la rive nord, l'ancienne route construite par les convicts, qui menait autrefois à Hobart, est aujourd'hui une promenade en bord de rivière. Un autre sentier côtier (5 km) part de Raspins Beach, longe Shelly Beach, contourne les falaises de Luther Point et arrive à la jolie **Spring Beach**, aux eaux cristallines et aux vagues parfois propices au surf. Le sentier passe par une carrière de l'époque des convicts, dont on retrouve le grès à Hobart et Melbourne.



### VIGNOBLES DE LA CÔTE EST

Le long de la Tasman Hwy, dans les environs de Cranbrook et Swansea, vous croiserez une succession de domaines viticoles où l'on tire le meilleur des belles journées ensoleillées et des nuits fraîches.

**Freycinet Vineyard** (03-6257 8574 ; www.freycinetvineyard.com.au ; 15919 Tasman Hwy, Apslawn ; 10h-17h). La famille Bull cultive la vigne ici depuis 1980 – c'était le premier vignoble de la côte. On en aime l'ambiance rustique. Superbe sauvignon blanc.

**Devil's Corner** (03-6257 8881 ; www.devilscorner.com.au ; 1 Sherbourne Rd, Apslawn ; 10h-17h). La salle de dégustation, à l'architecture contemporaine, surplombe le Moulting Lagoon et les Hazards Mountains, sur la péninsule de Freycinet. Jolie tour avec vue.

**Gala Estate Vineyard** (03-6257 8641 ; www.galaestate.com.au ; 14891 Tasman Hwy, Cranbrook ; 10h-16h sept-mai). Dégustez un rouge dans un ancien bureau de poste vert pistache. Sur la route principale traversant Cranbrook.

**Spring Vale Wines** (03-6257 8208 ; www.springvalewines.com ; 130 Spring Vale Rd, Cranbrook ; 11h-16h). En bas d'une longue route, à Cranbrook, ce vignoble est dans la même famille depuis 1875. La cave occupe une ancienne étable construite par les convicts en 1842. Mention spéciale pour le pinot gris.

**Milton Vineyard** (03-6257 8298 ; www.miltonvineyard.com.au ; 14635 Tasman Hwy ; 10h-17h). Les étranges arbres jumeaux de l'entrée valent à eux seuls le détour : un eucalyptus et un cyprès de Lambert, comme poussés du même tronc. Dégustation dans un élégant pavillon blanc donnant sur les vignes.

# Se restaurer et se loger

## Bicheno 3

### Lobster Shack — Poisson, fruits de mer $$

(☎03-6375 1588 ; www.lobstershacktasmania.com.au ; 40 Esplanade ; fish and chips 12-20 $, demi-langouste à partir de 65 $ ; ⏲10h-19h). À la terrasse de cette cabane en bord de mer, on se croirait sur un bateau. La langouste y est mijotée de mille façons (au four, grillée, en roulés). On y sert aussi des huîtres et de la soupe. À l'étage, belle vue sur le Gulch.

### Beach Path House — Maison à louer $$$

(☎03-6375 1400 ; www.beachpathhouse.com.au ; 2 Gordon St ; maison 225-420 $ ; ❄). Cette cabane de plage vieille de près d'un siècle, repeinte en blanc cassé et bleu marine, connaît une seconde vie en tant que maison de vacances, avec 3 chambres pouvant loger 8 personnes, une cheminée et une petite terrasse avec vue sur Diamond Island. Quelques nasses agrémentent la déco d'une touche nautique. Tarifs très variables selon la saison.

## Coles Bay 4

### Freycinet Marine Farm — Poisson, fruits de mer $$

(☎03-6257 0140 ; www.freycinetmarinefarm.com ; 1784 Coles Bay Rd, Coles Bay ; assiettes 20-30 $, 12 huîtres 22-25 $ ; ⏲9h-17h sept-mai, 10h-16h juin-août). Très fréquentée, la Freycinet Marine Farm élève de grosses huîtres succulentes dans les eaux de Coles Bay. Son café propose également *fish and chips*, moules, noix de pétoncles et ormeaux. Installez-vous en terrasse pour savourer ces délices de la mer avec un verre de chardonnay. **Visites** (☎0444 519 288 ; www.oysterbaytours.com ; Freycinet Marine Farm, 1784 Coles Bay Rd ; 80 $ ; ⏲10h et 13h) quotidiennes du parc à huîtres.

### Friendly Beaches Camp Site — Camping $

(Friendly Beaches Rd, Freycinet National Park ; empl tente pour 2/famille 13/16 $, adulte/enfant supp 5/2,50 $). Un camping dans le parc national comptant 17 emplacements, des fosses d'aisance ainsi qu'un grand nombre de wallabies, le tout dans la côte broussailleuse derrière les Friendly Beaches.

## Swansea 5

### Melshell Oyster Shack — Poisson, fruits de mer $$

(☎0428 570 334, 03-6257 0269 ; www.melshelloysters.com.au ; 9 Yellow Sandbanks Rd, Dolphin Sands ; 12 huîtres fermées/ouvertes à partir de 15/20 $ ; ⏲10h-16h). À 16 km au nord de Swansea, sur la pointe de Dolphin Sands (suivez les panneaux depuis la highway), Melshell est une pittoresque caravane où l'on sert des huîtres, à déguster au sommet des dunes surplombant les parcs à huîtres dans la Swan River. On vous prête des verres si vous apportez votre bouteille (BYO).

### Schouten House — B&B $$

(☎03-6257 8564 ; www.schoutenhouse.com.au ; 1 Waterloo Rd ; d avec petit-déj 160-200 $ ; 📶). Cette demeure de 1844, construite en briques et en grès par des convicts, était le centre de "Great Swanport" avant que l'activité ne se déplace vers le nord. Décorées dans un style georgien sobre, les chambres ont des lits et du mobilier anciens. Les propriétaires servent une ratatouille végane, des sandwichs au bacon et des pancakes au petit-déjeuner.

## Maria Island 7

### Darlington Camp Site — Camping $

(☎03-6257 1420 ; www.parks.tas.gov.au ; Darlington ; empl sans élec s/d/f 7/13/16 $). Des emplacements enherbés sans électricité derrière les dunes de Darlington Beach. L'abri compte des barbecues au gaz et un foyer creusé dans le sol. Toilettes et douches (1 $), et plus de wallabies et de wombats que d'humains (sans compter un ou deux diables de Tasmanie). Il faut payer l'entrée du parc national, auprès du centre d'accueil des visiteurs de l'île ; pas de réservation possible.

ANDREW BAIN/ALAMY STOCK PHOTO ©

35

# Circuit historique

*Ce charmant parcours, qui part du Sud pour rejoindre le Nord, relie les deux plus grandes villes de Tasmanie en traversant la campagne et les villes historiques du cœur de l'île.*

## TEMPS FORTS

### 3 JOURS
### 257 KM

### PARFAIT POUR...

### LE MEILLEUR MOMENT

Toute l'année, mais la meilleure saison est d'octobre à avril.

### LA PHOTO SOUVENIR

Les ormes parés des couleurs de l'automne dans Church St à Ross.

### UN PEU D'HISTOIRE

Ratho Farm, à Bothwell, fut le premier golf d'Australie.

**Ross** Couleurs automnales dans Church St

# 35 Circuit historique

L'itinéraire reliant Hobart à Launceston n'a peut-être pas le côté théâtral de ceux des montagnes ou du littoral, mais vaut largement le détour pour son architecture de l'époque coloniale. Les bourgades, les façades de bâtiment et les paysages (selon les saisons et les couleurs) semblent tout droit sortis de la campagne anglaise. La route la plus directe suit la Midland Hwy, mais, en vous perdant un peu, vous plongerez dans l'histoire de la Tasmanie.

## 1 Hobart

Nichée entre le **kunanyi/ Mt Wellington** (www.wellingtonpark.org.au ; Pinnacle Rd, via Fern Tree) et l'estuaire de la Derwent River, Hobart vit au rythme de la nature. Prévoyez de consacrer quelques jours pour profiter des restaurants et des bars de North Hobart, à Salamanca Place, habillée de grès, et au site historique de Battery Point. La ville et les quais se visitent facilement à pied, tandis que le **MONA** (Museum of Old & New Art ; ☎03-6277 9900 ; www.mona.net.au ; 655 Main Rd, Berriedale ; adulte/ enfant 28 $/gratuit, résidents tasmaniens gratuit ; ⏲10h-18h jan, 10h-18h mer-lun fév-avr et déc, 10h-17h mer-lun mai-nov), un extraordinaire musée d'art ancien et contemporain, installé sur une péninsule dans la banlieue nord (prenez le ferry), mérite une journée entière. Mentionnons également la **Cascade Brewery** (☎03-6212 7801 ; www.cascadebrewery.com.au ; 140 Cascade Rd, South Hobart ; visite de la brasserie adulte/ enfant 16-18 ans 30/15 $, "Beer School" adulte/enfant 15/10 $), la **Tasmanian Museum & Art Gallery** (TMAG ; ☎03-6165 7000 ; www.tmag.tas.gov.au ; Dunn Pl ; ⏲10h-16h, fermé lun avr-déc) et le **Cascades Female Factory Historic Site** (☎03-6233 6656, 1800 139 478 ; www.femalefactory.org.au ; 16 Degraves St, South Hobart ; adulte/enfant/famille 8/5/20 $, Heritage Tour 18/12/45 $ ; ⏲9h30-16h, visites 10h, 11h, 13h, 14h et 15h).

p. 405, p. 415

**La route »** Quittez Hobart par le nord sur la Brooker Hwy, en suivant les panneaux pour Launceston et dépassez le MONA quelque 10 km plus loin. Traversez le Bridgewater Bridge à 21 km au nord de Hobart et restez sur la Midland Hwy jusqu'à Melton Mowbray, à 35 km du pont. Prenez à gauche sur l'A5 et traversez la campagne ondoyante jusqu'à Bothwell (21 km).

TEMPS FORT

## 2 Bothwell

C'est en arrivant à Bothwell (485 habitants) que se font sentir les premiers accents de campagne anglaise et écossaise. Assez loin de la grand-route, cette bourgade est restée assez confidentielle et s'organise autour d'une place enherbée, non loin d'un bras de la Clyde River. Elle compte de beaux édifices historiques : ne manquez pas la **St Michael's Church** de 1891, et le **Castle Hotel**, ouvert en 1829. La **Nant Distillery** (☎03-6111 6110 ; www.nant.com.au ; 254 Nant Lane ; visites avec/ sans dégustation 35/15 $, dégustations 25 $ ; ⏲10h-16h, fermé mar-mer juin-août) et le plus vieux golf d'Australie, à **Ratho**

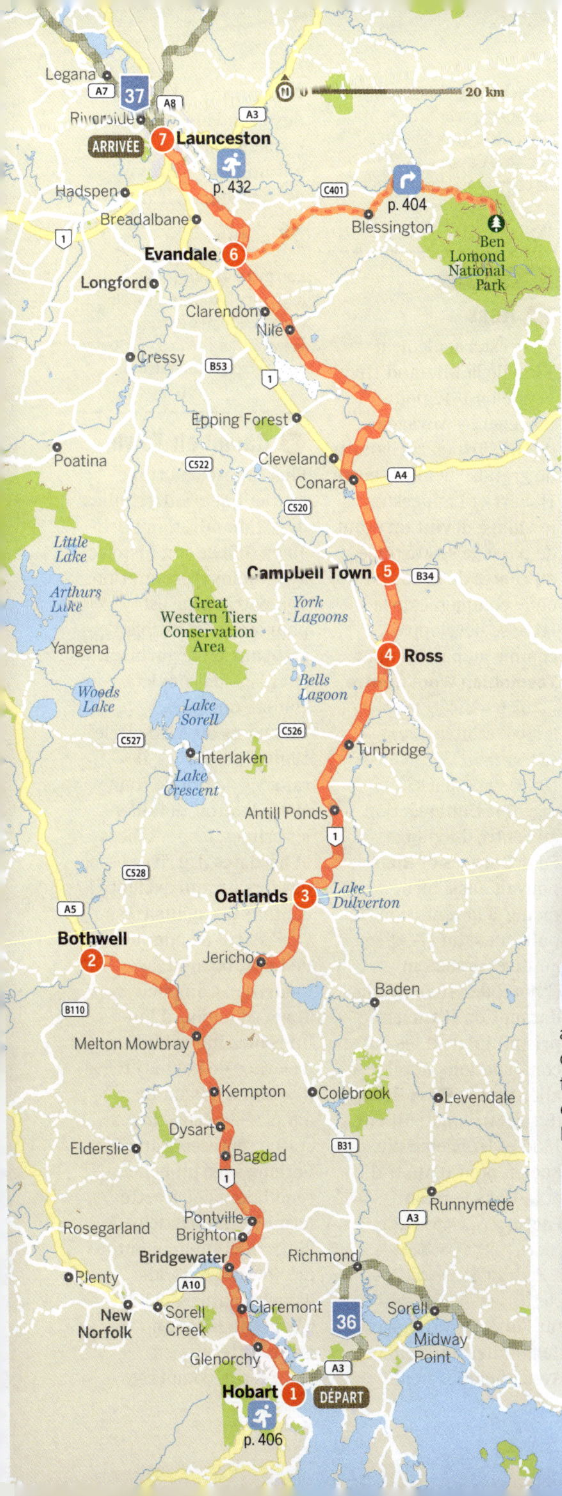


**Farm** (☎03-6259 5553, 0497 644 916 ; www.rathofarm.com ; 2122 Highland Lakes Rd, Bothwell ; 9/18 trous 25/40 $, location club/chariot 10/5 $ ; ⏲8h-crépuscule) rappellent les racines écossaises de Bothwell, tout comme les motifs tartan sur les plaques des rues. Les amateurs apprécieront l'**Australasian Golf Museum** (☎03-6259 4033 ; www.ausgolfmuseum.com ; Market Pl ; adulte/enfant/famille 5/1/10 $ ; ⏲10h-16h sept-mai, 11h-15h juin-août) près de la place du village.

**La route »** Retournez à Melton Mowbray (21 km) et empruntez à gauche la Midland Hwy qui part vers le nord-est et gravit Spring Hill (488 m, point culminant de la highway) puis coupe à travers champs jusqu'à Oatlands, juste en retrait de la route à 28 km de Melton Mowbray.



## À COMBINER AVEC

### 36 Péninsule de Tasman

Un détour de 125 km au sud-est de Hobart en direction de Port Arthur et des falaises, sur cette péninsule en forme de crochet à l'extrémité sud-est de l'île.

### 37 Circuit gourmet dans la Tamar Valley

Depuis Launceston, cette boucle de 186 km serpente à travers les vignobles, les exploitations de fruits rouges et les recoins sauvages de la Tamar Valley.

## 3 Oatlands

Oatlands, mélange entre un décor de cinéma et une bourgade de la campagne anglaise, s'enorgueillit de la plus grande concentration d'architecture georgienne du pays : la rue principale compte à elle seule pas moins de 87 édifices historiques. Le village fut l'un des quatre avant-postes militaires construits en 1821 sur la route reliant Hobart à George Town, et reflète les espoirs de grandeur de ses premiers habitants : en 1832, un géomètre plus qu'optimiste marqua 80 km de rues, imaginant sans doute que l'endroit deviendrait la capitale des Midlands. Dans les années 1830, de nombreuses maisons en dur furent bâties avec l'aide d'anciens convicts et de soldats maçons et charpentiers. Oatlands demeura toutefois dans l'ombre. Ne ratez pas le **Callington Mill** (03-6254 5000 ; www.callingtonmill.com.au ; 1 Mill Lane ; site 9h-17h), magnifiquement restauré (malheureusement le moulin ne se visite plus).

p. 405

**La route »** Suivez la rue principale vers le nord pour rejoindre la Midland Hwy, qui monte immédiatement au col de St Peters. De là, traversez 28 km de champs plutôt plats vers le nord jusqu'au croisement pour Ross. À proximité de Tunbridge, vous passerez l'invisible ligne de séparation de la bière – autrefois, on ne buvait que de la Cascade au sud de cette ligne, et seulement de la Boag's au nord.

TEMPS FORT

## 4 Ross

Ross est à seulement 1 km de la Midland Hwy. Fondé en 1812 pour protéger les voyageurs des *bushrangers* (bandits de grands chemins) entre Hobart et Launceston, le village devint un point de passage stratégique du centre de la Tasmanie, où le commerce de la laine se développait, comme au passionnant **Tasmanian Wool Centre** (03-6381 5466 ; www.taswoolcentre.com.au ; 48 Church St ; 9h30-17h lun-ven, 10h-16h30 sam-dim). L'intersection au centre du village, **Four Corners of Ross**, pouvait aussi bien mener à la tentation (le pub), au salut (l'église), au divertissement (l'hôtel de ville) qu'à la damnation (l'ancienne prison) ! Parmi les autres constructions notables, allez voir le **Ross Bridge** (Bridge St), construit en 1836 et troisième plus ancien pont d'Australie, et la **Ross Female Factory** (www.parks.tas.gov.au ; angle Bond St et Portugal St ; cottage 9h-17h, site 24h/24), qui fut l'une des cinq prisons de femmes de Tasmanie. Avec quelques bons restaurants à l'ombre des grands ormes – splendides à l'automne –, Ross est une étape idéale.

p. 405

**La route »** Une fois de retour sur la route principale, Campbell Town n'est qu'à 12 km au nord de Ross. La route passe en plein centre-ville.

## 5 Campbell Town

Plus exposée au trafic routier que d'autres villes des Midlands, Campbell Town affiche son histoire avec moins d'ostentation. Son patrimoine est pourtant bien visible : cette ancienne garnison et village de convicts compte quelques bâtiments du XIXe siècle. Dans High Street, des rangées de brique rouge sur le trottoir détaillent les crimes, les sentences et les dates d'arrivée des forçats, qui avaient commis des délits très variés : vol de pommes de terre, bigamie, meurtre... Campbell Town est aujourd'hui un centre important d'élevage de bovins et d'ovins en Tasmanie (en face de Zeps, une statue représentant Eliza Forlong avec un bélier rend hommage à cette fermière qui participa à l'introduction du mouton mérinos en Australie dans les années 1830). C'est également un centre littéraire en plein essor, comptant

JOHNCARNEMOLLA/GETTY IMAGES ©

**Evandale** Championnats de grand-bi

quelques librairies d'occasion. Le **Campbell Town Show** (www.campbelltownshow.com.au ; Campbell Town Showgrounds, angle Church St et Glenelg St ; début juin), est la plus ancienne foire agricole d'Australie (depuis 1839).

**La route »** Évitez la route principale en bifurquant à droite sur la C416, à 14 km au nord de Campbell Town. Cette petite route peu fréquentée, qui serpente à travers champs, est plus agréable pour gagner Evandale. Un tronçon de 7 km n'est pas goudronné, mais en bon état. Evandale est à 60 km de Campbell Town.

TEMPS FORT

## 6 Evandale

Evandale est la plus septentrionale des villes historiques des Midlands, et la plus jolie. Une balade dans la rue principale renvoie un siècle en arrière (la localité est d'ailleurs classée au National Trust). N'hésitez pas à prendre quelques heures pour en explorer les galeries et les cafés. Chaque année en février, Evandale met en avant son patrimoine lors du **National Penny Farthing Championships** (www.evandalevillagefair.com ; fév), le championnat de grand-bi. Il y a aussi un agréable marché du dimanche, des églises et, au sud de la ville via Nile Rd, le manoir néoclassique de **Clarendon** (03-6398 6220 ; www.nationaltrust.org.au/places/clarendon ; 234 Clarendon Station Rd, Nile ; adulte/enfant 20 $/gratuit ; 10h-16h jeu-dim sept-mars, jeu, sam-dim avr-juin), datant de 1838 et tout droit sorti d'*Autant*

## VAUT LE DÉTOUR
## BEN LOMOND

**Point de départ : 6 Evandale**

En approchant d'Evandale, le circuit continue vers le nord à travers la campagne des Midlands, mais les montagnes des Great Western Tiers obstruent l'horizon à l'ouest tandis qu'à l'est se dresse le Ben Lomond – dont le point culminant, le Legges Tor (1572 m), est le deuxième sommet de Tasmanie.

Depuis Evandale, des routes paisibles parcourent quelque 40 km vers l'est jusqu'à la C432, une route de terre (praticable en voiture classique en été) qui monte au Ben Lomond. La spectaculaire ascension de 18 km traverse d'abord la forêt, puis le tronçon le plus spectaculaire de Tasmanie : **Jacobs Ladder**. Sur 1,5 km, "l'échelle de Jacob" monte au plateau du Ben Lomond par une série de lacets très escarpés. Au sommet, grimpez les quelques marches menant au **Watchtower Lookout**, d'où la route tortueuse est bien visible.

La C432 s'achève à la station de ski de Ben Lormond. Environ 1 km avant le village, un sentier pédestre mène au **Legges Tor**. L'aller-retour ne prend qu'une heure – c'est de loin le sommet de Tasmanie le plus facile d'accès.

*en emporte le vent.* Clarendon abrite aussi l'**Australian Fly Fishing Museum** (Musée australien de la pêche à la mouche, ☎03-6398 6220 ; www.affm.net.au ; 234 Clarendon Station Rd, Nile ; 4 $ ; ⏲10h-16h jeu-dim), un musée dédié à la pêche à la mouche.

**La route »** Près du centre des visiteurs d'Evandale, tournez à droite sur la C412, indiquant White Hills. Cette route plonge dans la Relbia Valley, où les hautes haies donnent au paysage des airs d'Angleterre, et les collines plantées de vignes des accents français. Au niveau de Josef Chromy Wines, prenez à droite sur Glenwood Rd jusqu'à Launceston

### 7 Launceston

La deuxième municipalité de Tasmanie par la taille est une ville compacte et attachante, forte de son architecture coloniale et de sa scène culinaire en plein essor. À un jet de pierre du centre, la pièce maîtresse de Launceston n'a pourtant rien d'urbain : l'eau glaciale de la South Esk River déferle entre d'étroites falaises à **Cataract Gorge** (www.launcestoncataractgorge.com.au ; ⏲24h/24). Au centre de la gorge, au First Basin, profitez de la **piscine** en plein air (novembre-mars) gratuite, du plus long **télésiège** (9h-17h30) en une seule section au monde, ainsi que des immenses arbres européens et des paons aux abords du **Gorge Restaurant** (☎03-6331 3330 ; www.launcestoncataractgorge.com.au ; Cataract Gorge ; plats déj 22-46 $, dîner 38-46 $ ; ⏲12h-14h30 et 18h30-21h mar-sam, 12h-14h30 dim).

Une visite de la **Boag's Brewery** (☎03-6332 6300 ; www.jamesboag.com.au ; 39 William St ; adulte/enfant 33/15 $ ; ⏲visites 11h, 13h et 15h) tentera les amateurs de bière. Pour un intermède plus culturel, visitez le **Queen Victoria Museum** (QVMAG ; ☎03-6323 3777 ; www.qvmag.tas.gov.au ; 2 Invermay Rd, Inveresk ; ⏲10h-16h, spectacle au planétarium 13h et 15h mar-ven, 14h et 15h sam ; 👪) ou la **Queen Victoria Art Gallery** (QVMAG ; ☎03-6323 3777 ; www.qvmag.tas.gov.au ; 2 Wellington St ; ⏲10h-16h fév-déc, 10h-17h jan), collectivement appelés QVMAG.

✕ 🛏 p. 405, p. 423

# Se restaurer et se loger

## Hobart 1

**Retro Café** Café $$

(03-6223 073 ; 31 Salamanca Pl ; plats 11-20 $ ; 7h30-17h lun-ven, 8h-17h sam-dim). Extrêmement populaire, le Retro se prête à bruncher le samedi (et les autres jours) parmi les étals de marché. Petits-déjeuners parfaits, bagels, salades et hamburgers servis par un personnel jovial, sur fond de jazz. Un incontournable à Hobart.

**Jackman & McRoss** Boulangerie $

(03-6223 3186 ; 57-59 Hampden Rd, Battery Point ; articles 4-14 $, petit-déj 6-15 $ ; 7h-17h). Ne manquez pas cette adresse très prisée de Hobart, dont la vitrine déborde de tourtes, tartes, sandwichs et pâtisseries. Au menu du petit-déjeuner : panini aux œufs brouillés, bacon et avocat, frittatas aux pommes de terre, asperges et brie ou roulé à la saucisse de canard, canneberges et noix.

**Alabama Hotel** Hôtel $

(0499 987 698 ; www.alabamahobart.com.au ; L1, 72 Liverpool St ; d/lits jum 100/110 $ ; ). Cet ancien bistrot Art déco est désormais un boutique-hôtel pour petits budgets. Aucune es 17 chambres n'a de sdb, mais les équipements communs sont nombreux et immaculés. Décoration colorée agrémentée de touches rétro et bar ouvert toute la journée avec balcon donnant sur la rue.

## Oatlands 3

**Feisty Hen Pantry** Café $

(0411 232 778 ; www.feistyhenpantry.com.au ; 94 High St ; plats 6-20 $ ; 9h-15h30 mer-dim). À l'arrière de l'Oatlands Lodge, ce joli café sert des petits-déjeuners toute la journée, un Devonshire tea, des sandwichs toastés, des parts de quiches et de *carrot cake*, le tout fait à partir d'ingrédients locaux et de saison. Très bon café. Lorsque le vent des Midlands se calme, installez-vous au soleil sur la terrasse.

## Ross 4

**Ross Village Bakery** Boulangerie $

(03-6381 5246 ; www.rossbakery.com.au ; 15 Church St ; tartes 5-9 $ ; 8h30-16h30 mer-lun ; ). Faites ici le plein de tartes et de mille-feuilles géants. Les boulangers se lèvent avant l'aube pour allumer le four à bois de 1860. Y cuisent notamment des pizzas, le samedi soir en été, et des miches de pain au levain, idéal pour un pique-nique.

## Launceston 7

**Bread & Butter** Café $

(03-6124 2299 ; www.breadandbuttertasmania.com.au ; 89 Cimitiere St ; articles 5-11,50 $ ; 7h-15h lun-sam, 8h-15h dim). Ce nouveau café original à l'intérieur sombre – murs noirs, art décalé et grille-pains sur les tables – est installé dans un ancien hangar à motos transformé en usine à beurre. Les hipsters du centre-ville viennent ici déguster du bon café et des pâtisseries tout juste sorties du four.

**Peppers Silo** Hôtel $$$

(1300 987 600, 03-6700 0600 ; www.peppers.com.au/silo ; 89-91 Lindsay St ; d 240-305 $, ste 540-600 $ ; ). Cet hôtel ambitieux a voici peu élu domicile dans les anciens silos (l'ensemble de bâtiments le plus haut de la ville), dont les murs des chambres épousent les courbes. Les chambres latérales donnent sur Seaport et Cataract Gorge.

# SE DÉGOURDIR LES JAMBES HOBART

**Départ/arrivée** Tasmanian Museum & Art Gallery

**Distance :** 3,5 km

**Durée :** 2 à 3 heures

Centrée sur l'eau, cette promenade dans Hobart croise quelques curiosités de premier ordre, notamment Salamanca Place, Battery Point et le MONA (en ferry). Mais c'est surtout la ville en elle-même qui marque les esprits.

**Compatible avec les itinéraires :**

35 36

## Tasmanian Museum & Art Gallery

La Tasmanian Museum & Art Gallery (p. 400) fait la part belle aux vestiges coloniaux, ainsi qu'à d'excellentes expositions sur la culture aborigène et l'Antarctique. Café dans la cour.

**La promenade »** Traversez Davey St et baladez-vous le long de Constitution Dock, rempli de stands flottants vendant des produits de la mer, jusqu'au Mawson's Huts Replica Museum.

## Mawson's Huts Replica Museum

L'excellent **Mawson's Huts Replica Museum** (☎03-6231 1518, 1300 551 422 ; www.mawsons-huts-replica.org.au ; angle Morrison St et Argyle St ; adulte/enfant/famille 15/5/35 $ ; ⏲9h-18h oct-avr, 10h-17h mai-sept) est l'exacte réplique de l'une des cabanes où s'était installé sir Douglas Mawson de 1911 à 1914 au cours de son expédition en Antarctique, et dont le point de départ était Hobart.

**La promenade »** Traversez Argyle St et suivez le quai vers le nord. Juste avant Hunter St, jetez un coup d'œil aux sculptures près de l'eau – l'homme entouré de phoques, de manchots et de chiens est Louis Bernacchi, le premier Australien à avoir hiverné en Antarctique.

## Hunter Street

Les plaques de bronze s'alignant sur Hunter St délimitent les anciennes rives de Hunter Island, et la chaussée qui fut construite en 1820 pour la relier à la terre ferme.

**La promenade »** Rebroussez chemin par les quais ; près du Brooke St Pier, quittez les quais et traversez les Parliament House Gardens jusqu'au Parlement.

## Parliament House

Dominant un parc planté de chênes adjacent à la Salamanca Pl, le **Parlement** (☎03-6212 2200 ; www.parliament.tas.gov.au/parliament/tours.htm ; Parliament Sq ; ⏲visites 9h30 et 14h30 lun-ven les jours sans séance) de Tasmanie, construit en 1840 en grès, était

à l'origine un bâtiment des douanes. Un tunnel sous Murray St le relie au pub **Customs House** (☎03-6234 6645 ; www.customshousehotel.com ; 1 Murray St, Hobart ; ⏲7h-23h dim-jeu, 7h-0h30 ven-sam) de l'autre côté de la rue : officiellement, nul ne sait à quoi il servait…

**La promenade »** Depuis la porte principale, Salamanca Pl se rejoint facilement à pied par les Parliament House Gardens.

## Salamanca Place

Les entrepôts en grès qui bordent Salamanca Pl remontent aux années 1830, au temps de la pêche à la baleine, lorsque le front de mer s'étendait ici. Aujourd'hui, la place accueille une kyrielle de restaurants, cafés, bars et boutiques, ainsi que l'incontournable **Salamanca Market** (☎03-6238 2843 ; www.salamancamarket.com.au ; Salamanca Pl ; ⏲8h-15h sam) le samedi.

**La promenade »** Longez Salamanca Pl, dépassez les silos convertis, jusqu'au bout de la rue, où commencent les allées de Princes Park.

## Battery Point

Le vieux village de Battery Point allie ruelles et cottages du XIXe siècle. Promenez-vous dans **Princes Park**, où se trouvait la batterie de canons à laquelle Battery Point fait référence, et faites le tour de l'**Arthur Circus**.

**La promenade »** Tournez à droite sur Montpelier Retreat pour retourner vers le front de mer. Le ferry pour le MONA part de Brooke St Pier.

## MONA

Le Museum of Old & New Art (MONA) (p. 398) occupe une péninsule qui s'avance dans la Derwent River, à 12 km au nord du centre de Hobart. Sur les trois niveaux souterrains de ce musée à 75 millions de dollars, créé par le philanthrope David Walsh, des antiquités côtoient des œuvres d'art contemporaines – le résultat est sexy, provocateur et passionnant.

**La promenade »** En descendant du ferry, Argyle St et la Tasmanian Museum & Art Gallery ne sont pas loin.

# Péninsule de Tasman

36

*Les falaises côtières les plus hautes d'Australie, un break de surf légendaire et un site historique parmi les plus troublants du pays, le tout non loin de Hobart – que dire de plus ?*

## TEMPS FORTS

**3-4 JOURS**
**125 KM**

### PARFAIT POUR...

### LA MEILLEURE PÉRIODE

Port Arthur est moins fréquenté l'hiver (juin à août), mais le temps est plus clément d'octobre à avril.

### LA PHOTO SOUVENIR

Le "Tessellated Pavement", l'union parfaite entre géométrie et géologie.

### POUR LE PLEIN AIR

Les dunes de sable de Crescent Bay.

**Eaglehawk Neck** Le "Tessellated Pavement", merveille géologique

# 36 Péninsule de Tasman

La côte morcelée de la péninsule de Tasman recèle une myriade de curiosités dans un périmètre restreint, qu'il s'agisse de Port Arthur, ancienne colonie pénitentiaire d'une singulière beauté et l'un des principaux sites touristiques de Tasmanie, de ces falaises hautes de 300 m (les plus hautes de l'hémisphère Sud) ou d'autres merveilles naturelles.

## 1 Hobart

Sa réputation de ville de province perdue au bout du monde n'est plus d'actualité. Depuis l'ouverture en 2011 du surprenant MONA (p. 400), Hobart séduit autant par sa scène culinaire et culturelle en perpétuelle ascension que par les charmes naturels que sont la Derwent River et le kunanyi/Mt Wellington (p. 400). Les restaurants sont concentrés sur Salamanca Pl et dans North Hobart, et l'on

ne saurait manquer de grimper sur "la montagne", comme l'appellent les habitants en évoquant le kunanyi/ Mt Wellington.

p. 405, p. 415

**La route »** Depuis Hobart, traversez la Derwent River sur le Tasman Bridge et suivez les panneaux pour l'aéroport. Lorsque la route traverse la Meehan Range, la bifurcation pour Richmond se trouve à gauche. La route tourne à nouveau à gauche à Cambridge, et traverse la Coal River Valley entre plantations de pinot noir et de riesling. Richmond est à 27 km de Hobart.

TEMPS FORT

## 2 Richmond

Sise de part et d'autre de la Coal River, Richmond fut jadis un poste militaire stratégique et un camp de convicts sur la route de Port Arthur. Les anciens bâtiments abondent dans cette cité représentant bien la Tasmanie coloniale : en témoignent la **St John the Evangelist Church** (03-6260 2189 ; www.hobart.catholic.org.au ; St John's Circle, Richmond ; 9h30-16h mar, jeu et ven), plus vieille église catholique d'Australie (1836), et **Richmond Bridge** (Wellington St, Richmond), plus ancien pont routier du pays (1823). Sinon, l'excentrique **Pooseum** (0413 802 206 ; www.pooseum.com.au ; 22 Bridge St, Richmond ; adulte/enfant 16/8 $ ; 10h-17h mer-dim ; ) est un musée sur les excréments du monde animal à la fois scientifique et amusant. Ou on peut aussi visiter la **Sullivans Cove Distillery** (03-6248 5399 ; www.sullivanscove.com ; 1/10 Lamb Pl, Cambridge ; visite/dégustation 30/20 $ ; 10h-16h) ou déjeuner avec vue à **Frogmore Creek** (03-6274 5844 ; www.frogmorecreek.com.au ; 699 Richmond Rd, Cambridge ; 10h-17h, restaurant 11h30-15h). Si vous n'êtes pas pressé, un détour de 36 km au **Bonorong Wildlife Sanctuary** (03-6268 1184 ; www.bonorong.com.au ; 593 Briggs Rd, Brighton ; adulte/enfant/famille 30/16/85 $ ; 9h-17h) vous fera découvrir la faune locale.

p. 415

**À COMBINER AVEC**

**34 Côte est de la Tasmanie**

Un circuit classique vers les plages de la côte est (224 km), qui s'achève à Orford, à 55 km au nord-est de Sorell.

**35 Circuit historique**

Cet itinéraire de 257 km à travers le cœur historique de Tassie va de Hobart à Launceston, plus au nord.

**La route »** Traversez Richmond Bridge et continuez tout droit. La route monte à travers des collines peu élevées et redescend dans les vignobles à Penna. Au bout de la route, tournez à droite sur la Tasman Hwy jusqu'à Sorell, à 15 km de Richmond.

## 3 Sorell

Difficile d'imaginer que Sorell est l'une des villes les plus anciennes de Tasmanie. Fondée en 1808, elle approvisionnait en blé et en farine le reste de la colonie ; mais l'aura historique de la ville s'est ternie au fil du temps. Aujourd'hui tournée vers les services, elle conserve toutefois quelques traces de son passé : procurez-vous la brochure *Sorell Heritage Walk* auprès du centre d'accueil des visiteurs, ou téléchargez-la sur www.sorell.tas.gov.au pour connaître l'emplacement des bâtisses du XIXe siècle. L'été, allez cueillir vos fruits rouges à la **Sorell Fruit Farm** (03-6265 3100 ; www.sorellfruitfarm.com ; 174 Pawleena Rd ; à partir de 8 $/barquette ; 10h-16h oct-avr).

**La route »** Aux feux tricolores de Sorell (un seul carrefour en est équipé), continuez tout droit sur Arthur Hwy à travers des champs verdoyants. La région porte encore les stigmates des feux de forêt de 2013, bien que le bush repousse lentement. À 30 km environ au sud-est de Sorell, la route descend vers Dunalley.

JEJIM/SHUTTERSTOCK ©



## 4 Dunalley

La bourgade de Dunalley s'étire à un bout du Denison Canal, lequel, long de 895 m, transforme les péninsules de Forestier et de Tasman en île. Abel Tasman a accosté non loin en 1642, et c'est ici qu'eut lieu le premier contact entre Européens et Aborigènes sur l'île. En 2013, des feux de forêt ont ravagé un tiers des foyers de Dunalley. Certes, la cité a su rebondir, mais il n'y a pas grand-chose à voir, à part le canal et le Bangor Vineyard Shed (p. 415).

p. 415

**La route »** L'Arthur Hwy traverse le Denison Canal en délaissant Sunset Beach, et donne à l'ouest sur la baie et le kunanyi/Mt Wellington (et le coucher de soleil) au loin. Puis elle grimpe dans la péninsule de Forestier, qui précède la péninsule de Tasman. Au bout de 17 km, juste avant Eaglehawk Neck, bifurquez vers Pirates Bay Lookout pour une vue fantastique sur les falaises de Tasman.

TEMPS FORT

## 5 Eaglehawk Neck

Eaglehawk Neck est le point d'entrée de la péninsule de Tasman. Il s'agit en réalité moins d'une ville que d'une poignée de maisons de vacances au milieu de curiosités naturelles côtières. Le village est tristement célèbre pour sa Dogline ("ligne de chiens"), lorsque, au temps des convicts, des molosses étaient enchaînés tout le long des 100 m de l'isthme afin de prévenir les évasions des prisonniers. Une statue de chien, s'élevant au milieu de l'isthme, en tient lieu de rappel. Pour voir de plus près le littoral, arrêtez-vous au **Tessellated Pavement** (en retrait de Pirates Bay Dr),

**Port Arthur** Le pénitencier

sorte de chaussée en mosaïque naturelle, en descendant du Pirates Bay Lookout, puis suivez les panneaux indiquant **Blowhole** (trou du souffleur ; www.eaglehawkneck.org/attractions ; en retrait de Blowhole Rd, Doo Town), un geyser maritime, **Tasman Arch** (pont naturel ressemblant à une grotte) et **Devil's Kitchen** (crevasse de 60 m de profondeur). Au Blowhole, Doo-Lishus (p. 415) propose un succulent *fish and chips*.

p. 415

**La route »** La route suit le rivage de l'étroite Eaglehawk Bay avant de bifurquer vers le sud via Taranna, ancien terminus d'un chemin de fer venant de Port Arthur – les convicts poussaient les wagons à la main – puis à travers de jolies collines boisées jusqu'à Port Arthur, à 20 km.

TEMPS FORT

## 6 Port Arthur

Au **Port Arthur Historic Site** (03-6251 2310, 1800 659 101 ; www.portarthur.org.au ; 6973 Arthur Hwy ; adulte/enfant/famille 39/17/99 $ ; visites guidées et bâtiments 10h-17h, site 9h-crépuscule), les splendeurs naturelles le disputent au poids de l'histoire. En 1830, le gouverneur George Arthur choisit cet endroit comme lieu de détention pour les prisonniers ayant commis des crimes et délits dans la colonie. De 1830 à 1877, 12 500 convicts y purgèrent leur peine dans des conditions particulièrement pénibles. Le bagne abritait les bâtiments où ils travaillaient : scierie, chantier naval, extraction du charbon, cordonnerie et fabrication de briques et de clous. Devenu un site touristique majeur,

## VAUT LE DÉTOUR
## REMARKABLE CAVE ET CRESCENT BAY

**Point de départ : 6 Port Arthur**

Quelque 400 m seulement après le site historique de Port Arthur, la C347 part vers le sud à la sortie de l'Arthur Hwy. Cette route suit la crique protégée de Carnarvon Bay, où quelques balançoires sur la plage pourront tenter les enfants. Au bout de la route, à 7 km de Port Arthur, une plateforme d'observation près du parking donne sur l'océan et la pointe découpée du Cape Raoul.

De là, une promenade de 15 minutes aller-retour descend à la **Remarkable Cave** (www.eaglehawkneck.org/gateway-to/remarkable-cave ; Safety Cove Rd), creusée par la mer sous une falaise. La forme de l'entrée n'est pas sans rappeler celle de la Tasmanie. Depuis la plateforme, on ne peut pas voir la deuxième entrée de grotte, qui forme une patte d'oie sur la gauche lorsqu'on regarde dans le tunnel en direction de la mer. Les surfeurs les plus téméraires bravent souvent la grotte, et sortent par cette ouverture pour affronter les récifs extérieurs.

Depuis le parking près de la grotte, une promenade d'une journée – l'une de nos préférées en Tasmanie – longe le littoral vers le sud, passe près du Maingon Blowhole et arrive à **Crescent Bay** (9 km, 3-4 heures aller-retour). Cette plage aux courbes parfaites, donnant sur Tasman Island et la Blade (aiguille rocheuse) de Cape Pillar (moment fort du Three Capes Track, le "sentier des trois caps"), est adossée à l'une des plus hautes et des plus belles dunes de Tasmanie. Les habitants, petits et grands, aiment dévaler les dunes sur des planches de body surf ou autres.

Port Arthur n'en reste pas moins lugubre. Qui plus est, en 1996, une triste tuerie y fit 35 victimes. Que ce soit par leur histoire ou leur isolement, ces lieux ne laissent pas indifférent. Port Arthur compte quelques hébergements et de bons restaurants : On the Bay (p. 415) et le tout nouveau **1830** (☎1800 659 101, 03-6251 2310 ; www.portarthur.org.au ; Port Arthur Historic Site, 6973 Arthur Hwy ; plats 28-60 $ ; ⌚17h-tard, 18h-tard en été), sur le site.

✕ p. 415

**La route »** De Port Arthur, Nubeena n'est qu'à 12 km et, sauf en été, c'est une voie calme empruntée par des visiteurs venus de Hobart à la journée. Depuis le site historique de Port Arthur, la route monte sur la dernière colline de la péninsule avant de dégringoler sur Nubeena à travers des vergers.

### 7 Nubeena

Déployée sur les berges de Parsons Bay, Nubeena est la plus importante localité de la péninsule de Tasman (481 habitants). Son seul attrait réside dans sa fonctionnalité : si tout est plein ailleurs (et cela arrive), vous dénicherez peut-être un hébergement ici. On y trouve aussi quelques supermarchés, une taverne et un café correct. Nubeena se distingue également par le littoral le plus sauvage de la péninsule. Tout près, **White Beach** est une plage de sable blanc, tandis que **Roaring Beach**, battue par les vagues, ne se prête pas à la baignade. À 3 km au sud de Nubeena, en bas d'une petite route, un sentier de randonnée mène au **Cape Raoul** (14 km, 5 heures aller-retour), et des sentiers latéraux vont à **Tunnel Bay** et l'incroyable **Shipstern Bluff**, où déferle l'une des plus grosses vagues de surf au monde. Préparez-vous à en rester bouche bée.

# Se loger et se restaurer

## Hobart 1

**Ginger Brown** Café $

(03-6223 3531 ; 464 Macquarie St, South Hobart ; plats 10-20 $ ; 7h30-16h lun-ven, 8h30-16h sam-dim ; ). Bien géré et toujours plein, cet établissement sert le meilleur café de South Hobart. Carte diversifiée : *crumpet* (petit pain) maison avec mascarpone à la framboise et crème au citron, salade de quinoa noir et *poke bowl*. Enfants et cyclistes bienvenus. Dernière commande à 15h. Le banc à la fenêtre profite de la vue sur le kunanyi/Mt Wellington.

**Henry Jones Art Hotel** Boutique-hôtel $$$

(03-6210 7700 ; www.thehenryjones.com ; 25 Hunter St ; d 280-1 200 $ ; P @). Comme neuf après 18 mois de rénovation, le "HJ" est installé sur le front de mer dans l'ancienne fabrique de confiture Henry Jones IXL, restaurée. Énormes poutres en bois, anciennes machines industrielles... tout respire l'élégance sans être prétentieux. Près de 400 œuvres d'art moderne ornent les murs (presque toutes à vendre) et le bar, le restaurant et le café ne déméritent pas.

## Richmond 2

**Coal River Farm** Bistrot $$

(03-6248 4960, 1300 455 196 ; www.coalriverfarm.com.au ; 634 Richmond Rd, Cambridge ; plats petit-déj 14-22 $, déj 18-29 $ ; 9h-17h ; ). Dans une jolie maison à flanc de colline, ce bistrot convivial est idéal pour déguster en famille des fromages et chocolats artisanaux, petit-déjeuner ou déjeuner (rôti de porc aux haricots blancs braisés à la tomate par exemple). Les enfants pourront cueillir des fraises, nourrir les chèvres ou ramasser les œufs au poulailler.

## Dunalley 4

**Bangor Vineyard Shed** Poisson, fruits de mer $$

(03-6253 5558 ; www.bangorshed.com.au ; 20 Blackman Bay Rd ; 12 huîtres à partir de 29 $, plats 18-35 $ ; 10h-17h ; ). Environ 1 km après le Denison Canal, prenez à gauche jusqu'à cet excellent café en plein air, sur les hauteurs d'une exploitation viticole gérée par la famille Dunbabin depuis cinq générations. La cave fait aussi restaurant où déguster des huîtres (essayez la sauce au vinaigre de vin, échalote et poivre) et des plats plus copieux comme les ormeaux sautés et la salade de calamars.

## Eaglehawk Neck 5

**Doo-Lishus** Fish & Chips $

(0437 469 412 ; www.tasmanregion.com.au/doo-lishus ; Blowhole Rd, Doo Town ; plats 8-19 $ ; 9h-18h, 9h-19h en été). Une caravane sur le parking du Blowhole (geyser maritime) à Doo Town, qui prépare un succulent *fish and chips* (peut-être le meilleur de Tasmanie) et d'autres beignets de fruits de mer, ainsi que des glaces, des smoothies aux baies locales et de bonnes tourtes (pétoncles au curry, chevreuil ou lapin).

## Port Arthur 6

**On the Bay** Australien moderne $$

(03-6250 2771 ; www.stewartsbaylodge.com.au ; Stewarts Bay Lodge, 6955 Arthur Hwy ; plats déj 22-33 $, dîner 24-44 $ ; 8h-11h, 12h-15h et 17h30-20h30). Dans un écrin de bois orange, ce restaurant haut de gamme en bord de mer mijote des produits souvent issus de la péninsule – huîtres, pétoncles, truite de mer fumée au poivre de Tasmanie (*pepperberry*) ou à la vodka Hellfire. Vaut le détour si vous logez dans les environs. Réservation conseillée.

37

# Circuit gourmet dans la Tamar Valley

L'aller-retour pourrait se faire dans la journée, mais vous rateriez le meilleur (et bon nombre de dégustations !). Sur ce circuit, vous suivrez les méandres du fleuve, visiterez en chemin un ou deux vignobles, et organiserez votre journée en fonction des allées et venues des animaux sauvages. La rive ouest est la plus jolie, mais les vignobles les plus connus s'étendent sur la rive est.

## 1 Launceston

Launceston est le point de départ idéal pour découvrir les vignobles du nord de la Tasmanie. Cataract Gorge (p. 404) constitue un cadre grandiose accessible à pied depuis le centre.

p. 405, p. 423

**La route »** Prenez la West Tamar Hwy à 13 km de Launceston, vers le nord-ouest. Après Legana, en bas de la première descente, tournez à droite sur la C733 (Rosevears Dr), qui suit de près les rives enherbées de la Tamar jusqu'à Rosevears.

## ② Rosevears

Bon nombre des vignobles de la région sont en fait assez éloignés de la Tamar Valley en tant que telle, mais ce n'est pas le cas à Rosevears. La route y longe la kanamaluka/Tamar River au plus près. Visitez **Tamar Ridge** (03-6330 0300 ; www.tamarridge.com.au ; 1a Waldhorn Dr, Rosevears ; 10h-17h ; ), un domaine réputé surtout pour son mousseux, le Pirie (nommé d'après les frères Pirie, pionniers de l'industrie viticole locale), et dont la terrasse donne sur la rivière. Non loin, à Legana, **Vélo Wines** (03-6330 1582 ; www.velowines.com.au ; 755 West Tamar Hwy, Legana ; 11h-16h mer-ven, 10h-16h sam-dim) doit son nom à son ancien propriétaire, coureur du Tour de France. On y trouvfe les plus vieilles vignes de cabernet de Tasmanie, plantées en 1966, mais le domaine se distingue surtout par son restaurant, **Timbre Kitchen** (03-6330 3677 ; www.timbrekitchen.com ; Vélo Wines, 755 West Tamar Hwy, Legana ; petites portions 10-20 $, grandes portions 32 $, banquets 40 65 $/pers ; 11h-16h mer, jeu et dim, 11h-tard ven-sam ; ).

**La route »** Continuez sur Rosevears Dr pendant 4 km, puis prenez à droite sur l'A7, traversez Exeter pour arriver à Beaconsfield, à 23 km de Rosevears. Partant vers l'est, Batman Bridge traverse la Tamar, mais pour le moment vous avez mieux à faire sur la rive ouest.

### À COMBINER AVEC

**35 Circuit historique**

De Hobart à Launceston (257 km), à la découverte des villes historiques des Midlands.

**38 L'Ouest sauvage**

Cet itinéraire de 620 km s'achève (ou commence) à Launceston, réunissant superbes forêts, rivières lointaines, montagnes et littoral sauvage de l'ouest tasmanien.

TEMPS FORT

## ③ Beaconsfield et ses environs

Le monde entier s'est brièvement intéressé à Beaconsfield (1 298 habitants) lorsque sa mine d'or s'est effondrée en 2006. Aujourd'hui, celle-ci a fermé et la bourgade s'étend, paisible, au milieu des vergers de pommiers de Tamar. Arrêtez-vous pour une visite interactive du **Beaconsfield Mine & Heritage Centre** (03-6383 1473 ; www.beaconsfieldheritage.com.au ; West St, Beaconsfield ; adulte/enfant/famille 15/5/38 $ ; 9h30-16h30), et une exposition sur l'effondrement et le sauvetage des mineurs. Six kilomètres au nord de Beaconsfield, Beauty Point compte deux importants sites privilégiés par les visiteurs : **Platypus House** (03-6383 4884 ; www.platypushouse.com.au ; Inspection Head Wharf, 200 Flinders St ; adulte/enfant/famille 25/11/60 $ ; 9h30-16h30 nov-avr, 10h-15h30 mai-oct), consacrée aux deux seules espèces monotrèmes du monde – l'ornithorynque et l'échidné – et **Seahorse World** (03-6383 4111 ; www.seahorseworld.com.au ; Inspection Head Wharf, 200 Flinders St ; adulte/enfant/famille 22/9,50/55 $ ; 9h30-16h déc-avr, 10h-15h mai-nov ; ), qui fait l'élevage des hippocampes (jusqu'à 90 000 spécimens) et d'autres surprenantes créatures telles le poisson-main tacheté ou le crabe géant de Tasmanie (deuxième plus grande espèce de crabe au monde).

Si vous envisagez de visiter ces trois musées, achetez le Tamar Triple Pass (adulte/famille 49/135 $) au **Visitor Centre** (03-6394 4454, 1800 637 989 ; www.wtc.tas.gov.au/tourism/tamar-visitor-centre ; 81 Main Rd, Exeter ; 9h-16h avr-sept, 8h30-17h lun-ven et 9h-17h sam-dim oct-mars ; ) à Exeter.

## VAUT LE DÉTOUR
## NARAWNTAPU NATIONAL PARK

**Point de départ : 2 Rosevears**

En matière d'observation de la faune australienne, le Tasmanie reste relativement ignorée, ce qui explique que le **Narawntapu National Park** (☎03-6428 6277 ; www.parks.tas.gov.au ; via Bakers Beach Rd ; pass journée 24/12 $ par véhicule/pers ; ⏲bureau des rangers 9h-16h déc-avr, 9h-15h mai-nov) soit peu connu en dehors de l'île. Or cette réserve côtière a une faune si riche qu'on l'a surnommée le "Serengeti tasmanien".

À l'aube et au crépuscule, Springlawn (ancien terrain agricole) près du bureau des *rangers*, attire une foule de créatures : wallabies, kangourous géants, et innombrables wombats, les véritables vedettes ici. Restez **camper** (☎03-6428 6277 ; www.parks.tas.gov.au ; via Bakers Beach Rd ; empl sans/avec élec à partir de 13/16 $) pour profiter au maximum de la présence des animaux.

Pour visiter la partie principale du parc, autour de Springlawn et de Bakers Beach, empruntez l'entrée principale en retrait de la B71 près de Port Sorell, où se trouve un bureau des *rangers*. À Exeter, 17 km avant Beaconsfield, prenez la B71 vers l'ouest pendant 40 km avant de bifurquer sur la C740 ; le bureau des *rangers* est à 13 km de là. Ceux-ci organisent des promenades guidées et des activités en été.

**La route »** En face du Beaconsfield Mine & Heritage Centre, prenez vers l'est sur Grubb St (panneaux indiquant Rowella). Continuez pendant 6 km, en croisant quelques cours d'eau, jusqu'à Goaty Hill Wines au sommet d'une colline.

TEMPS FORT

### 4 Goaty Hill Wines

Installé sur une hauteur donnant sur ses vignes et l'embouchure de la kanamaluka/Tamar River, **Goaty Hill Wines** (☎1300 819 997 ; www.goatyhill.com ; 530 Auburn Rd, Kayena ; dégustation 3 $/pers ; ⏲11h-17h) est probablement le domaine viticole le plus pittoresque de la Tamar Valley. Ce petit bijou propose des séances de dégustation et des plateaux (réservez ces derniers par téléphone). Il doit sa réputation à son délicieux riesling et à ses pinots gris et noir. Les après-midi d'été, il fait bon s'attabler sous les grands eucalyptus.

**La route »** Prenez à droite en quittant Goaty Hill, puis encore à droite sur la C724. Tournez à gauche sur la B73 pour traverser la kanamaluka/Tamar River sur le Batman Bridge avant de partir vers le sud sur la East Tamar Hwy (A8). Après presque 5 km, prenez la Hillwood Jetty Rd à droite et suivez les panneaux indiquant Hillwood Farmgate, à 1 km.

### 5 Hillwood Farmgate

Si la Tamar Valley est surtout connue pour ses vignobles, ses nombreux vergers ne sont pas en reste et produisent d'excellents fruits. **Hillwood Farmgate** (☎03-6394 8180 ; www.hillwoodfarmgate.com.au ; 105 Hillwood Rd, Hillwood ; ⏲9h-17h nov-mai) en est un bel exemple. Venez en été, lorsque les collines sont couvertes de petits fruits, pour cueillir vos fraises, framboises, mûres, cassis, groseilles et myrtilles, puis filez au café (en-cas 8-15 $) afin de déguster un rafraîchissant smoothie aux baies, des framboises gourmandes trempées dans le chocolat ou encore un café.

**La route »** Retournez à l'A8 et suivez-la vers le nord sur 22 km sur la rive gauche de la Tamar River. Avant d'arriver au détroit de Bass, George Town et Low Head sont collées l'une à l'autre.

**Goaty Hill Wines** Le pinot parfait

MICHAEL R EVANS/SHUTTERSTOCK ©

TEMPS FORT

## 6 George Town et Low Head

George Town et Low Head sont installées au coude à coude à l'embouchure de la kanamaluka/Tamar River. Low Head est plus plaisante, mais avant de quitter George Town, ne manquez pas le **Bass & Flinders Centre** (03-6382 3792 ; www.bassandflinders.org.au ; 8 Elizabeth St ; adulte/enfant/famille 10/4/24 $ ; 10h-16h, fermé sam-dim juin-oct) et sa réplique du *Norfolk*, navire qui servit, en 1798, à Bass et Flinders pour faire le tour de la Tasmanie. Low Head domine l'embouchure (traîtresse) de la kanamaluka/Tamar dans l'océan, sous l'œil vigilant du **Low Head Lighthouse** (03-6382 2826 ; Low Head Rd ; site 9h-17h). Construit en 1888, le phare est l'endroit idéal pour observer la tumultueuse Tamar se jeter dans le détroit de Bass. **Low Head Penguin Tours** (0418 361 860 ; www.penguintourstasmania.com.au ; 485 Low Head Rd ; adulte/enfant 22/10 $ ; crépuscule) part saluer les manchots à la tombée de la nuit depuis le panneau au sud du phare, sur Low Head Rd.

p. 423

**La route »** Rebroussez chemin sur l'A8 pendant 5 km et prenez la B82 vers l'est. Celle-ci traverse les Tippogoree Hills, où le bush est plus sec et plus caractéristique de l'Australie que n'importe quel autre endroit sur l'île. Mais une oasis vous attend au milieu des vignobles de Pipers Rivers, à 23 km de George Town.

TEMPS FORT

## 7 Pipers River

À l'intérieur des terres (*hinterland*), dans l'est de la Tamar Valley, la région viticole de Pipers River charme les yeux et les papilles. **Pipers Brook** (03-6382 7555 ; www.kreglingerwineestates.com ; 1216 Pipers Brook Rd, Pipers Brook ; café plats 25-30 $ ; 10h-17h oct-mai, 10h30-16h30 jeu-lun juin-sept), le plus célèbre vignoble de la Tamar, est accessible par la Pipers Brook Rd, 11 km environ après la supérette de Pipers River. À 3 km de cette dernière, **Bay of Fires Wines** (03-6382 7622 ; www.bayoffireswines.com.au ; 40 Baxters Rd, Pipers River ; 11h-16h lun-ven, 10h-16h sam-dim ; ) produit des vins blancs pétillants et des pinots. Pendant que les parents s'attardent dans l'impeccable salle de dégustation, les enfants pourront jouer au ballon sur la pelouse.

**La route »** Depuis l'entrée de Pipers Brook et Jansz Wine Room, direction le sud sur Pipers Brook Rd. Au bout de la route, tournez à droite sur la B81, qui traverse les collines jusqu'à Lilydale, à 24 km de Pipers Brook. Vous croiserez trois autres vignobles en chemin : Brook Eden, Apogee et Clover Hill.

## 8 Lilydale

La paisible Lilydale se résume à une artère principale bordée de quelques boutiques et services. À 3 km au nord se dressent les **Lilydale Falls**, une jolie cascade. Les plus sportifs pourront grimper au **Mt Arthur** (1 188 m ; 5 à 7 heures aller-retour), qui domine – haut, froid et austère – le village. Prenez de la hauteur sur les parcours d'Accrobranche et les tyroliennes de **Hollybank Treetops Adventure** (03-6395 1390 ; www.hollybankadventures.com.au ; 66 Hollybank Rd, Underwood ; 9h-17h ; ), au cœur d'une partie particulièrement belle de la forêt au sud de la Lilydale, en direction de Launceston.

**La route »** La B81 traverse Lilydale en direction du sud. Les champs le cèdent bientôt au bush jusqu'aux abords de Launceston. Suivez les panneaux indiquant "City Centre". Le circuit prend fin sur la rive est de la kanamaluka/Tamar River, à 27 km de Lilydale.

# Se restaurer et se loger

## Launceston 1

**Sweetbrew** — Café $$

(03-6333 0443 ; www.facebook.com/sweetbrewespresso ; 93a George St ; petit-déj 14-19 $ ; 7h-15h lun-ven, 8h-15h sam, 8h-14h dim ; ). Meilleur café du centre, le Sweetbrew concocte un petit-déjeuner et un brunch intéressants (miso aux champignons sauvages, pancakes au curcuma, et hamburgers lentilles-champignons). Box à l'arrière et nappes sur les tables installées sur le petit sentier pédestre.

**Stillwater** — Australien moderne $$$

(03-6331 4153 ; www.stillwater.net.au ; 2 Bridge Rd ; petit-déj 9-26 $, plats 37-60 $ ; 8h30-15h lun-dim, 8h30-tard mar-sam ; ). Dans un antique moulin (certaines sections datent de 1832) sur la Tamar, le Stillwater, maintes fois récompensé, sert des petits-déjeuners et déjeuners, et sort le grand jeu le soir. La carte fait la part belle aux produits locaux (y compris les vins) et de saison.

**Two Four Two** — Appartements $$$

(03-6331 9242 ; www.twofourtwo.com.au ; 242 Charles St ; studio/app à partir de 230/270 $ ; P). Meilleur hébergement indépendant de Launceston, les appartements stylés de Two Four Two sont au cœur de Charles Street, parmi les nombreux cafés. Deux studios pour 2 personnes et un appartement pour 4, tous dotés d'une cuisine équipée avec machines à café, vastes sdb (avec peignoirs) et lits confortables. Livres, DVD, vins tasmaniens, œuvres d'art... et vélos prêtés gracieusement.

**Mantra Charles Hotel** — Hôtel $$

(03-6337 4100, 1300 987 604 ; www.hotelcharles.com.au ; 287 Charles St ; d/app à partir de 169/249 $ ; P @). Aménagé dans un ancien hôpital, le Mantra Charles a su, grâce à un réaménagement complet, devenir le meilleur hôtel d'affaires de Launceston. Grandes chambres, appartements (1 ch) avec baignoire spa ou studios avec kitchenette, tous sont spacieux, très confortables et joliment colorés. La clientèle apprécie particulièrement le bar et le restaurant du rez-de-chaussée, malgré la proximité de Charles St et de sa ribambelle de cafés.

## George Town 6

**Cove Bar & Restaurant** — Australien $$

(03-6382 9900 ; www.yorkcove.com.au/dine ; 2 Ferry Blvd ; plats 18-33 $ ; 7h-10h, 12h-15h et 17h-20h lun-sam, 7h-10h et 12h-15h dim ; ). Superbe vue sur la kanamaluka/Tamar River et York Cove depuis le restaurant du York Cove Hotel, inondé de lumière. Les produits locaux sont à l'honneur (goûtez par exemple la poitrine de porc au miel et à l'anis). Prépare le meilleur café de George Town.

**Gunn Deck Cafe** — Café $

(03-6382 3792 ; www.facebook.com/gunndeck ; 8 Elizabeth St ; plats 7-15 $ ; 10h-16h lun-ven). Caché sur une mezzanine, dans le Bass & Flinders Centre, et surplombant la réplique du *Norfolk*, ce café est une agréable surprise : délicieux gâteaux, soupe du jour, sandwichs, plats roboratifs tels le plateau du laboureur, thé du Devonshire et vin. Parfait pour déjeuner.

**York Cove** — Hôtel $$

(03-6382 9900 ; www.yorkcove.com.au ; 2 Ferry Blvd ; ch 119-179 $, app à partir de 209 $ ; ). Adresse inattendue à George Town, cet établissement au bord de l'eau loue 3 suites au rez-de-chaussée et 2 appartements à l'étage avec vue. Les chambres sont immenses ; les appartements le sont davantage. Piscine extérieure, Jacuzzi, salle de gym et restaurant donnant sur la marina et le centre-ville.

CATHERINE SUTHERLAND/LONELY PLANET ©

38

# L'Ouest sauvage

*De Strahan à Launceston via Takayna/Tarkine et Cradle Mountain, voici l'un des plus beaux itinéraires en forêt d'Australie, entre nature, bourgades historiques et plages reculées, sans compter une emblématique montagne.*

## TEMPS FORTS

**14 JOURS**
**620 KM**

### PARFAIT POUR...

### LE MEILLEUR MOMENT

D'octobre à avril ; évitez l'hiver mordant (juin-août).

### LA PHOTO SOUVENIR

Cradle Mountain surgissant des eaux de Dove Lake.

### LE PLEIN DE NATURE

Depuis Corinna, suivez la Pieman River en bateau jusqu'à Pieman Heads.

**Cradle Mountain** Dove Lake

# 38 L'Ouest sauvage

L'ouest de la Tasmanie est authentiquement sauvage. L'océan Austral se déchaîne sur le littoral, les forêts humides se détachent sur fond de ciel à Takayna/Tarkine, et Cradle Mountain se dresse au loin, sculptée par d'anciens glaciers. Mentionnons également Stanley et Sheffield, bourgades historiques, Boat Harbour Beach, une plage splendide, et les vagues incessantes de Marrawah. Cette route rassemble sans conteste le meilleur de la Tasmanie.

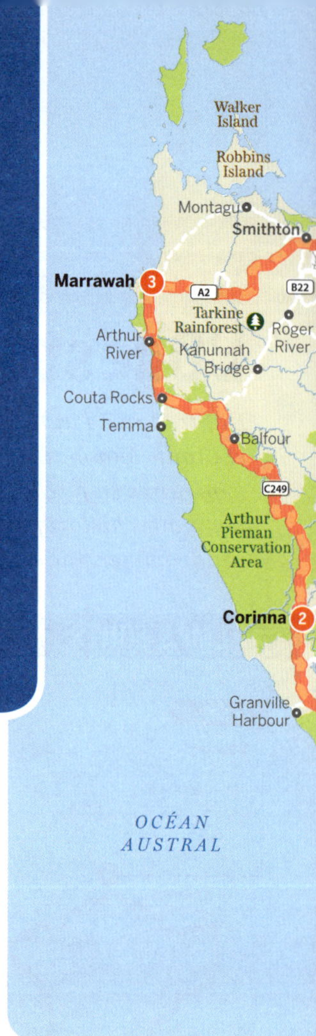


TEMPS FORT

## 1 Strahan

Lové entre Macquarie Harbour (étendue d'eau six fois plus grande que Sydney Harbour) et la forêt humide, Strahan a rang de havre sur la côte ouest sauvage. Partez une journée avec **Gordon River Cruises** (☎03-6471 4300 ; www.gordonrivercruises.com.au ; 24 Esplanade ; croisière déj buffet adulte 135-265 $, enfant 65-265 $, famille à partir de 310 $) pour une croisière sur Macquarie Harbour, sur la Gordon River à travers la forêt humide, et dans l'ancienne colonie pénitentiaire de **Sarah Island**. La **West Coast Wilderness Railway** (☎03-6471 0100 ; www.wcwr.com.au ; Queenstown Station, 1 Driffield St ; wagon standard adulte/enfant/famille 110/55/245 $, wagon "wilderness" adulte/enfant 179/100 $ ; ⏲billetterie 8h-16h30), une voie ferrée historique qui traverse la forêt humide jusqu'à la ville minière de Queenstown, vaut aussi le détour. Le soir, ne manquez pas la pièce de théâtre **The Ship That Never Was** (☎03-6471 7700 ; www.roundearth.com.au ; West Coast Visitor Information Centre, Esplanade ; tarif plein/enfant/réduit 25/2,50/12,50 $ ; ⏲représentation 17h30 sept-mai, film 17h30 juin-août) qui raconte l'évasion rocambolesque d'un groupe de convicts.

✕ 🛏 p. 431

**La route »** En quittant Strahan, la B27 s'enfonce dans le bush et longe bientôt les Henry Dunes (le plus grand champ de dunes de Tasmanie). À Zeehan, 43 km au nord de Strahan, la C249 arrive à la Pieman River 50 km plus loin (4 km non goudronnés), où la barge Fatman fait traverser les véhicules jusqu'à Corinna.

## À COMBINER AVEC

### 35 Circuit historique

De Hobart à Launceston (257 km), découvrez des villes historiques parmi les mieux conservées de Tasmanie.

### 37 Circuit gourmet dans la Tamar Valley

Cette boucle de 186 km part de Launceston, traverse vignobles et exploitations de petits fruits. Faune abondante.

TEMPS FORT

### 2 Corinna

Nichée au cœur de la forêt humide, dans la région sauvage de Takayna/Tarkine, cette ancienne cité minière comptait, à la fin des années 1800, deux hôtels, un bureau de poste, des boutiques, un abattoir et quelque 2 500 âmes. C'est à présent un village paisible où seul un commerce subsiste : **Corinna Wilderness Experience** (☎03-6446 1170 ; www.corinna.com.au ; Corinna Rd ; empl sans élec 40 $, cottage d/f 230/290 $), qui propose des emplacements de tente, des *cabins*, un restaurant, des **croisières en bateau** (☎03-6446 1170 ; www.corinna.com.au/river-cruises ; adulte/enfant 95/55 $ ; ⏲10h déc-avr, 10h lun, mer et sam mai-nov) sur la Pieman River jusqu'à l'une des plages les plus reculées d'Australie, des kayaks à louer et plusieurs belles randonnées. Ici, ni TV, ni téléphone, ni Wi-Fi... juste vous et la nature.

**La route ››** Surnommée la Western Explorer (ou la Road to Nowhere – "Route vers nulle part"), la piste qui part au nord de Corinna traverse un paysage contrasté (dense forêt humide et crêtes dépouillées) jusqu'à Arthur River. Non goudronnée sur 70 km, elle est praticable avec une voiture classique. À partir d'Arthur River, la route est confortable jusqu'à Marrawah, à 117 km de Corinna.

## 3 Marrawah

Indomptée et préservée, Marrawah est le point le plus occidental de Tasmanie. On y trouve d'immenses plages donnant sur l'océan, maints signes de présence aborigène – notamment dans la **Preminghana Indigenous Protected Area** (☎03-6234 0700, 1800 132 260 ; www.tacinc.com.au) au nord du village – ainsi que de mémorables couchers de soleil. Selon une station scientifique des environs, l'air, balayé par les quarantièmes rugissants, y serait le plus pur au monde. Les surfeurs apprécient ses énormes vagues. Marrawah ne compte guère plus qu'une supérette et un pub.

**La route ››** Depuis le sud de Marrawah, la Bass Hwy part vers l'est, traversant d'abord le nord de Takayna/Tarkine, puis la région fertile de Smithton, grosse productrice de bœuf et de produits laitiers d'Australie. Stanley est à 7 km au nord de la Bass Hwy et ce dernier tronçon, avec le Nut se profilant à l'horizon, est le plus joli. Comptez 67 km entre Marrawah et Stanley.

TEMPS FORT

## 4 Stanley

Stanley n'est rien de plus qu'un ensemble de cottages de couleurs vives, ramassés au pied d'un ancien volcan, le Nut. Pourtant, quel charme ! Des bateaux de pêche débordant de nasses se balancent dans le port, les manchots se déplacent sur le rivage et les quarantièmes rugissants assurent un air d'une grande pureté. Ajoutez à cela des sites touristiques incontournables : **Highfield** (☎03-6458 1100 ; www.parks.tas.gov.au/highfield ; 143 Green Hills Rd ; adulte/enfant/famille 12/6/30 $ ; ⏲9h30-16h30) et le **Nut** (en retrait de Browns Rd) – de même qu'une poignée de bons restaurants, et vous avez un endroit où il fait bon passer un jour ou deux.

✕ 🛏 p. 431

**La route ››** Retournez à la Bass Hwy et prenez à gauche, vers l'est. La présence de la Takayna/Tarkine est toujours palpable au sud, mais la route principale traverse essentiellement de fertiles plaines agricoles. À 48 km environ de Stanley, la route pour Boat Harbour Beach, située à 3 km en retrait de la Bass Hwy, descend vers le littoral.

## 5 Boat Harbour Beach

Véritable paradis terrestre, la plage de Boat Harbour se distingue par son sable blanc et ses eaux turquoise, souvent calmes. La plage, surveillée en été, est idéale pour les enfants, et vous trouverez, dans le cadre du club des sauveteurs, l'un des meilleurs restaurants de la côte nord (le Sweet-Ness at the Sea).

**La route ››** Retournez à la Bass Hwy et suivez-la sur 24 km jusqu'à Somerset, où l'embranchement pour la Murchison Hwy (A10) part vers le sud. La route serpente dans Hellyer Gorge, puis tournez vers l'est sur la C132 et grimpez la Black Bluff Range d'où vous apercevrez Cradle Mountain.

SHUANG LI/SHUTTERSTOCK ©

**Stanley** Le Nut, un ancien volcan éteint

Peu après, à 130 km de Boat Harbour Beach, descendez pour vous approcher du sommet le plus célèbre de Tasmanie.

TEMPS FORT

## 6 Cradle Mountain

Cradle Mountain se tient à l'extrémité nord du **Cradle Mountain-Lake St Clair National Park** (☎03-6492 1110 ; www.parks.tas.gov.au ; 24/12 $ par jour par véhicule/pers), compris dans la Zone de nature sauvage de Tasmanie (Tasmanian Wilderness World Heritage Area) classée au Patrimoine mondial. Du haut de ses 1 545 m, Cradle Mountain est le cinquième sommet de Tasmanie et, de loin, le plus célèbre de l'île, peut-être même de l'Australie. Pour admirer son croissant, le plus simple est de se rendre au Dove Lake, mais depuis Cradle Valley, le village lové à la frontière nord du parc, vous aurez également un beau panorama. Vous y trouverez le **Visitor Centre** (☎03-6492 1110 ; www.parks.tas.gov.au ;4057 Cradle Mountain Rd ; 8h30-16h30 ; wifi), le sanctuaire de vie sauvage **Devils@Cradle** (☎03-6492 1491 ; www.devilsatcradle.com ; 3950 Cradle Mountain Rd ; adulte/enfant 20/12 $, famille à partir de 60 $, visite nocturne adulte/enfant 30/15 $, famille à partir de 80 $ ; 10h-16h avr-sept, 10h-17h oct-mars), et pléthore d'animaux – wombats, wallabies à cou rouge et pademelons – le long des routes au crépuscule.

p. 431

**La route»** Les 55 km qui séparent Cradle Mountain de Sheffield sont époustouflants. La route traverse une plaine subalpine puis, à Moina, descend brusquement jusqu'à la Forth River. Après être ressortie de la gorge, elle suit les flancs creusés de profonds sillons du Mt Roland, aussi impressionnant, à sa façon, que Cradle Mountain.

## EXCURSIONS À CRADLE MOUNTAIN

En voyant la silhouette de Cradle Mountain se dresser aux pieds du Dove Lake, on comprend que la région soit une destination très prisée des randonneurs. C'est d'ici que part le célèbre Overland Track, sentier de 65 km rejoignant le Lake St Clair. Mais les environs se prêtent aussi à d'innombrables marches à la journée.

**Dove Lake Circuit** (6 km, 2 heures). Faites le tour du lac depuis le parking de Dove Lake, pour avoir une vue presque continue sur Cradle Mountain.

**Marions Lookout** (3 heures aller-retour). Montez au-dessus de Lilla Lake et Wombat Pool pour regarder le sommet de Cradle Mountain dans les yeux.

**Sommet de Cradle Mountain** (13 km, 6-8 heures aller-retour). Une montée difficile mais spectaculaire, avec une vue époustouflante par temps clair, et un peu d'escalade à l'approche du sommet. Départ du parking de Dove Lake ou de Ronny Creek.

### 7 Sheffield

Sheffield serait une ville de province tasmanienne tout à fait ordinaire si ce n'était la fantastique profusion de fresques qui ornent ses façades depuis les années 1980 et qui transforment la ville en galerie à ciel ouvert. Reprenant une idée venue de Chemainus au Canada, ces peintures murales dépeignent des scènes de l'époque des pionniers. On en dénombre 80 aujourd'hui, et la ville organise chaque année un festival qui voit leur nombre s'accroître. Lors de notre passage, une application proposant un circuit autoguidé était en cours de développement – renseignez-vous auprès du **Visitor Centre** (☎03-6491 1179 ; www.sheffieldcradleinfo.com.au ; 5 Pioneer Cres ; ⏲9h-17h lun-ven, 10h-16h sam-dim nov-avr, 9h-17h lun-ven, 11h-15h sam-dim mai-oct ; 📶).

**La route »** Retournez à Paradise et prenez la C137 qui passe les Fossey Mountains puis descend à Mole Creek, où vous pourrez visiter les grottes de Marakoopa ou de King Solomons. La route traverse la ville de Mole Creek – gare au tigre de Tasmanie sur le toit du pub ! – et la ville apicole de Chudleigh, avant d'arriver sur les terres agricoles de Deloraine, à 55 km de Sheffield.

### 8 Deloraine

Au pied des Great Western Tiers, la longue chaîne de montagnes qui sépare l'*hinterland*, au nord, des *highlands* (hauts plateaux), dans le centre, Deloraine affiche de somptueux panoramas à chaque virage. Traversée par les méandres de la bien nommée Meander River, elle compte de beaux édifices georgiens et victoriens, disséminés autour d'Emu Bay Road, l'artère principale. Cette bourgade d'artisans est de surcroît à deux pas de **Liffey Falls** (www.parks.tas.gov.au ; C513), l'une des plus belles cascades de Tasmanie.

**La route »** Évitez la Bass Hwy en quittant Deloraine par la B54. Parallèle à la route principale, elle traverse une succession de villes – Westbury, Hayley, Carrick –, autant de petits bouts de campagne anglaise implantés en Tasmanie. Le circuit rejoint la Bass Hwy 8 km seulement avant Launceston.

### 9 Launceston

Launceston a beau être la deuxième ville de Tasmanie, selon ses habitants, l'architecture est plus élégante, les parcs plus beaux, et la cuisine plus savoureuse qu'à Hobart. Il faut avouer que l'art et le design occupent ici une place de choix, et qu'il est rare de voir une merveille naturelle comme la sublime Cataract Gorge (p. 404) aussi près d'un centre-ville.

🍴 🛏 p. 405, p. 423

# Se restaurer et se loger

## Strahan 1

### Bushman's — Australien moderne $$$

(☎03-6471 7612 ; www.bushmanscafe.com.au ; 1 Harold St ; plats 17-39 $ ; ⏲11h-tard lun-ven, 17h30-tard sam ; ✎). Le meilleur restaurant de Strahan met un coup de projecteur sur les produits locaux : saumon Petuna, pétoncles de Spring Bay, steak de Sassafras... Si les déjeuners sont plutôt décontractés (salades, pâtes et burgers), on y concocte le soir des plats plus élaborés comme le faux-filet, le canard braisé et des plats végétariens (réservez).

### Strahan Holiday Retreat — Camping-caravaning $

(☎03-6471 7442 ; www.strahanretreat.com.au ; 8-10 Innes St ; empl sans/avec élec à partir de 24/38 $, cabins et cottages à partir de 120 $ ; wifi). Véritable village dans le village (caravaning, café, boissons alcoolisées, informations touristiques et DAB), situé non loin de West Beach. On y trouve : emplacements pour tentes et caravanes, *cabins* indépendantes et grands cottages. Malgré le manque de verdure, vous trouverez un cours d'eau où nagent des ornithorynques et de bons équipements : cuisine partagée, buanderies, salle de jeux et location de kayaks/vélos/sandboards/clubs de golf (45/35/10/10 $ par jour).

### Wheelhouse Apartments — Maison à louer $$$

(☎0429 356 117 ; www.wheelhouseapartments.com.au ; 4 Frazer St ; d 295-350 $ ; ❄). Perchées au-dessus du village, ces 2 belles maisons de 2 chambres chacune sont pourvues de baies vitrées offrant un panorama exceptionnel sur Macquarie Harbour. Cuisine bien équipée avec machine à expresso, salon avec TV, et chambre avec baignoire balnéo en haut d'un escalier en colimaçon.

## Stanley 4

### Hursey Seafoods — Fish & Chips $

(☎03-6458 1103 ; www.hurseyseafoods.com.au ; 2 Alexander Tce ; fish & chips à emporter 12-21 $ ; ⏲restaurant 12h-14h45 et 17h45-19h45, à emporter 11h30-19h30). Ne manquez pas les poissons et fruits de mer dans ce port de pêche. Les neuf bateaux de Hursey approvisionnent en poissons, langoustines et pétoncles le restaurant aseptisé de l'étage – commandez plutôt des plats à emporter dans la boutique.

### Cable Station Accommodation — B&B $$

(☎03-6458 1312 ; www.cablestationstanley.com.au ; 435 Green Hills Rd ; d/tr 165/195 $ ; wifi, animaux). Cet édifice fut construit pour loger la première ligne téléphonique entre la Tasmanie et l'Australie. Des petits manchots s'approchent tout près, et les 2 *units* (pour 2 ou 3 personnes) joliment meublés sont dotés de baignoires à pieds avec sels de bain et peignoirs. Pain frais et confitures maison pour le petit-déjeuner.

## Cradle Mountain 6

### Derwent Bridge Wilderness Hotel — Pub $$

(☎03-6289 1144 ; www.derwentbridgewildernesshotel.com.au ; Lyell Hwy, Derwent Bridge ; plats déj 11-20 $, dîner 27-42 $). Ce vaste hôtel aux airs de grange propose la meilleure table et l'accueil le plus chaleureux (grâce à une immense cheminée) du Lake St Clair. Sert des plats de pub (rôti au parmesan notamment) et des curries mijotés par le chef sri-lankais. Pour les grosses faims, tentez le steak King Billy (350 g) aux crevettes et pétoncles (67 $).

### Discovery Holiday Parks Cradle Mountain — Camping $

(☎03-6492 1395 ; www.discoveryholidayparks.com.au ; 3832 Cradle Mountain Rd ; empl sans/avec élec pour 2 pers 47/58 $, dort 39 $, cabin d 150-290 $ ; wifi). Un camping de bush proposant de nombreuses options : emplacements tente espacés ; dortoirs non mixtes pour 4 ; *cabins* rudimentaires avec cuisine et petite sdb, ou plus grandes avec cuisinière au gaz, TV et lecteur DVD. Buanderie, sanitaires immaculés et cuisines avec réchauds, barbecues et fours à pizza. La supérette de la réception est la mieux approvisionnée de la vallée.

# SE DÉGOURDIR LES JAMBES
# LAUNCESTON

**Départ/arrivée** Queen Victoria Museum

**Distance :** 4,5 km

**Durée :** 2 heures

Entre architecture coloniale, bords de rivière paisibles et mosaïque d'espaces verts : c'est à pied que les trésors de Launceston, ville compacte et sympathique, se révèlent le mieux.

**Compatible avec les itinéraires :**

35 37 38

## Queen Victoria Museum

Au cœur du quartier réhabilité d'Inveresk Railway Yards, dans le Queen Victoria Museum (p. 404), on peut voir les habituelles collections de dinosaures et d'animaux empaillés, mais aussi des trésors historiques tels que le revolver du *bushranger* Martin Cash, le panier en écailles de tortue de Lady Jane Franklin, et une section dédiée au tigre de Tasmanie. Les enfants aimeront les gadgets interactifs de la Phenomena Factory.

**La promenade »** Traversez le parking et suivez les rails du tramway jusqu'à Invermay Rd ; tournez à gauche et traversez la North Esk River sur le Victoria Bridge. Prenez la deuxième rue à gauche (Cimitiere St) ; le National Automobile Museum est à 200 m environ à main gauche. Traversez la route et entrez dans le City Park.

## City Park

Planté d'immenses chênes et platanes, le vaste **City Park** (☎03-6323 3000 ; www.launceston.tas.gov.au/parks-and-gardens/city-park ; angle Tamar St et Cimitiere St ; ⏰aube-crépuscule) compte une élégante fontaine, une serre en verre, un terrain de jeu et un petit train pour les enfants. L'**enclos des macaques japonais**, aux panneaux en verre, est un cadeau d'Ikeda, ville japonaise jumelée avec Launceston.

**La promenade »** L'arrêt suivant se trouve sur le bord ouest du City Park. Passez les grilles derrière l'enclos des macaques ; le centre est sur la gauche, à 20 m dans Tamar St.

## Design Tasmania

Dans ce **centre de design** (☎03-6331 5506 ; www.designtasmania.com.au ; angle Brisbane St et Tamar St ; adulte/enfant 6 $/gratuit ; ⏰9h30-17h30 lun-ven, 10h-16h sam-dim oct-avr, 9h30-16h30 lun-ven et 11h-15h sam-dim mai-sept), une ancienne église abrite désormais une boutique spécialisée dans l'artisanat tasmanien fait main. Des expositions de design tasmanien (surtout du mobilier) sont organisées dans une nouvelle aile construite tout exprès.

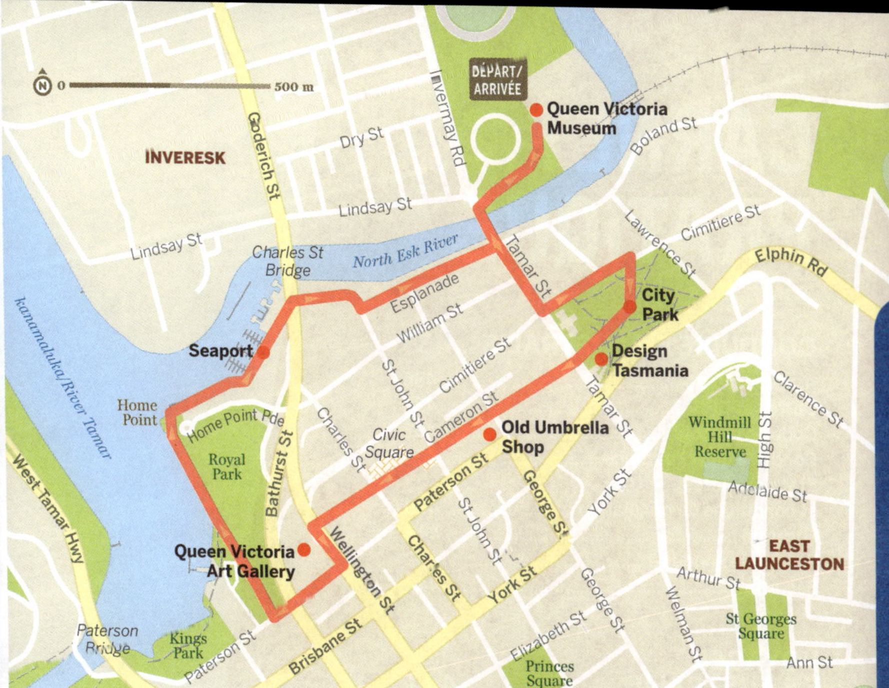


**La promenade »** Retournez aux portes du parc près de Design Tasmania et tournez à gauche sur Cameron St. Passez devant l'église trapue de Holy Trinity, puis tournez de nouveau à gauche sur George St. L'Old Umbrella Shop est à quelques mètres à droite.

## Old Umbrella Shop

Ancien atelier de parapluies tenu par R Shott et fils depuis 1921, l'**Old Umbrella Shop** (☎03-6331 9248 ; www.nationaltrust.org.au/places/old-umbrella-shop ; 60 George St ; ⌚9h-17h lun-ven, 9h-12h sam) est une boutique du début du XX^e siècle intacte, avec sa caisse enregistreuse et ses casiers en bois sombre d'origine. D'anciens parapluies sont exposés d'un côté, et des nouveaux sont à vendre de l'autre, avec d'autres produits locaux.

**La promenade »** Revenez à Cameron St et prenez à gauche. À quelques pâtés de maisons, Civic Sq est jalonnée de bâtiments contrastés : le clocher du bureau de poste de 1905, digne d'un conte de fées, l'hôtel de ville de style italianisant, et la Henty House en béton brut. Suivez Cameron St jusqu'au bout ; la Queen Victoria Art Gallery se trouve en face.

## Queen Victoria Art Gallery

Les peintures de l'époque coloniale, dont celles de John Glover, font la fierté de cette galerie d'art (p. 404) aménagée dans un édifice du XIX^e siècle restauré. Ne manquez pas la First Tasmanians Gallery, consacrée aux aborigènes.

**La promenade »** Derrière la galerie, traversez Royal Park et tournez à gauche sur la promenade puis suivez la rivière jusqu'à Home Point – des circuits en bateau dans Cataract Gorge et sur la Kanamaluka/Tamar River partent d'ici. La promenade continue vers Seaport.

## Seaport

Construite sur des terrains assainis et une ancienne cale sèche, la marina de Seaport est dotée d'un hôtel et de restaurants. De l'autre côté de la North Esk River, s'élève la plus haute construction de la ville : des silos à grains transformés en hôtel (le Peppers Silo).

**La promenade »** Traversez la East Tamar Hwy au passage piétons près de Seaport et suivez la digue près de l'Esplanade. Traversez le pont pour revenir au point de départ.

# CARNET PRATIQUE

# Conduire en Australie

*Avec ses 350 000 km de routes goudronnées quadrillant le territoire, l'Australie offre un cadre de rêve pour un road trip mémorable.*

## ASSURANCE

➡ **Responsabilité civile** Sauf en Nouvelle-Galles du Sud et dans le Queensland, la responsabilité civile est comprise dans les frais d'immatriculation, afin que chaque véhicule ait au moins une assurance minimale (en Nouvelle-Galles du Sud et dans le Queensland, vous devrez avoir une assurance personnelle). Il est conseillé d'étendre cette couverture à une assurance au tiers (au minimum), car la moindre collision peut revenir extrêmement cher.

➡ **Véhicules de location** Quand vous louez un véhicule, renseignez-vous sur votre responsabilité en cas d'accident. Plutôt que de risquer de payer des milliers de dollars, mieux vaut prendre une assurance auto complète ou payer un supplément journalier à l'agence de location pour bénéficier d'une réduction de franchise (*insurance excess reduction*). En cas d'accident, cette clause permet de réduire la franchise à quelques centaines de dollars – contre 2 000 à 5 000 $ autrement.

➡ **Exclusions** Attention, à moins de louer un 4x4, vous ne serez jamais couvert si vous empruntez des chemins de terre (lisez bien les clauses en petits caractères du contrat). La plupart des assurances proposées par les agences ne prennent pas en charge les bris de glace, ni les dommages causés aux pneus.

## CARTES ET GPS

On trouve facilement, et sur tout le territoire, quantité de cartes routières et topographiques de qualité. Les fédérations automobiles des États fournissent de bonnes cartes, notamment des atlas routiers complets et détaillés. **Hema Maps** (www.hemamaps.com) publie certaines des meilleures cartes routières des régions désertiques de l'outback, disponibles en ligne et dans certaines librairies.

De nombreux véhicules sont équipés d'un système de navigation GPS fiable (qui peut être loué en option). Vous pouvez également utiliser des applications comme Google Maps sur votre téléphone, mais ne vous y fiez pas dans les zones reculées, où la connexion peut être capricieuse.

## CODE DE LA ROUTE

**Priorité à droite** Souvenez-vous que la priorité est à droite, même aux (rares) carrefours dépourvus de signalisation

### La conduite en bref

➡ **À droite ou à gauche ?** Conduite à gauche

➡ **Âge légal** 17 ans (18 ans dans l'État du Victoria)

➡ **Limitations de vitesse** 110 km/h (130 km/h dans le Territoire du Nord)

## Distances routières (en km)

| | Adélaïde | Albany | Alice Springs | Birdsville | Brisbane | Broome | Cairns | Canberra | Cape York | Darwin | Kalgoorlie | Melbourne | Perth | Sydney | Townsville |
|---|---|---|---|---|---|---|---|---|---|---|---|---|---|---|---|
| Albany | 2649 | | | | | | | | | | | | | | |
| Alice Springs | 1512 | 3573 | | | | | | | | | | | | | |
| Birdsville | 1183 | 3244 | 1176 | | | | | | | | | | | | |
| Brisbane | 1942 | 4178 | 1849 | 1573 | | | | | | | | | | | |
| Broome | 4043 | 2865 | 2571 | 3564 | 5065 | | | | | | | | | | |
| Cairns | 3079 | 5601 | 2396 | 1919 | 1705 | 4111 | | | | | | | | | |
| Canberra | 1372 | 4021 | 2725 | 2038 | 1287 | 5296 | 2923 | | | | | | | | |
| Cape York | 4444 | 6566 | 3361 | 2884 | 2601 | 5076 | 965 | 3888 | | | | | | | |
| Darwin | 3006 | 5067 | 1494 | 2273 | 3774 | 1844 | 2820 | 3948 | 3785 | | | | | | |
| Kalgoorlie | 2168 | 885 | 3092 | 2763 | 3697 | 3052 | 5234 | 3540 | 6199 | 4896 | | | | | |
| Melbourne | 728 | 3377 | 2240 | 1911 | 1860 | 4811 | 3496 | 637 | 4461 | 3734 | 2896 | | | | |
| Perth | 2624 | 411 | 3548 | 3219 | 4153 | 2454 | 6565 | 3996 | 7530 | 4298 | 598 | 3352 | | | |
| Sydney | 1597 | 4246 | 3109 | 2007 | 940 | 5208 | 2634 | 289 | 3599 | 3917 | 3765 | 862 | 3869 | | |
| Townsville | 3237 | 5374 | 2055 | 1578 | 1295 | 3770 | 341 | 2582 | 1306 | 2479 | 4893 | 3155 | 5349 | 2293 | |
| Uluru | 1559 | 3620 | 441 | 1617 | 2290 | 3012 | 2837 | 2931 | 3802 | 1935 | 3139 | 2287 | 3595 | 2804 | 2496 |

| | Bicheno | Cradle Mountain | Devonport | Hobart | Launceston |
|---|---|---|---|---|---|
| Cradle Mountain | 383 | | | | |
| Devonport | 283 | 100 | | | |
| Hobart | 186 | 296 | 334 | | |
| Launceston | 178 | 205 | 105 | 209 | |
| Queenstown | 443 | 69 | 168 | 257 | 273 |

Nous indiquons les distances les plus courtes. D'autres itinéraires peuvent se révéler considérablement plus longs. Pour les distances en bus, consultez les notices des différentes compagnies.

et sur les ronds-points. Les véhicules tournant à droite laissent la priorité à ceux tournant à gauche.

**Limitations de vitesse** En agglomération et dans les zones résidentielles, la vitesse est limitée à 50 km/h. Près des écoles, la limite passe fréquemment à 40 km/h (25 km/h en Australie-Méridionale) le matin et l'après-midi. Sur autoroute, la vitesse autorisée est généralement de 100 km/h ou 110 km/h ; dans le Territoire du Nord, elle est de 110 km/h ou 130 km/h. Des radars et des caméras sont placés dans des lieux stratégiques.

**Ceintures de sécurité et siège auto** Le port de la ceinture de sécurité est obligatoire à l'avant comme à l'arrière, sous peine d'amende. Les enfants doivent être installés dans des sièges réglementaires adaptés à leur âge, quel que soit le type de véhicule (camping-car compris).

**Alcool au volant** La police réalise fréquemment des contrôles aléatoires d'alcoolémie et de drogue. Les conducteurs ayant un taux d'alcoolémie supérieur à 0,05% sont passibles d'une lourde amende et d'un retrait de permis.

**Téléphone mobile** Il est interdit de téléphoner au volant, excepté avec un kit mains libres.

## CONDUIRE DANS L'OUTBACK

Étonnamment, peu d'Australiens se sont déjà rendus dans l'outback. Considéré pour beaucoup d'entre eux comme un lieu mythique prisé des touristes et peuplé par des Aborigènes, l'outback est un endroit à ranger dans la case des "trop" : trop chaud, trop loin, trop cher pour s'y rendre en avion, trop de parasites et trop de sable... Mais chez les voyageurs qui font l'effort de le parcourir, une curieuse métamorphose se produit : la conscience du calme absolu de ce territoire sauvage et de l'immensité de l'île-continent, qu'on ne saisit tout simplement pas en restant sur la plage de Bondi Beach.

Tous les itinéraires de ce guide suivent des routes goudronnées et conviennent à des véhicules ordinaires, même si le hors-piste n'est jamais bien loin.

## À savoir

L'outback australien est une vaste étendue couvrant le centre du pays. La plupart des Australiens vivent sur la côte, une étroite bande verte loin d'être représentative de l'immensité des terres de l'intérieur. C'est bien dans l'outback que se cache l'âme profonde de l'Australie.

Les conditions météo et les paysages varient selon les régions – désert de sable aride, maquis semi-aride ou savane tropicale – mais dans l'ensemble, attendez-vous à des journées chaudes et ensoleillées, à des nuits étoilées... et à un horizon infini.

## Conduire en toute sécurité dans l'outback

Voyager sur les pistes isolées de l'outback exige beaucoup d'organisation et de vigilance pour faire face au manque d'eau, aux températures élevées, aux distances qui séparent les stations-services et à l'isolement. Voici quelques conseils :

### Communication

- Informez la police, un ami ou un proche, de votre itinéraire.
- Les téléphones portables sont pratiquement inutiles hors des grands axes. Vous pouvez louer un téléphone satellitaire, une radio à haute fréquence (HF) pour contacter les bases du Royal Flying Doctor Service (www.flyingdoctor.org.au), ou une radiobalise de détresse (EPIRB).
- En cas d'urgence, restez près de votre véhicule ; vous serez plus facile à localiser, et il est impossible de marcher loin avec suffisamment d'eau. Si le soleil tape, ne restez pas dans votre voiture, il y fera vite aussi chaud que dans un four.
- Si vous êtes en difficulté, mettez le feu à une roue de secours (après l'avoir dégonflée). La fumée dégagée sera visible à des kilomètres à la ronde.

### Conduite sur piste

- Gonflez les pneus à la pression adaptée au terrain que vous allez traverser. Dans le désert, dégonflez-les à 25 psi (environ 1,70 bar) pour éviter les crevaisons.
- Roulez moins vite sur les routes non bitumées, l'adhérence est réduite et les distances de freinage plus grandes.
- Les pistes sont souvent bosselées : conservez une vitesse constante.
- La poussière peut réduire la visibilité : arrêtez-vous et attendez qu'elle retombe.

### Sites Internet

**Australian Bureau of Meteorology** (www.bom.gov.au). Prévisions météo.

**Green Vehicle Guide** (www.greenvehicleguide.gov.au). Classement des véhicules australiens selon leur taux de pollution et d'émission de gaz à effet de serre.

**Motorcycle Council of NSW** (www.mccofnsw.org.au). L'une des nombreuses organisations de motards présentes en Australie.

**Live Traffic NSW** (www.livetraffic.com). Conditions de circulation en Nouvelle-Galles du Sud.

**Main Roads Western Australia** (www.mainroads.wa.gov.au). Conditions de circulation en Australie-Occidentale.

**QLD Traffic** (qldtraffic.qld.gov.au). Conditions de circulation dans le Queensland.

**Road Report NT** (www.roadreport.nt.gov.au). Conditions de circulation dans le Territoire du Nord.

**Traffic & Travel Information SA** (www.transport.sa.gov.au). Conditions de circulation en Australie-Méridionale.

**VicRoads** (www.vicroads.vic.gov.au). Conditions de circulation dans l'État du Victoria.

➡ Si votre véhicule peine à avancer sur le sable, dégonflez légèrement les pneus. Si vous êtes ensablé, n'accélérez pas ; les roues ne feront que s'enfoncer davantage.

## Dangers

➡ Les routes goudronnées de l'outback couvrent de longues distances dans le désert rouge et plat. Vous serez tenté d'accélérer, mais mieux vaut garder le contrôle sur sa vitesse.

➡ Pensez à faire une pause toutes les 2 heures environ : la fatigue au volant est un réel danger de même que la monotonie liée aux longues distances.

➡ Des animaux (vaches, moutons, émeus, kangourous, dromadaires, etc.) peuvent traverser à tout moment. Évitez de conduire la nuit, quand ils sont le plus actif. Beaucoup d'agences de location l'interdisent.

➡ Les *road trains* constituent une menace permanente sur les grands axes. Mieux vaut les laisser passer, vous ne faites pas le poids !

## Météo et état des routes

➡ Renseignez-vous sur les conditions routières. Une route praticable à la saison sèche (mars-octobre) peut disparaître sous les eaux pendant la saison humide.

➡ Consultez chaque jour les prévisions météo.

➡ Attention aux nids-de-poule, aux changements de revêtement non signalés, aux accotements accidentés et meubles et aux ponts étroits.

➡ Avant de traverser un gué, prenez note du niveau d'eau au moyen des indicateurs installés sur place.

➡ Ne tentez pas de traverser un pont ou une chaussée inondée, à moins d'être sûr de la profondeur de l'eau et de l'état du revêtement.

## Road trains

➡ Vous croiserez des "trains routiers" sur de nombreuses routes de l'outback. Ces énormes camions tirant 2, 3, voire 4 remorques peuvent atteindre 50 m de longueur et ne s'écartent pour personne. Lorsqu'ils foncent sur vous à 120 km/h, on les croirait tout droit sortis du film *Mad Max* !

➡ Les *road trains* soulèvent énormément de poussière sur les pistes. Mieux vaut s'arrêter pour les laisser passer.

➡ Quelques conseils : quand vous en apercevez un sur une route étroite, ralentissez et rangez-vous sur le côté : si ce géant doit mordre le bas-côté pour vous croiser, une pluie de graviers risque de pulvériser votre pare-brise. Si vous devez en doubler un, assurez-vous de disposer d'une distance suffisante (au moins 1 km), et d'assez d'espace

## En cas de problème

**Que faire en cas de panne ?** Appelez le numéro d'assistance d'urgence de l'agence de location, qui contactera un garage local.

**Que faire en cas d'accident ?** Appelez tout d'abord votre assureur. Assurez-vous d'avoir les coordonnées (au minimum) des conducteurs de tous les autres véhicules impliqués. Ne reconnaissez jamais être en tort, sauf si votre assurance vous le conseille. Pour les petits accrochages, vous devrez faire une déclaration d'accident lorsque vous rendez le véhicule. Si la situation s'envenime, adressez-vous au commissariat le plus proche.

**Que faire en cas de contrôle de police ?** Vous devrez présenter votre permis de conduire, votre passeport et un justificatif d'assurance ou d'immatriculation du véhicule.

**Que faire si je n'ai pas de point de chute pour la nuit ?** L'été ou en période de vacances, réservez toujours votre hébergement car les chambres partent vite. Si vous êtes coincé et qu'il se fait tard, de nombreux motels et hôtels de chaîne occupent le bord des routes dans les villes (même petites) du pays. Dans l'outback, il est probable que le relais routier le plus proche (qui propose à la fois, hébergement, restauration et carburant) soit votre seule chance.

## Clubs automobiles

Les clubs automobiles de chaque État et Territoire, placés sous l'égide de l'**Australian Automobile Association** (☎02-6247 7311 ; www.aaa.asn.au) sont une bonne source d'information – assurance, législation, cartes routières et assistance. L'adhésion, qui revient à 100 ou 150 $, peut épargner bien des soucis en cas de panne. Si vous êtes membre d'un club automobile dans votre pays, vérifiez s'il existe un partenariat avec l'Australie. Les principaux clubs automobiles offrent généralement les mêmes droits dans tous les États et Territoires.

**AANT** (Automobile Association of the Northern Territory ; ☎13 11 11 ; www.aant.com.au)

**NRMA** (National Roads & Motorists' Association ; ☎13 11 22 ; www.mynrma.com.au). Nouvelle-Galles du Sud et Territoire de la Capitale australienne.

**RAC** (Royal Automobile Club of Western Australia ; ☎13 17 03 ; www.rac.com.au)

**RACQ** (Royal Automobile Club of Queensland ; ☎13 19 05 ; www.racq.com.au)

**RACT** (Royal Automobile Club of Tasmania ; ☎13 27 22 ; www.ract.com.au)

**RACV** (Royal Automobile Club of Victoria ; ☎13 72 28 ; www.racv.com.au)

car ils oscillent d'un côté à l'autre – préparez-vous à un appel d'air qui peut vous attirer vers le camion au moment où vous le dépassez.

➡ Dans l'outback, saluez les autres automobilistes par le geste rituel du bush : un simple index levé du volant.

### Véhicule

➡ Faites réviser votre véhicule avant de partir.

➡ Répartissez les charges de façon égale, tout en disposant le plus lourd à l'intérieur et le plus léger sur le toit.

➡ Renseignez-vous sur l'emplacement et les horaires d'ouverture des stations-services, et emportez une réserve de carburant et de vivres ; les occasions de faire le plein peuvent être rares.

➡ Emportez une roue de secours (voire deux), une courroie de ventilateur, une durite de radiateur, un manomètre et un compresseur ou une pompe.

➡ Prenez un cric tout-terrain, voire une sangle de treuillage ou un câble pour vous dégager si vous êtes bloqué (et pour qu'un autre véhicule puisse vous tracter).

➡ Des pneus plus épais (*high profile tyre*) bon marché (environ 80 $ chacun) augmenteront l'adhérence de votre véhicule.

### Vivres et matériel

➡ Emportez beaucoup d'eau. Comptez 5 litres par personne et par jour, ainsi qu'une réserve pour le radiateur (dans plusieurs bidons).

➡ Prévoyez un bidon d'essence supplémentaire et suffisamment d'eau et de nourriture au cas où vous tomberiez en panne.

➡ Prenez une trousse de premiers secours, des cartes routières (en cas d'absence de signal GPS), une lampe de poche (avec piles de rechange), une boussole et une pelle en cas d'ensablement.

## ÉTAT DES ROUTES ET CONDITIONS DE CIRCULATION

Les routes australiennes sont généralement en excellent état, mais vous n'êtes jamais à l'abri d'un nid-de-poule, surtout en zone rurale.

### Grands axes et dépassement

Si vous êtes habitué à conduire en Europe, vous serez peut-être déçu par le manque de routes à double voie. À l'exception de la Hume Fwy reliant Sydney à Melbourne (par les terres), on ne trouve pas d'autoroute à plus de 100 km (dans le meilleur des cas) des grandes villes. Bien que des voies de dépassement soient aménagées par endroits sur la plupart des routes et que la circulation se fasse généralement à une vitesse correcte, vous pouvez vous retrouver coincé derrière une caravane, un camion ou un autre véhicule lent. La patience est alors la seule bonne réponse.

### Routes non goudronnées

Au dernier décompte, l'Australie ne possédait pas moins de 450 000 km de routes non goudronnées (distance bien supérieure à celle qui sépare la Terre de la Lune !). Si nombre d'entre elles sont praticables en véhicule ordinaire par temps sec, bien d'autres ne le sont pas, et la plupart deviennent dangereuses, voire impraticables après ne serait-ce qu'une petite pluie. D'autres encore n'aboutissent nulle part et disparaissent dans le sable. Les règles sont les suivantes : ne quittez jamais une route goudronnée à moins de savoir où vous allez, vérifiez la météo, le niveau de carburant, et renseignez-vous auprès des habitants.

### Péages

Seules les autoroutes dans les grandes villes comme Melbourne et Sydney sont payantes. Si vous voyagez avec un véhicule de location, assurez-vous qu'il est équipé du badge électronique requis. Vous réglerez vos frais au moment de rendre la voiture. Dans tous les cas, notez le numéro de téléphone à appeler indiqué aux péages, pour éviter une amende en cas de retard de paiement – le délai est généralement entre 1 et 3 jours.

## LOCATION

Les principales sociétés ont des agences dans les grandes villes. La plupart exigent que le conducteur ait au moins 21 ans, mais l'âge minimal est parfois fixé à 18 ou 25 ans. Quelques conseils :

- Lisez soigneusement le contrat.
- Concernant la caution, certaines entreprises demandent une simple autorisation de prélèvement, d'autres retirent directement l'argent sur votre compte. Dans ce cas, renseignez-vous pour connaître le délai de remboursement.
- Si le kilométrage n'est pas illimité, renseignez-vous sur le prix du kilomètre supplémentaire.
- Renseignez-vous sur la franchise à payer en cas d'accrochage, et si elle peut être réduite en payant un supplément à la journée (cette option vous sera en général proposée spontanément). Assurez-vous que votre assurance voyage vous couvre pour les accidents, et pour la franchise imposée par le loueur.
- Attention aux restrictions. Certaines sociétés d'assurance ne couvrent que les accidents impliquant d'autres véhicules – mais non une collision avec un kangourou ou une avarie sur une route non goudronnée (*unsealed road*), même si c'est une voie d'accès à un camping. Peuvent également être exclues certaines parties de la voiture : bas de caisse, pneus, pare-brise, etc.

### Considérations écologiques

Quelques actions simples peuvent contribuer à minimiser l'impact de votre voyage sur l'environnement :

- Voyagez léger pour réduire la consommation de carburant.
- Conduisez lentement – de nombreux véhicules utilisent 25% de carburant en plus à 110 km/h, par rapport à 90 km/h.
- Évitez les grandes accélérations et les freinages brusques.
- N'allumez la climatisation que lorsque c'est absolument nécessaire.
- Restez sur les routes et les pistes de 4x4 prévues.
- Conduisez au milieu des pistes pour minimiser leur élargissement et les dommages possibles, ne conduisez pas sur les sentiers pédestres et évitez de rouler sur la végétation.
- Traversez les cours d'eau aux endroits prévus.
- Envisagez le covoiturage quand c'est possible.
- Pour plus d'informations, consultez www.greenvehicleguide.gov.au.

## Playlist 100% Aussie

- **Flame Trees** (Cold Chisel ; 1984). Petite ville, grand morceau.
- **Back In Black** (AC/DC ; 1980). Meilleur riff de guitare de tous les temps ?
- **Wide Open Road** (The Triffids ; 1986). Mélancolie du voyageur.
- **Beds Are Burning** (Midnight Oil ; 1987). Hymne de la lutte pour les droits des Aborigènes, mais tous les morceaux de ce groupe sont précieux.
- **Under The Milky Way** (The Church ; 1988). Nuques longues, chaussures pointues et trio de guitares.
- **Nullarbor** (Kasey Chambers ; 2010). Chanson subtile et poignante de la reine de la country alternative australienne.
- **Great Southern Land** (Icehouse ; 1982). Hymne saisissant à la perfection ce "grand territoire du Sud".
- **Solid Rock** (Goanna ; 1982). Le didjeridoo ouvre ce morceau, un classique de la lutte pour les droits aborigènes.
- **Passenger** (Powderfinger, 1998). L'une des excellentes chansons de ce groupe de Brisbane.
- **Down Under** (Men at Work ; 1980). Un tube aussie.

Une sélection d'albums australiens à découvrir ou à redécouvrir :

- *Diesel & Dust* (Midnight Oil)
- *Circus Animals* (Cold Chisel)
- *Neon Ballroom* (Silverchair)
- *Kick* (INXS)
- *Woodface* (Crowded House)
- *Songs From the South: Paul Kelly's Greatest Hits* (Paul Kelly)
- *Get Born* (Jet)
- *Lonerism* (Tame Impala)

Pour de la musique country, roots et folk-rock australienne, écoutez Keith Urban, Lee Kernaghan, Kasey Chambers, Xavier Rudd et le John Butler Trio.

- Avant de signer, faites le tour du véhicule pour noter les éventuels défauts, que vous devez faire figurer sur le contrat.
- Renseignez-vous sur la marche à suivre en cas d'accident ou de panne.
- Dans la mesure du possible, rendez le véhicule quand l'agence est ouverte et insistez pour que l'inspection se fasse en votre présence.
- En cas de location d'un 4x4, vérifiez les conditions d'assurance et notamment la franchise (le montant à régler en cas d'accident, qui peut atteindre 5 000 $) ; les frais d'assurance peuvent rapidement alourdir la note. Une caution remboursable (jusqu'à 7 500 $) est souvent exigée. … franchise et les assurances ne couvriront …tre pas les dommages encourus quand … pas sur la route (ce que l'on ne vous dit pas toujours quand vous prenez le véhicule). De plus, certains contrats interdisent des pistes spécifiques et vous risquez de ne pas être couvert si vous les empruntez.

Les grandes compagnies internationales habituelles sont présentes en Australie (Avis, Budget, Europcar, Hertz, Thrifty). Les sites Web suivants proposent des réductions de dernière minute et permettent de comparer les tarifs des grandes compagnies :

- www.carhire.com.au
- www.drivenow.com.au
- www.webjet.com.au

### Type de véhicule

**4x4** Ils sont adaptés aux trajets dans l'outback, car ils passent quasiment partout, et permettent éventuellement de dormir à l'arrière. Inconvénient : plus forte consommation de carburant, moins pratique pour se garer et plus chers à la location ou à l'achat.

**Camping-car (campervan).** Les camping-cars offrent le confort : cuisine équipée, rangements et couchages. Inconvénients : lents, gourmands en carburant, inadaptés aux pistes, ils sont en outre trop volumineux pour circuler et se garer facilement en ville.

**Moto** Un périple à moto en Australie est possible presque toute l'année grâce à un climat favorable. En ville, un deux-roues s'avère idéal pour éviter les embouteillages. Inconvénients : automobilistes peu attentifs, faible capacité en termes de bagages et exposition aux intempéries.

**Van** Plus petit et plus passe-partout que le camping-car, le van aménagé est le compagnon mythique des longues traversées australiennes. De nombreuses agences louent ce type de véhicule. Inconvénients : gourmands en carburant, inadaptés aux pistes (sauf modèles 4x4).

**Véhicule classique** Une voiture ordinaire à deux roues motrices (2WD) suffit pour certains itinéraires. Moins cher qu'un 4x4, ce type de véhicule est plus facile à trouver, à réparer et à revendre, et il consomme moins. Inconvénients : impossibilité de faire du hors-piste et absence de place pour dormir.

### Carburant

**Types de carburants** On trouve du sans-plomb et du diesel dans les grandes stations-service. En revanche, il n'y a pas toujours de GPL (gaz de pétrole liquéfié, LPG en anglais) dans les endroits les plus reculés ; préférez les véhicules multicarburant (ou flexfuel).

**Tarifs** Ils varient d'une région à l'autre. Lors de nos recherches, l'essence sans plomb oscillait entre 1,20 et 1,50 $ le litre en ville. Les prix grimpent à la campagne – dans l'outback du Territoire du Nord, de l'Australie-Occidentale, de l'Australie-Méridionale et du Queensland, le litre peut atteindre 2,20 $.

**Disponibilité** Dans les villes, les stations-service sont légion ; à l'inverse, elles peuvent être très espacées dans l'outback. Cela dit, seules quelques pistes nécessitent un gros réservoir. En cas de trajet longue distance à parcourir, il peut être rassurant d'emporter un bidon d'essence supplémentaire. Sur les grands axes, vous trouverez une ville ou un relais routier tous les 150 ou 200 km. Beaucoup de stations-service fonctionnent 24h/24, mais pas toutes.

## PERMIS DE CONDUIRE

Conservez toujours sur vous votre permis national (obligatoire) accompagné d'un permis international en cours de validité – ou, à défaut, d'une traduction officielle en anglais.

## SÉCURITÉ

Il peut y avoir des cas de vol dans les véhicules dans les grandes villes ou les zones touristiques, mais le risque n'est pas plus élevé qu'ailleurs. Ne laissez pas d'ordinateur portable, appareil photo ou tout autre objet de valeur en évidence.

### Au volant

**Distances** Les distances dans l'outback peuvent être infiniment longues. Prévoyez assez d'eau et de carburant en cas de panne, et calculez bien vos distances pour ne pas vous retrouver coincés au milieu de l'outback à la nuit tombée et avoir à rouler de nuit (risque de collision avec un animal sauvage).

**Fatigue** Attention à la fatigue et aux risques d'endormissement, surtout par temps chaud, quand vous parcourez de longues distances. Pensez à faire une pause toutes les 2 heures environ. Dégourdissez-vous les jambes et buvez un café ; changez de conducteur si vous le pouvez.

**Road trains** Soyez très vigilant quand vous doublez un *road train* (camion à plusieurs remorques pouvant faire jusqu'à 50 m de longueur) ; assurez-vous d'avoir la place et la vitesse nécessaire (voir p. 438). Sur les routes à deux voies, si un tel géant arrive en sens inverse, il est prudent de passer sur le bas-côté.

**Routes non goudronnées** Les conditions de conduite sur route non goudronnée varient – d'autant que tous les véhicules ne réagissent pas de la même manière. Ne dépassez pas 80 km/h sur les chemins de terre ; si vous roulez trop vite, vous n'aurez pas le temps de réagir face à un virage serré, un anim
la route ou un passage de bétail non

## Animaux

- Les animaux écrasés sont un vrai problème. Hors des villes, il est conseillé d'éviter de prendre la route après le coucher du soleil pour limiter les risques.
- Vérifiez les conditions de votre assurance en cas de collision avec un animal sauvage.
- Il n'est pas rare de trouver des kangourous sur les routes de campagne, et des vaches et des moutons dans l'outback, où les clôtures n'existent pas. Les kangourous se déplacent surtout à l'aube et au crépuscule, et souvent en groupe : si vous en apercevez un, ralentissez, car ses congénères ne sont sûrement pas loin.
- En cas de collision avec une bête, placez-la sur le bas-côté pour éviter un nouvel accident. Si l'animal est seulement blessé et de petite taille (un bébé kangourou par exemple), enveloppez-le dans une serviette ou une couverture et appelez le centre de secours adéquat :

**Parks & Wildlife Service** (Wildcare Helpline ☎08-9474 9055 ; www.dpaw.wa.gov.au). Australie-Occidentale.

**Department of Environment & Science** (☎13 74 68 ; environment.des.qld.gov.au). Queensland.

**Fauna Rescue of South Australia** (☎08-8289 0896 ; www.faunarescue.org.au). Australie-Méridionale.

**NSW Wildlife Information, Rescue & Education Service** (WIRES ; ☎1300 094 737 ; www.wires.org.au). Nouvelle-Galles du Sud.

**Wildcare Inc NT** (☎0408 885 341, 08-8988 6121 ; wildcareinc.com.au/wp). Territoire du Nord.

**Parks & Wildlife Service** (☎1300 827 727 ; www.parks.tas.gov.au). Tasmanie.

**Wildlife Victoria** (☎03-8400 7300 ; www.wildlifevictoria.org.au). Victoria.

## Météo

- L'Australie peut connaître des phénomènes météorologiques extrêmes (feux de bush, inondations, cyclones…). Vérifiez toujours le temps qu'il fera avant de partir et renseignez-vous sur les conditions météo de votre destination. Ne tentez pas de traverser une route inondée ; les courants pourraient emporter votre véhicule. En cas d'urgence, contactez le State Emergency Service (SES), un service dédié aux urgences géré par chaque État (www.ses.qld.gov.au pour le Queensland, www.dfes.wa.gov.au pour l'Australie-Occidentale, etc.), ou appelez le ☎000.



### Feux de bush et incendies

Les gigantesques incendies qui ont ravagé l'Australie en 2019 et 2020 nous rappellent de façon dramatique la force de la nature et l'impact des changements climatiques sur les écosystèmes sensibles. Si vous êtes confronté à une situation extrême, n'hésitez pas à demander l'avis de la population locale et à communiquer avec l'office du tourisme régional ou à écouter la station régionale d'ABC Radio Australia, une source d'information fiable. Surveillez les risques d'incendie (Fire Danger Rating) chaque jour en vous connectant sur des sites Internet officiels (tels ceux répertoriés ci-dessous). Ces sites sont chapeautés par chaque État et Territoire, ce qui peut être déroutant si vous êtes à la frontière de deux États, comme le Victoria et la Nouvelle-Galles du Sud.

Restez éloigné des sites présentant un danger et quittez la région concernée la veille (ou tôt le matin) des jours où les risques sont importants. Dirigez-vous vers des zones urbaines densément construites et attendez que la situation s'améliore.

**ACT Rural Fire Service** (esa.act.gov.au/rural-fire-service)

**NSW's Rural Fire Service** (www.rfs.nsw.gov.au)

**Vic Emergency** (emergency.vic.gov.au)

# Voyager en Australie

## DEPUIS/VERS L'AUSTRALIE

Tous les visiteurs munis d'un passeport et d'un visa pourront entrer en Australie ; consultez la rubrique *Formalités et visas* (p. 447) pour plus de détails.

## AVION

### Compagnies aériennes et aéroports

La plupart des compagnies internationales desservent les plus grandes villes australiennes. La compagnie nationale, **Qantas** (☎13 13 13 ; www.qantas.com.au), qui peut se vanter d'un niveau de sécurité irréprochable, a un accord de partage de code avec British Airways.

Sydney et Melbourne sont les plateformes les plus dynamiques, mais vous pouvez aussi commencer votre aventure à Perth, Adélaïde ou Brisbane.

**Aéroport d'Adélaïde** (Adelaide Airport, ADL ; ☎08-8308 9211 ; www.adelaideairport.com.au ; 1 James Schofield Dr, Adelaide Airport)

**Aéroport de Brisbane** (Brisbane Airport, BNE ; www.bne.com.au ; Airport Dr)

**Aéroport de Cairns** (Cairns Airport, CNS ; ☎07-4080 6703 ; www.cairnsairport.com.au ; Airport Ave)

**Aéroport de Darwin** (Darwin International Airport, DRW ; ☎08-8920 1811 ; www.darwinairport.com.au ; Henry Wrigley Dr, Marrara)

**Aéroport de la Gold Coast** (Gold Coast Airport, OOL ; ☎07-5589 1100 ; www.goldcoastairport.com.au ; Eastern Ave, Bilinga)

**Aéroport de Melbourne** (Melbourne Airport, MEL ; ☎03-9297 1600 ; www.melbourneairport.com.au ; Departure Rd, Tullamarine). Parfois appelé Tullamarine Airport.

**Aéroport de Perth** (Perth Airport, PER ; ☎08-9478 8888 ; www.perthairport.com.au ; Airport Dr)

**Aéroport de Sydney** (Kingsford-Smith Airport, SYD ; ☎02-9667 6111 ; www.sydneyairport.com.au ; Airport Dr, Mascot). Parfois appelé Mascot Airport.

### Depuis la France

De nombreuses compagnies aériennes desservent l'Australie. On trouve fréquemment des vols à partir de 1 000 € aller-retour (voire dès 800 € en basse saison). Selon la destination, comptez au minimum entre 19 et 23 heures de vol, avec au moins une escale. La compagnie australienne Qantas, en partenariat avec Emirates ou British Airways, assure presque chaque jour des vols à destination de tous les grands aéroports internationaux australiens via Dubai ou Londres. En partenariat avec différentes compagnies aériennes, Air France propose des vols avec escale vers Melbourne, Sydney, Brisbane, Darwin et Perth.

Voici quelques adresses utiles :

**Air France** (☎36 54 ; www.airfrance.fr)

**British Airways** (☎0 825 825 400 ; www.britishairways.com)

**Emirates** (☎01 57 32 49 99 ; www.emirates.com)

**Etihad** (☎01 57 32 43 43 ; www.etihad.com)

**Réservation en ligne**

Trouvez un vol, un séjour ou un hôtel en quelques clics dans la rubrique "Réserver" de www.lonelyplanet.fr.

**Qantas** (☎01 57 32 92 83 ; www.qantas.com)

**Tui (ex-Nouvelles Frontières)** (☎0 825 000 825 ; www.tui.fr)

### Depuis la Belgique

Comptez au moins 1 000 € pour un aller-retour Bruxelles-Sydney. En partenariat avec Emirates ou British Airways, Qantas propose des vols Bruxelles-Sydney et vers d'autres grandes villes australiennes (environ 22 à 24 heures de vol) via Dubai ou Londres (une escale).

Quelques adresses utiles :

**Airstop** (☎070 233 188 ; www.airstop.be)

**British Airways** (☎02 717 3217 ; www.britishairways.com)

**Connections** (☎070 23 33 13 ; www.connections.be)

**Emirates** (☎02 700 7007 ; www.emirates.com)

**Gigatours Voyages Éole** (☎02 672 35 03 ; www.voyageseole.be)

**Qantas** (☎02 700 6781 ; www.qantas.com)

### Depuis la Suisse

Les prix les moins chers Genève ou Zurich-Sydney sont à 1 100 CHF environ. Swiss propose des vols avec une escale à destination de l'Australie au départ de Zurich. La compagnie Qantas dessert Sydney et plusieurs villes australiennes via Dubai ou Londres (une escale).

Quelques adresses utiles :

**British Airways** (☎044 800 92 22 ; www.britishairways.com)

**Emirates** (☎0 844 111 555 ; www.emirates.com)

**Jerrycan Voyages** (☎022 346 92 82 ; www.jerrycan-travel.ch)

**Qantas** (☎044 511 12 37 ; www.qantas.com)

**STA Travel** (☎058 450 49 49 ; fr.statravel.ch)

**Swiss** (☎0848 700 700 ; www.swiss.com)

### Depuis le Canada

Vous paierez 1 300 $C au moins pour un vol Montréal-Sydney (1 à 2 escales). Au départ de Montréal, Qantas dessert Sydney, Melbourne et Brisbane via les États-Unis (une escale, environ 24 heures de vol). Air Canada assure des vols directs entre Vancouver et Sydney, Mebourne et Brisbane (à partir de 1 600 $C, environ 15 heures).

Quelques adresses utiles :

**Air Canada** (☎1 888 247 2262 ; www.aircanada.com)

**American Airlines** (☎1 800 756 8613 ; www.aa.com)

**Expedia** (☎1 800 469 1793 ; www.expedia.ca)

**Flight Hub** (☎1 800 900 1431 ; www.flighthub.com)

**Qantas** (☎1 800 227 4500 ; www.qantas.com)

**Travel CUTS** (☎1 800 667 2887 ; www.travelcuts.com)

### L'Australie pratique

**Presse** Les métropoles et plusieurs villes régionales ont leurs propres journaux.

**Radio** ABC diffuse des émissions nationales et régionales. Consultez www.abc.net.au/radio pour connaître les fréquences locales.

**Tabac** Il est interdit de fumer dans la plupart des bâtiments publics, ainsi que dans certains lieux en extérieur, s'ils sont très fréquentés ou que l'on y sert à manger.

**Télévision** Les principales chaînes d'accès gratuit sont ABC, SBS (multiculturelle), la Seven, la Nine et la Ten. Les Australiens raffolent des opérateurs payants comme Foxtel et Netflix.

**Poids et mesures** Le système métrique est en usage.

# INFOS PRATIQUES

## ARGENT

Le dollar australien se divise en 100 cents. Il existe des pièces de 5, 10, 20, 50 ¢, et de 1 et 2 $, ainsi que des billets de 5, 10, 20, 50 et 100 $. Dans les magasins, les tarifs affichent souvent les centimes exacts et sont arrondis aux 5 ¢ les plus proches au moment de payer.

### Cartes bancaires

Les cartes comme la Visa et la MasterCard sont acceptées dans tous les commerces (auberges de jeunesse, agences de voyages ou de location de voitures, etc.). Elles sont même essentielles en guise de caution pour louer un véhicule. Elles permettent aussi d'obtenir des avances aux guichets des banques et, bien sûr, de retirer de l'argent dans les DAB. Les cartes de type Diners Club et American Express (Amex) ne sont pas acceptées partout.

### Change

Changer vos devises étrangères ne devrait pas poser problème dans les banques et les bureaux de change agréés (Amex, Travelex, etc.) des grandes villes et aéroports.

### Distributeurs automatiques de billets (DAB) et Eftpos

**DAB** Les quatre grandes banques australiennes (ANZ, Commonwealth, National Australia Bank et Westpac) sont présentes sur tout le territoire, sans compter la multitude de DAB accessibles 24h/24. Vous en trouverez même dans certains relais routiers de l'outback. La plupart des DAB acceptent les cartes d'autres banques (des frais s'appliquent) et sont reliés aux réseaux internationaux.

**Eftpos** La majorité des stations-services, des supermarchés, des restaurants, des cafés et des magasins disposent d'un service Eftpos (Electronic Funds Transfer at Point of Sale) permettant d'effectuer des achats et de retirer des espèces avec une carte bancaire.

**Frais bancaires** Des frais (parfois assez élevés) s'appliquent sur les retraits d'argent dans les DAB ou via le système Eftpos. Renseignez-vous auprès de votre banque avant de partir.

## DÉSAGRÉMENTS ET DANGERS

Si l'Australie est un pays relativement sûr et accueillant, les catastrophes naturelles, en revanche, causent régulièrement d'importants dégâts. Les feux de bush, les inondations et les cyclones sont de plus en plus imprévisibles. Reportez-vous à l'encadré p. 443 sur les risques d'incendie.

➡ Consultez les alertes météo et ne vous aventurez pas dans les zones sinistrées.

➡ Le taux de criminalité est faible, mais restez tout de même vigilant.

➡ Attention aux arnaques à la location en ligne.

➡ La baignade peut être dangereuse en raison des requins, méduses et crocodiles – renseignez-vous toujours auprès de sources sûres.

➡ Prenez garde aux animaux sauvages sur les routes, surtout la nuit. Les kangourous sont imprévisibles (voir p. 443).

## DOUANE

Pour des informations détaillées sur les réglementations en matière de douane et de quarantaine, contactez le **Department of Immigration and Border Protection** (☎1300 363 263, 02-6275 6666 ; www.border.gov.au).

Il est possible d'importer sans taxes les marchandises suivantes :

**Alcool** 2,25 l (plus de 18 ans)

**Cigarettes** 50 cigarettes (plus de 18 ans)

**Produits divers** Jusqu'à 900 $ (450 $ pour les moins de 18 ans)

Bien entendu, les stupéfiants sont illégaux, et les inspecteurs des douanes, accompagnés de leurs chiens, s'appliquent à les détecter. Les règles de quarantaine sont strictes ; voir l'encadré p. 451.

### Conseils aux voyageurs

La plupart des gouvernements possèdent des sites Internet qui recensent les dangers possibles et les régions à éviter. Consultez notamment les sites suivants :

**Ministère des Affaires étrangères français** (www.diplomatie.gouv.fr)

**Ministère des Affaires étrangères de Belgique** (diplomatie.belgium.be)

**Département fédéral des Affaires étrangères suisse** (www.eda.admin.ch/eda/fr/dfae.html)

**Ministère des Affaires étrangères du Canada** (www.voyage.gc.ca)

## Un fil d'Ariane en voyage

Vous êtes ressortissant français ? Pensez à vous enregistrer sur le **portail Ariane** (pastel.diplomatie.gouv.fr/fildariane) du ministère des Affaires étrangères. Ce service gratuit vous permet de recevoir des alertes si la situation le justifie. Crise politique, catastrophe naturelle, attentat... recevez en temps réel des consignes de sécurité lors de votre voyage.

Il existe une application pour les Smartphones et les tablettes, intitulée *Conseils aux voyageurs*.

## ÉLECTRICITÉ

240 V AC, 50 Hz. Utilisez un adaptateur à trois fiches.

**Type I**
**230 V/50 Hz**

## FORMALITÉS ET VISAS

Un passeport valide et un visa sont requis pour tous les visiteurs – sauf les Néo-Zélandais. Toutes les demandes doivent être faites par voie électronique via le site Web du **ministère australien de l'Immigration** (www.homeaffairs.gov.au).

Avant le départ, il est impératif de contacter les ambassades ou les consulats pour s'assurer que les modalités d'entrée sur le territoire n'ont pas changé. Nous vous conseillons de scanner ou de photocopier tous vos documents importants (pages d'introduction de votre passeport, cartes bancaires, police d'assurances, billets de train/d'avion/de bus, permis de conduire, etc.). Conservez ces copies à part des originaux. Vous remplacerez ainsi plus aisément ces documents en cas de perte ou de vol.

### eVisitor (651)

➡ Les ressortissants de l'Union européenne et les Suisses sont éligibles au visa eVisitor, délivré gratuitement et valable 3 mois sur une période de 12 mois.

➡ Les demandes doivent être déposées en ligne (www.homeaffairs.gov.au). Il s'agit d'un document électronique, archivé et lié à votre numéro de passeport ; aucun tampon ne sera appliqué sur ce dernier.

➡ Déposez la demande au minimum 14 jours avant l'arrivée sur le territoire australien.

### Electronic Travel Authority (ETA ; 601)

➡ Les ressortissants des huit pays qui ne font pas partie du programme eVisitor (dont le Canada et les États-Unis) peuvent faire la demande d'une autorisation électronique (ETA) pour un séjour touristique ou professionnel.

➡ L'ETA est valide sur une période de 12 mois, pour des séjours jusqu'à 3 mois d'affilée.

➡ Cette autorisation est délivrée en ligne (www.border.gov.au), au prix de 20 dollars australiens.

### Visitor (visa "visiteur" ; 600)

➡ Les visas "visiteurs" de courte durée ont été majoritairement remplacés par les eVisitor et les ETA. Cependant, si vous êtes ressortissant d'un pays non couvert par l'un ou l'autre, ou si vous souhaitez séjourner plus de 3 mois, vous devez déposer une demande de visa Visitor.

- Les visas "visiteurs" standards donnent droit à une entrée pour 3, 6 ou 12 mois et sont valables 12 mois à partir de la date d'émission.
- Faites votre demande en ligne sur www.homeaffairs.gov.au.

### Working Holiday Visa (visa Vacances-Travail ; 417)

- Les Français, les Belges et les Canadiens sont éligibles à ce visa, valable 12 mois, et qui permet aux 18-30 ans de financer des vacances en Australie par des emplois de courte durée. Depuis le 1er juillet 2019, l'âge limite d'éligibilité est passé de 30 à 35 ans pour les ressortissants français et canadiens.
- Les titulaires peuvent sortir et entrer en Australie autant de fois qu'ils le souhaitent pendant ces 12 mois.
- Les titulaires ne peuvent travailler plus de 6 mois pour un même employeur.
- Il vous en coûtera 485 dollars australiens.
- Vous trouverez de nombreuses infos utiles à l'adresse pvtistes.net/

## HANDICAPÉS

L'attention est de plus en plus portée aux personnes à mobilité réduite, et de plus en plus d'agences se rendent compte des bénéfices (sociaux comme économiques) que représente la satisfaction de leurs besoins.

- Les nouveaux hébergements doivent répondre aux normes fixées par la loi et les tour-opérateurs s'abstenir de toute discrimination.
- Quantité de sites touristiques majeurs, et notamment de nombreux parcs nationaux, sont accessibles en fauteuil roulant, et certains répondent aux besoins des visiteurs malvoyants ou malentendants.
- Contactez au préalable les sites que vous comptez visiter pour en savoir plus sur les installations disponibles.
- Dans la plupart des capitales d'État, des agences de voyages disposent de véhicules adaptés.
- Si les hébergements sont désormais mieux équipés, de nombreux établissements anciens n'ont pas encore effectué d'aménagements pour les fauteuils roulants.

### Avion

Sur **Qantas** (☎13 13 13 ; www.qantas.com.au), un voyageur handicapé et son accompagnateur bénéficient d'un tarif réduit en classe économique. Les chiens guides d'aveugles voyagent gratuitement sur **Qantas**, **Jetstar** (www.jetstar.com/au/en/home), **Virgin Australia** (www.virginaustralia.com) et les compagnies affiliées. Tous les grands aéroports du pays ont des places de parking réservées, des rampes d'accès aux terminaux, des toilettes accessibles, et des fauteuils roulants spéciaux (*skychairs*) pour acheminer les passagers jusqu'aux avions.

### Transport en commun

L'ensemble des réseaux ferroviaires de banlieue de l'Australie est accessible en fauteuil roulant et les chiens guides d'aveugles et de malentendants sont autorisés dans tous les transports publics.

### Ressources

EN AUSTRALIE

- **Deaf Australia** (www.deafaustralia.org.au)
- **e-Bility** (www.ebility.com)
- **Vision Australia** (www.visionaustralia.org)

EN FRANCE

L'**APF** (Association des paralysés de France ; ☎01 40 78 69 00 ; www.apf.asso.fr) peut fournir des informations utiles sur les voyages accessibles. L'agence de voyages **Yoola** (yoola.fr) et l'association **Ailleurs & Autrement** (www.ailleursetautrement.fr) organisent des voyages adaptés aux personnes à mobilité réduite et/ou en situation de handicap mental. **Yanous** (www.yanous.com) et **handicap.fr** (www.handicap.fr) constituent également de bonnes sources d'information.

## HÉBERGEMENT

L'Australie propose des hébergements pour tous les budgets, mais il est préférable de réserver au préalable – surtout en été (décembre-février), à Pâques et pendant les vacances scolaires, quand les prix sont au plus haut. Le reste du temps, vous pourrez bénéficier de réductions, notamment à la dernière minute et sans réservation.

L'Australie centrale, le Top End et les stations de ski font exception à la règle : là, c'est l'été qui marque la basse saison (les tarifs baissent en conséquence).

## Appartements de vacances

Les logements de vacances sont particulièrement nombreux dans les régions côtières ; les réservations sont souvent gérées par les agences immobilières locales ou par des sites de réservation en ligne.

**Tarifs** Pour un appartement de 2 chambres, comptez entre 150 et 250 $ la nuit – bien davantage en haute saison et pour les appartements avec personnel dans les grandes villes.

**Équipements** D'un excellent rapport qualité/prix pour les séjours de plusieurs nuitées, les appartements de location (*self-contained appartments* ou *flats*) vont du simple studio avec kitchenette au logement de 2 chambres avec buanderie et équipement audiovisuel dernier cri. Certains sont situés dans des petits bâtiments d'un seul étage ; mais dans les régions très touristiques comme la Gold Coast, attendez-vous plutôt à de grandes barres d'immeubles.

## Bed and Breakfast (B&B)

Les B&B en Australie sont variés : petites maisons (cottages) de mineurs restaurées, granges reconverties, vieilles demeures, élégantes maisons de campagne ou bungalows (*cabins*) en bord de mer. Les prix, qui s'inscrivent en général dans la catégorie moyenne, peuvent aussi être plus élevés. Dans les régions attirant des visiteurs le temps d'un week-end – villes historiques, régions viticoles, zones boisées – les B&B sont souvent complets pour les week-ends. Généralement haut de gamme, ils vous demanderont une somme élevée si vous y séjournez du vendredi au dimanche en haute saison.

Certains établissements présentés comme des B&B sont en réalité des cottages indépendants où sont fournies les provisions pour le petit-déjeuner. Dans les établissements les moins chers, la salle de bains peut être commune. Certains hôtes préparent même le dîner (prévenez à l'avance).

**Airbnb** (www.airbnb.com.au). Des hébergements privés avec diverses options.

**Bed & Breakfast Site** (www.babs.com.au). B&B dans tout le pays.

**Beautiful Accommodation** (www.beautifulaccommodation.com). Un ensemble de luxueux B&B et maisons tout équipées.

**Hosted Accommodation Australia** (www.australianbedandbreakfast.com.au). Liste de B&B, séjours à la ferme, cottages et propriétés.

**OZ Bed & Breakfast** (www.ozbedandbreakfast.com). Site Web pour tout le pays.

## Camping et caravaning

Dormir dans le bush constitue une expérience inoubliable. Les animaux, les étoiles et la soirée autour du feu de camp vous laisseront un souvenir unique.

**Chaînes** Si vous faites beaucoup de camping/caravaning, il peut être intéressant d'adhérer à l'une des chaînes comme **Big 4 Holiday Parks** (www.big4.com.au), **Discovery Holiday Parks** (www.discoveryholidayparks.com.au) et **Top Tourist Parks** (www.toptouristparks.com.au), qui offrent des réductions aux membres.

**Équipements** Presque tous les terrains de camping et caravaning (caravan park et holiday park) privés sont équipés de douches chaudes, de toilettes à eau, d'une laverie et, souvent, d'une piscine et d'aires de jeux. Les campings du bush sont parfois équipés d'un foyer extérieur et de toilettes sèches, mais pas de l'eau courante, ni d'éclairage.

**Emplacements** Notez que la plupart des terrains de camping-caravaning se trouvent à plusieurs kilomètres des centres-villes et ne sont pratiques qu'à condition d'être motorisé. Certains sont proches de la plage ou d'autres sites naturels.

## Hôtels

Les hôtels implantés dans les villes et les lieux touristiques sont généralement de vastes établissements d'affaires ou de luxe (catégorie moyenne et supérieure) : chambres tout confort, modernes et sans grand caractère, réparties sur plusieurs étages. Nous indiquons les tarifs affichés (souvent plus de 220 $/nuit), sachant que d'importantes remises peuvent être consenties en période creuse.

## Motels

Les motels offrent des hébergements confortables de catégorie basique à moyenne à travers toute l'Australie, situés en général à la limite des centres urbains. Sachez que le prix d'une simple est rarement moins élevée que celui d'une double : mieux vaut se présenter en couple (ou à trois). Comptez de 120 à 180 $ pour une chambre simple avec réfrigérateur, bouilloire, TV, climatisation et salle de bains.

### Pubs

De nombreux pubs australiens (abréviation de "public house") datent de la période de prospérité du pays. Ce sont donc souvent les plus grands bâtiments de la ville, et les plus extravagants. Si certains ont été rénovés, la plupart louent de petites chambres défraîchies, avec une salle de bains à l'autre bout du couloir. Ils sont généralement bon marché et centraux (s/d avec sdb commune à partir de 60/100 $ – davantage avec sdb privée). Si vous avez le sommeil léger, mieux vaut éviter les chambres au-dessus du bar (surtout les soirs de concert !).

## HEURE LOCALE

**Fuseaux horaires** L'Australie est divisée en quatre fuseaux horaires. Le Western Standard Time (UTC + 8 heures) couvre l'Australie-Occidentale ; le Central Standard Time (UTC + 9 heures 30), l'Australie-Méridionale et le Territoire du Nord ; et l'Eastern Standard Time (UTC + 10 heures) la Tasmanie, le Victoria, la Nouvelle-Galles du Sud, le Territoire de la Capitale australienne et le Queensland.

**Heure d'été** Elle est en vigueur dans certains États entre octobre et début avril (on avance alors les montres de 1 heure). Le Queensland, l'Australie-Occidentale et le Territoire du Nord ne l'appliquent pas.

**Décalage horaire** Quand il est midi à Paris (ou 6h à Montréal), il est 20h à Sydney d'avril à octobre (22h de novembre à mars). Pour connaître l'heure dans le monde entier, consultez le site www.horlogeparlante.com.

## HOMOSEXUALITÉ

L'Australie est une destination prisée par les voyageurs LGBTQI+. La médiatisation du spectaculaire Gay & Lesbian Mardi Gras fait de Sydney un centre de l'économie rose. D'une manière générale, les Australiens ont l'esprit ouvert sur la question, même si, dans les régions ou quartiers plus conservateurs, on est susceptible de se heurter à des comportements suspicieux ou hostiles. Dans tout le pays, et surtout sur la côte est, on trouve des tour-opérateurs, des agences de voyages et des hébergements gay-friendly.

L'âge du consentement varie selon l'État ; le mariage entre personnes du même sexe est maintenant reconnu depuis le vote de novembre 2017.

## INTERNET (ACCÈS)

### Accès

Il y a moins de cybercafés aujourd'hui qu'il y a cinq ans (du fait de l'arrivée des Smartphones, des tablettes et du Wi-Fi). Néanmoins, vous en trouverez dans la plupart des villes de bonne taille. La plupart des hébergements remplacent progressivement les terminaux avec Internet par le Wi-Fi, bien que la majorité des auberges de jeunesse disposent encore d'un ordinateur en accès public.

La majorité des bibliothèques proposent un accès à Internet, mais leurs terminaux sont généralement destinés aux recherches documentaires, et non aux voyageurs souhaitant consulter les réseaux sociaux. Mieux vaut donc faire vos réservations à l'avance ou chercher un cybercafé.

### Wi-Fi

Le Wi-Fi (souvent gratuit pour les clients) devient la norme dans la plupart des hébergements, mais le réseau n'est pas toujours fiable.

Cafés, bars, centres commerciaux, musées et même places et jardins publics proposent un accès Wi-Fi, mais, de la même façon, ne vous attendez pas à un débit exceptionnel. Les offices du tourisme locaux ont généralement une liste des points d'accès publics.

Il reste néanmoins un nombre surprenant de secteurs sans aucune couverture mobile ou Internet, la plupart en zone rurale ou dans l'outback. Les hôtels sont alors parfois les seules sources de Wi-Fi. Avertissez vos proches lorsque vous risquez d'être injoignable.

## Quarantaine inter-États

Sur le territoire australien, vous remarquerez des panneaux (principalement dans les aéroports et les gares et aux frontières des États) avertissant du possible danger à transporter d'une région à l'autre des fruits, des légumes et des plantes. La drosophile, le thrips des cucurbitacées, le phylloxéra et le nématode à kyste de la pomme de terre, pour n'en citer que quelques-uns, sévissent davantage dans certaines zones et les autorités s'emploient à limiter leur propagation.

Des postes de quarantaine se tiennent à la limite de certains États et parfois ailleurs sur le territoire. Bien que le contrôle repose souvent sur la simple déclaration des intéressés, les agents en charge sont habilités à fouiller les véhicules à la recherche de produits non signalés. Comme ils confisquent généralement les denrées fraîches, mieux vaut faire son marché après !

## JOURS FÉRIÉS

Les dates des jours fériés et les périodes de congés scolaires peuvent varier d'un État à l'autre : renseignez-vous sur place. La période de Noël, qui correspond aux vacances scolaires d'été en Australie, s'étend de mi-décembre à fin janvier.

**Nouvel An** 1er janvier

**Australia Day** 26 janvier, fête nationale

**Pâques** (du Vendredi saint au lundi de Pâques) ; fin mars/début avril

**Anzac Day** 25 avril

**Anniversaire de la Reine** 2e lundi de juin (dernier lundi de septembre en Australie-Occidentale)

**Noël** 25 décembre

**Lendemain de Noël (Boxing Day)** 26 décembre

En outre, chaque État a ses propres jours fériés, du Canberra Day au Hobart Show Day. Certains jours fériés sont spécifiques à certaines localités à l'intérieur même d'un État.

## OFFICES DU TOURISME

**Tourism Australia** (www.australia.com/fr-fr) est l'organisme national chargé de la promotion du tourisme en Australie et à l'étranger. Son site Web, très complet, est une mine d'informations, touristiques et culturelles.

Une multitude d'offices du tourisme régionaux et locaux renseignent les voyageurs. Toutes les grandes villes, ou presque, ont leur propre centre d'information des visiteurs, qui se montre la plupart du temps très efficace. Le personnel aimable (souvent des bénévoles à la retraite), vous fournira des renseignements régionaux qu'on ne trouve pas en ligne. Parfois, livres, souvenirs et en-cas sont proposés à la vente.

Si vous réservez un hébergement ou un circuit, sachez qu'on ne vous indiquera généralement que les entreprises qui paient pour être membres de l'association touristique locale.

**Brisbane** (☎07-3006 6290 ; www.visitbrisbane.com.au ; The Regent, 167 Queen St ; ⏲9h-17h30, 9h-19h ven, 9h-17h sam, 10h-17h dim ; 🚉Central)

**Hobart** (☎03-6238 4222 ; www.hobarttravelcentre.com.au ; 20 Davey St ; ⏲8h30-17h lun-ven, 9h-17h sam-dim)

**Melbourne** (whatson.melbourne.vic.gov.au ; Bourke St Mall ; ⏲9h-17h)

**Perth** (www.visitperth.com.au ; Forrest Pl, Murray St Mall ; ⏲9h30-16h30 lun-jeu et sam, 9h30-20h ven, 11h-15h30 dim)

**Sydney** (www.cityofsydney.nsw.gov.au ; Alfred St, Circular Quay ; ⏲9h-20h lun-sam, 9h-17h dim ; 🚉Circular Quay)

## SANTÉ

L'Australie est un pays particulièrement sûr sur le plan sanitaire. Les hôpitaux et les soins médicaux sont de grande qualité. L'eau du robinet est potable partout. L'eau de toute autre provenance (ruisseaux, *billabong*, etc.) doit être stérilisée.

## TÉLÉPHONE

Voici les grandes compagnies de téléphonie australiennes :

**Optus** (www.optus.com.au)

**Telstra** (www.telstra.com.au)

**Vodafone** (www.vodafone.com.au)

### Appels internationaux

**Pour appeler en Australie** Depuis l'étranger, composez le code d'accès international en vigueur dans votre pays (☎00 en France, en Belgique et en Suisse, ☎011 au Canada), suivi du ☎61 (indicatif de l'Australie) et du numéro souhaité, sans le 0 initial de l'indicatif de l'État ou du Territoire.

**Pour téléphoner à l'étranger** Pour téléphoner dans un autre pays depuis l'Australie, faites le ☎0011 ou le ☎0018 (code d'accès international), puis l'indicatif du pays (☎33 pour la France, ☎32 pour la Belgique, ☎41 pour la Suisse et ☎1 pour le Canada) et le numéro de votre correspondant, sans l'éventuel 0 initial. Certains opérateurs vous demanderont de composer un code spécial pour accéder à leurs services.

**À partir d'une cabine téléphonique** On peut obtenir l'international (ISD ; International Subscriber Dialling) depuis la plupart des cabines téléphoniques en composant un code qui varie selon la carte téléphonique choisie – à un coût variable.

Des cartes téléphoniques internationales sont en vente dans les cybercafés et les épiceries.

**À partir d'une ligne fixe** Il est assez économique d'appeler à l'étranger depuis une ligne fixe (il existe souvent des offres intéressantes). Les tarifs varient selon le lieu d'où vous appelez et en fonction des compagnies.

### Appels longue distance et indicatifs téléphoniques

Les appels longue distance (au-delà de 50 km) se répartissent en quatre zones (STD ; Subscriber Trunk Dialling). Ils sont facturés en fonction de la durée de l'appel, selon un système heures pleines/heures creuses.

| État/Territoire | Indicatif |
|---|---|
| Australie-Méridionale (SA) | ☎08 |
| Australie-Occidentale (WA) | ☎08 |
| Nouvelle-Galles du Sud (NSW) | ☎02 |
| Queensland (QLD) | ☎07 |
| Tasmanie (TAS) | ☎03 |
| Territoire de la Capitale australienne (ACT) | ☎02 |
| Territoire du Nord (NT) | ☎08 |
| Victoria (VIC) | ☎03 |

➡ Les indicatifs ne correspondent pas nécessairement aux frontières des États ; par exemple, dans certaines régions de la Nouvelle-Galles du Sud, on utilise les indicatifs des États voisins.

➡ Les numéros commençant par 04 corrrespondent à des téléphones portables.

### Téléphones portables

Activez l'itinérance (*roaming*) ou achetez une carte SIM locale rechargeable et une carte prépayée à votre arrivée dans le pays. Comparez les offres, car elles varient en fonction de la quantité de données et de la durée des appels. Dans tous les cas, renseignez-vous bien auprès de votre opérateur sur les communications à l'international incluses dans votre forfait.

### Numéros verts, PCV et renseignements

➡ De nombreuses entreprises disposent d'un numéro vert commençant par 1800, gratuit depuis l'Australie, ou d'un numéro débutant par 13 ou 1300, facturé au prix d'un appel local. Aucun de ces numéros ne peut être composé en dehors de l'Australie (et souvent, ils ne sont pas accessibles depuis les téléphones portables en Australie).

➡ Pour appeler en PCV depuis un téléphone public ou privé, faites le ☎12 550.

➡ Les numéros commençant par 190 correspondent généralement à des services de renseignements enregistrés (entre 35 et 5 $ ou plus la minute, davantage depuis un portable ou une cabine).

## TOILETTES

➡ Les toilettes publiques, y compris celles accessibles aux personnes handicapées, sont répertoriées sur le site www.toiletmap.gov.au.

# EN COULISSES

## VOS RÉACTIONS ?

Vos commentaires nous sont très précieux pour améliorer nos guides. Notre équipe lit vos lettres avec la plus grande attention et prend en compte vos remarques pour les prochaines mises à jour. Pour nous faire part de vos réactions, prendre connaissance de notre catalogue et vous abonner à notre newsletter, consultez notre site Internet : **www.lonelyplanet.fr**

Nous reprenons parfois des extraits de notre courrier pour les publier dans nos guides ou sites web. Si vous ne souhaitez pas que vos commentaires soient repris ou que votre nom apparaisse, merci de nous le préciser. Notre politique en matière de confidentialité est disponible sur notre site Internet.

## UN MOT DES AUTEURS

### PAUL HARDING

L'extrême nord du Queensland est une merveilleuse région et je remercie toutes les personnes qui m'ont aidé au cours de ce voyage. Merci à Dirk sur Thursday Island, Vanessa sur Horn Island et Col de chez AMPTO pour la discussion à propos du Reef à Cairns. Je suis très reconnaissant envers Tasmin de Lonely Planet. Et surtout, je remercie Hannah et Layla d'être toujours là.

### BRETT ATKINSON

Merci aux experts des centres d'informations touristiques et des parcs nationaux du Victoria et de Nouvelle-Galles du Sud, ainsi qu'à Greg et Francie à Echuca, et à l'équipe de Mildura. Je dois à Nick Cave, Mark Seymour et Mick Thomas la bande-son qui a accompagné ma longue route dans la poussière rouge, pendant que les mots de Peter FitzSimons et Ian Jones m'ont éclairé sur l'histoire du pays. Merci à Tasmin Waby, et à Carol.

### ANDREW BAIN

Un grand merci à Anila Rao et à mes deux jeunes complices de voyages, Kiri et Cooper. Je remercie les tour-opérateurs et tous ceux qui m'ont fait part de leurs idées, notamment Sherene Somerville et sa longue liste de suggestions, et Tracey qui m'a aidé à préparer ma recherche sur le terrain.

### CRISTIAN BONETTO

Je remercie tout particulièrement Tasmin Waby pour cette captivante mission et Drew Westbrook pour son hospitalité et ses conseils. Je remercie aussi ceux qui ont partagé avec moi leur passion pour le sud-est du Queensland, comme Peter Scudamore-Smith, Monique Krause, Brooke Billett, Lauren Grounsell, Glen Robert, Angelo Puglisi, Leeanne Gangemi-Puglisi, Dylan Rhymer, Peter McGlashan, Jason Hannay, Tama Barry, Grace Dewar, Tim Crabtree et Leanne Layfield. Merci aussi à mes coauteurs : Kate Morgan, Hugh McNaughtan et Paul Harding.

### SAMANTHA FORGE

Merci à Rachel, Sam, Emma, Harry et Lily, de Canberra, pour leurs secrets d'initiés. Merci également à Karyn, Bill et Gemma, mes compagnons de voyages. Enfin, merci à toute l'équipe de Lonely Planet qui a travaillé fort sur ce titre, et plus particulièrement à Tasmin Waby, pour m'avoir, encore une fois, jetée à l'eau avec une confiance totale en mes capacités.

## À PROPOS DE CET OUVRAGE

Cette 1re édition du guide *Sur la route de l'Australie* en français est tirée de la 2e édition du guide anglais *Australia's Best Trips*. Ce guide a été coordonné par Paul Harding et écrit et actualisé par Brett Atkinson, Andrew Bain, Cristian Bonetto, Samantha Forge, Anthony Ham, Paul Harding, Trent Holden, Anita Isalska, Anna Kaminski, Tatyana Leonov, Virginia Maxwell, Hugh McNaughtan, Kate Morgan, Charles Rawlings-Way, Andy Symington, Tasmin Waby et Steve Waters.

**Traduction** Scadi Kaiser, Sophie Lecoq, Timothée Roblin, Pauline Tardieu-Colinot, Christiane Taureau

**Direction éditoriale** Didier Férat

**Adaptation française** Carole Haché

**Responsable prépresse** Jean-Noël Doan

**Maquette** Valérie Police

**Cartographie** Cartes originales adaptées par Eduardo Yanes Blanch pour l'édition française

**Couverture** Laure Wilmot pour l'édition française

**Remerciements à** Jean-Victor Rebuffet et Juliette Stephens pour leur précieuse contribution au texte. Un merci à Jacqueline Menanteau pour sa relecture attentive. Merci à Dominique Spaety pour son soutien. Enfin, merci à Clare Mercer et Imogen Harrison du bureau LP Londres, et à Glenn van der Knijff, Jacqui Saunders et Brad Smith du bureau LP Australie.

## ANTHONY HAM

Un grand merci à Tasmin Waby pour son expertise. Imogen Bannister a également beaucoup apporté à la révision. De nombreuses personnes chaleureuses sont à remercier dans le Territoire du Nord et le Queensland. Merci à Kath Soa et Geoff Mark, Liam, l'équipe du Border Store à Katherine... Valentina, Carlota et Marina, *os quiero*. Jan, ta générosité est sans égale.

## TRENT HOLDEN

Mille mercis à Tasmin Waby pour m'avoir permis de retourner dans mon État natal ! Un grand merci à mes coauteurs, et à toute l'équipe de production. Mes remerciements aux employés des offices du tourisme – en particulier Glenn Harvey de Bendigo, Clare Hutchison de Castlemaine et Selma Kajan à Ballarat. Enfin, toute mon affection à ma famille, et à ma fiancée Kate.

## ANITA ISALSKA

Je remercie les nombreuses personnes qui m'ont accueillie en Nouvelle-Galles du Sud. Ma gratitude va à Shane Carriage, Chris Scroggy, Noel Butler, Jane Atkin, Kate Sullivan, Sarah Shields et Ian Hutton. Merci aussi à John Kowalewski, Noraidah et George Atkin et à Michele et Peter Williams. Un grand merci à Normal Matt pour son aide à la rédaction et pour avoir enduré à distance mes photos de plages de sable immaculé.

## ANNA KAMINSKI

Un grand merci à Tasmin pour m'avoir confié une partie de l'Australie-Occidentale, à mes coauteurs Charles, Steve, Carolyn et Brett pour leurs conseils, et à tous ceux qui m'ont apporté leur soutien. Plus particulièrement : John et Debbie à Geraldton, Barbara à Esperance, Anna à Meekatharra, ma famille adoptive Wongutha (Linden, Trevor et Marcia), Monica, Billy et Becky à Kalgoorlie, "Capes" à Denham, Amy à Port Hedland, Maria, Kate et Michael à Denmark, Lyn à Norseman, ainsi que tous les employés des centres d'accueil des visiteurs, sans oublier les talentueux artistes aborigènes.

## TATYANA LEONOV

Je souhaite remercier les habitants qui ont eu la gentillesse de partager leurs histoires personnelles avec moi, les employés des différents sites et curiosités que j'ai visités, qui ont pris le temps de me guider, et les personnes travaillant dans le tourisme qui m'ont indiqué les bonnes directions dans chaque ville que j'ai eu la chance de découvrir.

## VIRGINIA MAXWELL

Victoria étant ma terre natale, j'ai pu interroger de nombreux proches à propos de leurs endroits préférés ! Un grand merci à tous. Peter et Max Handsaker m'ont accompagnée pour de petites et grandes excursions, et ont été, comme toujours, d'excellents compagnons de voyage. Dave McClymont et Janet Austin m'ont été d'une aide précieuse dans les Dandenongs. Merci aussi à Tasmin Waby pour sa supervision exceptionnelle sur ce titre, et à Sofia, Brett et Trent, mes coauteurs pour le Victoria, de m'avoir indiqué leurs meilleures adresses.

## HUGH MCNAUGHTAN

Je suis reconnaissant envers tous ceux qui ont rendu ce travail de terrain possible : Tasmin pour m'avoir accepté dans l'équipe et supervisé avec brio ; ma mère pour sa charmante compagnie en Nouvelle-Galles du Sud ; et plus particulièrement Tas (comme toujours) et mes filles, qui m'ont autorisé à disparaître une nouvelle fois pendant de nombreuses semaines.

## KATE MORGAN

Merci à Tasmin de m'avoir envoyée faire un road trip couvrant l'une des plus belles portions de côtes australiennes. Je remercie tous les aimables habitants et employés des centres d'accueil des visiteurs, et les bureaux du National Parks & Wildlife Service de Nouvelle-Galles du Sud. Chapeau bas à Caro Cooper, Leigh et Sarah pour vos excellents conseils sur la Gold Coast, et, enfin, à mon compagnon Trent, avec qui j'ai eu la chance d'effectuer une partie du voyage.

## CHARLES RAWLINGS-WAY

Toute ma gratitude à Tasmin pour cette merveilleuse mission, à Fleur pour la gestion interne de la partie culture de Perth, et à toutes les personnes obligeantes que j'ai rencontrées en Australie-Méridionale, à Perth et aux alentours, et qui ont répondu si naturellement à mes questions. Et surtout, merci à Meg, qui a gardé la boutique pendant que je bourlinguais au soleil.

## ANDY SYMINGTON

Mes recherches ont été facilitées par nombre de personnes qui m'ont apporté une aide précieuse. Je suis particulièrement reconnaissant à de nombreux amis pour leurs conseils et leur compagnie divertissante au cours de mes recherches sur le terrain. Merci également à ma famille pour son support constant, à Kate Morgan pour ses suggestions et à Tasmin Waby de chez Lonely Planet.

## STEVE WATERS

Un grand merci à John et Jan pour leur hospitalité, à Lauren, James, Jane, Trish, Anika et le reste du MC pour leur affection ; à Marie pour sa passion du vin ; à Leonie et Mera pour le thé et les gâteaux ; à Ted pour son indiscipline ; à Kaz pour son écoute ; à Roz et Megan pour s'être occupées de moi ; à Vicky et Pippa pour m'avoir permis d'utiliser leur voiture ; et à Jennifer du RACV pour m'avoir sorti de Marla pendant l'AFL Grand Final.

# REMERCIEMENTS

Les données de la carte du climat sont adaptées de l'ouvrage de Peel M. C., Finlayson, B. L. et McMahon, T. A. (2007), "Updated World Map of the Köppen-Geiger Climate Classification", Hydrology and Earth System Sciences, 11, 1633-1644.

En couverture en partant du haut sens horaire ; © Johanna Huber/4Corners Images ; © DanitaDelimont /AWL Images Ltd ; © Larry Mulvehill/Corbis / Photononstop

En 4e de couverture ; © Michael Breitung / HUBER IMAGES

# INDEX

## D



## E



## F



## G



## H

### ANDY SYMINGTON

**Sydney**

Andy a écrit ou contribué à plus d'une centaine de guides et autres réactualisations pour Lonely Planet (en particulier Europe et Amérique latine) et également d'autres éditeurs. Il a publié des articles sur divers sujets pour de nombreux journaux, magazines et sites Internet. De plus, il est copropriétaire et gérant d'un bar rock, a écrit un roman et travaille actuellement à plusieurs projets littéraires. Né en Australie, Andy s'est installé dans le nord de l'Espagne il y a plusieurs années. Quand il n'explore pas, sac au dos, un coin reculé du monde, il est devant son équipe locale de football ou en train de déguster un vin du cru après une randonnée dans les montagnes environnantes.

### STEVE WATERS

**Australie-Occidentale**

Voyages et aventures ont toujours fait partie de sa vie ; il ne pourrait l'imaginer sans. Steve a utilisé les guides Lonely Planet pendant plus de 30 ans – en Iran, en Asie centrale, dans l'Himalaya, au Canada, en Patagonie, dans l'outback australien, en Asie du Nord-Est, au Myanmar ou dans le Sahara. Pas étonnant qu'il ait fini par travailler pour son entreprise préférée ! Il a contribué à plusieurs de nos guides : Iran, Indonésie et les cinq dernières éditions de l'Australie. Quand vient septembre, vous le trouverez sûrement dans une gorge reculée, quelque part dans le Kimberley.

## CONTRIBUTIONS

Fleur Bainger, Rachael Hocking et Sofia Levin

## VIRGINIA MAXWELL

**Victoria**

Bien qu'elle soit basée en Australie, Virginia passe au moins la moitié de l'année à actualiser des publications de Lonely Planet dans le monde entier. La Méditerranée fait partie des régions du monde qu'elle préfère, et elle a parcouru l'Espagne, l'Italie, la Turquie, la Syrie, le Liban, Israël, l'Égypte, le Maroc et la Tunisie pour Lonely Planet. Elle ne s'est pas arrêtée en si bon chemin et est aussi partie sur les routes de Finlande, de Bali, d'Arménie, des Pays-Bas, des États-Unis et, bien sûr, de l'Australie.

**Suivez-la sur Instagram et Twitter : @maxwellvirginia**

## HUGH MCNAUGHTAN

**Nouvelle-Galles du Sud ; Queensland**

Ancien maître de conférence et critique culinaire, Hugh, originaire de Melbourne, possède des racines familiales en Nouvelle-Galles du Sud et dans le Queensland. Pour lui, explorer la côte en voiture (et en bateau) et aller à la rencontre de New England et de l'arrière-pays et des îles du Queensland – de Fraser Island aux Whitsundays – était donc une mission de rêve. La générosité des nombreuses personnes rencontrées en chemin a rendu son expérience plus mémorable encore.

## KATE MORGAN

**Nouvelle-Galles du Sud ; Queensland**

En tant qu'auteure pour Lonely Planet, Kate a la chance de travailler tout en voyageant depuis plus de 10 ans : de Shanghai au Japon en passant par l'Inde, la Russie, le Zimbabwe, les Philippines ou Phuket. Cette globe-trotteuse a vécu à Londres, Paris et Osaka, mais habite actuellement dans une de ses régions du monde préférées : le Victoria, en Australie. Quand elle n'est pas en voyage ou en train d'écrire à ce propos, Kate aime rester chez elle et travailler comme rédactrice indépendante.

## CHARLES RAWLINGS-WAY

**Australie-Méridionale ; Perth ; Australie-Occidentale**

Charles, auteur spécialisé dans les voyages, la gastronomie et la musique, a signé près de 40 titres pour Lonely Planet – y compris sur Singapour, Toronto, Sydney, Tonga, la Nouvelle-Zélande, le Pacifique Sud et chaque État d'Australie, ainsi que sa Tasmanie natale et son lieu de vie actuel, l'Australie-Méridionale. Après s'être essayé à l'architecture, la cartographie, la gestion de projet et la musique de rue durant quelques années, Charles a pris la route en 2005 pour Lonely Planet et ne s'est pas arrêté de voyager depuis. Il est également l'auteur de la biographie à succès du groupe de rock écossais Del Amitri : *These Are Such Perfect Days*.

**Suivez Charles sur Instagram et Twitter (@crawlingsway) et sur Facebook : www.facebook.com/chasrwmusic**

## TRENT HOLDEN

**Victoria**

Vivant à Geelong, à proximité de Melbourne, Trent travaille pour Lonely Planet depuis 2005. Il a contribué à plus de 30 guides sur l'Asie, l'Afrique et l'Australie. Trent a un penchant pour les mégapoles, et il est dans son élément quand il peut se rendre dans une ville – plus elle est anarchique, mieux c'est – pour en découvrir les bars sympas, l'art, la cuisine de rue et la contre-culture. Il rédige également des guides sur des îles idylliques d'Asie, entre deux safaris dans des parcs nationaux d'Afrique et du sous-continent indien. Quand il ne voyage pas, Trent est rédacteur et réviseur freelance – et il dépense tous ses sous pour aller voir des concerts.

**Suivez Trent sur Twitter : @hombreholden**

## ANITA ISALSKA

**Nouvelle-Galles du Sud**

Anita Isalska est une journaliste et rédactrice spécialisée dans les voyages. Travaillant depuis de nombreuses années en tant que rédactrice (dont quelques-unes au bureau londonien de Lonely Planet), Anita exerce désormais en freelance à San Francisco, au Royaume-Uni – ou dans n'importe quel endroit de la Baltique disposant d'une bonne connexion Internet. Anita est spécialisée dans l'Europe centrale et de l'Est, l'Asie du Sud-Est ou la France, et, plus généralement, dans les voyages hors des sentiers battus.

**Pour en savoir plus sur Anita : www.anitaisalska.com**

## ANNA KAMINSKI

**Australie-Occidentale**

Née dans l'ancienne URSS, Anna a grandi à Cambridge (Royaume-Uni). Elle a quitté l'université de Warwick avec un diplôme en civilisation américaine comparative en poche, doublé de solides connaissances en histoire, culture et littérature des Amériques et des Caraïbes, et un amour durable pour l'Amérique latine. Elle a participé à l'actualisation de près de 30 titres Lonely Planet. Quand elle n'est pas sur la route, c'est à Londres qu'on peut la trouver.

## TATYANA LEONOV

**Nouvelle-Galles du Sud**

Tatyana est née à Sydney et y a grandi. Ainsi, quand elle n'est pas en train de parcourir la planète, elle aime explorer (et écrire sur) sa magnifique terre natale. Elle a relaté ses voyages dans diverses publications, en Australie et à l'étranger, et travaille actuellement pour un magazine de voyages destiné aux familles.

**Apprenez-en plus sur Tatyana sur : www.tatyanaleonov.com**

## ANDREW BAIN

**Tasmanie**

Andrew Bain est généralement en train de randonner quand il devrait travailler. Auteur et photographe, il a été publié dans de nombreux magazines et journaux, et sa plume lui a valu de multiples récompenses : l'Australian Society of Travel Writers lui a notamment décerné le prix du meilleur récit d'aventures et de la meilleure histoire australienne. Ancien responsable de publication pour Lonely Planet, il est aussi l'auteur de *Headwinds*, le récit d'un tour à vélo de 20 000 km autour de l'Australie, et du titre Lonely Planet *A Year of Adventures*. Il a randonné, pédalé, pagayé et vagabondé sur six continents. Andrew vit à Hobart, non loin des montagnes.

**Apprenez-en plus sur Andrew sur : www.adventurebeforeaverice.com**

## CRISTIAN BONETTO

**Queensland**

À ce jour, Cristian a contribué à plus de 30 guides Lonely Planet : New York, Italie, Venise, Naples et la côte Amalfitaine, Danemark, Copenhague, Suède et Singapour. Ses réflexions sur les voyages, la cuisine, la culture et le design ont paru dans des médias du monde entier, tels *The Telegraph* (Royaume-Uni) et *Corriere del Mezzogiorno* (Italie). Quand il n'est pas sur la route, vous trouverez cet ex-auteur dramatique et scénariste de TV dans sa ville natale bien-aimée, Melbourne, en train de savourer un expresso.

**Suivez les aventures de Cristian sur Instagram : rexcat75**

## SAMANTHA FORGE

**Territoire de la Capitale australienne (ACT) ; Canberra**

Samantha a attrapé le virus du voyage lors de son arrivée à Londres à 17 ans avec un sac à dos beaucoup trop rempli et un exemplaire du guide Lonely Planet *Europe on a Shoestring*. Après un passage à Paris, elle est revenue en Australie pour travailler en tant qu'éditrice au bureau Lonely Planet de Melbourne. Cependant, son envie de voyager a fini par prendre le dessus. Samantha travaille désormais comme auteure et éditrice freelance.

## ANTHONY HAM

**Territoire du Nord ; Queensland**

Anthony est auteur et photographe indépendant. Quand il n'écrit pas pour Lonely Planet, il publie des articles et des photos sur l'Espagne, l'Afrique et le Moyen-Orient dans des journaux et magazines de plusieurs pays : Australie, Royaume-Uni ou États-Unis. En 2001, après avoir parcouru le monde pendant des années, Anthony a posé ses valises à Madrid, de laquelle il était tombé amoureux dès le premier jour. Après avoir passé 10 ans dans la capitale espagnole, Anthony est revenu en Australie, et il continue de parcourir la planète en quête d'histoires à raconter.

# NOS AUTEURS

## LES GUIDES LONELY PLANET

Une vieille voiture déglinguée, quelques dollars en poche et le goût de l'aventure, c'est tout ce dont Tony et Maureen Wheeler eurent besoin pour réaliser, en 1972, le voyage d'une vie : rallier l'Australie par voie terrestre via l'Europe et l'Asie. De retour après un périple harassant de plusieurs mois, et forts de cette expérience formatrice, ils rédigèrent sur un coin de table leur premier guide, *Across Asia on the Cheap*, qui se vendit à 1 500 exemplaires en l'espace d'une semaine. Ainsi naquit Lonely Planet, dont les guides sont aujourd'hui traduits en 13 langues.

### PAUL HARDING

**Queensland**

Auteur et photographe, Paul arpente le globe depuis près de 20 ans, et s'intéresse volontiers aux lieux, aux îles et aux habitants et cultures isolés ou insolites. Il a collaboré à plus de 50 guides Lonely Planet sur des destinations très diverses : Inde, Bélize, Vanuatu, Iran, Indonésie, Nouvelle-Zélande, Islande, Finlande, Philippines ou l'Australie, sa terre natale.

### BRETT ATKINSON

**Nouvelle-Galles du Sud**

Installé à Auckland (Nouvelle-Zélande), Brett Atkinson prend souvent la route pour Lonely Planet. Auteur de voyage et journaliste culinaire, il écrit sur le site Web de Lonely Planet, ainsi que dans les journaux, magazines et sites Internet traitant de la Nouvelle-Zélande et de l'Australie. Il s'intéresse au tourisme d'aventure et aux destinations connues, mais sous un angle original. Bière artisanale et cuisine de rue sont ses deux meilleures raisons de voyager. Depuis 2005, Brett a couvert pour Lonely Planet des zones aussi diverses que le Vietnam, le Sri Lanka, la République tchèque, la Nouvelle-Zélande, le Maroc, la Californie et le Pacifique Sud.

## AUTEURS (suite)

**Sur la route de l'Australie**

1re édition

Traduit et adapté de l'ouvrage *Australia's Best Trips, 2nd edition, November 2019*

Bien que les auteurs et Lonely Planet aient préparé ce guide avec tout le soin nécessaire, nous ne pouvons garantir l'exhaustivité ni l'exactitude du contenu. Lonely Planet ne pourra être tenu responsable des dommages que pourraient subir les personnes utilisant cet ouvrage.

© Lonely Planet Global Limited 2019
© Lonely Planet et Édi8 2020

92 avenue de France - 75013 Paris

Photographes © comme indiqué 2019

Dépôt légal Septembre 2020

ISBN 978-2-81618-613-0

Imprimé par ESTIMPRIM, Baume-les-Dames, France

En Voyage Éditions | un département édi8

Tous droits de traduction ou d'adaptation, même partiels, réservés pour tous pays. Aucune partie de ce livre ne peut être copiée, enregistrée dans un système de recherches documentaires ou de base de données, transmise sous quelque forme que ce soit, par des moyens audiovisuels, électroniques ou mécaniques, achetée, louée ou prêtée sans l'autorisation écrite de l'éditeur, à l'exception de brefs extraits utilisés dans le cadre d'une étude.

Lonely Planet et le logo de Lonely Planet sont des marques déposées de Lonely Planet Global Limited.

Lonely Planet n'a cédé aucun droit d'utilisation commerciale de son nom ou de son logo à quiconque, ni hôtel, ni restaurant, ni boutique, ni agence de voyages. En cas d'utilisation frauduleuse, merci de nous en informer : www.lonelyplanet.fr